纪念文学研究所建所六十年

告别一个学术时代

——樊骏先生纪念文集

文学研究所 编

社会科学文献出版社
SOCIAL SCIENCES ACADEMIC PRESS (CHINA)

樊 骏（1930－2011）

目 录
CONTENTS

共同的事业（代序）

陆建德

　　模模糊糊地记得，曾在中国社会科学院的过道中或电梯上见过樊骏先生。但是，真正将他的面容看得真切的，是在两年前的遗体告别会上。那是一次文学教学与研究界悲伤的聚会，人们在含泪悼念一位出色的学者、亲爱的师长的同时，深惧他所象征的品质和工作态度会离我们远去。樊先生奖掖后进，培植正气，在学术评价上不徇私情，有一种近乎迂阔的真率。他的真率来自无我的精神。希望这样的精神永在。

　　一位 19 世纪的哲人说，只有那些不为自己谋取幸福而把心力用在别的追求上的人，才是幸福的。樊骏先生以无我之心投身于他所热爱的工作，他是一个幸福的人。想到这一点，追念他的时候，我们也感到一点快慰。樊骏先生为现代文学学科的发展鞠躬尽瘁，绝无借此扬名的意思。在人文学术研究资金匮乏的时刻，他捐款设立现代文学学会的"王瑶学术奖"和文学所的"勤英文学研究奖"，条件是文学所必须为他保密。樊先生长期以来为社会和学术工作，举重若轻，自然而然，仿佛那是他的习惯，这一境界非有心做"好人好事"者所能企及。太史公说："君子疾没世而名不称焉。"这句话不能用于樊先生，因为他从来不会为了"名不称"而焦虑。欲称名于世者使他所从事的事业服务于自己，而樊骏先生将自己服务的对象看得远比自己重要。为此，我们向樊骏先生三鞠躬。

读了这本纪念文集里的文章，会对樊骏先生有较为全面的了解。我还想做点补充，稍微介绍一下他的中学经历。樊先生 1944 年 9 月到 1949 年 7 月就读于上海麦伦中学，该校原称麦伦书院，是英国伦敦会创办的教会学校。北伐成功后，在中国政府的干预下，学校取消了宗教方面的课程，但是保留了一些办学的特点，仍以服务社会、服务公众为重。说到麦伦中学，不能不提校长沈体兰先生。沈先生为麦伦订立了四项原则：树立高尚理想、养成社会意识、练习集团生活、实行公众服务。他是基督徒，热心捐助，更是一位杰出的爱国者，他希望学校能够"养成新国家公民，造就新人格青年"。麦伦中学的人格教育始终是在服务国家与社会的前提下进行的。樊骏先生从麦伦所学到的，不仅仅是知识。

这样的办学理念淡出个人，强调利他，绝不会把读书作为改变个人和家庭社会地位的手段。樊骏先生一度喜欢上教堂，也能接受一些基督教教理，但是有人劝他受洗入教，却被他一笑拒绝。他在麦伦念高中的时候喜欢写诗，大约在 1946 年或 1947 年，他在一首诗里写道：

> 生命是一把火，
> 不断地替人类发射温暖与光芒。
> 有人说："世界是如此黑暗，人情是多么冷酷。"
> 这是他自己熄灭了生命之火。
> 别怕木头会被燃烧，燃烧才能增加更大的火苗；
> 一块木头的毁灭，
> 光芒与温暖才能永远不绝。

樊先生少作里的"生命之火"是去我的，甚至是随时准备做出自我牺牲的。有了这样的生活态度，就不会悲悲切切，满腹牢骚。何其芳同志在延安写的诗《快乐的人们》里有这样的句子："我们是一堆红红的火。"他笔下"快乐的人们"深入广阔的生活：

> 去过极寻常的日子，

　　　　去在平凡的事物中睁大你的眼睛，

　　　　去以自己的火点燃旁人的火，

　　　　去以心发现心。①

　　在麦伦中学念书的樊先生读过何其芳同志写于延安时期的这些诗吗？可能没有。但是从上面所引的这些诗行里，我们看得出，燃烧的木头和快乐的人们其实非常相像，他们都对人生与社会张开双臂。传统文学中不遇的诗人总是抱怨社会黑暗，自己太高洁，反而不为世所容。他们没有意识到，自己唱着"世混浊而莫余知兮，吾方高驰而不顾"的调子，实际上是对"平凡的事物"闭上了眼睛，那样的态度不是熄灭"生命之火"，就是走向自我封闭。世界并不会因有这么一堆愁眉苦脸、自我欣赏的人而变得光明。

　　樊骏先生进北大的时候，正值新中国成立。对自己的祖国，樊先生有一颗拳拳之心。在现代作家里，樊先生研究得最多的是老舍，也许后者的温和宽厚与樊先生的性情比较相合。他多次强调，老舍1949年从美国回国，有其必然性。他曾引用老舍一篇文章，里面说到初冬时节轮船抵达天津："离开华北已是十四年，忽然看到冰雪，与河岸上的黄土地，我的泪就不能不在眼中转了。"老舍爱恋故土，刻骨铭心，回国是他必然的选择。樊骏先生跟老舍一样，对新中国满怀期待，欲以自己的燃烧给周围带来"光芒与温暖"，同时他又敏锐地感受到正在中国发生的历史变革。

　　历史变革的参与者总想以更加积极的态度来看待自己祖国发生的一切。1950年，学校曾组织学生到东长安街参加义务劳动，樊先生就奇怪，为什么北大校内有些倒塌的房子，断墙碎砖需要清理，大家视若无睹，反而挤到大街上凑热闹。他坦率发问：是不是非要报馆记者来采访、拍照、大事宣传了，大家才去劳动呢？也就是说，义务劳动不是形象工程，专门摆出样子来给人看的。

---

　　① 何其芳：《生活是多么广阔》。

　　真正具有主人翁负责任的态度的人，才说得出这样的话来。如果一个社会不能听取中肯的意见，要取得踏踏实实的进步就很难。遗憾的是我们的社会一度不能开明地对待这样的意见。樊骏先生在1957年的整风鸣放运动中，有些不合标准的言论，也在意料之中。为此他还被开除团籍。文学所党总支已在1978年对此事进行复查，认为当时开除团籍是错误的，决定予以改正。在这二十年的时间里，樊先生依然故我，他身上的"生命之火"不会因为个人的境遇而熄灭。

　　樊先生1953年从北大一毕业就分配到文学研究所，由于他是单身，久久没有自己的住房。他长期住集体宿舍，在20世纪60年代，还以文学所的办公室为家，面北的书桌旁就是一张单人床，而他的八个书架正好用作影壁。樊先生在同辈研究人员中，算是藏书丰富的。一直到1980年左右，樊先生才分到了属于自己的一套房子，于是这些图书跟着他也搬了家。近三十年我国文学事业兴旺发达，樊先生的私人藏书也在不断扩展。

　　樊先生去世后，他的弟弟樊绘曾先生遵照他的遗愿将他的藏书捐献给文学所。为此，文学所在小会议室腾出地方，定制了一些书架，作为存放、陈列樊先生图书所用。文学系的贺嘉钰、程帅和刘玉静三位同学花费了几个星期的时间将这些图书整理、编目完毕，她们十分辛苦，脸上却透出喜悦，因为这项任务对于她们而言，是爱与崇敬的劳作。有位同事看到这些樊先生生前不时翻检的书籍，感到他的精神永在，不禁脱口而出："樊骏先生又来上班了，还是住朝北的办公室！"目前这些书籍已经上架，只是它们摆放的位置不同于安贞桥书房，樊先生如要使用，恐怕还要耐心寻找。

　　文学所的现代文学学科奠基人唐弢先生于1992年逝世后，樊骏先生曾撰文纪念。他说，唐弢先生未了的工作也就是下一辈的任务："我们这些生者，面对这些未了的工作，除了遗憾，肩上还多了几分责任——共有的遗憾，本来就源于共同的事业，因此，也只有借助于共同的事业的不断发展，才得以逐步消解。"樊骏先生辞世后，我们这些生者也感到了类似的源于共同事业的遗憾与责任。相信文学所的同人会继承樊先生的精神遗产，真正推进几辈学人为我们奠定了基础的共同事业。

亦友亦师指路径

——铭感樊骏同志对我的研究课题的关心与指导

范伯群

　　樊骏长我一岁，我总视他为同行中最值得尊敬的"学术兄长"，尽管我们见面的机会大多是在各种会议上。每次开中国现代文学学会的理事会或会员代表大会时，他往往要作一次总览近期全国现代文学教研成就与缺失的长篇发言，他"纵览全局""紧扣要领"，并能建言今后的努力路向。每次听完他的发言，我总感到获益匪浅。把他的发言看做是对会议有指导性的"主题报告"，在我的心目中他是我们现代文学界的有权威性的"学术发言人"。我们虽然年龄相仿，可他实在是配得上做我的老师。我们私下里当然也有交往。例如 1979～1980 年，我为写《冰心评传》常到北京拜访谢老，或查找她早年在刊物上发表的作品。每次，我都"下榻"在崇文门第二旅社，那旅社每个房间五张双层床，住十位旅客。当时，中国社会科学院正拆了老房子准备盖新大楼，也正好将住集体宿舍的人安排在这个旅社里"过渡"。于是我每到北京就能与樊骏做"邻居"。他们不是"旅客"而是"住家"，因此每人独占一间。我白天"泡"图书馆，晚上就常到樊骏的房间去打扰他，向他请教问题。又如在 1982 年我请他到苏州大学来讲学，他说自己不善于上大课，如果小范围地讲两次是可以的。因此主要的听众是我们现代文学学科的教师和准备考现代文学研究生的同学。我们又向他请教了许多学术上的问题。但是，我觉得樊骏对我指导，使我受用不尽的是我后半生的主要研究课题，也是他对我研究中国现代通俗文学的关心、鼓励与启发。

我们教研室是在 20 世纪 80 年代初接受文学研究所的编写"中国现代文学运动·论争·社团资料丛书"中的《鸳鸯蝴蝶派文学资料》卷的。于是我的个人研究课题也将重心转移到通俗文学领域中去。在当时，这一"转向"曾在某些同行中引起一些"不解"与"哗然"。但是樊骏支持我的"转向"，认为这是很有价值、值得作深入探讨的课题。

在 1983 年 5 月《文艺报》召开现代文学研究座谈会，会上曾"对'现代文学'是否相当于'新文学'，能否将鸳鸯蝴蝶派之类的作品写入现代文学史，也有针锋相对的分歧意见。"但樊骏的学术观点是鲜明的，他对所谓"新""旧"的界限作了这样的横向比较：

> 再与其他艺术门类作横向的比较，更会发现它们并无类似的严格界定：美术界没有将同属传统形式的中国画一概视为旧美术、音乐界没有完全把民族音乐作为旧音乐、书法界更难有这样的新旧之分，而将他们都写入现代美术史、音乐史、书法史之中。如果编一部综合的"中国新文艺史"，写到了齐白石、张大千的画作，梅兰芳、周信芳的剧艺，阿炳的乐曲，罗振玉、郑孝胥的书法等，却不提鲁迅、郁达夫、柳亚子、毛泽东等人的旧体诗词，张恨水、金庸等人的章回体小说，岂不荒诞不经？难道后者比前者缺少"新"的属性吗？这就需要对艺术上的"新""旧"，作出全面系统的理论阐释。[①]

在交谈中，樊骏向我表达过这一学术观点，这不仅是对我个人的研

---

① 樊骏：《我们的学科：已经不再年轻，正在走向成熟》，《中国现代文学论集》（上），人民文学出版社，2006，第 510 页。

究路向有支持的作用；推而广之，对现代文学史的整体格局"拨正"也有着极其重要的指导意义。

　　1986 年，我申报的《中国近现代通俗文学史》课题被批准为"七五"国家社科重点项目。虽然在申报之前，我已经在通俗文学领域中"转悠"了五六年，手边已有若干资料与积累；但是说来惭愧，许多有关理论问题还是没有得到相应的解决，我就写信给樊骏，将我经常在脑海中盘旋而无法解决的问题向他求教。这封题为《关于编写中国近现代通俗文学史的通信》的文章曾刊登在《中国现代文学研究丛刊》1987 年第 3 期上。在 2009 年由复旦大学出版社出版的《中国现代文学研究丛刊 30 年精选·文学史研究·史料研究卷》（第 74～77 页）上又选载了这封我给樊骏的信。我当时刚拿到这册精选本时，直觉的反应是，我在丛刊上发的文章也比较多，为什么编者别的不选，偏要将我当时思想上"一团乱麻"的文章再次呈现在同行的眼前呢？不过我很快就释然。我觉得选家是有一定眼光的，这正好说明一个研究者的"转轨"，去触及一个新课题时的"艰难的心路历程"。

　　我向他提了这么多的问题，不当面促膝谈心是无法回答的。但是他在《〈中国现代文学研究丛刊〉十年》那篇文章中还是用前瞻的眼光，看好通俗文学的研究，他在谈到《丛刊》刊发论述鸳鸯蝴蝶派文章时说：

　　　　前不久又有"通俗文学研究"专栏等。这些文章不一定都已引起普遍的注意，一些主张还处于倡导的阶段，尚未成为同行间的共识，更没有成为共同的实践。不过从长远看，可能会触发这门学科总体格局的变动；或者丰富中国现代文学的内涵，或者扩大中国文学的外延，对于整个学科的发展建设具有重要的理论价值与实践意义。①

---

　　①　樊骏：《〈中国现代文学研究丛刊〉十年》，《中国现代文学论集》（上），第 422～423 页。

他的这些意见，支撑着我们课题组更努力去完成"七五"国家重点项目。在我主编的那部 140 万字的《中国近现代通俗文学史》正式出版之前，为了慎重起见，我写了长达 51 页的章节题目与论点提要先请专家们审定。樊骏在回信给苏州大学季进的信中，对提要发表了很多鼓励性的意见，要季进转告我：

> 看了《通俗文学史》的论点提要，觉得这不仅是一部内容详尽的文学史，为人们打开了一个陌生的文学世界，而且是一份为现代通俗文学争得应有历史地位的宣言书（使人联想起当年胡适编写《白话文学史》为白话文学作历史申辩的那种作用）。两者都是有学术价值的，但后者会引起一系列的争议。

当然，我与胡适是无法比拟的；但在樊骏看来，为某种被歧视而有一定价值的文学史现象进行"历史申辩"却是类同的。樊骏要我做好思想准备，此书一出，会有一系列的争议。我也深知这是必然会产生的后果之一。别说是在当时，直到现在，也有同行仍然"质疑通俗文学史"。但是这是学术问题，我们可以在以后的学术讨论中从长计议和反复辩证的。

《中国近现代通俗文学史》出版后，在 2000 年 6 月 10 日樊骏给我写了一封信，这封信的内容后来他扩写成了一篇文章，题为《能否换个角度来看》，发表在《中国现代文学研究丛刊》2001 年第 2 期上[①]。他一方面对我们课题组的工作，进行了鼓励，衷心祝贺这部史书的出版："把鸳鸯蝴蝶派文学纳入视野、提上日程，尤其是把它作为独立的重要的课题进行全面系统的考察，是新时期以来中国现代文学学科的一大进展，也是我们文学观念、文学史观有了变动的鲜明标志。范伯群主编的《中国近现代通俗文学史》是这一进展和变化的重要成果。"他认

---

① 此文已收入樊骏的《中国现代文学论集》（上），第 477～482 页。以后凡加引号而不说明出处的均出自樊骏的这篇重要文章。

为这本书"向自五四新文学诞生以来的轻视、歧视、无视'鸳蝴派'的历史偏见提出挑战，给它以新的历史定位和评价，更显示出可贵的学术勇气。人们不一定都会——认同书中提出的见解和结论，但就认识这段文学历史和这一文学流派而言，《中国近现代通俗文学史》在学术史上具有里程碑的意义。"

但是在肯定我们课题组的成绩的同时，对我执笔的《绪论》提出了许多宝贵的意见。他以自己对现代文学史的深湛研究，高瞻远瞩地作出了他对鸳鸯蝴蝶派的主要建树与历史地位的评价，指出了我执笔的《绪论》的不足，希望我"能否换个角度来看"。他的见解是非常辩证而富有历史感的，使我心悦诚服。所谓"换个角度看"，就是我对"纯"与"俗"的对立，看得太绝对化了，他认为容易造成新的混乱。他指出，既要看到"'鸳蝴派'和新文学诚然是不同的流派，有明显的区别；但是在历史进程中，在不少的具体事例中，又往往是你中有我、我中有你，相似相通的。"因此，他认为《绪论》没有从"比较先后出现的'鸳蝴派'和新文学的同和异，再进而考察各自的历史位置和优劣得失。"他将以市民为主要服务对象的鸳蝴派，与原先局限于士大夫狭小圈子的旧文学相比，给鸳蝴派一个相当高的评价，提出了他非常精辟的见解：

> 它在面向较为众多的接受群体，内容较为贴近社会现实，形式上注意借鉴现代手法技巧等方面，都是历史的超越与创新，它也因此迅速取得文学市场的巨大份额，成为20世纪最初三四十年代里相当活跃的流派。在中国文学从传统向现代的历史转换中，比之五四新文学，它在好几个方面（比如文学的平民化、世俗化、文学作品的商品化等），倒是个先行者。从这个意义上说，把它称作"前现代（化）文学""前新文学"，也不为过，至少是得风气之先，在新文学之前作过一些探索，取得若干成就，起了无可替代的历史作用。这是"鸳蝴派"在近现代文学史上的主要建树和历史地位。

读了樊骏的这段论述，我真被他那明快而深刻的论证所折服。我执笔的《绪论》缺乏史家的眼光；而樊骏却能一针见效地击中历史的"穴位"。但樊骏的论点并非到此为止，他再进一步发挥道：

> "五四"之前，"鸳蝴派"应该说是当年文坛上一个最有影响的新的流派。在中国文学现代化的进程中，就文学写作传播等环节而言，现代报刊事业→现代稿酬方式→作为自由职业者的专业作家"三位一体"体制的确立，起了决定性的作用。这种体制实现了文学的商品化，而如果没有这样的商品化，文学事业的物质生产过程就难于摆脱传统的种种羁绊走上现代化的道路。……在这方面，新文学步的是"鸳蝴派"的后尘。

樊骏在新文学与鸳蝴派的对立之外，看到了他们之间在历史长链中的连接点。这一层道理被他点穿之后，我好像觉得从士大夫狭小圈子的旧文学→以市民为主要读者对象的鸳蝴派→新文学之间的发展路径，从此要有新的历史诠释。

当然，樊骏在肯定鸳蝴派的历史作用的同时，也指出新文学和鸳蝴派之间的差异、对立也是明显存在的。新文学家的主流"比之'鸳蝴派'文人又具有远为宽广的世界眼光和人类情怀，受到过远为先进的社会思潮、文艺思潮的洗礼……着重在思想艺术各个方面提高作品文本的现代品格，创造出充分意义上的现代文学。……将文学的感化教诲作用而不是消闲娱乐功能放在首位；为人生为革命服务的功利主义往往多于单纯的经济目的……是新文学与'鸳蝴派'的一些明显区别。"而鸳蝴派往往"疏离于现实的社会矛盾和政治斗争，在自己营造起来相对闭塞的文学环境和相当凝固的艺术氛围中，他们一如既往地生产经销主要作为供人消遣娱乐的商品的作品"，因此未能和新文学一起迎接新时代的到来。他这个结论也是可以得到公认的。文章似乎本来就可以到此为止了，可是樊骏还将论点延展下去，他敏感地觉察到，现在又有一个市民社会回归的现实问题：

　　在文学的市民情趣、世俗化的浪潮、以描写都市生活、渲染都市男女情爱纠葛为热门题材、并以市民读者（观众）为主要对象的作品，以至于视文学为消闲手段的审美取向等重新涌现的今天，科学地总结"鸳蝴派"的经验教训，还会提供不少富有现实意义的历史启迪。

《能否换个角度来看》这篇文章不长，它恐怕是《中国现代文学论集》（上、下）中最短的一篇。但是它阐明了樊骏的一个重要的学术观点，值得我去不断地学习与反思。这篇文章为我进一步深入钻研我的课题指引了路径。实际上他一再强调要去攻克这一段历史的复杂性与丰富性。他在写了《能否换个角度来看》的三年之后，又在《我们的学科：已经不再年轻，正在走向成熟》一文中，对这一问题再次作了强调：

　　……新旧的差异与演变又确实是客观存在着的。关键在于两者既有新陈代谢式的有我无你的取代，又有推陈出新式的我中有你的嬗变。在现代文学的实际发展中，新旧之分与其中的演变，也不像新文学倡导者最初设想的那样简单绝对，可以一刀两断、彼此了无瓜葛，而是复杂曲折得多。不对这种新陈代谢、推陈出新的错综关系与丰富内容，进行全面系统的考察，揭示其中的规律，总结经验与教训，从中作出理论的概括与阐发，就无法科学地界定"现代文学"或"新文学"的内涵与外延，不仅难于摆脱上述的学术困境，对于文学史上的一系列问题也都无法作出准确的解释。[1]

当我在会场里亲耳听樊骏讲这段话时，我的理解就变得更为宽泛了。我觉得他除了为我指明路径之外，又关涉到我们应该对"二十世纪文学史"的发展作出更有说服力的解释，也牵连到如何"重写文学史"的

---

[1]　樊骏：《我们的学科：已经不再年轻，正在走向成熟》，《中国现代文学论集》（上），第511页。

问题。从士大夫的狭小文圈→为新兴市民阶层服务的鸳蝴派→新文学→市民社会的回归与市民情趣的重新涌现，就是他为我们呈现的一幅"二十世纪文学的发展简图"，就是我们"重写文学史"中要深入地解决的问题。我们不要再将文学史的发展"设想得那么简单绝对，可以一刀两断，彼此了无瓜葛"，而要写出那复杂曲折的错综关系，并且作出理论上的概括与阐发。从樊骏看来，我们的文学史家们还远远没有达到这样成熟的地步，这就是我们的学科虽然已经不再年轻，但与成熟还相差甚远的症结所在。樊骏因为健康的原因，没有能够对上述的问题再进一步的深入发挥，他的患病真是我们现代文学学术界的一个重大损失。

自从樊骏病后，我们就失去了一位无私的"学术兄长"，一位从来不考虑自己写多少文章，而是全心寄托在整体的现代文学发展路径的深思熟虑中的"学术兄长"。当我在听他作《我们的学科：已经不再年轻，正在走向成熟》时，他不仅宏观把握，不仅对第二代的现代文学学者的研究动向了如指掌，甚至还分析了第三代现代文学学者的学术研究个性，这实在令我震惊，那要花多少精力去投入啊！自从樊骏病后，我还是常常参加现代文学的年会，但在年会上我很少能听到像樊骏式的有权威性的"主题发言"了。而他现在又永远离开了我们，但他自觉地担当我们中国现代文学界的"发言人"的那种深刻而严谨的发言，还常常回响在我的耳边。我切盼，在我们现代文学界能早日出现一位"樊骏式的接班人"。

缅怀樊骏学长

严家炎

新年总是亲友间相互祝贺，分享节日快乐的一段时间。不过今年对我来说，仿佛有点特殊：元旦刚过几天，就遭受了带状疱疹——俗称"蛇缠腰"的病痛袭击，天天去医院输液、打针、治疗；才到 1 月 15 日，又突然传来樊骏学长逝世的噩耗，更使我陷入极大的震撼和悲痛之中。

我与樊骏先生都是上海人。20 世纪 40 年代后期念高中时，他在上海市内的麦伦中学，我在上海近郊的吴淞中学。他比我高一届。50 年代虽然同读北大，但他 1953 年就本科毕业，留在北大文学研究所（即后来的中国社会科学院文学研究所）工作，我到 1956 年才考进北大上研究生，当时我们还无缘相识。

我们真正相识，乃至逐渐相知，是在 1961 年 9 月编写高校文科教材的过程中。那时唐弢先生担任了《中国现代文学史》的主编，我和樊骏都在同一个编写组内工作。尤其到 1963 年 6 月以后那段时间，现代文学史进入最艰苦的攻坚阶段，编写组大部分成员都已返回原单位，唐先生只留下他自己、路坎、樊骏和我四人，要在两个月内先把"五四""左联"两段完成。用唐先生自己的话来说："我们四个人边琢磨，边润饰，灯下苦干，往往直到午夜后三四点钟，才上床合眼片刻，每晚平均只睡两小时多一点。"（见《唐弢文集》第 5 卷：《严家炎著〈求实集〉序》）任务如此繁重，时间又如此紧迫，唐弢先生后来就因心肌梗塞发作而住院；路坎先生当时每晚盗汗，不久也因肠癌病故。樊骏和我由于处在三十上下的年岁，身体算是挺过来了。然而，我和路坎毕竟还挂着一个"责任编委"的名称，唯独樊骏却什么名义都没有：既非"五四"一段的责任编委，也非"左联"或"抗战"一段的责任编委，却实实在在地完成着"左联"一段的改写任务。他在工作中所显示的那种认真刻苦、一丝不苟、严于律己、不记名分的精神气度，确实使我感动和钦佩不已。足见，20 世纪 80 年代的人们看到的他与两位年轻人一起撰写现代文学学科年评，总是把自己"辛宇"的笔名署在最后这类看来有点奇怪的事，樊骏是早在 60 年代就做着的。

这里我再说说 1997 年前后樊骏在香港的姐夫病故，姐姐因思夫心切，立下遗嘱后跳楼自杀的事。这件事情当时香港报纸有较详细的报道。报道中提到，樊骏的姐姐、姐夫都是基督徒。也就是说，他们相信自己身后会回到上帝那里去。姐姐因自己并无子女，留下遗嘱将不算很多的遗产分别给了她三个弟弟。樊骏为了处理姐姐的遗嘱，特地到我家里，找内子卢晓蓉打听香港办理遗产继承的相关法律手续。樊骏当时想将自己分得的姐姐家那份约 200 万元的遗产捐赠给中国社会科学院作为基金，但是双方谈来谈去，中国社会科学院领导好像对此并没有多大兴趣。于是，樊骏决定将这 200 万元拆成两半，一半留给文学所，一半留给中国现代文学研究会作为王瑶学术奖，而且他一再嘱咐我要保密，绝不能泄露是他捐赠的，我也一直严格遵守这条保密协议。无奈几年后有一位知情的上海朋友不谨慎将此事捅了出去，樊骏知道了非常恼火。于是我只好劝他索性公开，这样，也就从 2002 年起正式开始了王瑶学术奖的评奖工作。在樊骏，这种不计名利之心、宁可隐姓埋名的愿望确实是极其真诚的。我曾经劝他用自己的名字设奖，他绝对不同意。这类例子还可以举出很多。例如，《中国大百科全书·中国文学卷》里现当代文学部分，他曾经参加修改了不少稿子，但最初他也不肯挂名。还有，王瑶先生逝世后 1990 年那次杭州年会所产生的理事会上，叶子铭先生（据他

本人告诉我）本来提名樊骏做中国现代文学研究会的会长候选人，这是
顺理成章的事，因为樊骏原先已是副会长，但樊骏坚持不干，他推说自
己只出版过一本书，硬把我推上去替代他，恰好我当时正在香港中文大
学做访问学者，没有出席那次会议，无从为自己申辩。后来，在既成事
实面前，我只得坚持一个"强制"的条件：就是会长不兼《中国现代文
学研究丛刊》的主编，而必须由樊骏来当《丛刊》的主编，他才接受了。

总之，樊骏做人的原则是：宁肯本色地做实事，不愿苟且地挂虚
名。这体现了他一贯热心公众事业，同时又极其重视学术发展的崇高精
神风范。樊骏先生作为研究中国现代文学的著名专家和最早的学科带头
人之一，半个世纪以来，用他认真扎实、勤奋刻苦的工作态度，精益求
精、严谨创新的优良学风，以及大量高素质的富有理论深度和前瞻性眼
光的学术成果，为文学史研究（尤其史料学研究）、老舍研究和整个中
国现代文学的学科建设都作出了突出的贡献。

樊骏也非常关心朋友，关心他人。记得在 1963 年夏秋之交那段时
间里，每当吃过晚饭后的二三十分钟，他和我总要散散步，聊点共同有
兴趣的话题。比方说，我因为此前曾发表过谈论梁三老汉和梁生宝艺术
上谁高谁下的文章，当时正受着不少报刊的批判。樊骏在这方面是支持
我的，他还帮助我出过反批评的主意，使我有勇气在第二年（1964 年）
写出《梁生宝形象和新英雄人物创造问题》的反驳文章。再比方说，
樊骏同陈贻焮先生都是北大中文系本科毕业的同窗好友，他们在专业上
却离得比较远，一个搞现代文学，一个从事魏晋南北朝至唐代文学的教
学和研究，相聚机会很少。有一次，正在病中的陈贻焮先生大概感到寂
寞，突然给樊骏打电话说："我快要死了，你怎么不来看我呀？"樊骏
把这话告诉了我和钱理群，于是我们三人相约，一起到陈贻焮家中，去
看了患有脑瘤的陈先生，那天聊了很长时间，聊得非常愉快，让陈先生
的心情好了许多。樊骏 1957 年下半年起曾经下放到河北平山、昌黎等
地劳动，后来一到春节或新年前后，他总要花一两天时间到平山县农村
去看看自己当年的房东，与他们一起过年。但另一方面，樊骏却不大肯
接受别人对他的关心帮助。比方说，当我们两人在一起的时候，我问

他：独身生活可不可以改变一下？可不可以结婚？谈到周围朋友愿意帮忙，我想吃他的喜糖等，他就不答话了，表示不愿意谈这类问题，总是一副很固执的神态，毫无商量的余地，叫人无法可想。只有一次例外：那是他 2003 年春天脑血栓出院以后，我和卢晓蓉上他家去看他，发现他思维、记忆、语言尤其涉及数字时总是不顺畅，甚至会出错，好像脑神经搭错了线似的。于是我们建议他，可不可以再找有经验的脑血管专家进行检查和治疗，这次他接受了。我们就找了一位曾经在北京医院工作过的朋友余立江，通过他找到北京医院的脑血管科主任秦绍森大夫，在那年 8 月初陪着他到医院去看了一次病，想帮助他消除或减轻思维和语言上的障碍。先前给他看病的陈大夫认为，脑血栓发病六小时内治疗有效，过了六小时已经没有太多办法，只能慢慢康复。而秦大夫则注意到了樊骏有房颤而未用过适当的药，容易导致血栓复发，但因樊骏同时患有痛风，只好约定一个多月后再住院治疗。我不知道樊骏年前这次大出血，跟平时的房颤有没有关系了。

半个世纪来和樊骏先生的接触与相处，使我感受到他为人的基本态度是：尽量要多为社会作点贡献，同时要少向社会伸手索取。作为学者，其具体途径当然是通过学术。在今天，樊骏这样的人是很少的了，但是还有他，这是我们社会的幸运，希望这样的人能尽量多一些。从我个人的感觉来说，这种人生态度的形成，可能有三方面的因素或者说有三个来源：一是传统文化中儒家、墨家仁爱精神的影响，那是无形地潜在地渗透在我们民族文化的血液里的。二是马克思主义理论的学习和革命的热血凝结成的，这也许就是朱寨先生有一次称樊骏为"非党的布尔什维克"的理由。我个人认为，这种因素在樊骏身上也是存在的。三是青少年时代起所受到的基督教哲学的影响，这也许是樊骏所受的最深的影响。樊骏所上的麦伦中学，就是上海的一所教会学校，我有个初中同学刘南治，也在这所中学上高中，我听他说到过学校在这方面进行的相当多的教育。樊骏的姐姐、姐夫也是虔诚的基督教徒。从与樊骏的交往中，我确实感到他深受基督教精神的濡染。马克思主义经典作家把宗教称作"精神鸦片"，这是从启发群众革命觉悟的角度来说的。但我们如果仅仅从这个角度来评估宗教，那就把宗教的社会作用简单化了。基督教义确实宣扬博爱，倡导忏悔，佛教甚至反对杀生，它们都提倡慈善事业，而且都是相当真诚、身体力行的。在樊骏身上，我们确实可以感受到宗教精神有其积极的方面。这是我的一点不同看法。

风范与人格

——记樊骏先生

钱中文

　　我与樊骏先生共事有半个世纪之久，虽然在不同的研究室，但对他是有不少了解的。1959 年秋，我到了文学研究所，以后所里政治运动不断，所里召开批判大会时是常常见到樊骏先生的。那时樊骏先生似乎总是靠壁而坐，沉默寡言，少有说笑。听到所里有关方面的传闻是，他对政治运动态度不很积极，在"拔白旗"运动中受到影响，单身主义，云云。20 世纪 60 年代初，我知道他积极参与唐弢先生主编的《现代文学史》写作，是唐弢先生倚重的得力助手。"文化大革命"期间，樊骏先生在运动初期虽然受到一些冲击，但正是过去的那种"对政治运动不很积极"的态度，使他躲过了致命的一劫。后来想想，要是我也像他那样，对政治淡漠一些，不受宣传家们的蛊惑，就不致在后来吃足苦头了！但是在那时的政治氛围中，大多数人是做不到的。

　　80 年代以后，我对樊骏先生有了更多的了解。那时修改文学史、重写文学史十分热闹。樊骏先生是研究现代文学史的，他看到了运动中写作文学史的所谓"以论带史"引起的各种弊端，在这方面积累了丰富的知识、教训与经验。他认为文学史写作，要把对于学术性的追求置于第一位，论从史出，才能做到真正的史论结合，因此他能够抓住现代文学史写作中最为关键的问题。我记得 80 年代初，陈荒煤所长在一次会议上说：过去一篇文章只管用几天，管上几个月就不错了，现在写文章应管用它半年、一年、两年，如果做到这样，那就更不错了（大意）。在那政治正确、政治第一的年代，文章都是应政治的需要而作，而政治捏在几个人手里随时在变，一旦政治变了，文章岂得不变，岂能不遭到"作废"的命运！写作文学史也是如此，政治正确、政治第一的结果是提出以论带史，就是将历史塞进一个既定的理论框架，凡是塞不进这个框架的历史，也即曾是作为现实的过去，就要强行删除，当作不存在、不在场，而不是论从史出。这样来要求写作文学史，从领导来说，完全是强人所难，从写作者来说，只能是勉为其难。于是文学史写作，可以不顾史实，而按政治需求进行取舍，这必然会严重地割裂历史，以致歪曲历史。

有感于此，樊骏在治学方面，相当严肃、认真，十分重视史料的发掘，他的《关于中国现代文学史料工作的总体考察》长文，从原则到方法，都有详情阐发与指点，是经验与理论相结合的精当之论，是深知文学史写作的理路之说。他自己写作文学史问题，总能在全面把握材料的基础上，进行深入、彻底的分析。如获得好评的《认识老舍》，对老舍的思想艺术进行了多角度的、缜密的层层剖析，指出老舍主要从"他的文化选择与道德评价"来描述他的主人公的。这"比之单纯的政治选择与简单的历史评价，文化的视角与道德的判断，有时反而能够在不怎么明确的认识中，甚至不无矛盾的心态中，把握住人生、社会的复杂的内涵；尤其是当涉及一些敏感的政治课题时，可以不受一时一地的是非利害的束缚，而更接近于客观的实际，也更经得起历史的检验"。这一论点独到，很受同行推重。他提出观点，对现代文学总是心存全局、反复斟酌，力求圆融会通，所以立论公正、分量厚重，每有新说，令人信服。范伯群先生惠寄我他主编的两册《中国近现代通俗文学史》，该书将过去被现代文学界否定或忽视的通俗文学列为现代文学一翼，为现代文学找回另一只翅膀。这部文学史著作，极富挑战勇气与创新意义，事关重大，使我极为敬佩，读后很有收益。但我又觉得有些问题似乎还可以商讨深入，不过由于我未曾在这方面用过力，所以一时觉得不易说清。后来读到樊骏先生的《能否换个角度来看》一文，该文先辨析了"通俗"与"俗"的同和异，指出正是这同中之异，使得两者不能混用；随后谈到新文学与俗文学在后来各自发展中，实际上你中有我，我中有你，不好截然分开。"换个角度看，是指从近现代中国文学演变的客观进程，比较先后出现的'鸳蝴派'和新文学的同和异，再进而考察各自的历史位置和优劣得失。"这一观点，我觉得也很精彩，不知是否可以看作是对范先生主编的文学史的一个补充，从而使现代文学史的整合，更能深入而通向更高的新境地？

樊骏先生的写作，无急功近利的浮躁，所以思考缜密，而求其功到自然成。他的写作不仅是有感而发，到非发不可才动手写作，而且写出来的东西又都是反复修改的结果，可算是惜墨如金。他的著述比起有的同行，可能在数量方面少了一些，但篇篇精练厚重，思想容量大，自成风格。

樊骏先生对于现代文学史界的王瑶、唐弢、陈瘦竹等几位前辈的研究，堪称是真正的知人论世之作。特别是他与现代文学学科的开拓者与奠基人的王瑶与唐弢，因工作关系过从甚密，对他们的著作反复阅读，观察精微，融汇了他平时的了解与对材料的全面把握，所以对这两位前辈，写得细致、中肯。对他们在历史进程中各自的选择，各人的才华与写作特征及治学态度，在全局与史实、史料与史识，以及指令与无奈、参与和疑虑、公式化与周旋、想写而又不能写、自由写作与应景应酬等矛盾方面，写得极为真实而动人。

晚年的王瑶先生对自己过去的工作有所不满、有所质疑，根本性的问题在于"有所蔽"。樊骏先生十分中肯地指出，"从理论上看，他所指出的这种偏向，与其说是历史研究……的共同缺陷，不如说是把时代对文学、史学等的作用、影响绝对化了以后，容易产生的弊病……而忽略了它们自身的发展规律与特征，一般属性与普遍意义；来自各个方面的联系与制约，忽略了从其他方面对它们进行剖析，从而导致'有所蔽'的问题。"同时樊骏先生认为，如果过多地从意识形态的角度考虑问题，为了特定的现实需要，而"让历史告诉未来"，由此对于历史与现实的评介，也难以避免"有所蔽"的。文学史前辈回顾以往的文学史工作中的"有所蔽"，正是对原先的思想的超越，显示了不懈的探索精神，同时也酝酿着新的变化。但也不无惋惜，人已进入暮年，这只能是看作"最后的光彩有力的一笔"了。

对于唐弢先生的论述，同样极为精辟。樊骏先生抓住了唐弢先生最为鲜明的几个特征，即作为作家和学者的唐弢，具有极好的艺术感觉，"书话"尽显先生的艺术特色，对于人事、作品随时可以做出精美的"审美评价"。唐弢先生认为，写作"要紧的是'言之有物'。如果'无物'……最好一个字也不写"。在治文学史方面，我们都知道唐弢先生藏书极富，包括旧时的杂志在内，从收集到整理，做了大量史料工作。唐弢先生提出，写作者应有史识，即要有自己的观点，对于各种文学现象不仅要提出具体的观点，同时也应善于从总体上把握所研究的那段文学的全局，梳理出历史进程中主要轨迹和线索，在概括中把握规律性现象和经验教训，形成自己的系统观点。在史观方面，樊骏先生指出，唐弢先生是"主张'论从史出'的……有了理论可以帮助更好地清理史实，但重要的还是实事求是，以事实为主"。遵照这些条件、观念与原则，唐弢领导了一批很有才华的青年学者写出《中国现代文学史》。但是唐弢先生早在 20 世纪 60 年代就对自己所写的东西表示不满了，在新时期的反思中尤其如此，觉得自己的论著中，时代的烙印太强了。如果写起书话来，他的材料独特，文采飞扬，得心应手；而写起论文来却往往奉命作应景之作，纪念这人，颂扬那人，可又十分投入。唐弢先生自称，如果无物，最好一字不写，但又得偏偏要写，于是要他写的他不想写，自己要想写的又不能写，以致在文学史的写作中，碰上有些所谓问题作家的评述稿子，不得不被他改得"七零八落、吞吞吐吐"。可是来到新时期，遇到这些脱去了政治迫害外衣的作家，唐弢先生只好一一道歉，说明原委，这是多么尴尬的事啊。大概使唐弢先生最为遗憾的是，竟未能实现自己觉得完全可以写出个人特色来的、以风格流派为主导线索的现代文学史和鲁迅传的计划，最终是"赍志以没"，成了"死者与生者共有的遗憾"。我们知道，唐弢先生在这些方面，是花了一生的精力与思考的！樊骏先生说，这就是唐弢先生研究工作中发生的"错位"，而且是双重的"错位"，这是时代时尚的驱使，而且也是他主观的"不以为苦，不以为非"的结局。直到20世纪80年代，当唐弢先生终于挣脱了这种"错位"时，才找到自己，而欣悦于自己已有了写得"顺手"的感觉，但是已是身处夕阳无限好的暮景了！读着樊骏先生的这些文字，我觉得这真是带着敬爱又带着泪痕的透彻的分析了！它们在学术史上给了王瑶先生、唐弢先生以确当的评价和精确的定位。樊骏的这些文章，其实也可看作对他自己的反思，一群与同他年龄相仿的人，何尝没有王瑶先生、唐弢先生式的命运与苦恼啊，只是程度深浅不同罢了！在承前启后这点上，樊骏先生的文章是极有启迪意义的。

樊骏先生为人认真、真诚、正直、公正。20世纪80年代下半期到90年代上半期十多年间，我与樊骏在所学术委员会评定职称的工作中接触较多。那时邓绍基、樊骏与我，在所学术委员会负责职称评定工作。回想起来，我们都从全局出发，没有私人情绪，对所里参与评定的人的情况，都很了解，心里有数，评价大体一致。在每年的评定工作中，讨论问题，根据材料，讲出理由，相互比较，体现了公正的原则。樊骏先生的特点是，每次讨论，总会认真准备，一如写作论文一般，列出详细的提纲，说得有根有据。遇到棘手的问题，以大局为重，总能想出办法，还以公正，所以我们合作得很好。

樊骏先生恪守着做人的道德底线，即血性与良心、怜悯与同情。作为一个学者，他淡泊名利，不像有的人，追名逐利，一有奖励，先给自己锦上添花。他极富同情心，遇到同行家里困难，就会托人送些资助，帮助他人渡过难关，并且要求保密，不透露他的姓名。他去世前把全部遗产捐献给了文学所。樊骏先生对世情理解透彻，有着一颗大悲大悯之心，是位高尚的人。

樊骏先生在学术、为人等方面的表现，都是文学所的精神财富，我们应当继承这种财富，爱护这种财富。不久前，文学所就制作所徽征求意见，在我看来，有了所徽，固然很好，但是更需要的是一种精神，即樊骏先生式的做人的正直和学术正气的弘扬。当社会生活践踏了诚信，因此社会生活也就普遍地失去了诚信，于是人们奉行着"百事可为"的原则。正因为如此，所以樊骏先生的精神，就值得我们更加珍惜了！

2011 年 3 月，5 月修改

樊骏未了的心愿

王　信

　　2003 年 3 月，樊骏突然发病住院，病愈后却留下了语言障碍后遗症。说话很难顺畅表达，特别是要讲人名、地名、机构单位名称时，他的脑子里有那个形象，就是讲不出语言符号。如果两个人对谈，倒也能解决：按着当时说话的内容，你主动提示了可能的名字，如张三、李四……文学所、北京大学、清华大学等。他立即反应过来，继续说他要说的话。除了语言交流上有了这样问题，我觉得他的阅读能力、思维能力受的影响还不太严重。那时他正在研究何其芳问题，已经读了很多材料，也写了不少笔记或草稿。他手边有《何其芳文集》（那时还没有出版全集），还是从我这里借去单行本原版《关于现实主义》。樊骏写东西的手稿和提纲是不给人看的（他说过他的字别人不认得），已经进行到什么地步，我也不太清楚。

　　1987 年，是何其芳逝世 10 周年。《文学评论》发表了一些纪念文章和研究文章，研究文章是关于何其芳的诗歌、散文、文艺理论和批评。文学所还编辑了一本纪念集《衷心感谢他》。有所外很多人的文章，也有所内很多人的文章。这里却没有樊骏的文章。当时还流行了一个提法——"何其芳现象"，指的是"思想进步了，艺术退步了"这种现象，是很多作家都存在的问题。对这种提法也有不同的理解。也许是从这时开始，樊骏想研究何其芳问题。

到了 1997 年 10 月，《文学评论》举行创刊 40 周年纪念大会，这时樊骏有一个发言，题为《何其芳，一个值得研究的对象》，其中有这样一段话：

> 何其芳是一个有好多问题可以研究也需要研究的作家。第一，何其芳有多方面成就，他是诗人、散文家，又是理论家、批评家、学者。从 20 世纪 40 年代中期直到逝世，他都是毛泽东文艺思想的一个积极宣传者和阐释者。把他作为整体看，从唯美主义到马克思主义，其中包含很多值得研究的题目。第二，从 30 年代中期成名以来，何其芳就一直是个有不同理解、不同评价的人物，到现在仍然如此……第三，熟悉他的人都有这样一种共识，他有一种书呆子式的认真和坦率，一点也不世故，几乎不知道如何来保护自己。他把自己的隐秘（包括健康的和不健康的，正确的和不正确的）随时都表露出来。这表现出他的自信和固执，也表现出他的直率、袒露的性格……（《文学评论》1998 年第 1 期）

关于第二点，不同的人有不同的看法，我记得很早以前他曾经说过这样的事：夏衍或者是艾青，看到何其芳写的批判文章后，颇不以为然，说"我们参加革命的时候，何其芳还在写《画梦录》呢"。另外还说过，吴组缃和北大有些老师对何其芳也有意见，说何其芳对很多学术讨论问题总喜欢当最后的裁判者和总结者。

关于第三点，何其芳的性格和为人，我觉得这是经过"文革"之后，樊骏逐渐形成的印象。在"文革"前何其芳是文学研究所的所长，文艺界、学术界的理论权威，也是文学所所有青年研究人员的指导者，那时何其芳对樊骏很看重、很欣赏，很多作为文学所的"任务"都让樊骏承担，二人在业务关系上是很亲密的。我想那时樊骏也像文学所的其他青年人一样，对何其芳是一种"仰视"态度，而学术工作之外的了解却不会很多。到了长达十年的"文革"时期，何其芳的身份、地位、处境完全不一样了，很长时间里他被迫失去尊严。从前文章中所表现出的居高临下，从容自信，智慧文采，都没有了。被批斗时常常狼狈不堪。对政治形势的认识和理解也很幼稚。这种不正常的环境和压力既是对何其芳性格的扭曲，也是对他性格的伤害。"文革"中的批斗会，有时常常是"黑帮过水"，按惯例喊喊口号，伸伸拳头，其实人们心中还是很不忍的，觉得何其芳可怜。有人说，在"文革"中精神最痛苦的，倒不是那些罪名和"帽子"，而是被孤立。文学所在"文革"初期被揪斗的人很多，连樊骏也在其中。随着运动的进展，有些次要人物、边缘人物都陆陆续续"下楼"了。（文学所被揪斗的人都集中在三楼一间大会议室，"下楼"也就是解放，回到群众中去。）"文革"过去多年以后，樊骏有一次对我说，当三楼上的人好几个都"下楼"了，何其芳对毛星说，"哎呀，不能都下去呀，总得有人陪陪我。"而毛星却说："我希望所有的人都能下去，就留我一个人在这里。"樊骏说，在整个"文革"期间都可以看出何其芳与毛星性格和表现大不相同。我也想到"文革"初期的一个例子：何其芳被批斗时恐惧感很明显，说他是"三反分子""反革命修正主义分子""反毛泽东思想"，何其芳不敢辩驳。而毛星就不承认是"反革命修正主义分子"，毫不含糊地说："我是犯了错误的共产党员。"在"文革"初期，人们看何其芳都是一种"俯视"的眼光。后来到干校不被当作敌人来对待，而是和大家一起生活和劳动，人们也就以"平视"的眼光看待他。对他的性格的方方面面也就有了更多的直接印象，直接的了解。我想樊骏所以那样描述何其芳的性格，也是对这么长一段时间的各种印象的综合。在他的思考里，何其芳从《画梦录》作者转变为毛泽东文艺思想的信奉者，和何其芳的性格是很有关系的。

有一次我和樊骏闲聊，设想何其芳不是那么早去世，而是活到思想解放、改革开放的年代，他的文艺思想会不会变化。我说，一些具体问题上的观点会改变甚至于自我否定（如批判《早春二月》之类），但他仍然是毛泽东文艺思想的信奉者，这点不会改变。樊骏似乎也同意，但没有多说什么。这原是个架空的问题，也就没有多讨论。

樊骏的语言障碍没有好转，后几年好像变得更严重了，阅读能力、思维能力也逐渐下降。他说学术性的文章他都看不懂。有一次还说，他连自己的文章也看不懂了。语调平平淡淡，心情却是无可奈何。这时他大概意识到自己不可能继续研究何其芳问题了。有一期《新文学史料》上刊载了牛汉一篇文章，其中有一部分谈到何其芳，他还特意告诉我，让我看看。

2005 年，当他的论文集《中国现代文学论集》编定之后，并且请严家炎先生写序的事已答应，我和他商量要不要写个"后记"。我说你可以说个大概意思，我来记录和整理，如何？他想了一下却说："这个问题太复杂。何其芳问题太复杂，我没法说清楚，不写了，不写了。"我当时觉得很奇怪，为什么写个"后记"一定谈何其芳呢？但他既然决心不写，这个话题也就放下了。这几天我重新想了一下他的话，好像有点理解了。他大概觉得要写"后记"没有必要讲一些一般性的话，要讲就讲一下这些年来研究何其芳所思考的问题和想法，介绍出来。而现在没有能力做到这点了。我又想起有时一些青年学者来探望他，聊到学术研究话题时，他很认真地鼓励他们好好研究一下何其芳。他希望未了的心愿，有后来者能完成。我想会有人来做的。

2011 年 2 月 7 日

一尊镌刻于心头的精神雕像

——怀念樊骏

刘增杰

一

樊骏先生虽然离开我们渐渐远去，可我对他的思念却与日俱增。穿越时空距离，记忆中的一些往事总是不时地浮现眼前。甚至，这些记忆碎片还会变得格外清晰。无论人品、学品，樊骏都是一位值得认真解读的人。樊骏的文章中，人文精神和历史精神总是和谐地统一于一个内在结构之内，文字中有着含而不露的思想光芒，隐而不彰的理性内核。他的行文有时不免略嫌持重，拘谨，但总的来看却自如舒展，独具气象。樊骏一生的学术实践在现代知识界具有某种恒久的示范意义。

在 20 世纪下半个世纪的中国现代文学研究中，樊骏属于承上启下的一代，他自觉地意识到了自己的责任与承担。对于上一代学者，他怀着敬畏之心，用剖析典型案例的方式，对他们进行了具有深度的学理探讨。《论文学史家王瑶》《唐弢的现代文学研究》等文，都评说到位。评说对象连同他的这些评说，今天都已经化为现代文学研究的遗产。对于同代研究者和下一代研究者，樊骏始终保持着友善与真诚。20 世纪 80 年代中期我和他的一次交往，至今仍记忆犹新。1986 年，我正在撰写《中国解放区文学史》。这年秋天，在北京召开的中国文学分期问题研讨会上，我作了题为《一个具有完整形态的文学运动——中国工农兵文学运动史提纲》的发言。会后我把发言稿送给了樊骏，请他随手翻翻，提点建议。学术研讨会结束前，他跑到我住的房间说，"会务忙（樊为主持人之一），没有及时和你交换意见。文章我认真看了，现在来说点具体意见"。在这次谈话前，我们在各类学术会议上，虽然经常碰面，但多止于寒暄。这次坐下聊天，他语调平缓诚恳，全没有想象中学会领导者的姿态，几句话就把我们感情上的距离一下子拉得很近。记得当时他直率地说：你的文章写得有些新意，这一类文章《丛刊》需要，准备采用。可文章也存在一些问题，值得进一步打磨、推敲。他举例说，文章把工农兵文学运动的发展过程总结为四个时期，把前两个时期概括为诞生期、发展期可以成立；对后两个时期的概括则容易引起误解。不宜使用"萧条"一类的字眼。要从学理上把问题说透，命名上不必锋芒毕露。还有，有些段落行文太直，讨论问题的时候文字要有张力，磨掉些火气。樊骏的话确实击中了文章的要害，我听后心悦诚服。从北京返回学校后，我对文章认真地修改了一遍，并于春节后寄给了他。1987 年 4 月 25 日，樊骏给我来信说："大作经过多次修改，可能磨去了一些锋芒，但弱点也淡化了些，已发在《丛刊》第三期上（秋后出版）。文章并不是很理想，却是需要的，而且提出了一些值得注意的见解。衷心感谢你的协助。"对于是否继续从事解放区文学研究，我思想上当时有所犹豫，在寄稿件时曾经对他提及。针对我的想法，他在信中劝我："你还是应该将这个工作坚持下去，不但要做出成果来，而且要是好的、丰硕的成果。听说下个月要隆重纪念《讲话》发表四十五周年，解放区的文艺传统必然再次得到强调。当然，政治上的提倡并不一定能够导致科学上的进展，往往既有利（受到重视）又有弊（受到约束）。但无论如何，足以说明这是值得认真研究的课题。"樊骏还特别提醒："王瑶先生同意，请你在今年秋后学会的年会（讨论抗战时期的文学）上，就抗日民主根据地的文学作个重点发言（半个小时）。你这些年专门思考这方面的问题，不应该有什么困难，请勿推辞，并希望能够及早准备。"

1959 年 8 月至 1960 年 7 月，我师从王瑶先生在北大进修。对于王瑶先生的意见，我当然会尊重照办。在那年秋天召开的现代文学年会上，我按会议安排做了三十分钟的发言，题目是《期待着深化的研究领域——解放区文学研究断想》①。1988 年，我和另外两位朋友合著的《中国解放区文学史》也正式出版②。我能够把解放区文学研究坚持下来，樊骏的帮助功不可没。

二

　　以北京那次谈话为契机，我和樊骏的交往逐渐密切起来。1992 年秋天，河南大学中文系和中国现代文学研究会联合在开封召开了 19 ~ 20 世纪中国文学思潮讨论会，会后编辑出版了《回顾与前瞻——19 ~ 20 世纪中国文学思潮讨论集》（以下称《讨论集》）。《讨论集》是河南大学和樊骏开始的第一次合作。《讨论集·编后话》说："本书编辑工作主要由樊骏、刘增杰、钱理群、关爱和担任"，《讨论集》的论文"显示了一种忠于学术的献身精神，'板凳甘坐十年冷'的沉寂之态，以及'文章不写半句空'的严谨、求实的学风。"③ 樊骏在会上作了《关于近一百多年中国文学历史的编写工作——为祝贺〈19 ~ 20 世纪中国文学思潮史〉出版而作》的专题发言。发言指出，河南大学主编的《19 ~ 20 世纪中国文学思潮史》是一种思潮史兼顾综合的文学史著作，"《19 ~ 20 世纪中国文学思潮史》各卷分别为《悲壮的沉落》《晨光微明时分》《从新潮到奔流》《战火中的缪斯》《风雨历程》《喧哗与骚动》。它们是对于各个阶段的文学思潮及其演变的准确概括，不同时也是对于这些阶段的'物质过程'的某些历史特征的生动

---

① 此文在我不知情的情况下，同时刊于《抗战文艺研究》1988 年第 1 期和《延安文艺研究》1988 年第 1 期。
② 《中国解放区文学史》，河南大学出版社，1988。
③ 河南人民出版社 1994 年版。论文集收入了严家炎、樊骏、黄修己、陈平原、钱理群、刘思谦、关爱和、刘增杰等多人的近现代文学思潮研究论文。

点染吗?"① 这篇文章副标题上的"为祝贺"某某"出版而作",分明是对河南大学现当代文学学科的鼓励。其实,早在1987年4月25日樊骏的来信中,他对河南大学现当代文学研究生的培养质量,就有过特别的关心与期待。信中说,"听说贵校毕业生近年来报考现代文学研究生的专业课成绩不错。听了很高兴。希望你们为培养这门学科后备力量作更多的贡献。"

怎样"为培养这门学科后备力量作更多的贡献?"这也正是我们学科点试图解决又感到茫然和困惑的问题。樊骏的话,促使我们对问题进一步深入思考。认识到,一所地方学校,在后备力量培养上,既要振作精神,以一种不服输的心态立志自强;同时,也要开阔视野,主动加强学术交流,借助京、沪等地学术资源丰厚的高等学校、研究机构的力量充实自己,获得他们在学科建设上的指导和支援。说办就办。我们首先想到的就是聘请樊骏担任河南大学的兼职教授。

我们深知,樊骏虽然为人低调谨慎,可他善良、诚恳,有一副热心肠,乐于助人。只要我们把师生对他的期待说清楚,他就有可能向我们伸出援手。最后,我们终于说服了樊骏,他表示愿意为学科点建设助一臂之力。1993年正式聘任后,樊骏尽职尽责,每年都短期来校讲学,为研究生开专题课,主持开题报告,指导毕业生的论文写作。他严于律己,诚实守信,备课十分认真。樊骏开设的专题课,如《论老舍之死》《论现代文学研究家》,开讲后都获得了强烈的反响,成为当时现代文学学科的名牌课之一。每当他来学校讲课,教室里总是被不同年级慕名听课的人挤得水泄不通。当时我主持中文系系务。樊骏上课,多数情况下由我陪同。樊骏上课时,表面上看节奏平缓,语调低沉,但自有他用心设计的教学艺术巧妙运用。在设定的语境下,他不动声色,一个轻声

---

① 《19~20世纪中国文学思潮史》,刘增杰、关爱和主编,河大学人集体撰写,河南大学出版社1992年出版了第一、三、四卷。该书序言《文学的潮汐》发表于《中国现代文学研究丛刊》1992年第3期。2009年全书以上、下卷的形式出齐,由上海文艺出版社出版,书名改为《中国近现代文学思潮史》。1992年樊骏所撰这篇长文,是对百年文学历史编写工作较系统的总结。

的提示，或一句脱口而出的幽默，时常就会引发听众阵阵的惊叹声，课堂气氛活跃而友好。每当此时，樊骏也情不自禁地陶醉于师生情感融洽交流的氛围里。

这里，根据我当时的听课记录，以樊骏对老舍之死的解读为例，简要说明他的教学所抵达的历史深度。

老舍研究是樊骏重点进行研究的课题之一。《认识老舍》《老舍的"寻找"》等发表后，都在读者中获得了好评。但樊骏在教学中并不愿意重复自己。在讲授老舍之死时，我发现，他的讲稿几乎每页都经过修改，满纸勾勾画画，添添补补，留下了多次思考的痕迹。在丰富史料的基础上，樊骏把老舍放在中国特定的文化语境下，分别从性格层面、社会层面、文学层面等不同的侧面，深刻剖析了老舍悲剧发生的多重复杂因素。

在性格层面的分析中，樊骏列举七个方面的例证，揭示了老舍外圆内方的性格特征。指出：老舍宁为玉碎，不为瓦全的刚强性格，埋下了"文化大革命"中投湖自尽的种子。在社会层面的分析中，樊骏一口气列举了从20世纪30年代至60年代十四个方面的史料，说明老舍所处环境的特点：伴随着他的，经常是赞誉下的非议和保留。比如，老舍始终坚持鲁迅所开辟的五四文学传统，却不时受到左翼文艺家的误解、批评、甚至尖刻的批判；《四世同堂》在老舍由美返国后的停发；《龙须沟》在压力下被迫一遍又一遍地修改；《茶馆》的演出不了了之的结局；《正红旗下》写作的叫停。所有这些非议、指责，对老舍来说，都是大刺激、大痛苦。他如进入无物之阵，头顶上有乌云，自己又无法解释，无处申辩，痛苦只能咽在肚子里。他的悲剧不仅仅是"文化大革命"中的偶发事件，而是某些"左"的文学思潮对他所造成的心灵的伤害。樊骏对文学层面的分析更为深刻，刻骨铭心。樊骏认为，老舍之死的一个重要因素，还在于他的文学观、价值观和流行的文学观、价值观的分歧和冲突。樊骏说，从启蒙的角度看，老舍是在鲁迅之后最自觉地写民族精神、写人物灵魂心态的作家。要进行思想启蒙的老舍，遇到了1927年以后文学思想激进的变革。还有，风格是作家的艺术生命，而老舍艺术创作中的幽默风格，却一直得不到应有的认同。

概而言之，樊骏在教学中对老舍之死的论证，不是对作家死难过程的浅层次表述，而是深层次地揭示了老舍之死丰富的文化内涵。在某种意义上说，论证中有着知识者集体性的焦虑，是一代研究者思考的精神性记录。樊骏的老舍之死讲稿，在他已经发表的研究文字中，虽有片断涉及，至今并未见到全文的展示。如果这份手稿还有留存，能够整理发表，对于老舍研究（而且不仅仅是老舍研究）来说，都该是一项极有意义的研究成果。

樊骏在河南大学的讲学活动，到了90年代后期终止了。当时，河南大学现当代文学学科点获批为博士学位授予点。消息让我们和樊骏都获得了一种长期奋斗后的欣慰。学科点的教师都主张，将樊骏列入河南大学博士点导师的名单。可是，这个建议被他果断地拒绝了。樊骏神态平静地说，"河大这些年有进步，是件值得高兴的事。可要我做导师，是绝对不可能的事。我来河南大学做点事，只是喜欢做这件事，没有任何功利的目的。"樊骏的话，当时就使我想起了王瑶先生对他的评价。王瑶说，博士学位制度开始实行的时候，他曾经多次建议樊骏主动参加博士培养工作，都被樊骏婉拒。王瑶先生还说，樊骏认定的事，别人无法让他接受或放弃。他是个纯粹的人，过分谦虚的人。我还想起与此事有关联的另一件事。在支援河大学位点建设的同时，樊骏还定期给南方海滨的一所大学以学术支持，在培养研究生方面做了不少工作。当这所学校获批博士点以后，樊骏也照例悄悄隐退了。樊骏就是这样的一位学者：他在助人中不断激发着自己的生命活力，领略着人生的真谛。助人就是目的，他并不企求个人再获取别的东西。

此后，樊骏虽然不来河南大学讲学了，我们之间的交往却依然不少。河南大学现代文学学位点负责人关爱和等人多次去探视他，就学科点建设征询意见。樊骏患病后，我和解志熙去看望他的时候，他也高兴地数着河南大学青年教师的名字，问长问短。樊骏等主编的十八卷本《中华文学通史》准备修订再版时，他指定由我审读书稿的解放区文学部分，并要求我提出修改建议。这件事我认真地做了，获得了他的肯定。2006 年春天，受樊骏委托，张大明先生通知我，由我来完成解放区文学史这一部分书稿的写作。出于对樊骏的敬重，我当即丢下手头的事，在规定的期限内完成了写作任务。代替樊骏执行通稿任务的张大明先生读了书稿后，给我写来了热情洋溢的信，表达对书稿质量的认可。

樊骏的《中国现代文学论集》出版后，他在给我寄赠这部著作时，特意嘱咐我给他开个青年教师名单，由他签名寄书。2009 年 12 月，樊骏出席《中国现代文学研究丛刊》创刊三十周年纪念会时，我在会上告诉他："青年教师收到了你赠送的著作，他们特别高兴。要我向你这位恩师转达敬意"。听到我的介绍，樊骏的脸上露出了宽慰的笑意。待午宴结束后，他又走到我面前，具体询问了刘涛、刘进才、张先飞、杨萌芽多位青年教师的近况，听了我的介绍后他满意地说："河大的青年人长大了，代我问候他们。"语短意长，表现了留存在他心中的，依然是那份浓浓的河南大学情。没有想到，这次会面竟是我和樊骏最后的告别。

值得特别提出的是，受到邀请樊骏短期来河南大学讲学方式的启发，随后，我们又和中国现代文学馆开展了联合办学的新尝试。中国现代文学馆吴福辉、舒乙、李今研究员，根据协议，都先后定期在河南大学讲学，开设专题课，共同培养博士。这一举措，使河南大学的研究生培养质量获得了进一步的提升。一些研究生自豪地说："我们在河南大学读书，却能够定期得到中国社会科学院、中国现代文学馆专家实实在在的指导，真是幸运！"

三

撰写这篇短文的时候，樊骏在河南大学讲学中的一些琐碎细节，也时常不由自主地从记忆中涌出，挥之不去。

一次，他讲了一个上午的课，没有顾上休息。在讲课结束的时候，我说："樊老师一连讲了三个小时，他太累了，大家向他鼓掌致谢！"掌声过后，没想到樊骏风趣地望着我说："刘老师的数学看来比较差。算算看，课间休息了十分钟，大家提问、交流又占去了二十分钟，讲课只有两个半小时呀!"他的话音刚落,立即又引起了一阵掌声。有的学生又是踏地板,又是拍桌子,教室里欢声一片。

还有一次,樊骏一直上课、看研究生论文,忙活了好几天。第二天下午,他要返回北京了。晚上他问我:"明天上午有什么活动?"

"没有活动,休息。"我随口回答。

"不要分内外,有活动就通知我参加。"在樊骏的要求下,第二天上午,他又和我们一起,听取硕士研究生学年论文汇报,汇报会一直开到中午十二点才结束。散会的时候,他半开玩笑地附在我的耳朵上说:"我这才对得起河大的这顿午饭呀!"

一个夏天的晚饭后,他对我说:"每天在宾馆吃招待饭,明天想换换口味,中午到主任的公馆吃便饭,你们吃什么我吃什么,怎样?"我本来就有意请他到家里吃饭,聊天,可因为担心增加他的精神负担,一直没有开口。今天他主动提出要求,当然是求之不得,就连声说:"欢迎,欢迎!先生屈尊寒舍,蓬荜生辉。"

"不是像在这里吃几个碗儿,几个碟儿,是吃顿便饭!"他反复强调、叮咛,我满口答应。

回到家里,我把这次约会的事告诉了妻子。不料妻子却为难地说:"咱家平时吃的饭太简单,别惹樊老师笑话咱们。"我们想来想去,最后商定,约请做菜有点名气的一位青年教师来帮忙。这位青年教师果然身手不凡,很快做好了四菜一汤,两荤两素,色味俱佳。樊骏一见,知道其中可能有诈,望着妻子调侃地说:"嫂夫人真是高手,你们天天就做四个菜,这么麻烦吗?我们的刘老师真有福分呀。"眼看蒙混不过去,妻子爽快供认:"我哪有这样的手艺,是××来献艺,招待樊先生。"樊骏知晓真相后,也没有再进一步追究。这顿饭,聊天聊得随意,吃得也尽兴。饭后,樊骏连声向妻子道谢。

樊骏还有个"怪癖",就是不论从北京来开封,还是从开封返回北京,他执意只坐火车硬卧,不坐软卧,更不乘坐飞机。有时候,硬卧票反倒不好买,软卧票还相对好买,就给他买了软卧票。他拿到票后,往往嘴里会嘟嘟囔囔,自言自语:"我想给河大节省一点经费呀。"在他身边听到这声细语，我顿时心头一热，暗想：樊骏真有孩童般清纯天真的心灵、两袖清风、一尘不染的慈心柔肠，是一位永远值得信赖的贴心学长。

细节最见学者的真精神。樊骏，他平凡而高尚，他活的是人品。这是一位我们时代文学研究者的精魂，一尊镌刻于人们心头的精神雕像。

"烟涛微茫信难求"

——深切怀念我尊敬的樊骏先生

孙玉石

　　与樊骏先生最后一次见面，是 2010 年 10 月 22 日晚上。那是在北大未名湖畔的博雅国际会议中心，中文系百周年系庆前夜的一次嘉宾聚餐会上。樊骏兄那晚应邀特别前来与会。当时我看他的心情、身体和气色，均觉尚好，颇为释念。我们刚一见面，他马上很认真地将庆贺他生日那天在社会科学院文学研究所小聚时，我们俩人站在餐桌旁的一枚合照，送给我留念。我早已忘记此事了，他竟如此认真记得，还特别将照片放大了。当时我是很感动的。没有想到，不到三个月后，他就永远地离开了。这张照片成了一份永远的纪念。

　　樊骏先生长我几岁，算是同辈中的学长。1955 年夏天，我入北大中文系读书的时候，他已经于前几年毕业了，在那时北大哲学楼的北京大学文学研究所里工作，不曾任过课，也未有过往来。此后文学所搬至城里，我们离得更远了。我 1960 年夏天，毕业留校做研究生，不久后被临时抽调出来，参与游国恩先生主编的《中国文学史》编写工作，住的地点在北大十三公寓。那时候，樊骏参加唐弢先生主编的《现代文学史》工作，住在颐和园北面的中央党校里面。在党校里的一次新年聚会上，经我的导师王瑶先生介绍，我们才开始熟识起来。与樊骏先生的更多接触和学术往来，已是在"四人帮"粉碎，新时期开始，参与现代文学各项学术活动多起来之后的事了。

樊骏的文章，我是早已拜读过的。经过近三十年来的许多交往、接触，特别是读他那些呕心沥血写出的研究文字，听他在一些学术会上所作的或长或短的发言，看他为现代文学研究学术事业发展所做的那些鞠躬尽瘁的付出，我才对他这个人有了更深一些的了解和认识。

按照我自己的印象，我敢说，在我们这一辈，乃至下一辈的同行学人中，像樊骏这样刻苦勤奋而严于自守的人，这样全身心倾情学术而品格高尚的人，这样一生毫不追求索取而默默无私奉献的人，这样心地透明关怀同志而毫不自私利己的人，几乎是再也不可能找到了。樊骏刚刚离世，我在给刘福春的电话里问询情况，那时他从樊骏刚刚停止呼吸的病房里走出来，用电话告诉我这一不幸消息的时候，我自己对他也随便谈了自己对于樊骏这种人格与精神的认识，福春便告诉我说："在文学所里，恐怕他是唯一一个一辈子没有从公家领取过一张稿纸、一支笔等文具用品的人了！"当时听了这些话之后是，现在写到这里的时候还是，我的两眼禁不住流下感动的泪水！

樊骏的学术文集出版的时候，我因身体不好，未能前往与会祝贺。摩挲那些并非以量多取胜而却仍让人感到异常厚重的文字，我看到了我素所尊敬的樊骏先生，拥有的那种极为严谨而近于苛刻的勤恳耕耘的学术光芒。他为一种思考，一种新见，一种论辩的阐说，常常是苦苦思索，句句推敲，倘若自己未尽满意，绝不肯轻易出手，总是竭尽力量去追求一种学术观点传达的完美和极致。1999年2月，在王府井一个饭店里，召开纪念老舍先生诞辰百周年国际学术研讨会，会议的发言、讨论、参观老舍故居等项目，都已经结束了。我因有事，和日本友人伊藤敬一等几位先生，都要告别离会，这时候却听到通知说，国内与会的代表们，都要继续留下来，下午听樊骏先生作题为《谈老舍的"俗"》的长篇学术报告。后来听关纪新告诉我，因为他精心思考的这一研究成果，报告须用两个多小时。会上不好安排，也不便让国外代表都必须聆听，樊骏先生自己才要求这样做的。最近，我问关纪新："这篇重要文章，收在他的集子里没有？"他说："没有。"理由是，因为他自己对文章一直不甚满意，总想再继续进行修改，直到他离开人世，也没有完成这项未竟之事。这就是樊骏！这就是我心中樊骏的为学！这就是樊骏那种几乎不可企及的"十年磨一剑"的治学精神！为此我总想，在当今学人中间，这样的精神，真的几乎已经是"烟涛微茫信难求"了。

20世纪80年代以来，现代文学研究的学术年会、理事会、专题研讨会、这样一类大型学术活动很多很多。王瑶先生作为现代文学学会的会长，几乎每一次都必须亲临会议，作长篇的总结性学术报告或指导性发言。王先生那时已近年迈，写作精力不济。这样的一些大块文章，有时就须请晚辈代笔起草。我自己在王瑶先生家里，就不只见过一次，樊骏和卓如等学兄，前来与王瑶先生晤面，讨论报告文章提纲或已经起草好的发言稿之事。这些大块文章，从未署上樊骏等人的名字。从20世纪60年代至80年代，唐弢先生主编的《现代文学史》和另出的一本《简史》，很多的组织事务，一再的文字修订、出版联系等事，均多由樊骏和家炎兄来承担的。这类无名的写作和校对出版事务，不知耗去了他多少本可以属于自己进行学术研究著述的宝贵精力和时间。自八十年代以来，他与刘福春合作，每年都要阅读已出版的几乎全部现代文学的研究成果，撰写出一篇长长的一年的学术研究述评，发表带有引导性的意见和中肯的批评。此中所耗费的精力，真是难以想象。为了推进学科发展，他牺牲了很多自己撰写著述的时间。他的一切努力，考虑的都是现代文学学科的建设和队伍的培养。一次，在成都举行现代文学研究学会的年会，我自该会成立以来，就没有参加过任何活动，这次也未想去参加。樊骏先生多次与我联系，邀我一定前往，为由他主持的会议期间举办的一个研究生讲习班，讲一堂新诗研究的课。樊骏的盛情难却，我毫不犹豫答应了，并去讲了课。返回北京，自机场回家路上，同车友人告诉我：很对不起你，你一向都不参加学会的活动，这次有人说，你前来参加会，是为"争理事"来了。我当时虽没有回答什么，心里仍隐隐有些不快。后来见到樊骏先生，我提起这件事，对他开玩笑说，都是你给我惹的"祸"。樊骏拍着我肩膀，边安慰，道歉，边开玩笑地对我说："真是笑话！如果真有这样的事，这该由我来承担责任。别听别人议论，走自己的路！"

2006年10月，为王瑶学术奖金评奖事，我放弃了参加向刚逝去的林庚先生最终告别的机会，前往大连参加一天多的评委会。第二天，没参加学会年会，就匆匆返回北京。在评委会上，我才最初从别人嘴里听说，这笔奖金，是由樊骏捐献了自己从香港亲戚那里获得的一笔当时算是额度颇大的遗产款项设立的。但是他坚决不让用他自己的名字，而是用王瑶先生的名字。我曾经亲历了一些前辈先生离世不久的后人，为遗留的存款财物等，发生过种种难以处理的麻烦事情。又听友人说，当时几位朋友，也曾劝过樊骏先生，不要都捐赠了。他拒绝了这种意见。由此，我自内心深处，产生了对樊骏先生精神世界一种超越于过去所未能真正理解的钦佩和敬意。在我的心目中，樊骏无愧是一个真正做到了的无私的人，纯粹的人，真正实践了的毫不利己专门利人的人。这种闪亮的精神境界，是许多无论或位高名盛，或以前卫先锋自命的人，自恃精神世界高于平凡庸众的人，所永远无法达到的。

由此我也想起一件不愿忘却的小事：在一次纪念王瑶先生的追思和学术研讨会上，一位学术同人，于王瑶先生对于党的认识，作了自己所理解阐释的发言。当时听了之后，樊骏先生在发言中，表示了自己鲜明的异议。他说，据他的接触和了解，王瑶先生，过去对于党的认识，不像发言所描述的那样。事实是，王瑶先生在很长时期里，都是真诚拥护党的，都是真诚追求进步的，他自己就曾经加入过共产党……听了樊骏先生认真的发言，回想会上的那番情景，至今我仍然赞赏他的那种坚持求实的精神和勇气。

他自己一生并不是一名共产党员！

樊骏离我们而去了。他的学术业绩和治学精神，他的为人精神和无私品格，他的为学为人的榜样意义，在我们后来的同行人群中，永远是无法复制也是不可企及的，真可以说是"烟涛微茫信难求"了。

为心里想说的话，为前述的一切，为在这里说出来的和没有说出来的语言，面对我尊敬的樊骏先生远去的灵魂，我要在自己的心里，真诚的、无声的、默默的，为他唱一曲清澈如明月的精神之歌。

2011 年 3 月 24 日夜于京郊蓝旗营

永存的风范无尽的怀念

沈斯亨

　　2011 年 1 月 15 日，我们的"大师兄"樊骏遽然撒手人世，这是文学所和中国现代文学界的一大损失，令人不胜痛惜。

　　在现代文学研究室先后担任领导工作的前辈学者有陈涌和唐弢先生。20 世纪 50 年代至"文革"前，有一批大学毕业生先后进入研究室工作，其中樊骏是于 1953 年文学所建所时就进所的元老级人物。他既是这一批学人中的年长者，在学术上也堪称是继老一辈学者之后下一辈学者的领军人物，承上启下，名实相符。

　　樊骏与我共事近半个世纪之久，一起经历过"文化大革命"这场史无前例的运动，一起到异地的"五七干校""改造思想"，回京后，我们又一起经受过太多的风风雨雨，太多的人生磨砺，这些姑且略而不谈，只是想回忆一些印象深刻的往事，以见他的高尚风范。

　　樊骏比我年长六七岁，他与我的关系可说是介乎师友之间，由于相处的时间长，我自觉受益良多，从到文学所之后，我就不时感觉到他对我们这些年轻人的眷顾和关切之情。20 世纪 70 年代初，我们从河南干校回京后，哲学社会科学部业务尚未恢复，仍在军宣队领导下搞运动。当时号召大家要看的是马恩列斯毛和鲁迅的著作。至于其他书籍则不在提倡阅读之列，经历过那些岁月的人自是别有滋味在心头。文学所图书馆馆藏丰富，研究人员都在暗中借阅各种图书，我也借了一些文史书籍，其中就有《明史》。过了一段时间，有一次，樊骏在闲谈中悄悄问我："《明史》看得怎样了? 你怎么想起要看《明史》的?"我问："你是怎么知道我在翻阅《明史》的?"他说："我看到你在图书馆借阅的书名卡片知道的。"我这才恍然。也许有人会对此产生别的想法，但我并不介意，我只是想到，他还可能翻阅了室内其他年轻人的借书卡片。这种对后进者关爱的拳拳之心，自是像金子那样弥足珍贵。记得当时我是这样回答他的："我读了鲁迅《这个与那个》这篇文章，他说'史书本来是过去的陈账簿，和急进的猛士不相干。但先前说过，倘若还不能忘情于咿唔，倒也可以翻翻，知道我们现在的情形，和那时的何其神似，而现在的昏妄举动，糊涂思想，那时也早已有过，并且都闹糟了。'我又说，"鲁迅还在他的著作中一而再、再而三地提到了明朝那些昏妄的人事，所以我才借阅《明史》，我只是精读了一些我感兴趣的部分，至于其他，则观其大略而已。"他随即表示："治学就需要这种追根究底、寻源探实而又重视第一手材料的做法，所谓文史不分家，只有把具体问题弄清楚了来龙去脉，不仅知其然，而且知其所以然，才能触类旁通，学得深，学得透。"

此后在 80 年代初，我接连写了关于郑振铎的散文和鲁彦的小说与散文共三篇长篇论文，一一送给樊骏过目。之后，他对我说："你每一篇文章我都仔细读过三遍，这样才有发言权。"他还给我文章的底稿，只见上面不少地方都写有批语，还就文章的优长和欠缺仔细地写出他的读后意见。待我思考、斟酌和修改完毕后，他又分别推荐给《文学评论》和《中国现代文学研究丛刊》发表。在《文学评论》发表《鲁彦的乡土小说探析》一文前，他亲自动笔，删削调整，致内容集中，文笔简洁，主旨突出。其间有这样一件小事，我对文章中有一个观点觉得不怎么妥帖，想与他斟酌，但一时竟记不起在底稿的哪一页上面，他立即说出是在第几页，还调侃说："怎么样? 我的记忆力不错吧!"我不禁讶然，连作者记不起是在哪一页，他这位审读者竟记得清清楚楚! 像他这样将文稿要细读三遍，经过一番思考，再写出中肯的意见，然后又郑重推荐给刊物发表。世间竟有这样一位对工作极端认真负责的同事，我真是有幸碰到这样一位"大师兄"，实属难得！就我所知，他对研究室里每位后学有些什么研究成果，有何特长，甚至有何兴趣爱好，他都了如指掌，并且都认真读过他们的作品，不知这要花费多少精力和时间啊！

又过了几年，所里又一次给部分研究人员评高级职称，樊骏是所里学术委员兼评委，他是我和另一位同事的研究成果的评介者。他一向以要求严格、态度严肃、办事谨慎、作风严正著称。他在会上作出了切合实际的中允的评价，我和那位同事终于都得遂所愿。我虽与他熟稔，但从未谈及评职称一事，在此前后，他一直闭口不言，在他看来，这不过是自己分内之事，不值得一提。但在我看来，却是他出于公私和爱心的一种表现。

在80年代初及此后的十余年间，我与樊骏在两座楼里比邻而居，当时我们都是单身汉，共同语言似也多了一些，经常有机会接触交谈。他习惯于半躺在床上，我则拉了一把椅子坐在他身旁，两个人海阔天空，纵论古今，上下几千年，纵横数万里，从国内的名胜古迹、山川风物，到国外的奇珍异闻、自然风光，大至历史事件、国政世局、社会人生，小至饮食起居、身边琐事、草木鱼虫，乃至文人的轶事雅趣，以及读书治学的心得等话题，我们都作了广泛的探讨。他对大千世界、人情物理的剖析，精辟而独到，每次交谈，都是一次丰盛的精神聚餐，这真是人生的一大乐事，忆念及此，当时情景历历在目，何其快哉！如今他已作古远行，令人不胜惆怅和眷念。

我进所见到樊骏时，他已人到中年，但中馈犹虚，像哲学所的金岳霖先生一样，一直没有结婚，但他并非像金先生那样因恋爱遭受挫折而后才坚持独身的。记得20世纪70年代，我们都住在集体宿舍里，有一位据说是北京大学的女士，隔三差五地来找他，一来就至少半天。樊骏起初好言相劝，希望她不要再来打扰，可是并不见效，后来还发了脾气，以致无奈地故意避开，被人称之为"避难"。那位女士仍照来不误，在他办公室兼卧室里等待着，有时避让不及，他却暗室不欺，真有古君子之风。后来不知出于什么原因，那位女士总算销声匿迹，他的生活又恢复了平静。有一次，我悄悄问问他："为何不想结婚？""结婚后很麻烦，不如一个人自在。"他如是说。

尽管樊骏对待感情一事可称冷漠，但他的独身并非独善其身，而是深存着"兼济"之心处世的。他不仅满腔热情地多方关心所里的年轻同事，而且对外单位的后辈学人也总是有求必应，同样关心备至，予以指点和帮助。他以"甘为孺子牛"和甘当人梯的精神，把自己生命的一部分自觉奉献给了他们，为的是培植新一代的文学工作人才，壮大科研队伍，以利于现代文学学科的发展，为此而殚精竭虑，不遗余力。值得一提的是，不论对谁，在原则问题上他守正不阿，绝不妥协，对工作中的失误、失职和差错，他都会予以耐心开导以致严肃的批评，为人处世的耿介和立身行事的严正于此可见一斑，因此，所里有不少人对他存有敬畏之心。

还有一事已在所里广为人知，那就是樊骏对公益事业尤为热心。他给文学所和中国现代文学研究会的两项基金拿出两百万元巨款（这是得之于香港亲属留给他的遗产）捐助，用以学术奖励，但却拒绝用他自己的名字，也从不张扬此事。当有友人不经意间对外透露此事后，他非常生气，竟至与之绝交。他一方面慷慨捐赠基金，而另一方面，在生活上却自奉甚俭，从不乱花一分钱。连日常收支都记着流水账，对自己到了近乎苛刻的地步。我曾一再规劝过他："你体质较弱，又不善于过日子，何必自苦如此。"写到这里，我还想起他律己严格的另一件事：所里署有文学所字样的公家信封信纸，以及文具用品，他从没有领过，一直是使用自己买来的，甚至废物利用，他参加会议，必定经过认真准备，写出详细的发言提纲；给别人审稿提意见，都使着一面用过、另一面还有空白的纸张，可称物尽其用，于此也可在细微处见精神。

樊骏出版有论著《论中国现代文学研究》和《中国现代文学论集》。他的论文中的代表作有《关于中国现代文学研究的考察和思考》《关于中国现代文学史料工作的总体考察》《论文学史家王瑶》《唐弢的现代文学研究》，以及关于老舍及其作品的一系列论文，无一不是颇有分量的原创性佳作。他在写作之前，多方收集资料；下笔之前，他又像严复"一言之立，旬月踟蹰"那样颇费斟酌；写出文稿后，他再反复推敲、修改定稿，有时在发表之后还要不惜费时费力，继续进行修改乃至改写。行文思虑周密，犹如水银泻地，无孔不入，文笔严谨，论证严密，材料翔实，分析精当，见解独到，思力深厚。正如严家炎先生所说："他的学术论著上承前辈，下启后学，产生相当广泛的影响；数量虽不算最多，但几乎每篇都很厚重而有分量。其涉及材料之丰富，行文思虑之周严，学术内容之深广与透辟"（《中国现代文学论集·序言》），为现代文学学科的总体建设作出了突出的贡献。

学风刻苦，治学严谨，工作认真，学养厚实，胸襟开阔，严于律己，乐于助人，樊骏就是这样一个闪耀着人性光辉的人，就其道德文章的美好，精神品格的高尚而言，实在不只是一代知识者的楷模。

日月经天，江河行地，樊骏的风范将会永存于天地之间！

沉痛悼念樊骏学长

陆永品

　　听到樊骏学长辞世的噩耗，我感到非常悲痛，由于家里有刚做过大手术的病人，离不开身，故未能去与他做最后的告别，为此我内心久久感到不安。1963年，我从复旦大学中文系毕业后来到文学所，就与樊骏兄相识，并结下深厚的友谊。樊兄从事现代文学研究，我研究古典文学，平时交流学术问题甚少。他的《中国现代文学论集》（上、下）于2006年2月出版后，即赠送给我，并签署："陆永品先生惠存，樊骏，2006年3月。"我却没有把我的《庄子通释》等书送给他，因此感到极其遗憾。这是其一。其二，我小有烹调技术，尤其会烧鱼。樊骏兄说找个时间，到我家来，品尝一下我做鱼的手艺。但他也一直未能抽出时间，来品尝我做的鱼。这也是件遗憾的事。樊兄长期以来身体欠佳，他住在安贞宿舍大楼，我怕打扰他，就未去看他，只是几次拜托与其同住在安贞宿舍的王信学长，向他问候。没有想到，樊兄竟这样过早的仙逝了。但樊兄的高尚人品和道德操行，却值得后人发扬光大、薪火相传。我这里只简略地说三点。

　　一是他治学严谨，厚积薄发，千锤百炼，一丝不苟。他所写的文章，都是深思熟虑，字斟句酌，呕心沥血的结晶，是能够经得推敲的。不像有的人，身居要津，急功近利，沽名钓誉，什么都敢写，大量炮制并非创见的文章，其实就是在做文字游戏而已。樊兄的《中国现代文学论集》能传之后世、藏之名山，供后学学习和参考。宋代有位诗人曾说过，如果诗写得不好，"千首富，不救一生贫"。诚哉斯言！颇值得学人作为座右铭。

二是樊兄为人宽厚诚实，廉洁正派，不媚俗，不趋势，不拉帮结派，做人堂堂正正，光明磊落，一身正气。樊兄可谓孔子所说的"君子之儒"。孔子曰："君子周而不比，小人比而不周。"（《论语》）樊兄能团结同仁，友好相处。不像有的人身为学者，不潜心研究学术问题，却热衷于拉帮结派，党同伐异，真是学者的耻辱。

三是樊兄心地善良、富有恻隐之心，大公无私、乐于助人，是个道德高尚的人。正如老子所说："含德之厚者，比如赤子！"（《老子》）举几个例子即能说明。其一，樊兄是独身主义者，不谈恋爱，不结婚。1972 年从河南干校返京后，没有宿舍，樊兄和我都住在文学所六号楼办公室里，他住北面的办公室里。樊兄有个习惯，每天晚上都靠着床头看书。北大有位女士爱上了他，几乎每天都来看他，坐在他床边；而樊兄不与她说话，也不招待人家喝水，直到九点，那女子回去了之。有一次樊兄去乡下看他干爹，他回来后，我告诉他，那位女士又来了，问您到哪里去了。我说我想告诉她，您去外地结婚去了。他却说："不能这样说，这太伤害人了。"其二，20 世纪 90 年代初，我评研究员时，因被人排挤，压我两年。樊兄是评委，了解此情，他每年都找我谈心，并安慰我说："你写的《诗词新论》，很好！"如此等等。其三，樊兄大姐过世，他分得遗产人民币 200 万，他没有用于购买高级住宅、改善生活条件，而却分别捐献给文学所和别的学者作为奖励后学的基金；知道所里同事经济困难，他也出资相助；但他都坚持不留姓名。他这种"大道之行也，天下为公"，毫不利己、专门利人的精神，真正达到了如庄子所说无功、无名、无我的精神境界。他的这种高尚的道德品质和精神境界，给学子们树立了学习的典范。

老子曰："死而不亡者，寿！"（《老子》）樊骏学兄将永远记在世人心中而永垂不朽！

2011 年 4 月 14 日

樊 骏 琐 忆

张大明

我 1963 年到文学所。樊骏是文学所的元老，1953 年文学所成立那年就有他。有一次聊天时，我对他说："你比我高一辈。"他则坚决地摇手否定："不，不，不！是同辈。"

樊骏的办公室兼卧室在七号楼二楼，上楼梯后的第一间房子。我到文学所后，挤进去一张桌子，算是我办公的地方。

但我和他交往不多，尤其是无私交。

我到文学所屁股还没有坐热，就到山东农村劳动实习，很快转为"四清"工作队。三年中，在山东黄县、安徽寿县、江西丰城县搞了三期"四清"，直到 1966 年 6 月 4 日晚，被急调回京参加"文化大革命"运动。"文革"时，樊骏被打成"漏网右派"，以"黑帮分子"之身，接受无产阶级专政；不久，我也被打成"现行反革命分子"，接受监督。两人虽同屋，但不能说话。形式上被解放后，整个学部又被一锅端到河南"五七干校"，先在罗山，后在息县，再到明港，近三年时间。在"干校"，我当排长，率领三个班，制砖，种棉花；樊骏被编在后勤排，在炊事班煮饭，并管记账。大家都累得要死，更无来往。"文化大革命"后期，我和他又奉命派到顺义县牛栏山北京维尼纶厂劳动，并和"工人理论小组"联合"批林批孔"。但我和他不在一个班组，半年中，虽在同一个工厂劳动，却从来没有在厂里见过面。他倒是真和工人建立了友谊，其中还有师傅和他成为终生朋友。"文化大革命"结束后，我有了家，他则四处流浪居住，先后在崇文门旅馆、陶然亭公园、劲松小区，最终落实政策，住进了安贞里"专家楼"，来往尤其不方便了。

总之，我不是樊骏那个圈子的人，我和他仅是一般同事关系。

樊骏一个人挣钱一人用，他不缺钱。他父亲过世后，他母亲由他赡养。

他过日子之精细、节约、克勤克俭，是有了名的。

那年月，在街上买物品，都是纸包装。这包装纸，白的、绿的、黄的、淡红色的，他一定一张一张地碾平，摞在一起，用以写字。他的发言稿（他是每发言必有稿子），全都写在这样五颜六色的纸上。捆商品的纸绳子，则不论长短，他都一根一根地绕成团，用盒子装起来备用，书架底层，放了满满几盒子。

有一次，我见他用香皂洗尼龙袜子，就好奇地顺便问他：怎么不用肥皂？他说："肥皂碱性大，怕对袜子有伤害。香皂碱性弱，伤害小。"精细到这种程度！

樊骏有两大爱好：一是看电影，二是吃馆子。

他对我说过，他从小喜欢看电影。读中学时，那是教会学校，允许看电影，从那时起，就养成看电影的习惯。新中国的电影，每年没有多少部。他则一部不落，全都要看完，看全。根据各种信息，全年生产的影片，若是少看了一部，哪怕跑遍全北京城，也一定要补全。对于京剧、话剧，则没有这样高的兴趣。

他一辈子单身，但他烧饭的技术差。不过，他能品评哪儿的菜好，哪儿的不好。他喜欢上馆子，可以说，他也吃遍北京城。涨工资以前，我不知道樊骏每个月的收入到不到100元，但那时候物价低，十年二十年不变，他所吃又都是普通菜，他是吃得起的。他每个月孝顺老太太20元，老太太则管给他买衣服，其他方面他不乱花一分钱，他有财力吃馆子。他请客人吃饭，都是上馆子。文学所他最好的朋友，也被他拉去吃过馆子。西单绒线胡同的四川饭店、东单的益康饭馆、前门的力力餐厅，这三个川菜馆，是他常去的地方。

樊骏平生有两大怪：不结婚，不带研究生。

他在全室会上公开解释过，他为什么要坚守两个"不"。依稀记得他说的是怕麻烦。

他不结婚，有没有什么深层次的原因，我不知道。但据我所见，他在文学所的好朋友中，女性却不少。

他不结婚，但有两个女性，却死死地追他、等他若干年。一个好像还是他北大读书时的同学。那位女性，隔不了多少天，就要到文学所七号楼办公室找他一次。大凡这位女性来，樊骏必托我们为他搪塞、敷衍，找借口抵挡，说他不在。连续几年，就这样，你追我躲，上演人间悲喜剧。另一位是他农村干爹为他物色的对象，一个贤淑的小学老师。听说那位灵魂工程师整整痴痴地等了他近十年。樊骏不结婚，难坏了老太太。老太太曾亲口对我说：张同志，你们劝劝樊骏，他不结婚，他的弟弟也不成家；他没有家，我想到北京玩玩，也去不成。

他不带研究生，他在会上说的是怕麻烦，会下他对我说过：研究生读过的书，我没有读过，他在文章中引用了，评论了，我怎么评？怎么鉴定？还有，现在有些年轻人的观点都怪，是生吞活剥从外国搬来的，我没有见过，不同意，又怎么办？他没有说出口的原因还有一个：他向来对人、对学术要求严格，若学生毕不了业，那怎么办？

本人不带研究生，实在说，全国的学生都是他的研究生。没有直接间接受过他的教诲的，恐怕很少。

樊骏真正做到了跟工人和农民交朋友。

1957年反右派运动，他受到严重冲击，被下放农村，是河北平山县吧？在劳动实践中，他和当地农民真真实实地交上朋友。他认认真真地改造自己，要向贫下中农学习，脱胎换骨。他拜一位后来当了支部书记的老农民为干爹，而且名副其实地认这位干爹到终老。差不多每年春节他都到干爹家过年。他把干爹的困难当成自己的困难。干爹有什么需要，他争着办理，着力解决。唯独一件事他没有服从干爹，那就是干爹要他娶妻成家。当地一位小学老师，就那个地区说，是美人，主要是贤惠、忠厚，干爹要做主叫他成亲，老师也含情脉脉地乐意嫁给他、伺候他。樊骏怎么说也不同意，他软磨硬抗，终于拖黄了婚事，也拖老了那位老师。

樊骏跟工人交朋友，是到北京维尼纶厂劳动时的事。一位工人，成了他终生的至交。我们赞扬樊骏，更称颂这位工人师傅（他后来是中学老师）。他们不是那种庸俗的你图我劳力、我图你有钱的俗众，而是品德高尚的精神关系。

樊骏出身小资产阶级家庭（他父亲是银行高级职员，襄理），上教会学校，接受的是典型的资产阶级教育，他能够和劳动人民真实地打成一片，融为一体，向工农交心，以心换心，从而获得工农的接纳，把他视为知己。樊骏走出了一条可供学习的、知识分子"改造"的道路。

樊骏孝顺父母，父亲去世后，由他赡养母亲。他和姐姐、弟弟的关系，堪称楷模。

樊骏和他的姐姐、他的三个弟弟，手足情深。就我所见，他向母亲大人，他与他的姐姐、弟弟写信特别勤。那年月，没有电话，更没有网络，想说话，就只有写信。他不但写得勤，还写得长，总是密密麻麻几页。顺便说，樊骏写信，从来不用所里的公用信封信纸（或稿纸）。前面说过的，凡成片的包装纸片，他都用来写信；信封多是来信的信封的翻制。为要废物利用，拆信时，就不是随手一撕，而是反复照亮，寻找可启开的封口，再小心翼翼地启封、拆封、反拆，成一个改造过的"新"信封。可以毫不夸张地说，那些书信，如果能够收集起来，简直就会是一部社会生活史，一部他的心灵史。我虽然不知道他的任何一封信的内容，但他有时候会对我透露心境，对社会现象、人情世故、生活变迁、读书心得、电影评价，都有想法、看法。他不是"闷葫芦"，有事就想找人倾诉。而自己的亲人，是接受他倾诉的最好的对象。另一大内容是谈病，谈吃药。他天津的弟弟是制药的大专家，他上海的弟弟是儿科大权威，他们兄弟之间，说病谈药，各抒己见，不乏妙论。我有时就能从他的漫谈中享受几句。像樊骏这种感觉敏锐，长于思索的人，尽管他对国家忠心耿耿，对事业勤勤恳恳，但在表面受尊重的背后，总有特种眼睛在盯着他，要看穿他的五脏六腑，总想找出"反骨"，他的痛，只有亲历者才能体会。这种苦，只能对亲人述说。鉴于胡风事件（信件是定罪的根据），恐怕对亲人的倾诉，也要有所埋藏，或者说得曲折一些，隐晦一些。

写到这儿，不得不说樊骏这位学术大权威、全国政协委员之安装电话。自从电话可以普及到普通家庭的时候起，樊骏是反对装电话的。理由简单：接电话麻烦，怕电话扰人。中午要午眠，来了电话咋办？晚上该就寝了，电话铃响咋办？不想跟他说话的人来电话，甚至纠缠不休又该咋办？等一些朋友都有了电话以后，他才同意安装私人电话。可是，那时电话还是稀缺商品，装电话不管怎么说还是身份的象征，所以，这"安"的过程可把他烦透了。具体是小李帮他办。开证明，跑西单电话局，交钱……一会儿证明不对，一会儿手续不全，小李就这样一趟一趟地来回跑。一次不成，他等，二次不成，他不怨谁，三次还不成，他就想发火。可这火，又不能发在小李身上，把他气得够呛。

他想静心做学问，可是社会就是要折磨人。

樊骏善于思考问题，更是勤于思考。

这是搞研究工作的人必备的品格，必修的课程。

有一天晚饭后，我们两人，还有王善忠，爬在七号楼他办公室外的栏杆上聊天，他对我和王说："你们每天都要思考一两个问题。若是一天脑袋不思考问题，尽管你这一天做了很多很多的事，忙得很，那你这一天也不算有收获，甚至是白活了。搞研究的人，时时脑子里要装着问题。"

我到文学所已经 48 年。其间，受惠于樊骏的地方特多，而这一句指导，我终身受益，也终生难忘。我把它视为是最重要的，最带实质性的，最有助于提高我的研究成果质量的指导。

一个研究人员，能不能提出需要研究的问题，是不是带方向性、根本性的问题，会不会思考这些问题，从而正确地回答这些问题，这是基本素质。樊骏所以能始终抓住现代文学研究的牛鼻子，深入思考，并在理论层面上回答学科提出的问题，就因为他首先能发现问题，抓住问题，独立思考，并从理论高度，从学科发展，从历史与现实的关系等方面，清晰地回答，做出令人信服的阐释。

晚年，樊骏不止一次对我说起他对一些问题的思考。

比如，所谓"何其芳现象"，即何其芳在20世纪40年代，到延安以后，政治思想进步了，再不是写《画梦录》的何其芳了的时候，艺术表现力却退步了。学术界提出这个问题，各有各的解说，人言人殊。但樊骏认为都回答得不完全，不准确，甚至没有搔到痒处。樊骏来回答这个棘手的问题，有许多别人所不具备的长处：他对现代文学的全局烂熟于心；他与何其芳同事十多年，并得到何其芳手把手的指教，可以说没有另外的谁有他这样的先天性的有利条件。所以我听他讲所谓"何其芳现象"，就远比刘再复等的文章挖到了根本。

又比如，为什么像郭沫若、茅盾、巴金、老舍这样的大家，新中国成立后通通写不出作品？他说他思考了若干时间，抓住了若干实例，他的回答显然比学术界一般的解说要深刻得多，准确得多，有说服力得多。其中的老舍研究，他发表《认识老舍》以后，智慧者断言：老舍研究要超过樊骏，没有相当的时日，是不会出现的。樊骏自己，已经又在老舍性格、心态、时代关系与创作的关系等方面，有所突破，他在自己超越自己。

再如，他答应过《新文学史料》编辑部，要就《新文学史料》创刊100期，写一篇总结性的文章，就现代文学史的资料建设，再建构像他的《关于中国现代文学史料工作的总体考察》那样的体系性的宏文。他思考再三，已经成竹在胸，相当有把握地说要提出些根本性的问题，让学术界再思考，再研究，再回答。

这些经过多年思考，反复推敲，成熟在案，而又比同人深刻一层的学术问题，他没有来得及写出来，不能不说是中国现代文学研究界的损失。

樊骏在现代文学研究领域所以能够把准脉搏，高举帅旗，引领航向，除了他的天赋，他的勤奋，他会思考，他根底深厚等以外，还与他对哲学的学习和掌握有关。如果我的观察不错，在文学所，他那一辈人，若论对哲学，主要是马克思主义哲学的修养，其他人是无法比拟的。他对经典作品的娴熟，他写文章的理论框架，缜密思维，严谨逻辑，足可以做我此说的注脚。

我最钦佩的是樊骏在学术上的无私，他的奉献精神，他的牺牲品格。

先说看得见的，是他舍得花时间帮忙看论文。简单罗列即有：《文学评论》遇到拿不准的文章，都请他帮忙看看，把把关；《中国现代文学研究丛刊》每一期的文章，都由他定稿，尤其是那些有疑点、有难点的文章，必得由他定夺；学术界他的好朋友的研究生的学位论文答辩，他必参与，学生不止一人，几万字、几十万字的论文，就不止一篇两篇，他看，他参加答辩；他所重点扶助的学校的老师评职称，他帮忙看选交的论文；出版社的两难书稿，也有人请他拿主意，确定出与不出；再者，好朋友的论文在发表前，也有请他"提提意见"的。用简单的加法，不难算出，他一年花在这方面的时间要多少，花在这方面的心血有几多。照我看，一年中起码有一半的时间，是花在"人家"身上的，即是花在为他人做嫁妆的。关键还在于，他看文章，从来就不会是敷衍塞责，一目十行，草草了事。他必是：头一遍初看，对原稿不着一字，求得初步印象；第二遍细看，说出一二三四，子丑寅卯；第三遍帮忙查证，补充材料，并写出意见。有些文章，不但不是他的研究领域，他不但不熟悉，还相当生僻，他花的时间就更多，不弄懂，他是不会轻易说三道四的。

举现代室的工作为例：

《二十世纪中国文学编年史》现代卷（前50年）：这是现代室的集体项目。据说，起初他并不同意我们搞这个项目，理由是它太难，不容易搞好。这种体式的文学史，任何一点错误都可能是硬伤。但是，当我们搞到一定阶段了，出了第一批样条了，他却答应主编的要求，为我们看提供的卡片（条目草稿）。主编所提供的卡片是全方位的，不限于一个方面：时间跨度50年，大小作家（作者）千余人，内容涵盖作家作品、思潮流派、运动论争、社团刊物、理论批评、翻译出版等。樊骏每一条都看得细，都有批语，各个指点之外，更有重点的总体指导。他不但鼓舞我们的信心，更引领大家如何继续努力。

《阳翰笙评传》：这是陈涌同志主持、重庆出版社出版的项目，樊骏和吴子敏协助陈涌看稿。我和潘光武将初稿呈上以后，主编请樊骏初审。20多万字的初稿，樊骏审读了两个来月，每一页都写有意见，都挂满胡须，若细数，总在千条以上。然后再用两三个小时，逐一讲给我们听，一一指明错在何处，应该怎么写。总的意见是：我们的初稿要么有评无传，要么有传无评，评和传没有处理好。

以上这些，已经不是一个常人所能做得到的。更被人称赞，表现了无私的奉献精神的，是他在看稿、审稿的过程中，会心甘情愿地，不留任何做着痕迹，将他的多年研究、长期思索的理论成果、还未写成论文之所得，毫无保留地拿出来，贡献给你，让你写进自己的文稿、著作，成为你的研究成果。这种无私的精神、奉献的品格、为了学术的敬业心态，至今我没有见到、没有遇到第二个人。比方说，张三研究茅盾，他也研究茅盾；张三将研究茅盾的、尚未发表（出版）的论文（著作）请他看看；根据论文（著作）需要，他会把他研究茅盾之所得（新看法，新观点），毫无保留地贡献给张三，让张三写进自己的论文（著作）里，成为张三的论点，他就不再写关于这个问题的文章了。樊骏这样做，不是一例二例，而是几十年如一日，常常这样，乐意的，自觉自愿的，不求报答和索取的。这才是一个高尚的人，一个没有低级趣味的人。

2011 年 8 月 25 日

遥寄樊夫子骏公

陈全容

　　不才忝列文学所名册几近 50 年。在余心目中，樊夫子骏公是余最敬佩的兄长之一。2011 年 1 月 15 日，骏公辍思绝笔辞世，拟将远游。20 日，京城学子为公送行。余时在山东曲阜，未能忝列。连月来，哀思如缕，难以释怀。不意间，重新打开 5 年前 2 月问世，3 月即亲笔签名赠"惠存"的《论集》。窗外细雪无言，天色灰暗阴沉凝重，宛如吾之心境。看着骏公亲笔题词，默念兄已悄然远去，行踪难觅。追思骏兄年轻时曾患过肺病，身体一向单薄，浮想联翩，不能自已，经不住哀思如泉，潸然泪下。情却心平之际，拼凑缀辑几行文字，长歌当哭，以寄哀思，遥寄骏公一哂。余虽有病，恨余非蚌，不能生珠。好在骏公知我，不会见笑，只是再也不能听到骏兄拨愚解惑了。

　　　兄自何处来／何处去远行
　　　阔别未相送／行踪难问寻
　　　追思五十载／有幸在同门　（1）
　　　往事历历在／事事总关情
　　　人生天地间／做人是根本
　　　良知主道义／仁义天下行

时狂心不乱/世乱不走神（2）

阿世兄不会/媚俗君无能

名利不关己/宠辱不惊魂

悲悯胸怀大/浩然正气存

心念苍生远/民艰忧思深

丰城有白马/感子故意诚（3）

谦谦君子风/如玉赤子心

洁身自好习/凌风不扬尘

恭谦礼让贤/特立独行人

律己近严酷/待人宽厚醇

崇简尚节俭/返璞归天真

独身非主义/哲人思虑深

婚姻家庭小/一发动全身

繁杂琐碎细/无处不红尘

红尘即义务/红尘即责任

责任和义务/无事不关情

意志难掌控/无补费精神

生命本有限/浪费即杀生

熊掌鲜鱼美/岂能太贪心

舍得两难境/智者难权衡

公虑哲人虑/公行使徒行（4）

人生即选择/选择即牺牲

全身献文学/一心在学问

文学天地广/学问大无垠

登堂入室间/因缘定终身

文学人事外/学问超红尘

中外无间隔/古今结伴行

生死无界限/阴阳不两分

思接千古意/聆听普世音

圣者能为友／贤者知遇亲

良师任结识／知音随意寻

人格真自在／心灵自由伸

生活尚简洁／学问求精深

严肃认真态／良知态中行

严谨严密度／纯正品味凝

勤学乐苦思／劳心美忘形

敬业全心付／探索务求真

语必陈言去／传承重创新

开拓多建树／心仪满学林

宁静以致远／酒香巷子深

人格力量美／文章溢清馨

尽心已竭力／此生不虚行

有限生命已／风范永世存

清风明月夜／梦中吊君魂

2011 年 2 月中旬作

2 月 28 日改

注：（1）"同门"一指中国科学院，中国社会科学院这个门；二指文学研究所这个门；三指现代文学研究室这个门。1963 年我来文学所时被分在现代组，第一项活动就是去无量大人胡同拜见唐弢同志，其时当代组尚未从现代组分离独立出来。

（2）"时狂心不乱，世乱不走神"：20 世纪 50 年代到"文革"结束的二十几年，我把它看作是一个疯狂、迷乱、跳大神的时代。我想用这两句描摹骏公的清醒冷静、淡定从容。

（3）"丰城有白马，感子故意诚"：1965 年秋至 1966 年 6 月初，中国科学院哲学社会科学学部以文学所和中国近代史所为主，组成大队人马到江西丰城参加"四清"。我和骏公被分在白马公社下面的罗桥大队，我们那个工作组还有吕林、王锳、叶蓁、刘建波、何立人，还有宜春地区四清工作团的一位小青年。由于骏公态度亲切坦诚，思考周密严谨，分析深入细致，工作方法循循善诱，使他和我们培养树立的团支部书记邹发根成了亦师亦友。回到北京后，在很长时间里，骏公和邹发根等同志一直保持着通信关系。

（4）"使徒"：我这里用了"使徒"这个词，因为在我的感觉里，骏公骨子里就是一位虔诚的宗教使徒，他的虔诚渗透在其言、行、思的一切方面。

倾盖如故说樊骏

钱碧湘

1979 年 5 月，我从文物出版社调来文学所正筹备成立的鲁迅研究室。樊骏是现代室的翘楚。虽无来往，却久闻其美名。结识樊骏，大约是十年之后了。起因却正如俗话所说："不打不相识。"

我在文学所是个"新人"，没有奥援，偏偏又认识钱钟书先生，因此而颇遭"池鱼之殃"。1988 年评职称，我再度被黜。在三里河钱家偶尔谈及此次上榜人选，钱先生说："×××是句子都写不通的。他倒是副研，你倒不是副研?!"我听了大感安慰，同时也平添了几分愤懑。

一天早晨刚到所，在七楼电梯间遇见蒋和森先生。他很随和地和我打招呼："钱碧湘，你好!"鬼使神差，我突然将一股怨气冲他发作："好什么好! 你们这回又把我抹了下来! 你们看过我写的文章吗? 知道文章都发在哪里吗? 评委都瞎了眼吗?!"蒋先生是彬彬君子，顿时被惊得愣在那里，不知所措。这时，樊骏从图书馆那边走过来，满口承认说："钱碧湘，我们是瞎了眼!"我当时发飙，棍打一大片。樊骏却包容大度，毫不计较。我自悔恶语伤人，说："樊骏，我知道，你没瞎眼!"自那以后，遇到樊骏，便能随意聊几句。

有次在会议室开全所会，我碰巧和樊骏坐在一起。谈起评职称中的不正之风，我说："樊骏，你是个正派人，能秉公评判。"樊骏却说：

"钱碧湘，你别把我想得太好！我有时也不得不投一点人情票。"听他这样自谦自责，我更觉得他是个实实在在的好人。

我是个懒笔头，因文章发得少而遭诟病。樊骏劝我说："钱碧湘，我读你写的文章，看得出很下工夫。写这样的文章太费力，写不多。你能不能再写些一般的文章，多发一点。"我说："樊骏，我和你不一样。你写了文章，人家抢着要。我这么下工夫写出来的文章，还老是被退稿。我再要写得一般化，还会有谁理我呢？再说，没有心得的文章我也写不来！"我不仅不领他的情，无意中还多有冒犯他的地方。樊骏不介意，反倒说："我是幸运的，遇到的前辈学者人都很好，因此事业上一帆风顺。我认识一些编辑，彼此信得过。你手头有发不出去的旧稿吗？交给我，我给你推荐。"他的与人为善，他对生活抱有的感恩态度，都深深打动了我。

古人论交友之道云："有白头如新，倾盖如故。"齐人邹阳以为两者之间的区别在"知与不知也"。在复杂的现代社会，要做到相知而"倾盖如故"绝非易事。樊骏则以其善良、率真、热心，在短暂的交往中，即能赢得信任，这是他的人格魅力所在。

我退休后更其疏懒，十多年来，读书只是出于兴趣。若有所得，也偶尔动笔。谁知樊骏仍在关心我的行止，竟然在某次会议上提议给我评研究员，与会者以为"没有先例"。我听说后不禁哑然失笑，笑他实在也太迂了。

樊骏八十大寿，所里开会庆祝。我一早出门，路远堵车，还是迟到了。会议结束，我上前贺寿。樊骏不说应酬话，却指着我笑道："钱碧湘，你掉了一颗牙！"他回手按下自己的下唇道："我和你一样，也掉了一颗下门牙！"我不禁哈哈大笑："樊骏，我们都老掉牙了！"

这是我见樊骏的最后一面，记住了他的笑声，他的笑容。他笑得那么爽朗纯真，毫无城府。这就是我与之交往不多而倾盖如故的樊骏。

钱碧湘于紫竹院寓所 2011 年 8 月 27 日

我的樊骏兄

何西来

樊骏兄是 2011 年 1 月 15 日去世的，享年 81 岁，屈指算来，已经过去 8 月有零了。他辞世时，正是小寒已过，大寒将至的隆冬时节，却似乎可以隐隐听到远处春天的脚步了。我想他是跑过去，迎接快要到来的春天的。

我称樊骏为兄，不是同辈人之间的门面话，用于交际场合或书信中，而是他整整大我八岁。我 20 世纪 60 年代初到文学所时，还是二十来岁的毛头小伙子，他早已"齿在逾立"，很成熟，很稳重了。另外一层，也许更重要，是他总像兄长，像大哥哥那样，关注我的成长，从言行到业务。如果做得还算过得去，他会适当加以肯定或鼓励，但绝不过分。而且话不多。如说："你写的那篇论《创业史》史诗效果探求的文章，我仔细看过，有思想，有自己的看法，文字表达也不错。"如此而已。他希望我的别的文章都能写得像这篇一样，但我哪里做得到呢？以评《创业史》而论，我当时写过多篇，也就成活了这一篇。遇到我做得不对，或有可能做得不对时，他也会及时提出批评，加以匡正；或做善意的提醒。碰到难题，他也会在经过缜密的思考后提出中肯的建议。文学所建所 50 周年时，他参与主编纪念性的回忆文章，分配我写回忆当年文研班的事情。我写了洋洋洒洒一万多字，他看了开头我对铁狮子胡同一号历史的追述，认为与文研班本身的历史无关，有些走题。说，"露才逞能的老毛病又犯了。要这些干什么，删掉！你不删，我也得删。"但他还是肯定了我回忆研究班往事的文字，我也便顺水推舟地对他说："你老是大编辑，手里操着板斧，只管砍削就是，小弟拜托了。"其实，我心里很清楚，他绝不会多砍我一个字。他做文章，常以精雕细刻见长。果然，经他用心删削，文章很见精神了。他不仅将其放在那一辑文章的首篇，而且出书前还特意推荐给人民文学出版社的《新文学史料》发表。

樊骏做学问，踏实、认真、细致，喜欢一步一个脚印，按部就班地干。一篇论文，改来改去，增补删削，追求完美，总要反复打磨到精光四射了，才肯出手。他是慢工出细活，"十年磨一剑"的论文虽不很多，但数年出一篇的却颇不少。

我是1963年10月底调到文学所的，报到后，和他分配在八号楼一层北向的一间小屋里。房间摆了四张单人床。他好像并不常在宿舍住，他的那张床空着，另外三张床分别住着我，后来因肝病去世的周向阳，还有一位是华中师范学院来所进修的黄曼君。周向阳睡觉打呼噜，声震屋宇，旁若无人。黄曼君神经衰弱，被周向阳闹得通宵睡不成。周向阳鼾声一大，黄曼君便抓一件东西扔过去，一扔，便没了鼾声。鼾声再起，黄曼君再扔，如此折腾一夜，第二天一早发现，黄曼君的袜子、手套、枕巾、拖鞋等，都堆在周向阳的床头了。我年龄比他们小一点，自己虽不打鼾，却也很少受影响，照睡不误，所以一般不介入他们的矛盾。记得只有一次，半夜里被他们二人的激烈争吵聒了醒来："你们还有完没完，还叫人睡不睡！"我是各打五十大板，便自己倒头睡自己的了。樊骏是老大哥，有时也被请来调解他们的呼噜纠纷。他让周向阳侧着睡，让黄曼君用棉花塞耳朵，或用被子蒙了头睡。其实他要二人采取的措施，在他调解前，人家早做过，收效甚微。于是，呼噜只管打，东西只管扔，架也偶尔照吵不误。

樊骏不在宿舍住，而是住在七号楼二层西头我和他共用的办公室里。那间办公室挺大，他占后三分之二，有北窗，从北窗望出去，隔着一个长了许多国槐和洋槐的院落，便是我们宿舍所在的八号楼了。他为什么要住在办公室？是不是逃避周向阳的鼾声干扰，不得而知。反正我到所，周向阳已经早来了。也许他喜欢安静，愿意有一个尽可能少一些干扰的私人的空间，便于沉下心来思考。

在我与樊骏共用的办公室里，我占南向的这前三分之一。我的书桌放在南窗下，一如他的书桌放在北窗下。门在西侧，有两个横着的像影壁一样的书架，把我的空间和他的空间分隔开来。进到他的私密性挺不错的书室兼卧室，须从我的座椅后面绕行，可以称为曲径通幽。我有两架书，樊骏加上那两个影壁书架，共有满满当当的八架书，当时就是他们那一代人中藏书最多的人了。所以，可谓坐拥书城，或卧拥书城。他的床在屋子的西北角，晚上睡觉前，总是斜靠在床头开着灯看一会儿书。

从 1963 年 10 月起，直到 1969 年冬天下干校，我都与樊骏共用这间办公室，可谓朝夕相处。彼此相知甚深。我刚搬到这间书房不久，他走到我的桌前聊天，问我："你到文学所来，有什么具体的奋斗目标没有？"我说："我的奋斗目标就是做一个战士！"我之所以作这样的回答，一是因为我们在文学研究班写文章用的集体笔名就叫"马文兵"，意为马克思主义文艺战线上的一群小兵，战士的意思；二是颇受当时占主导地位的"左"的观念的影响。他听了，微笑着摇摇头说："你说的当然不错，但太抽象。我问的不是这层意思，而是说，比如你想用几年时间达到副研究员的水平，再用多少年达到像何其芳、唐弢同志那样的研究员水平？"我一下被问住了。唐弢是我毕业论文的指导教师，他只给我论文打了"良"的评分，却又坚持要调我来文学所工作，现在又是我所在的现代文学研究室的主任；其芳同志更是我的恩师，调我到文学所来，就是经他耐心谈话后，我才下决心来的。我们班先后就读的同窗 39 人，他也就把我和王春元调到自己身边工作，足见对我们的器重。对两位师长，我是高山仰止的。他们既是共产党员，是战士，更是"又红又专"的第一流的学者、专家，我从来没有想过能做得像他们一样。所以老老实实回答就站在我旁边的这位兄长："我还没想过。"他敛起笑容，只说了"要想"二字，便离开了。那情景，一直深印到我的记忆里。

"文革"一开始，文学所便分成两派。我是现代、当代、民间三个研究室（简称"现、当、民"）的联合党支部书记，是被"造反派"安上"保守组织"、"保皇派"等恶谥的"坏头头"，我在文学所是保何其芳的。樊骏始终是我们这一派的忠实的同情者、支持者。他因为家庭成分高，而分外谨慎、小心，很少公开表什么态。然而，有什么想法和建议，总会悄悄提醒我。我的处境顺当时，他会善意告诫我，"别得意忘形"，但在我身处逆境时，被揭发批判时，他却从不跟着说，不墙倒众人推，更不要说落井下石了。他胆子小，但并不怯懦，也从不害人，心地善良。是一个可以做朋友的人。

我和刘再复在文学所管事那几年，他是积极支持我们工作的人，刘再复对他非常尊敬并且倚重。他主动建言献策，帮我们出过许多好主意。有建议时，总是认真思考后，把稿纸翻过来，用他那被戏称为"甲骨文"的、别人很难认识的书体，密密麻麻地写出详细的提纲和我们说，尽管只是一个或两个人听，他也像在会上发言那样，一板一眼丝毫不苟。这一点让刘再复感动不已。遇事，总要先听听他的意见和反应。

他也常批评我："我们的何副所长，听人家意见，态度很好，很诚恳，但就是坚决不改，我行我素！"这种敲打，虽不无讥讽挖苦的味道，但绝对是逆耳忠言，是善意的。这样的例子还很多，就不一一列举了。

总之，樊骏是我的兄长、大哥、难得的诤友。他的离去，使我至今还觉得心里空荡荡的，虽然知道他是远迎春天去了。

2011.9.20 六砚斋

樊骏学长的最后时光

裴效维

　　我平生只经历过两位亲友生命终结的全过程：一位是我的母亲，一位就是樊骏学长。我的母亲终年94岁，是无疾而终，寿终正寝，是永远的安息和解脱，因此我虽极度悲痛，却没有遗憾。樊骏学长终年81岁，是病魔作祟，两次降灾于他，并最后夺去了他的生命，因此我不仅悲痛，而且遗憾。我的母亲是一位普通的农村妇女，她没有能力为社会作什么贡献，因此她的亡故只是我们的家事。而樊骏学长却是一位为我国社会科学研究事业作出突出贡献的知名学者，一位道德文章堪称典范的传统文人，一位以立德立言垂范世人的谦谦君子。他的溘然去世，无疑是我们社会的一大损失，同时也给我们留下了一笔丰厚的精神财富。尤其在急功近利、人情淡薄，甚至美丑错位、善恶颠倒的社会，樊骏学长犹如离群的孤雁，犹如百鸟中的凤凰，犹如淤泥中的芙蕖，犹如夜空中的北斗。因此我们不仅应该纪念他，而且应该大力宣传他。对于樊骏学长的过人品德、敬业精神和突出贡献，有很多人比我更了解，我相信他们会详加记述。而对于樊骏学长最后的数十日时光，了解的人可能并不很多，所以我觉得有责任做一些介绍，作为我对樊骏学长的怀念。

　　文学所有个好传统：同事生病住医院，大家轮流护理，这样既可以增进同事间的情谊，又可以减轻家属的负担。因此我也积极参加了这种护理工作。可惜这个传统不知为什么中断了，很多同事都表示遗憾。此次樊骏学长生病住院，雇有专职护工，自然用不着我们。我是由于某些原因，才成为他病床前的常客。

首先是我出于对樊骏学长由衷的敬佩。从年龄上讲，樊骏比我只大八岁，我们应该是同辈，但我从来不敢与他称兄道弟，平起平坐。在我的心目中，无论品格还是学问，他都是我的师长，我的榜样。他为人近于谦恭，却自有一种威严，使我不能不敬畏。他看似腼腆，却不卑不亢，自有一种尊严，使我不敢戏谑。他对人似乎不远不近，不冷不热，却使我感到非常亲切。他有佛家的慈悲，儒家的仁爱，道家的豁达，是凡人中的圣人，使我甘心崇拜。他冰清玉洁，一尘不染，一介不取，使我自惭形秽。他淡泊名利，视钱如土，乐善好施，却不张扬，使我由衷敬重。他治学严谨，厚积薄发，千锤百炼，使我心悦诚服。他事无大小，皆全力以赴，一丝不苟，使我获益良多。一言以蔽之，古人所谓"高山仰止，景行行止"，就是樊骏学长在我心中的高大形象。因此，我觉得能有机会对他略尽心意，是一种莫大的幸福。

其次是我与樊骏学长有点缘分。樊骏是比我早九年的北大学长，又是在文学所近五十年的同事，我们还在"五七干校"一起当过炊事员，我退休前的两三年里又与他在同一个研究室，退休后又不时一起参加一个聚会。此外，我的老伴王慧琴与樊骏是同乡（樊骏是镇海人，王慧琴是定海人，上海又是他们的第二故乡）。我与王慧琴做过五年两地夫妻，我每年要到上海探亲一次，有时要替樊骏学长捎带点东西，结果就认识了他在上海的二弟和三弟。他的三弟是上海儿童医院的名医，我和王慧琴曾带我们的女儿到他那里看过病。有一次，我女儿发高烧，樊骏学长正好也在上海，他竟亲自陪同其三弟上门诊治。当时上海居住条件很差，又没有晾晒衣服的地方，很多人家都把衣服晾在屋里的竹竿上，我岳父家也不例外。樊骏学长坐的地方，上面恰好晾着洗过的我女儿的尿布，尿布上的滴水滴到了他的身上，他居然纹丝不动。幸亏王慧琴发现了，才很难为情地请他挪了个地方。我当时不在上海，后来听说了这件事，几乎笑破肚子。但笑过之后，我又十分惶恐，因为这虽是无心之过，却是对这位学长的极大不敬。我更肃然起敬，因为学长的这种看似迂板的举动，却隐藏着一颗善良的心，一种超乎常人的忍耐精神。他显然是生怕主人尴尬，才不动声色，处之泰然。这使我对他的敬佩更加深了一层。王慧琴尤其对樊骏心存感激和歉疚之情，对这件事念念不忘，不时提起。因此一听说樊骏生病住在北京医院，而北京医院与我家只有一街之隔，所以立即与我一起去探视。当时樊骏刚做完手术，还住在三人一间的普通病房，由于输液而浑身发肿，处于半昏睡状态，真有点惨不忍睹。所以我们也不敢惊动他，只默默地站在他床前。当他突然睁开眼睛时，我们也只问候了一句，他便催我们回家。我们回家后，王慧琴对我说："樊骏先生孤身一人，十分可怜。我们虽然帮不了大忙，但等他能够进食时，可以常送些他想吃的饮食。"我自然一百个赞成。从此，我便差不多隔一天去一趟医院，直到樊骏学长溘然去世。

樊骏学长在北京医院共住了46天（2010年11月30日至2011年1月15日），这也就是他生命的最后时光。我亲眼目睹了他的病情由逐步好转到骤然恶化的过程，也目睹了他对病痛的超凡忍受毅力，对生命的热爱和对死亡的坦然态度。

樊骏学长本来就是一位典型的文弱书生，前几年的脑血栓更对他的身体造成重创。此次病势尤其凶猛，是肝囊肿破裂形成大出血，直接危及生命。幸亏抢救及时，保住了性命。但由于手术较大，出血很多，使他元气大伤。元气大伤应该补充营养，但刚手术之后却只能靠输液和鼻饲维持生命。等到可以进流食后，大量服药的副作用又使他毫无胃口。王慧琴曾给他试做过鸡汤、鸭架汤、薏米粥、小米粥、棒渣粥，腊八那天还特意熬了腊八粥，也特意买过肉松、酱豆腐、巧克力等，但每次他都只能吃几口，最多也不过三分之一小碗。幸亏后来由普通病房转到特需病房，里面有冰箱、微波炉，便于保存和加热，这才得以一天多餐，但进食总量仍然少得可怜。他虽然没有饥饿感，但实际上却严重缺乏营养，致使他的身体恢复极慢和抗病能力严重不足，我想这也是后来他偶然感冒而导致病情急剧恶化的重要原因之一。樊骏的四弟是药物学专家，在樊骏病危时他曾对我说："很多病人最后都是由于药物破坏了他们的胃口，活活被饿死的，我大哥也不例外。"

给樊骏学长带来痛苦的还有一个手术的副产品，那就是导尿装置。医生为了让樊骏手术后不上厕所，暂时封闭了他的尿道，安装了一个导尿管和尿袋。我问过他感觉如何，他难得地笑了笑说："不知是什么滋味。"后来病情有所好转，医生给他拆除了这套装置，以免永远失去自身的排尿功能。然而这一措施却带来了致命的后果：排尿功能虽然恢复了，却引起了严重的尿频感，迫使他频繁地去卫生间，以致伤风感冒，又引起肺炎，高烧不退，最后不治身亡。想不到一根导尿管，竟成了他的送命管。

樊骏学长的最后一周，是他最痛苦的时刻，而罪魁祸首就是顽固不退的高烧。高烧烘烤着他瘦弱的身躯，使他断绝了烟火食物，使他神智昏迷，使他语言失声，使他大小便失禁，使医生束手无策，使一切治疗失去效力。而高烧不退的重要原因，则除了医生给他大量服药而导致其自身抗病能力极低之外，还有医院里虽然采取了各种消毒措施，看似十分干净，实际上却是一个各种超级病毒大团聚的场所，以至于各种消炎药物通归无效。这样看来，药物和超级病毒这一对冤家对头，却是夺去樊骏学长生命的合谋犯。人类夸耀的现代医学，原来不过如此而已！因此，与其迷信现代医学，不如自我保持健康——这就是我从樊骏学长不幸去世中悟到的一条道理。

我觉得，樊骏学长并没有想到北京医院就是他的最后归宿。证据之一，是他没有留下一言半语遗嘱。证据之二，则是他与病魔做过顽强的抗争。他虽胃口很差，却努力进餐。当病情较重时，他呼呼大睡，以养精蓄锐。当病情有所好转时，他坚持坐在沙发上看电视，坚持被人搀扶着在楼道里散步，坚持坐着接待客人。尤其当医生说打算放他出院，以避免被医院里的超级病毒所感染时，我见他表现出了异常高兴的情绪。这一切都说明，在这一场生死之战中，他尽了最大努力，而且几乎就要取得胜利。可惜病魔太强大，最后向他发起突然袭击，使他猝不及防，甚至来不及与亲朋好友及这个世界道别，便匆匆而去了。我想这是樊骏学长的遗憾，也是我们的长痛。

　　我希望佛家的西方净土之说和道家的九重天堂之说都不是人类的美好幻想而是真实存在，也希望善有善报不是一句空话而是一条真理，那么我相信樊骏学长不是驾鹤西去，便是飞升成仙，将永远摆脱生与死的痛苦，进入不生不灭的永恒境界。

给《丛刊》带来品格精魂

吴福辉

　　樊骏走得好静，至少在我看来是无声而有尊严的。三个多月前，在北大中文系百年系庆的自助晚餐席上，大家见王信陪樊骏同来。他的行动虽仍滞缓，不能像以往一句一顿那样以手势助说话，但人瞧上去正是大病后的平、贴、稳，白净面皮挂着木木的甜笑（原来的笑也很安逸，却是更属于他的文质彬彬的一丝哂笑，或曰气度很高的"微讽"），现今是了无牵挂，走在桌子间像一条静静滑行的船。他从随身带来的纸袋里抽出一张早已准备好的照片送给我，是 2009 年末在文学馆开的《丛刊》30 周年研讨会的留影。足见他看重那次聚会。我想起他曾写过分量不轻的概括总结《丛刊》创刊 10 周年、20 周年的长文，如今 30 周年他写不动了。这张照片无奈地、无言地传达出他对刊物几十年如一日用生命呼应的那份感念。

　　《丛刊》创办五年后 1985 年由北京出版社转出，自改为文学馆与现代文学研究会联手合办始，我即参与其中，直至今日。编辑部虽然设在馆内，一部分的事务是由北京学界的非专职人员业余兼任的，樊骏始终是主要人物之一（王瑶先生、严家炎与樊骏构成刊物长期的铁三角）。我配合着一起工作了四分之一世纪，不是天天见面，每个月总要通通消息，一年总要开那么几次编委会，耳濡目染，受教太多。樊骏是个天分高，有个性，却又比较内敛不张扬，身上没有"戏"的人。他不善应酬，生疏的朋友会不免觉得他有些"枯燥"。我最初见他是听他到北大讲课，后来是答辩，精细、周严、深透，大家传说着他的"严格""抠理论字眼""写得精因而眼界高"等，都有些怵他。可后来接触多了，知道他只对"现代文学"有无穷看法，而对同行、对人事关系，应对起来却是单纯得很，不大设防的。听说他中学就在教会学校读，先验地觉得他会有"贵族气"。及至在《丛刊》编辑过程经长期相处，觉得他讲话耿直、平易、无架子。收到他从劲松寓所、安贞桥外寓所寄出的工作信，信封信纸用得一点都不讲究（甚至有些寒碜），平时穿戴也普普通通，只从行文的语气和穿着的干净劲儿上，能透出那么一点不凡。心里想，这就是改造过的"贵族"剩下的"残余势力"了。

樊骏在《丛刊》无论是任主编还是不任主编，没有什么区别，都是用"全力"做别人不见得认为该用全部力量去做的事。刊物创始，他做的工作我不清楚，只知道每时每刻都有他的存在。他那么有主意，王瑶先生又欣赏他，他一定给《丛刊》出过各种点子。不过他出完了也就甘在人后、幕后了。他的注意力总是放在《丛刊》与"学科重建"的关系上！大凡与此相关的课题、栏目设置，现代文学史研究的格局和版面，如何研究现代作家、社团思潮、文体、历史分期，如何厘清创新的学术生长点，如何培养新生的研究力量等，这些，他究竟总计提出过哪些建议，真是可以车载斗量。恐怕冷不丁地听他讲过一次的人，反而能够回忆起来，如我般的是常常听，一时竟会不知从何谈起。突破近现代、现当代分期的僵硬界限，他谈过；加强40年代研究的薄弱环节，他说过；史料学与发挥文学馆的优势他更不是说了一次两次。我们看他八万字连载的史料学宏文，下功夫搜集材料，反复修订补充，厚积薄发，对于《丛刊》如何加强史料研究他会不一再提醒吗？这里，就包含了他对学术刊物主旨的想法，对《丛刊》的严谨、科学、开放、独立的刊物性质的定位。学术主要是依靠"积累"的（"飞跃"是积累后的必然），循着10周年的时候唐弢先生为《丛刊》概括的"持重"二字方针，他提醒我们在解放思想、促进学术的前提下，不赶时髦、不赶浪头、扎实办刊。30 年来刊物的方向在各种风浪中没有迷失，编辑制度、程序的逐步建立并形成特色，都有他的功劳。比如几代学人的顺利交接，从王瑶一代到他和杨犁一代，采取轮流责任编辑制；到钱理群、王富仁、刘纳和我一代用固定责编与编委会结合的制度；到一度我们四人各带一个年轻编委编刊，再到现在的更年轻的一代编辑。这套交替的办法，樊骏肯定是献计的核心人物。记得 1989 年王瑶先生突然逝世，严家炎老师以学会会长不再兼《丛刊》主编为由，提议樊骏任主编；樊骏一定要求文学馆第一任馆长杨犁与他共同担任（自此才有后来的双主编制，钱理群与我任过，温儒敏与我也任过，是樊骏开的先例），杨犁逝世他才单独做。前后十年，像一个担子，他挑在中间。《丛刊》的办刊方针的基石铺得稳固、深厚，这才有 30 年后的今日。

我数了一下，每当《丛刊》工作的关键处或发生困难时，樊骏都出面担当，就不躲了。第一，一个学术刊物最主要的就是要有好论文。在"二十世纪中国文学"和"重写文学史"提出的日子里，他这个 20 世纪 50 年代最早研究茅盾的学者便曾推动组稿重评《子夜》，在社科院内又请卞之琳先生执笔写介绍北平沦陷区现代诗人的文章《吴兴华的诗与译诗》等。我被樊骏组过"笔谈"的稿子，那是更早他推动两次创新座谈会的日子。我写了主张文学史应当多有私人著述的短文，后来他几次当面提起此事，到我自己单独写出《插图本中国现代文学发展史》并送他之后，虽然已经听不到他的详尽、严格的意见了，但我也仿佛完成了一件他认可的事而松了口气。我手中有他和丁景唐先生的信，是围绕请丁先生写"大百科现代文学卷的错误"一题的。要知道，大百科现代文学卷是樊骏出力最多、经他仔细审读的一本书，局外人大概都不晓得，这个《丛刊》的绝佳选题，实际上是要求别人狠狠批评自己。第二，每当《丛刊》开编委会期间，提意见最多最细的，是樊骏。我们讨论每一期的"目录未定稿"。樊骏如事先得到"目录"，就会做系统发言，有讲话稿，写在随随便便的纸头上，用他挤挤挨挨极难辨认的"蝌蚪文"体（在别的场合比如谈刊物制度，他也都有发言稿）。如果稿子的情况比较复杂，编委会一时难以确定取舍，往往就交给樊骏拿回家去把关再审。不久，他就会送来审读意见，两面的密密麻麻蝌蚪文。现在我手中还有几件偶然留下的他的终审意见书，包括一位海外学人的文章如何处理。还有一封六页的信件，是审读最熟悉的学人的两篇谈"二十世纪中国文学"和"胡秋原再认识"的，他都客观、严格地提出看法和建议。这封信没有信封，估计是传过来的，用300字稿纸却没有按格子书写，每一个字都犟头倔脑露在格子外（居然与他性格相反地"野"），全文两千五百字左右。我当时就套了个信封，写上"樊骏来信请保存"七个字，留下了。第三，《丛刊》创刊以来经历的经济危机，王瑶先生戏称为"心肌梗塞"者，大概有四五次左右，都十分凶险，但最终都度过了。因为详述费文字，又令人心酸，就允许我省略不说也罢。这都是在前二十年，樊骏当政年代发生的，他自然感受极深。所以他捐出亲属遗留给他的两百万元给学会和文学所各半，学会是做"王瑶基金"，其使用条例的第一款是发学术奖金，第二款便是资助《丛刊》。虽然后来《丛刊》的经费由文学馆解决，并没有动用过这笔后备金。

樊骏确有他的人格魅力，这魅力之于《丛刊》，因他是灵魂人物，久而久之必定影响到刊物。自然这影响还有别人，是个合力，是个漫长的过程，但樊骏绝不能少。"持重"，前面说过是唐弢先生赐予的，樊骏也是"持重"的行家里手。他写作、审稿的谨严，过细，无以复加。他好像有挥洒之才而不用，心细如丝都用在推敲的功夫上。一篇论文他写了又写，大家看他两卷本《中国现代文学论集》各篇文章的落款，看它们初写的时间和以后几稿的时间，便明白了。在刊物会上审查目录，他是"文字专家"，专门抠每一个文章标题与栏目的名称，看准确不准确，通顺不通顺。在这方面他是古板的"苦吟诗人"，多少貌似漂亮的题目都败在他的口下。所以待他退休不参加编委会后，我总担心我们的目录会不会出问题。幸好现在公认高远东是这方面樊骏的"接班人"，挑剔题目，成了《丛刊》的一个传统。此外，樊骏独有的风格是对现代文学学科的"全视角"，这成为《丛刊》的品格当然也不意外。当年在总结《丛刊》第二个十年的时节，他就提出文学的文化研究的时代会来到，现在看我们刊物上媒体、出版、传播、教育、宗教、女性、地域等的研究和文学穿插同行，已成显学。他有整体性俯瞰现代文学学科的眼光和敏感性，他有一篇文章的题目经常被人们提及，那就是《我们的学科：已经不再年轻，正在走向成熟》，像一句口号，现已变作学界的共识。严家炎老师在樊骏集子的序言里，对他在"学科的总体建设方面"所下的定评，可以代表大家的心声。而作为樊骏个性的另外一些特质，比如刚正、本真、不作假、不取巧，原来就应是学术的正道、正格。这在商业大潮冲刷学术领域，既带来学术及其传播的特殊空间（想一想出书的容易，出国交流的频繁），也带来恶俗浅薄风气的当下，就更加弥足珍贵了。《丛刊》是现在全国极少数不卖（或变相出卖）版面的学术刊物，我们岂能不警惕这围城之势，岂能不兢兢业业保持节操？樊骏生前与我生过两次气，都与刊物相关。一次是编辑出了事故，他在信里少有地发了火；一次是我参加编委会迟到，让大家等我多时，后者是当面进行的。为了工作樊骏很气，词语便毫不客气，弄得我下不了台。这是樊骏留给我最深的印象，我很难忘怀。

现在他走了，我和《丛刊》到哪里去找能够如此无机心地严格批评我们的人呢？平时樊骏的笑是很节制的，他与我亲切谈心的时刻我大半能记住。在读了我的海派研究文字后，他说：你发现的予且，我知道。我读中学的时候，上海杂志里每期都有予且，是个很红的市民作家。他谈了几句他的少年时代。樊骏与我有多"同"：同籍贯、同出生地、同校友、同行。但我们没有套过近乎。他有一次对我分外亲切地说（少有的）：我这个人没有用。你看比如我已经买好了去上海的火车票，要走的那天忽然发现屋子里有老鼠，我想来想去怎么能把家留给这只老鼠？就把票退了。如果不是他亲口对我讲，我简直不敢相信这个身上没"戏"、没"故事"的人，有了这样一个故事。这是我亲见过的最大一位"完美主义者"！《丛刊》自然不必这么"完美"，但有一天我们如果在追求刊物（包括人生）的"完美"方面稍稍懈怠，原宥自己，想偷懒，那么要记着，樊骏可带了微微嘲弄的笑意就站在你的身后呢。

2011 年 2 月 19 日于小石居，当日"雨水"

追忆樊骏先生二三事

沈太慧

2011 年 2 月 3 日春节那天，研究室的高鸣鸾同志来电话祝节日快乐时，特意告诉我樊骏先生 1 月 15 日去世，参加他追悼会的人真不少。我一时语塞，没说话，过了好一会儿才对她说，我真不知道，倘若知道的话，我肯定会去送他最后一程。3 月 25 日，文学研究所为樊骏先生举行追思会，我没有机会发言。在他去世一周年之际，写下此文，表达我对他的敬意和怀念。

在主编、审定《中国大百科全书·中国文学卷》现当代文学部分时，他对我说：当代部分"请你帮忙"。很感谢他对我的信任。新时期文学中的小说部分，长篇、中篇、短篇，我按当年获奖的前三名开出篇目。他看过篇目后说："当代作品我看的不多，《犯人李铜钟的故事》《人生》应该上。"我认为樊骏是独具慧眼的，陕西作家路遥的中篇小说《人生》好评如潮，当年获奖了，但在"三甲"之后，我开出的"选目"没有《人生》。河南作家张一弓的中篇小说《犯人李铜钟的故事》刊出后反响强烈，没评上奖，因为它属于"暴露文学"一类。一位抗美援朝战争中断了一条腿的志愿军英雄，复员后到农村当党支部书记，在饥饿年代饿死人的情况下，"面对四百多口人断粮七天"的情况下，向"国库""借粮"而成为"犯人"。

我将写好的五十多条"条目"交给樊骏时说，当代文学史方面，我知道的包括人民文学出版社再版过的有十种左右，没经您同意，我写下了朱寨先生主编的《中国当代文学思潮史》（1981 年人民文学出版社）。他笑着对我说："好，英雄所见略同。"在编写"条目"的过程中，樊骏给我总的印象是很谦和，丝毫没有主编、专家、权威的架子。试举两例，他说当代部分"请你帮忙"，他修改、定稿后让我再看一遍，让我很感动。此事过去 20 年了，至今仍然记忆犹新。

我曾经较长时间兼任过《当代文学研究信息与资料》的编辑，读过他发表在《资料》上关于老舍的文章（这是我第一次拜读樊骏的文章），对他谈读后感。他说了一声"过奖了"之后，给我上了一堂关于如何评价老舍的课。他说不要以为老舍不是共产党员，他的绝大多数作品不是写新社会，不是写共产党领导下的革命生活，就小视他、低评他，应该公正、科学地评价他。老舍是位有独特创作个性和艺术风格的作家，是一位对中国现当代文学有独特贡献的不可多得的著名作家。抗日战争时期，老舍一直担任"全国文协"的实际负责人。20 世纪五六十年代，老舍在政治上艺术上都得到过极大的荣誉，先后获得"人民艺术家""语言艺术大师"的称号。历史上形成的"鲁（迅）、郭（沫若）、茅（盾）、巴（金）、老（舍）、曹（禺）"的提法一直沿用至今，表明文学史家普遍地把他置于现代中国作家的最前列，这自然是一种显赫的历史评价。然而也有另外的声音。解放区来的一些作家、理论家对老舍获得"人民艺术家"的称号不服气，认为老舍没有参加革命斗争，这样表彰他有些不合适。文学界某些方面的反映是冷漠的。以后一些著名的作家出全集、文集时，鲁、郭、茅、巴、老、曹六位大家中，唯独没有出版老舍的。后来我到书库去查了一番，果然没有老舍文集。我从内心感谢樊骏给我上的关于老舍的这堂课。

这里提一件小事。《工人日报》借调到文学研究所资料室工作的一位女同志对我说，樊骏年轻英俊有学问，我给他介绍一位女朋友包他满意，你先问问他。樊骏笑笑婉拒了，嘱我谢那位热心人的好意。以后樊骏多次表示让我替他谢谢那位热心人的好意。

　　平时生活中记流水账的樊骏，将他香港亲属遗言留给他一点遗产约两百万元，分别捐献给中国社会科学院文学研究所和中国现代文学研究会，作为学术奖励基金，却拒绝使用自己的名字，而且从不张扬。诠释了他的高风亮节。

　　斯人已去，唯先生的著作、文章永存。他的为人，他的高风亮节，他的音容笑貌，将会永远活在我的心里。

2012 年 1 月 15 日

怀念樊骏

王保生

　　樊骏去世已经半年有余了，但他的音容笑貌随时会在我的脑际浮现，使我难以相信，这位相识、相熟、相知四十多年的同事就真的离开我们了。

　　樊骏最后这次住院时，我正在外地出差，回京后立刻往医院赶，路上堵车，到达他的病房时，已是上午十一点半了，他刚刚吃了午饭，见我来了，冲我一笑，说了一句：你怎么才来啊！我要睡了。眼睛一闭，轻微的呼声就出来了。看护的保姆告诉我：樊先生就是想睡觉。我打听了一些他的病情，就返回了。隔了几天，我第二次去医院，上午九点多钟，他似乎又睡着了，我不便打扰他，就对负责看护的护工说我先回去了，以后再来看他。谁知他突然睁开眼睛，对着我说："你回去转告严平，请她赶快想办法给我调一间病房。"原来他并没有真正睡着，一直在听着我与看护的谈话。我心里还暗喜了一阵，以为他的病情还可有转机。我赶紧回到所内，向领导汇报了这一情况。第三次赶到病房，他已换了一间单人病房，但病情似乎已经很危急了，只见瘦骨伶仃的他全身插满了各种管子，高高的两颊红红的。照顾他的老战是老熟人，一见我，就紧张地对我说："王老师，你来得正好，你快劝劝樊老师，他说他不想活了，你们是老朋友，他也许听你的话。"此时樊骏的心肺功能已经极度衰弱，全靠机器在带动心脏的跳动，因此只见他躺在床上，身子不时随着起搏器在跳动，望着他痛苦不堪的状况，我嗫嚅着说不出一句劝导他的话来，劝他忍受吗？劝他挺住吗？他已经不能讲话，无法猜知他的内心，也许人到这地步，只是希望尽快解脱。我只能在心里默祷着，希望奇迹出现，让他减轻痛苦。人们常说，好人一生平安，为什么像他这样的好人要经受如此折磨呢？世事总不能逐人心愿！

最后一次去看他，实际上去与他告别，已经是 1 月 13 日的晚上，他侄儿告诉我，医生说了，他这样子也就能维持几个小时了。

泪眼蒙眬中走出病房，往事桩桩件件涌上心头。我从 1964 年分配到文学研究所，很快就与樊骏相识，他整整大我十岁，"文化大革命"中，"五七干校"劳动中，以及后来的科研工作中，我们可以说一直是谊兼师友，相互间几乎达到无话不谈的地步。因为熟了，我有时说话就有些无所顾忌，问这问那，他身上似乎有许多引人探询的地方，一般的问题他都能很认真地回答，有时我壮着胆子问一些平时不敢问的问题，这实际上涉及个人的隐私，实在不该问的，这时他会很着急地对我说："你提这个问题有些不礼貌！"他见我有些难堪的样子，又缓和口气，很真诚地回答了我的问题，真诚、宽容，缩短了人与人之间的距离。我认为，无论是从传统道德标准来衡量，还是从新社会的道德来要求，他都是一个好人，君子，知识分子的楷模。

1953 年他从北京大学中文系毕业，我们文学研究所也正巧在那年正式成立，他成了新中国第一个文学研究所的最初的成员，在杰出的文艺理论家、诗人、文学研究的组织者何其芳的领导下，开始了他终生不悔的文学研究事业。他一直单身，文学所就是他的家，"文化大革命"前，他作为单身汉，一直住在办公室里，他对文学所可以说一往情深，这里有他的事业，他的梦想和追求，他心中有着一种庄严的使命感。因此在文学所的历史上，尽管也有曲折、有纷争，但他的信念始终不变。20 世纪 60 年代，文学所讨论所风问题，严肃、认真、科学、实事求是，这几条是大家比较公认的，樊骏可以说是文学所所风最忠实的执行者。无论在生活中还是工作中，他都模范地遵守各种规章制度，有时难免会使人觉得他太谨小慎微，太循规蹈矩，但他把这些化为了自己自觉的行动。他爱文学所，对文学所的专家、学者充满敬意，对同事也是真心相待，没有那种知识分子成堆的地方难免的猜忌之心。何其芳、陈荒煤、许觉民等当所长时，他为文学所的学科建设提过许多宝贵的建议，特别是对何其芳同志，他认为是自己此生遇到的少有的有才华、有抱负、肯负责的学者和领导，从心底佩服何其芳的那些《论〈红楼梦〉》《论"典型"》等论文，大气磅礴，说理透彻，是他学习的楷模，我们看樊骏的那些长文，也有何其芳的影响。在文学观念上，和论文写作的气度和风格上，他是有意识地在学习着何其芳。因此樊骏总是有一个心愿，即要推动何其芳研究的深入，他认为这是文学所义不容辞的任务。前几年他病了，说话吐字都有些困难，但在与我交谈时，总是断断续续地反复申说这一意愿，因为脑子时有阻隔，他显得焦虑、烦恼，我看他摇头摆手痛苦的样子，总是想到，这是一种智者的良知，一个智者的焦虑。多年前他就捐钱给文学所，要求建立何其芳基金，奖掖有作为的青年人，去年听说何其芳家乡万州成立了何其芳研究会，他很高兴，赶紧让我代他邮寄一万元作为一点心意。要知道这是他在捐赠中国现代文学研究会王瑶学术基金一百万元，和文学所学术基金一百万元之后，可以说，他把自己的积蓄和接受的一点遗产，全部捐献出来了。2010 年 10月的一天，我去看他，那天他精神特别好，思维停顿的次数明显减少，他又一次谈到何其芳研究，认为学界老是纠缠在何其芳的前期创作与后期创作的比较，老是重复所谓"何其芳现象"，未必能推动这一课题的深入。我发现他的兴趣很高，而且显然是作了理论上和材料上的一些准备，就高兴地对他说，你可以先回所对现代文学室的同志们讲一次，他没有反对。他并且欣喜地说，这几个月来我感到自己身体好多了，更奇怪的是过去经常光临的感冒也没有了，我很为他高兴，以为奇迹出现了。但事实证明我们都高兴得太早了，转眼到了 11 月，他的身体就越来越不行了，所里为七十岁、八十岁老人开祝寿会，他也因身体欠佳而请假。现在想来，那次他的畅谈，竟然是回光返照。但是无论如何，推动何其芳研究的深入展开，这一樊骏的未竟之业，文学所的青年学子是应该义不容辞地担当起来的。

在中国现代文学研究界，樊骏的道德文章是有口皆碑的，首先大家认识到他做学问、做事情特别认真，是一个有全局观念的学者，他对现代文学学科发展有着一种前瞻的、战略性的眼光。在20世纪七八十年代拨乱反正的新的时代语境中，他意识到自己应该扮演的时代角色。这时期，中国现代文学研究的前辈学者唐弢、王瑶、李何林、陈瘦竹等尽管都还健在，但是最好的学术时机已经难以追回了，因而全面地、系统地总结前辈学者的学术道路、历史经验和教训，开创现代文学研究的新局面，历史地落到了后来者的肩上，樊骏的学术研究是服从于这一全局性的布局的。在协助唐弢同志编写完成了影响很大的《中国现代文学史》，然后就把主要精力放在中国现代文学学科史的研究上，他倾力撰写了王瑶、唐弢、陈瘦竹等前辈学者的研究述评，为中国现代文学研究学科史提供了坚实的篇章；他重视中国现代文学史料的搜索、整理工作，认为这是这一学科寻求创新和突破的基础工作，花了很多时间，撰写了七万多字的长篇文章，成为中国现代文学史料学的扛鼎之作；他长期从事老舍等现代作家研究，他撰写的《认识老舍》等现代作家作品论，为我们树立了一种知人论世、全面系统评价作家作品的典范。

在我们文学所现代室，樊骏也是一个承上启下的人物，在新时期这一重要的历史时刻，时代把他推到了传承者、发扬者的位置上。我们的学科带头人唐弢先生，当时年岁已大，身体也不好，而室内大多数1963、1964年毕业的大学生，来到文学所又恭逢"四清"运动、"文化大革命"运动和"五七干校"劳动改造，可以说还没有踏进文学研究的门槛。因此在文学所特别是在现代室内，他又不由得担当起传帮带的角色。他清醒地认识到自己的责任，在唐弢先生、董易同志的指导下，带领我们从搜集、整理现代文学的史料入手，在20世纪的80年代，编辑了《左联回忆录》《革命文学论争资料汇编》等，编选了《中国现代小说选》《中国现代散文选》《中国现代诗歌选》《中国现代独幕剧选》，为中国现代文学研究的深入发展提供了资料上的准备。也是当时，他又提议我们现代室每年写一篇当年的全国现代文学研究述评，对全年出版的有关专著、论文进行系统的整理归纳，提出研究的新进展，发现新人，同时也指出存在的问题，这是学科建设的一项重要工作。最初几年，都是他亲自带一两个青年人一起干，第一步是翻阅专著和论文，然后做成卡片，往往一年就是几百张卡片，他都要认真翻阅最后共同讨论，整理成文，后来他才放手让青年人自己做。这项工作长期坚持下来了，对学科的发展起到了很大的促进作用，至今还经常听到学界同人们说：我们当年就看到你们写的那些"年度述评"，真是受益匪浅！这项工作对现代的青年人来说，也是一种切实的学风和论文写作的锻炼。

2003 年文学所举行建所五十周年庆祝大会，樊骏作为当年仅存的四位创所元老上台接受女青年的献花，《文学评论》杂志上刊登了这组照片，他略带羞涩地捧着一束鲜花站在台上，显得有些局促不安。这照片真实地记录了樊骏为人的真诚、善良和谦虚。

与他熟识以后，我说你比我们这些人年长，又是学界名人，总是直呼其名叫你，是不是显得不够尊重？以后改叫你樊老师？樊先生？樊老？他手一挥，脱口而出：就叫樊骏。于是我以及与我年龄不相上下者，皆直呼其名，显得自然而亲切。

不论是在退休前还是退休后，他的时间很大部分是在为别人看稿子，提意见，几次去看他，他常说：这几天忙着在给某某看一部书稿，写得真好，脸上漾着笑容；或者说手头这篇论文还有不少问题，要好好修改。他阅读论文的那种认真劲，一般人难以做到，从总体设计，题旨阐发，直到文句的通顺，有没有错别字，他都一一认真考订和修改过。有时候我们也会对他说，你太认真，但他觉得只有认真负责才对得起文章作者，自己也才觉得安心。前几年一些高校请他当博士论文答辩委员，他们认为，请到樊老师，是一种荣耀，对学生也是一种鼓励。但厚厚的一本本博士论文，对他来说又是一种繁重的工作，他奇怪别人能一两天就看完一部几万，甚至十多万字的博士论文，他怎么也得花上一个多星期，查资料，找根据，改正不通的文句和错别字，写详细的评语，真正是一丝不苟。临到答辩会上，他拿出好几张写在纸片上的提问和修改意见，中肯、尖锐、不留情面，往往让答辩者，甚至他们的论文指导老师有些下不了台，因此学界把他与严家炎先生两位当评委，看作是对答辩者的一种"严峻的考验"。但樊骏又绝对是与人为善的，他提的那些修改意见，是完全为学生们设身处地考虑的，是他们能够终身受益的。因此尽管他要求严格，还是受到答辩者和他们的导师的欢迎。

樊骏的朋友很多，尽管他并不善于交际，但他以自己的真诚和爱心赢得信任和尊重。在中国现代文学研究界，不管是资深的学界长辈，还是初出茅庐的青年后学，他都能与他们真诚地切磋学问。他不要虚名虚衔，从来也没有担任过研究生导师，但是全国各地真诚地称他为老师的学子都很多，他们或者在某一进修班上听过他的课，或者是毕业论文经过他的评审，或者仅仅是登门求教过。他以一颗博大的胸怀，扶掖着青年，鼓励他们的进步。新时期以来，现代文学研究界新人辈出，犹如群星灿烂，他常常会如数家珍地对我们一个个地评点：这位的论文气象开阔，有理论深度，另一位的文章如同锦缎一般，令人目不暇接，而另外一些论文，或擅长思辨，或丰厚扎实，他的兴奋，远在自己论文的发表。

这些年他身体不好，但对同志的关爱之心从来没有减弱，甚至反而增强了。每次我去拜访他，他先要我"报告"一下近期的国内外大事，其实他从电视和报纸上已经了解不少，只是想从我这儿验证一下自己的想法。对这些时事问题，他一般不发表意见，只是静静地听我在随意议论。随后的时间，他就会不断地打听所内一些熟人的情况：他们身体，他们的家境如何。他常提到，某某的孩子有病，长远下去怎么办？某某的孩子又太小，培养成长又会不会有经济上的困难，某某住进了养老院，条件不好，他让我有机会去看望时，替他送一笔钱去。这个时候，我就会在脑海里浮上杜甫的名句：安得广厦千万间，大庇天下寒士俱欢颜。樊骏瘦弱的身躯中，包藏着多么炽热的爱心。

所内栾勋同志夫妇都有病，我去探望过，回来对樊骏讲起，说他们家可以说是家徒四壁，我们相对默然。一个知识分子境遇竟如此不堪！他想了一下，对我说，我送他一万元钱，你代我送去，但不要提我的名字。我理解他这种做好事而不张扬，不想让人感谢的心情，替他妥善地办好了这件事。又有一次，我对他讲起慰问所内老专家曹道衡先生的情况，曹先生与樊骏都是1953年建所元老，但因为退休早，他们夫妇和孩子都有病，因而家境十分窘迫。曹先生去世后，困难可能更大。一次我去樊骏那儿，他略带安慰地告诉我，他已想办法托人给曹先生的夫人送去了一笔钱，称是略表一点心意吧。对于所内的一些老人，他时时在关注着他们的身体和生活情况，在董易同志、朱寨同志、许觉民同志年届八十周岁时，他就与一些同志商量，用民间的形式为他们祝寿，或者完全是由他做东，或是几位相熟的同事凑份子，欢聚一堂，敬祝他们身体健康，心情愉快，一股浓浓的同志情、朋友情的暖流在席间、在每一个人心中流过。

20世纪五六十年代，知识分子经常被动员上山下乡，劳动锻炼、改造思想，这种运动式的对知识分子的改造教育运动，其得失成败自当别论，对每一个知识分子来说，也是甘苦自知，各不相同。难能可贵的是，樊骏能真诚地向劳动人民学习，认真地感受他们的喜怒哀乐。他出身于上海的知识分子家庭，对农村和农民很不熟悉，但他能放下架子，在劳动中和生活上与农民们打成一片，一点没有架子。他的淳朴、勤快赢得了村民们的喜爱，房东老大爷、老大娘竟然把他收为干儿子。我觉得他见生人就脸红，不大会与人打交道，如何张口叫干爹、干妈？他说村上人热情，干爹干娘更是善良，在村民的一阵欢笑声中，他的尴尬也就过去了。他不张口叫，但他说在书信中，他是叫干爹干妈的，一点不马虎。"文化大革命"中，他有好几个春节都是去河北平山县干爹家过的，与他们同一桌吃饭，同一张土炕上睡觉，他觉得过得十分充实和愉快。逢年过节，他会寄钱和物品去，他干爹的外甥后来参军，在北京的某部队服役，也常到所里来看望这位舅舅。60年代，他又到河北昌黎劳动锻炼，与那儿的党支部书记成为好朋友，回京后他也曾重返昌黎，

那位支书同志也来京看望过他。70 年代，我们文学所的一部分同志到
北京顺义的维尼纶厂劳动，樊骏在那儿又结识了一些朋友，与其中一位
老战同志更成了忘年交，一直到他生命的最后一刻也在看护着他。他真
心待人，同样也得到真心的回报，可以说，他这一辈子是在诚诚恳恳做
人，认认真真做事。他是在追求道德上的自我完善，他是一个大有益于
人民的人。

想念您，樊骏好兄长

刘再复

一

常与朋友说，到海外后还说，文学研究所 300 人（260 个编制，之外还有退休离休的学人与干部数十人），共产党员过半，其中德才兼备的也有，但品格最为高尚无私的，是两个非共产党人，其中一个就是樊骏。

2008 年我辞国 19 年后，第一次返回北京，去看望已经有了脑血栓后遗症的樊骏兄。见面时彼此都有满腔的肺腑之言要说，却相对无言很久。樊骏虽然交谈时有语言障碍，但头脑仍然清醒。见到我时不仅有喜色，而且问话也都问到点子上。他问我能不能像李泽厚那样，每年都回国一趟。我不愿意让他牵挂，只好点点头。当时我心里想，要是果真每年回北京，一定会每个星期看望他一次，至少一次。没想到他就这样远走，再也见不到他了。北京，北京对于我更加空疏了。那天见了他之后，王信送我下楼，在电梯里，我对王信说，樊骏兄不是共产党员，但他却是我们研究所里最有品格的人，他是一个高尚的人，一个纯粹的人，一个脱离低级趣味的人。人人都会背诵《纪念白求恩》最后这几句话，但做不到。而樊骏兄却做到了。"高尚""纯粹"这两个闪光的概念属于他。

樊骏不是共产党人，却有一种罕见的群体性格。他一生未婚，表面上看，生活得很"个人主义"，而在骨子里，他却把文学研究所这个集体视为自己的家。爱文学所爱得要命。他是文学所的坚定守望者，从1953 年守到 2011 年，将近 60 年。所思所想全是文学所如何兴旺发达。他这个"爱国主义"者，首先是个"爱所主义者"。他总是让我想起孔夫子的话：君子群而不党，小人党而不群。樊骏正是一个典型的"群而不党"的现代君子。更可贵的是，无论是"群"或"不党"，他都很自然，作为独立的"己"，他的不党，是既不加入任何党派，又不和党派对立并可以和许多党员成为真挚的朋友，他尊重每个人的政治选择与存在方式，没有任何排他性。最有意思的是，他本是一个清高得近乎"洁癖"的"己"，偏偏对"群"具有最真挚的关怀。对于文学所这个"群"的关怀，所有在文学所工作过的人，除了何其芳，恐怕没有人可以和他相比，包括我自己。我不可能像他那样完全献身于中国文学研究所和献身于中国现代文学研究事业。虽然我也爱文学研究所和爱现代文学研究事业。我在文学所里，见过党性与个性都强的人，但没有见过像樊骏这种群性与个性如此统一的人。有些人在文学所工作，只是把文学所当作经营自身事业的地盘，但樊骏却把文学所当作他生命本身的一部分，为了文学所，他几乎可以达到"忘我"的境地，可以放掉自己的著书立说。如果不是我当过研究所所长并感受过他的无私无我的关怀与帮助，我就说不出上面这些话，就不会了解一个人的优秀个性与优秀群性可以如此兼容而且可以同时表现出生命之美与灵魂之美。

二

2008 年最后这一次见面，我想对他说的话很多，但因为知道他身体不好，一些已冒到口边的话也只好吞咽下去。但有一句感激的话则非说不可。我对他说：我真感谢你，在海外漂流的岁月里，你那么多年，总是和郝敏、刘福春一起给我写贺年卡。在刚出国的最感孤独的几个年头，我每年春节前夕都收到一张三个人共同署名的只写三个大字——"想念您"——的贺年卡。19 年来，每次想到这三个字，我总是禁不住要"独怆然而涕下"。我所寄居的科罗拉多高原，正是那种"天苍苍，野茫茫，风吹草低见牛羊"的风光。陈子昂是因为"前不见古人，后不见来者，念天地之悠悠"而落泪的。我也有这种苍茫的形而上之泪，但几次落下的则是可触摸到的人间情义之泪。

樊骏不仅想念我，而且在全国政协会议上一次一次地替我说话，为我请命。他一次又一次地要求"中央"应当把我"召唤"回国。1992 年，中国市长代表团访问美国，作为市长协会秘书长的陶斯亮随团访美，并给我打了电话。她也是个有情有义的好友，竟然找到我的电话又不怕违反"外事纪律"，和我讲了一个多小时的话，所有的语言都是鼓励，其中有一个信息让我感动，并一直记在心里。她说："再复，你有一点可以引为骄傲的是，虽然你已流亡海外，但国内许多朋友仍然想念你替你说话。你们研究所的樊骏，在这两三年的全国政协会上，年年都为您说话，年年都要'中央'把你找回国，他这个人真不错。"听了陶斯亮这句话之后，我虽感动但并不感到惊奇。因为我早就知道樊骏的为人。但是听了陶斯亮的话之后还是彻夜不眠。我知道，在那个特别的政治场合与历史瞬间，樊骏那么执著又那么动情地为我仗义执言，毕竟有危险，至少可能就会丢掉下一届"全国政协委员"的桂冠。文学研究所的另一个政协委员，原也是我的朋友，在那个时候就竭力和我"划清界限"。他的研究生在论文中引用了李泽厚和我的话，他就断定是政治问题并要求社会科学院取消其博士生资格。在那个历史瞬间，两个人天差地别的精神境界显露无余。其实他们两人都是我特别向政协推荐的委员，只是推荐时以为两个人都很优秀，没想到事实上是优劣悬殊。人与人的差别如此之大，学人与学人的差别也如此之大，这道理不经历过体验过，不会真明白。体验过二十年前两位朋友对我的态度，也更明白，学问与人品之间，人品才是第一要紧。著作等身，不如真品在心。人之高贵，还是贵在一个"格"字。可惜格调无形，肉眼看不见。

三

刚到文学所的头几年，即20世纪70年代末和80年代初的头几年，我和樊骏几乎没有交往。但如果见到他的文章，还是会认真读。他的文章不多，读了一定会有收获。虽然没有交往，但通过文字和所内友人的介绍，其严谨、认真、理性的学人形象，早已在我的心中形成。所以一旦接受"所长"担子，就想到必须去拜访他，向他请教。其实他就住在我的附近，劲松区大街那一边的一座楼房里。第一次见面是文轩兄（副所长何西来）带我去的。他见了我们，显得非常高兴，含蓄的笑容里透露出内心的欢喜。说了几句敬重的话之后，我就直说："我不合适当所长，到现在还进入不了角色。"他好像什么都知道，一本正经地对我说了一席至今难忘的话："你拜访所里的老先生之后，第一件事就是要准备好就职演说，把办所方针讲清楚，几个副所长都可以帮你想，我也可以发表一点意见。我们住得近，你有空就过来。我们所的几任所长，都具有学者与作家的双重身份，郑振铎、何其芳、陈荒煤都是双重身份，你也是。不过，挑起所长这担子，只能以学者为主。我觉得你当所长很合适。"文化大革命"中，你不在文学所，没有卷入两派的斗争，没有包袱，可以超脱一些。你放心，我会支持你的。"听他这么一说，我立即就"请求"："你可是我的近水楼台，今后要常常上这楼台。"他回答说："你随时都可以来。"那一天见面之后，我果真每个星期都到他那里两三次。每次都谈得很久，而且只谈工作和思想，不谈人事，不臧否所内的人物。我原以为，他秉性持重，参与唐弢主编的现代文学史编写，观念也很"传统"，可能很难支持我的以"学术自由、学术尊严"为中心的改革性很强的办所方针。没想到，他却衷心支持，只是怕我锋芒大露，会被人抓住辫子，所以他充当的是一个"智库"兼"保姆"的角色，时时建议，也时时提醒。担任"所长"前夕，我在《读书》杂志上发表了《文学研究思维空间的拓展》，他说我强调要高扬建设性文化性格、拒绝破坏性文化性格，非常对，这也应当是我们办所的方向。一个研究所总得"立"一些高质量、高水平的实绩。他建议，我们研究所应当召开几个推动思想解放和学术建设的全国性学术讨论会，每个会都要请一些有名望的老先生参加，要争取他们的支持。1986 年，我们召开了两百人参加的"新时期文学十年"讨论会，因为他的提醒，我特别请了钱钟书、张光年等老人参加，他们确实减少我所面临的许多压力。这之前的同年一月，研究所召开纪念俞平伯先生诞辰85 周年、从事文学活动 65 周年实际上是为俞先生平反的全国性大会，筹备期间，他心情比我紧张，为我想出好几点"保平安"细节。他建议会议主席台上就座的，除了胡绳、刘导生、钱钟书和我之外（俞先生自然是坐镇中心）还应当请当时思想"左"倾的臧克家。他说这位老诗人与毛主席亲密，如果他也支持，可以减少"抗上"的误会。我听了立即表示同意，尽管我实在不喜欢 20 世纪七八十年代的臧克家。在纪念会上，臧克家讲了话，我边听边想，连他也支持，说明我们不是刻意反对毛主席关于俞平伯《红楼梦》研究的批示，只是在呼唤学术自由与学术尊严。《红楼梦》研究是学人共有共享的精神空间，即使选择"唯心论"和"烦琐考证"方法，也应受到尊重。

　　1987 年，何西来副所长提议召开纪念何其芳逝世十周年的学术报告会，并让我准备一个报告。樊骏知道后特别支持。他说何其芳既是前所长，又是文学所的灵魂，应当好好纪念一下。我在准备报告时认真征询樊骏的意见。他对老所长的生平与创作了如指掌，立即回答我说，这回你在报告中要提醒大家注意"何其芳问题"。这个问题是到延安参加革命的作家诗人普遍烦恼的问题。何其芳的问题是：我参加革命后，思想是进步了，但艺术为什么不仅不进步，反而退步了？这个问题出自《何其芳散文集》自序。樊骏一提醒，我就叫好，并说这是一个世界观能否决定创作水平问题，我一定好好讲讲。他知道我忙，当天就把何其芳自序找来给我。至今，我还记得樊骏指着那一段关键性的文字："……我的心境实在不能用别的字眼来说明，只有叫做难过……我发现了这样一个事实：当我的生活或我的思想发生了大的变化，而且是一种向前迈进的时候，我写的所谓散文或杂文都好像在艺术上并没有进步，而且有时甚至还在退步的样子"。樊骏听了我读完这一段文字后又补充说，1959年他在给一位文学青年的回信中又重申了这一烦恼，可见这个问题一直在折磨着何其芳同志。我读完听完后激动地对樊骏说：何其芳是真诗人，说的是真话，提的是真问题。在樊骏的启发与帮助下，我以这一真问题为重心，在1987年12月15日纪念何其芳逝世十周年的会上作了一次"言之有物"的讲话，认真地讲了一下当代革命诗人的"时代性苦闷"。听者给我报以热烈的掌声，可是，没有人知道，我的讲话之"核"是樊骏提供的，我的长达一万多字讲话稿，也是他事先认真阅读并提过修正意见的，我在担任两届所长期间，所有的重要讲话都在事前请他过目，而他总是一句一句地琢磨推敲，不轻易放过任何一个重要提法。"世上竟有这样无私的、为他人作嫁衣裳的学人"，我常常这样感慨。

私下作感慨，樊骏听不见，自然无法拒绝，倘若我说感激的话，他便立即制止。我知道他酷爱文学所，只有为文学所默默做好事，才能生活得快乐、自在。但有一回，我不能不正式地用文字向他表示感谢。

1985年我接受写作《中国大百科全书·中国文学卷》首条即总论的"繁重任务"。这本来是总主编周扬的职责，但他身体不好，只好由我来完成。在写作过程中，中国大百科全书出版社为我召集了两次座谈会，其中给我很大帮助的是在北京大学勺园召开的有宗白华、季羡林、王瑶、吴组缃、李泽厚、许觉民和出版社编辑梁从诚、杨哲等参加的座谈会，此次会议由王元化主持，每个老先生都贡献了极为宝贵的意见。除了上述这一名单之外，会下还有两个人给了我更具体的帮助；一位是钱钟书先生，一位就是樊骏先生。他们俩一个字一个字地审阅我写出来的长达一万五千字的初稿，面对他们的眉批文字和修改意见，我切实受到了"教育"：做好一个"学人"，不仅要搞好自己的研究，写好自己的文章，而且还要做好默默无闻的、毫无名利可图的公共事业。对于樊骏，后者总是放在第一位，所以他一生除了不结婚之外，还不写专著，因为他早已决定把构写专著的时间与才华奉献给国家和集体的文学事业了。在文坛上，我看到两种人，一种是有精神而缺乏学养，另一种有学养而缺少精神，而樊骏则二者兼备，慧善双修，他既有最扎实的文学学养，又有献身于文学的最无私的精神。在接到钱、樊二先生的阅读意见后，我很快就最后完成"总论"的写作。交稿之后我又立即写出《中国文学卷首条写作札记》，铭记援助我的师友，其中我特别记载了一段樊骏的工作和若干郑重的意见。这些意见包含着他对中国文学整体的宝贵见解。为了保持"札记"原貌，我一字不动把有关樊骏的一段文字抄录于下：

> 《中国文学卷》的责任编辑杨哲、姜逸清同志，把我的初稿分送给编委们审查。我很快地收到樊骏、陈伯海同志的审稿意见，两位同志都很认真，提出12条意见，而且共同发现我所概括的中国文学的若干特征（如抒情胜于叙事，表现多于再现，儒、道思想的影响等），只能说明我国古代文学而不完全符合现代文学。他们一位专攻现代文学，一位研究古代文学，不约而同地指出这一疏忽，自然使我格外注意。此外，樊骏同志还提了一些具体切实的意见，例如，他认为，初稿概述中国文学的发展过程时与中国社会的历史进程扣得不紧，事实上，两者的关系密切，而且这种关系在很大的程度上决定了中国文学的一些重要特征。他不仅指出这一点，并且把他思考的几个特点提供给我参考。如①大部分是封建社会的、小生产土壤的产物，并在这个时期取得了辉煌的成就。②几乎一直在中央集权的统一的国家中，在重视文化思想、并对之实施严格控制的国家中发展的；③连绵三千多年却始终没有中断过；④大部分时间在封闭的环境中自生自灭，与外国文学的联系相对说来比较少；⑤与宗教的关系相当淡漠等。他的这些概括，都已被吸收到定稿中了。

樊骏概括的中国文学的五个特点，说明他对中国现代文学的研究不是孤立的。他把中国现代文学放在中国文学整体语境中思考，而又把中国文学整体放在中国历史进程的大语境中思考。这种宏观思索，使他准确地道破中国文学的几个重要特征：没有充分的自由，总是在集权控制下发展；尽管没有自由，但文学生命却异常坚韧，三千年中从未中断。与西方文学相比，中国文学与宗教关系淡薄，加上大门紧闭，文学总是自生自灭，与外国文学关系较少。这是古代文学的总状况，而"五四"运动开辟的现代文学则与外国文学关系紧密，相应地也广泛吸收外国文学的叙事艺术，不再是抒情胜于叙事，因此谈论中国文学必须把古代文学与现代文学的不同特征区分清楚。樊骏兄对我的初稿不知阅读了多少遍，也不知道思索了多少白天夜晚?! 读了他的意见信，我立即对初稿的第二部分（"中国文学的基本特征"）作出几个重要改动。改动之后我把他的信读了又读，把五个特点想了又想，不禁暗自兴叹：像樊骏这样无私地把才华投入国家文化事业的人，愈来愈少了，这种智慧的稀有生命何等宝贵呵！

四

樊骏虽然对中国文学整体具有深刻的宏观思索，但其本色毕竟是现代文学的研究专家，他牢牢立足于现代文学，在 20 世纪 80 年代里对现代文学有许多新的思索和精辟的见解，可惜表述得很少。"广积薄发"的严谨态度固然好，但读者们却不能充分地享受他的思索成果与研究成果。当我与他共事多年之后才明白他所以少有专著与文章，一方面固然是学风上的持重，另一方面则是他把自己的思索想献给集体的现代文学史的编撰工作以及文学研究所的现代文学研究中。1988 年 10 月，我在准备全国"现代文学研究创新会"的发言稿时有过一段难忘的体验。在准备过程中，我多次向他请教，他毫无保留，把他在 80 年代中新的思索全告诉我。他说他在 70 年代末参加编写的《中国现代文学史》（唐弢、严家炎主编），写得较早。虽然做了些"拨乱反正"的工作，但还未能摆脱时代的局限。十年过去了，提出"重写文学史"是必要的。重写的关键是要有当代学者的主体视角，但又要充分尊重文学史的基本事实。他说以往写的现代文学史，其致命伤是以为社会的进步一定会带来文学的进步，不敢正视社会进步和文学进步的不平衡现象乃至文学的退化现象。而且在解释文学现象时太强调历史的必然，忽视作家主体选择的责任。例如郭沫若参加革命之后进而鼓动革命文学，随之也彻底否定了"五四"时自己的诗作中的表现主义，这一否定，使得他只能生产一些标语口号式的诗歌。对于这种现象，以往文学史总以为郭沫若既然参加了革命，投入了时代的激流，抛弃表现主义便是一种必然。其实不一定。樊骏给我举了布莱希特的例子。布莱希特信仰马克思主义，但他并没有因为政治信仰而否定现代主义艺术方式。他把信仰与艺术统一起来，既是马克思主义者，又是现代主义艺术大师。他创造了陌生化的间离效果，帮助人类从世俗中超脱出来。布莱希特的选择和成功，说明作家参加革命活动并不一定要付出艺术的代价。也就是说，制造标语口号式的作品不一定是革命诗人的宿命。樊骏举出郭沫若的例子说明，我们重写现代文学史时不应该一味地为现代革命作家辩护，而应该正视他们的弱点即他们主体选择的责任。

樊骏希望我在发言中，要强调认真阅读作品，对具体作家具体分析，任何优秀的作家诗人都是充分个性化的个案，都不是活在僵化的文化模式中。他特别以两大作家群为例，说明了这一观点。根据樊骏兄的提示，我在发言写了这么一段话：

> 从文化现象看，在现代作家群中，有的作家群（如郭沫若、郁达夫、巴金等），就乐于和善于写学生，表现学生的热情，容易接受新思潮。而有些作家群，则乐于和善于写公务员，小人物。例如鲁迅、老舍、叶圣陶、张天翼等，公务员与小人物是另一种文化心态，他们没有学生的热情，不容易接受新思潮，比较世故、保守。但是，不管是写学生的作家群，还是写公务员、小人物的作家群，每个作家又不一样，他们都有自己的创作个性和审美个性，他们并不是生活在共同的文化模式中。

这段话正是出自樊骏的思想。我的这篇发言稿后来以"强化现代文学研究的学术个性"为题，发表在 1988 年 11 月 22 日的《人民日报》和同年 11 月号的《中国现代文学研究丛刊》上。记得《人民日报》刊出的当天下午，我在社会科学院的大楼里正好遇上赵复三副院长，他一见到我就热情地说"今天拜读你在《人民日报》上的大作，写得真好！"听了赞赏自然高兴，可惜他没有时间听我心里滚动着的一句话："此文是所里的无名英雄樊骏帮我写出来的。你们这些院长们认识我们研究所这个劳动模范吗？"

五

说樊骏有时是我的"智库"，有时又像我的"保姆"，一点也不夸大。他知道我太多"诗人气质"，容易冲动，因此总是怕我"犯错误"，总是左叮咛右叮咛。特别是在政治运动瞬间和出国访问的时候，他这个平常少言寡语的人也会变得啰嗦起来。1988 年我作为中国作家代表团的一员访问法国，（此团规模甚大，成员有陆文夫、高行健、刘心武、张贤亮、韩少功、白桦、张抗抗、张欣欣、江河等），当时"反对自由化"运动刚结束，他特别叮咛我：你名声大，到法国免不了要演讲，接受访谈，你切记只讲文学，不讲政治。同年冬季，瑞典学院又邀请我作为中国作家兼批评家到斯德哥尔摩出席诺贝尔奖的全部颁奖活动，临行几天前他又叮嘱：你是瑞典学院邀请的第一位中国客人，要求你穿中山装，这涉及中瑞两国的文化关系，你要发表什么讲话，事前得想好。我说斯德哥尔摩大学已邀请我作一次演讲，我准备的讲题是"传统与中国当代文学"。他说这个题目不错，能否让他看看稿子，我当然很高兴，立即让所办公室打印并立即送给他。他读完亲自来到我家，并提出重要意见：要把"传统"分解为远传统与近传统。"五四"前的传统属远传统，也可称为旧传统；"五四"后建立的文学传统则是近传统，也可称为新传统。中国当代文学与这两个传统都有关系，但关系内容有所不同。经他点明，我遵照他的意见作了修改。

1989 年 3 月，我应中美文化交流协会邀请，赴美国并将到哥伦比亚大学、哈佛大学、芝加哥大学、斯坦福大学、加州大学圣地亚哥分校等院校演讲。此次学术旅行，又让樊骏兄操心了很久。他一再叮嘱的又是不要介入政治，他还具体地说，海外民运非常复杂，一定要和他们保持距离。我开玩笑说，其实我是五毒不伤，什么人都不怕。他却很严肃；你就是诗人气质。到了纽约后，《华侨日报》采访我，我想起樊骏兄的叮嘱，调子低了很多，还把临行前他说的话通过自己的口传达给媒体。在访谈时说：这十几年，中国最根本的成就是把国门打开了，只要中国的大门不再关上，中国就会有希望。樊骏兄不仅很有学问，而且很有思想。我觉得他讲到了要点，就把他的"思想"投向北美大地了。

六

2011 年 1 月 18 日，科罗拉多高原正飘着大雪，突然收到表弟叶鸿基转来的张梦阳兄的信，告知樊骏兄逝世的消息。我几乎承受不住这一打击，突然感到晕眩与虚空。打开窗户，我朝着东方默默地呆望着，呆望得很久。"想念您"，这三个字又浮上心头。想念您，想念您！这回是我在想念永别的可亲可敬的兄长了。想念中我意识到无可挽回的事件已经发生，此后我将更加孤独。除了悲伤，只能用挽联来表达自己的无尽思念与敬意。这一挽联，是我的心碑，但愿它永远伴随樊骏兄高洁的亡灵。

痛挽樊骏好兄长

文研所诗书三百，品学一流无私卷，

当铭当记当颂樊先生；

宇环间星斗万千，慈慧双修有情族，

最思最念最爱吾兄长。

刘再复敬泣于美国洛矶山下

2011 年 1 月 18 日

（全文写于 2011 年 2 月 3 日）

谈樊骏老师，
并谈及相关的一些事

刘 纳

樊骏老师去世了。已经一年多了。

我看见一些悼念文章提及樊骏不招研究生，但我仍有理由说，我是他的学生：我的硕士学位论文以及答辩前后填的一系列表格上都有他的名字，是"副导师"。研究生院编辑出版1978级研究生的"论文提要"和"论文选"，我的论文后面印着"导师唐弢，副导师樊骏"。我想不起这"副导师"的名目是怎么来的，是谁让填上去的，而樊骏老师确实指导了我、指导了我们。这里所说的"我们"，指中国社会科学院现代文学专业1978级研究生10人，主要指我和安明明。

有一个时期，在中国社会科学院文学所现代室，只有我一人坚持称樊骏"老师"——他说过"被人叫老师很别扭"，比他小二三十岁的年轻人也按他的要求直呼其名。

汤学智先生在《一段难忘的经历》中记述，1978级研究生的培养实行"导师主管下的指导小组成员分工负责制"，特别提到："尤其是樊骏，作为唐弢的主要助手，兼管现代文学专业的教学辅导，经常奔波于劲松与北师大之间，做了大量深入细致的工作。"研究生院当时借居北师大，汤先生是文学系秘书。

　　每隔两三个星期，樊骏先生会来北师大。在挤着四张上下铺的男生宿舍，8 位男同学加上我和安明明，排排坐着听樊骏先生讲。关于现代文学研究，他正有太多话可说；有太多心得愿意向我们传授。

　　当时的樊骏老师，时而兴奋，甚至亢奋——只因中国现代文学研究正成为那年代的显学。

　　"中国现代文学研究是门范围很小的二级学科"，樊骏老师在 1994 年这样界定。（《我们的学科：已经不再年轻，正在走向成熟》）而在 1978 年前后的特定时势下，"五四"与"30 年代"幽灵般地加入"思想解放""拨乱反正"的舆论建构，并且形成强大的品牌力量。从"30 年代"走来的周扬兼仟社会科学院研究生院院长，也是从"30 年代"走来的沙汀、陈荒煤先后任文学所所长。研究生院 1978 级的开学典礼上，周扬讲话要求我们作"战士"，极富演说才能的温济泽副院长预言我们将是国家的栋梁。那年代，进入社会科学各学科包括现代文学专业的研究者或多或少会将自己的工作与"战士"、甚至与"栋梁"相联系，赋予自己相应的身份体认和使命感。伴随国家政治形势的戏剧性转轨，中国现代文学研究这个"范围很小的二级学科"重要起来了，它的价值诉求远远超出学科本身——若干年后，常有人议论试图指点江山的学者：怎么又是现代文学专业出身啊？而经历过那年代的人对这现象不至于惊奇。

　　樊骏老师专注于中国现代文学研究，变化频仍的政治形势不可能不影响他的思考、他的心境。王富仁在《学科魂——〈樊骏论〉之第一章》中写道："他在面临'文化大革命'结束后的新的历史机遇的时候，几乎是顺其自然地走进了一个新的历史时期。"这是时代与人生的际遇。

　　樊骏老师"管"我们最多的是 1979 年。这一年他很忙——是那种能够体认意义的忙。

　　在 1979 年，中国现代文学研究会成立，《中国现代文学研究丛刊》创刊。樊骏老师并非学会和刊物的主要负责人，但他付出的"忙"可能最多。

　　也是在 1979 年，樊骏老师的职称被评定为副研究员——据说，经领导做了工作他才填表申报。1953～1961 年，他做了 8 年实习研究员（相当助教）；1961～1979 年，他做了 18 年助理研究员（相当讲师）。前些天我与几位青年教师聊天时谈到樊骏老师的职称经历，有一位说："我还以为他们那代人和你们这代人评职称容易呢！"

也是在 1979 年，樊骏老师分到一套使用面积 30 多平方米的住房。汤学智先生说樊骏"经常奔波于劲松与北师大之间"，那是在分到住房之后。很多人提到樊骏老师的不婚，但尚未见有人将不婚这件事与住房相联系。在樊骏老师的青年与中年，婚姻状况与单位分配住房直接挂钩。樊骏老师分到住房前和刚毕业的毛头小伙一起住集体宿舍，有一阵集体宿舍搬来搬去的，他在与我们谈话时曾顺口冒出埋怨：他的桌子找不到了，他的东西被动过，等等，是些很琐屑又很烦人的事。安明明说，樊骏老师曾去她家，找任文学所人事处长的她母亲谈房子问题。想来，分得位于劲松的那一套小房子也并不顺利。

樊骏老师出生于 1930 年。评上副研究员、分到房子的 1979 年，他年近半百了。

1979 年，樊骏老师给我们布置过几次作业，并做了两次（或许是三次）课程考查。

他严格吗？从未见他神色峻厉，但对成绩的把控近于苛。樊骏老师以"优""良""中"判分，以 10 人的三门课程计，为 30 人次，他只给过两个"优"，大多数是"良"，还给过几个"中"。毕业答辩前，研究生院要求将课程成绩折合为百分制，我们专业的成绩明显低于其他专业。显然，其他专业的指导老师给分皆宽松大方。樊骏老师最后一次到那间拥挤的男生宿舍与我们谈话时，一位同学提出"分"的问题，说：我们的分比别的专业低很多，难道我们比人家差吗？又有两三位同学应和。樊骏老师听着，还笑着，却并没有应许改分。

我和安明明都记得，一个年龄最大的同学在樊骏老师走后愤愤地说：给我个大"中"。

这拨后来被戏称为"黄埔一期"的研究生已届中年，挺不容易也挺努力的，有的寒暑假也不回家与妻儿老小团聚，留在北京用功。何必给个"中"？我当时不理解樊骏老师判分的含蓄，现在仍不理解。

后来樊骏老师拒绝做博士生导师。几次听他感慨："管"你们那两年，太累了。我推想，如果他判分不那么较真，做老师的和做学生的都会轻松些。

唐弢老师生前发表的最后一篇较长的文章是《哀悼王瑶先生》，文章的最后一段是这样：

> 我还想到：王瑶先生执教多年，桃李满天下。他的弟子如樊骏、孙玉石、钱理群、吴福辉、赵园、陈平原等都是我的朋友，不仅如此，他们还以长兄和大姊的身份，关心着和我联系较多的年轻学者如杨义、刘纳、蓝棣之、汪晖、王友琴等人，这是我非常感激的。际此举世滔滔，争名逐利，有人徒托空言、不务实学之际，就现代文学研究而言，由朱自清、闻一多先生开创的、那种律己也严，待人以诚，虚怀若谷，没有一点门户之见的实事求是的淳朴学风，应当继续发扬，决不能让它在我们这一代人——或者下一代人的手里中断，决不能这样。握管至此，方寸已乱，我不想再说什么。不过，在这悼念王瑶先生逝世的时候，我觉得，我还必须补上这样的一笔！

《哀悼王瑶先生》文末注"写于王瑶先生逝世后十天于北京"，刊于《鲁迅研究月刊》1990年第1期。文章最后一段话甚至可以视为唐弢老师的学术遗嘱。当时，是有一些人注意到这段话的，而感想和看法有所不同。一次，几个人一起去看望病重的唐弢老师，记得是在协和医院门外，蓝棣之提起这段话，说，赵园、陈平原都比我年轻，怎么成了大哥大姐啦？我说，你怎么不理解唐老师这样说的苦心呢？而我当时很不理解的是唐弢老师感谢王瑶先生的弟子时首先提到樊骏。其他几位都是王先生的研究生，而樊骏是作为唐弢的助手指导我们的，也是我们的老师，唐弢老师为什么如此郑重地将他列为王瑶先生的弟子表达感激呢？

如今征引这段话，感慨连连，但仍不理解。

《唐弢文集》第 10 卷收有一张题为《导师和研究生》的照片，前排坐三位：唐弢老师、樊骏老师、徐乃翔先生，后面坐着蓝棣之、安明明和我。汤学智先生在《一段难忘的经历》中记述："由于学员的大量扩招和研究方向的增加，导师队伍也相应调整充实。"现代文学专业增加了陈荒煤、吴伯箫、王士菁三位导师。唐弢老师带三个学生，樊骏老师继续协助他指导我和安明明。

唐老师夸奖安明明：没想到你基础还不错，读过不少作品。我看了你的试卷，夏衍的《法西斯细菌》你也读过，对作品的分析还不错。——安明明属"老三届"的初中生，做过工农兵学员。

安明明说，其实我没读过《法西斯细菌》，我只是背文学史。

唐老师转向我：你还是读过不少作品吧？

我说，我也是背文学史。招生简章上您开列的参考书有王瑶先生的新文学史，我托人借到了，就背了。

我至今清晰记得两位老师惊愕的神色。

从唐老师家出来后，我和安明明说：小家雀蒙了老家雀。

那时，常听人说 1978 级研究生如何了得，百里挑一什么的。我不清楚别人的情况，却明白自己只不过比较会考试罢了。

樊骏老师说：你们两个人不大像能用功的人——那时安明明正怀孕，我得照顾年幼体弱的儿子。而他还是和我们谈过很多。他说过对现代文学 30 年的整体看法：现代文学比不上同时期的西方文学，中国文学的主要成就在古代。他说过文学还是能体现民族性的，例如俄国文学中的善和法国文学中的恶。他当时深信"文学是人学"，他说过自古至今人性变化不大，现代文学与古代文学表现方式的差别要大于人性本身的差别……这些，我当时记在本子上，以后时或想起。他随口说出的想法很可以展开，但并未形诸文字。

樊骏老师协助唐弢老师指导我们确定论文选题。如今的硕士生、博士生常为论文选题发愁：好容易想到一个题目，到网上搜索，竟又是早有许多人写过的。而我们那时，可选的题目太多——这是占了第一批的便宜。对比今日，遥想当初，我会记起"文革"前学习过、"文革"中批判过的刘少奇关于"第一批"的说法。据报道，刘少奇教导侄女下乡做知青时说，你现在下乡，是第一批，第一批总会占便宜的，如果我不是第一批革命，能当国家主席吗？1978级研究生作为"第一批"，所占的便宜可能不仅论文选题这一点。

唐弢老师说：你适合分析作家作品，但樊骏老师说：你写作家论，会不会太轻松？当时，我还不理解"太轻松"是什么意思，几年之后，我才体会到，同样一个题目，可以写得轻松，也可以写得很苦很难。摆脱轻松并非轻松之事。

20年后，我给研究生开过一门课：《学位论文的难度指标》——尽管我明白听课的研究生中未必有人愿意追求难度。

樊骏老师去世后，我和定居加拿大的安明明在电话中回忆当年，遥远，又仿佛即在昨日。第二天，安明明在写给我的电子邮件中说："我想到世界上有一些在思想的国度里跋涉、探求的心灵，我曾经熟悉过，但已经很久没有交往了。"

樊骏老师认真地看过1978级中国现代文学研究专业的所有硕士论文。那一届硕士全国也只有20多人——如今，这个专业每年有多少研究生毕业？可能是当年的上百倍吧，即使神仙也看不完所有论文——樊骏老师说，中国社会科学院研究生的整体水平不如北大，而最好的两篇硕士论文不出自北京，他指的是王富仁和朱栋霖的论文。这个评价，他也会对一些人说过，而且我肯定自己没记错。

王富仁的硕士论文出版之后，樊骏老师让我写书评：可能有希望我学习的意图吧。他说，在你们这拨人里，王富仁的理论能力比较强。10年后的1994年，他在总结性文章《我们的学科：已经不再年轻，正在走向成熟》中称王富仁"是这门学科最具有理论家品格的一位"。我把书评交给樊骏老师，他看后说，也就这样吧。是不满意的意思。

樊骏老师多次说我审美感受力强、悟性强。是夸奖？又似乎不是。

后来，在一次什么会的饭桌上，偶遇一位哲学所的前辈。他说看过我的文章，令我生发受宠若惊之叹，而他的一番议论我至今记忆犹新。

大意是：你搞文学，算是选对了专业。女人感悟力强，思辨力差，适合于文学，不适合哲学。你看古今中外有女哲学家吗？——那是 1980 年代中期，老先生不知道西方正活跃着几位出色的女哲学家，我更不知道。

再后来，参加硕士、博士的学位论文答辩，常见女研究生得到的评语中有"审美感受力强"的说法。每当听到男教师给予女学生此类夸奖，我总疑心表扬后面隐藏着潜台词：理论能力差。即使有的女学生理论能力明显高于她的男同学，男教师们仍然只表扬她的感受力。

从研究生院毕业到文学所工作后，我的硕士论文中的几章在刊物发表，阴差阳错地都排在第一篇，据说这就算"出道"了。樊骏老师说，你写得太容易了。他说，写文章、做研究是很不容易的事。搞美术的、搞书法的达到一定水平之后，就能保持这水平，不断生产。但写文章不行：每写一篇都要费力，甚至越来越费力。他说，要把一个问题讲清楚是很不容易的。他在《论中国现代文学研究·前言》中谈到他自己"想问题写文章也总是没完没了地反复和拖拉。"

过了一些年，我才能领会樊骏老师一再说的写文章"很不容易"——有些事，必得自己体验过才理解。我也经历了"没完没了地反复和拖拉"的状态：在感受的直觉性与推理的逻辑性之间绞缠，在试图"把一个问题讲清楚"与难以"讲清楚"之间纠结。于是越写越绕，越写越慢。

钱理群 2011 年发表的《守正出新》（《中国现代文学研究丛刊》2011 年第 9 期）中有这样一段话："记得好几年前，刘纳在金华召开的一次学术会议上，曾发出过'写自己想写的东西''写慢点'的呼吁。前者是强调坚守学术的独立自主性，后者则强调克服学术的浮躁心态，不写粗制滥造的学术垃圾，扎扎实实提高学术质量和品位。当时我就受到了震动：我也是写得太快——当然，我也可以为自己作点辩解：我写得很快，但酝酿时间却都很长。当然，写得太快、太滥，也有学术体制和评价标准的原因。从另一面说，也要防止走到极端，过于追求完美而写得太少，最后很容易变成眼高手低。"

"眼高手低"！如此熟悉：樊骏老师多次用过这成语。记得有一次他还很惋惜地举了一些例子说明眼高手低的后果：有的人学术起点很高却因眼界太高而终于什么也写不出来了。当时我说，我已经眼高手低了。

也曾不止一次听樊骏老师慨叹他自己眼高手低。

还是在他指导我和安明明的时候，他说起自己的写作，说从来没有思路顺畅的时候，说总是对自己的想法缺少信心，觉得不配写在稿纸上，因而初稿都用废纸的背面写。

古人云：知己则明，知人则哲。樊骏老师有自知之明，而且"明"得过了。因此，在别人看来，他活得累；也因此，他羡慕缺少自知之明的人。1990年代中期的一天中午，我和两个人在办公室练习抽烟，樊骏老师进屋见了，说我们：你们为什么要学坏毛病？我引用一个同学的说法回答：他说人都有痛苦，抽烟能让痛苦随烟雾飘走，就不得癌了。樊骏老师惊奇此人会发明这番道理，说，他也有痛苦吗？自我感觉那么好、自我评价这么高的人怎么会有痛苦？

自我感觉好、自我评价高的人太可羡慕。自信也罢，能够为自己仗胆也罢，有人解释为上天的恩赐。显然，樊骏老师没有得到这份恩赐。

就他本人的"眼"和"手"相比，樊骏老师的眼更高。收入2006年出版的《中国现代文学论集》下册的论文，研究老舍以及茅盾、罗淑、马宗融等现代作家。很惭愧，我是在前些天，即樊骏老师去世一年多之后，才第一次读这些论文。更惭愧的是，我没有能读出严家炎老师所说"樊骏在中国现代作家研究尤其在老舍研究上作出的深刻而独到的贡献"（《中国现代文学论集·序言》）。这些论文，行文过于拘谨，也少创辟。王富仁做这样的比较："仅就个人具体研究成果的丰硕及其对中国现代文学研究贡献的大小，严家炎、叶子铭、陆耀东、范伯群等很多第二代中国现代文学研究者都是远远超过了樊骏先生的。"（《樊骏的中国现代文学研究》，《北京师范大学学报》2011年第6期）王富仁以"等"和"很多"表述"个人具体研究成果""超过了樊骏先生的"不只是他列出的四位，而我还想提到支克坚先生——樊骏老师曾称许支克坚的文章在他们那代人中是出色的。我曾问：支克坚老师的文字怎么有些难读啊？樊骏老师说，支克坚的文字风格有点像他的研究对象胡风，思考深入容易用长句子，有些问题他没有说清楚，但他把问题推向深入了。樊骏老师高度评价未必说清楚但能把问题推向深入的文章，而他自己，又不能放弃说清楚的追求，也因此，他"想问题写文章也总是没完没了地反复和拖拉。"与此同时，樊骏老师的"眼高"得到充分发挥：20 年间，他以开阔的学术眼光鸟瞰学科的研究动向，引领学科的发展，并且以锐利的学术眼光指导过很多后辈研究者。

樊骏老师去世后，王富仁所作《樊骏论》第一章题名为《学科魂》——"中国现代文学研究学科之魂"。王富仁写道："他只是一个没有定语的中国现代文学研究者，他重视的始终是中国现代文学研究自身。"

20 世纪 70 年代末至 80 年代初，樊骏老师连续几年带领两个年轻人写现代文学研究的年度述评。"按樊骏的要求，要把当年与现代文学有关的文章通通看一遍，并每篇文章写一张卡片，重要的还要有提要。这些文章陆陆续续差不多要看一年，一年下来卡片能装满一抽屉。……在此基础上樊骏进行梳理，总结出当年研究的特点和学科的态势和动向，最后完成《中国现代文学研究述评》。"（刘福春：《怀念樊骏》）樊骏老师为什么亲自参与这项繁琐而费力的工作？

20 世纪 80 年代至 90 年代，樊骏老师写过几篇针对现代文学学科发展的总结性文章：《关于中国现代文学史料工作的总体考察》《〈中国现代文学研究丛刊〉：十年》《〈中国现代文学研究丛刊〉：又一个十年》《我们的学科：已经不再年轻，正在走向成熟》等。非常惭愧：这些文章发表时，我或者没有读，或者没有认真读，而在樊骏老师去世一年多之后的前些天读这些当年的文章，由于那曾经经历的年代已成历史，更容易认识其对学科发展不可替代的重要性。"所谓学科评论，实际上是一种研究的研究，从总体上剖析整个学科的来龙去脉，总结前人的经验教训，提出继续探索的方向和任务。""从整个学科的长远建设来看，把学术工作作为凝聚着几代人的集体智慧的、社会化的精神劳动来看，这个工作的确有不可低估的作用。"以上文字引自《〈中国现代文学研究丛刊〉十年》，文末所注完稿时间为 1990 年 1 月 7 日。樊骏老师列出统计数字："十年来，《丛刊》出版 40 期，发表文章 965 篇（其中研究性论文 768 篇，资料性文章 197 篇），共计 1030 万字。"文章中有对选题、内容、视角、作者所做的统计和分析。也就是说，为写此文，樊骏老师又一次读了 1030 万字。10 年后的 2000 年，他写《〈中国现代文学研究丛刊〉：又一个十年》，面对的则是 1040 篇文章，980 余万字。而樊骏老师是没有助手的。

20 多年间，樊骏老师为现代文学研究的"学科评论"即"研究的研究"付出大量心力。他中风重病之后，谁能、谁愿继续做这工作呢？谁拥有樊骏老师那样的认真、耐心和具独到之明的判断，以及由长期秉持的行事方式而形成的公信力？

有的事，须在一段时间流逝之后才显其意义。

有的事，由某个人做方能做出意义。

有的人，在他走了之后，才令人深切感到：有他在和没有他不一样。

王瑶先生去世后的《中国现代文学研究丛刊》编委会上，樊骏老师慨叹：那样一个人，说没有就没有了。我今天进来，觉得屋子空了一块。

中国社会科学院发布的"荣誉学部委员樊骏病逝"讣告说："不仅是文学研究所的重大损失，也是中国现代文学界的重大损失。"

曾经有过一个蓬勃的中国现代文学研究"界"。如今这个"界"怎样？

写此文过程中，无意间看到一篇网文，题目是：《惊爆！近七成大学生和家长强烈要求撤销中国现当代文学研究专业》。文章开门见山："众所周知，曾经非常热门，但是，近年来，这个专业却极不景气，学生毕业后就业成了大难题。"文章称"有调查者通过连续三年的问卷调查显示，约 68％ 的文学专业硕士和博士生要求撤除现当代文学研究专业"。文章还披露一个个例："今年 7 月，浙江大学中国现当代文学研究专业的硕士周某即将毕业，竟用酒瓶连砸四个教室的黑板。记者在采访时，周某含泪说，'学这些东西有什么用，我学了六年才弄清楚……不过是屠龙之术，学出后，无龙可屠。我们毕业了，国营单位不埋单，我们被抛弃了。要进私人企业，因为不懂商业，企业的老板也不要我们。'"

研究生扩招了，批量生产了，现代文学研究这个学科因专业门槛低而迅速扩大。至于现今学界的乱象，也不是樊骏老师能够想象的。对于这个专业的大多数硕士、博士和年轻教师来说，樊骏这名字已很生疏。

20多年里，樊骏老师很大一部分时间精力用于为别人（主要是年轻人）看文章。这是他自我指派的角色，他把并非本分的事当作了本分。经他的眼，一篇文章好在哪里，有哪些须深入、须展开之处，明明白白。他看文章后与作者谈文章时的三言两语比他发表的文字更显识见和锋芒。曾经，向他求教的人很多：有上门的，有寄来文章的。与他比较接近的刘福春了解他是怎样为别人看文章的："樊骏看文章至少要看两三遍。先看一遍，这一遍是通读，只是看，到第二遍边看边在稿子旁写些感想，一般是看过第三遍后才最后写出他的意见。"（《怀念樊骏》）我还想补充：樊骏老师的意见是一条一条地写在小纸片上，而他在原稿上画线或写些什么，通常用铅笔。

20年间，同在一个研究室工作，我能从旁看出，向樊骏老师求教的人并不都是为了写好文章，有人只是想请他荐稿、褒扬、提携。20世纪90年代，我负责编《丛刊》每年的第2期，樊骏老师也曾拿一些求教者的稿让我看，并要求我对退稿写出具体的修改意见。我心想：如果写文章的人不怎么认真，看文章的人有必要认真吗？而即使对于敷衍拼凑的文章，樊骏老师也认真。有时，他看文章付出的心力可能会比写文章的人多。凡与这个学科有关的事，他都认真——他认真惯了，已经不会不认真了。

认真是一种品格，现今成为一种悬格。

当我此时敬服地回忆樊骏老师怎样认真地为年轻人看文章，脑子里竟闪出杜甫《莫相疑行》中的句子"晚将末契托年少，当面输心背面笑"。

前些时，一年轻人拿着自己的文章来找我指教。其诚恳、其谦恭使我难以拒绝，而且，我确实想起了当年的樊骏老师，于是我不自量力地答应"指教"。我看了两遍，写了一页修改意见。之后我反被这年轻人指教："您没明白我的意思，我是想让您帮忙推荐发表。"她诉说：写文章并不难，但发文章太难，评职称压力太大……我追问自己：我该学樊骏老师当年看文章的认真吗？时势不同，身份不同，我能学吗？我学得了吗？

认真又与忠厚相关联。

有一陕西冯姓教师，为评职称自费出书。他将一些书分别寄给樊骏老师、严家炎老师二位，让他们帮助卖书，并将书款寄回。这样随意地支派两位老先生为自己服务，匪夷所思。而君子可欺之以方。樊骏老师回信说明自己没有能力代卖书，将书重新打包提到邮局寄回——一个做事能力不强的老人，平白无故地做了这样烦琐、劳累的事。而严家炎老师则按书后所印的定价，自己掏钱给冯寄出书款——拿到汇款单的冯会不会窃喜遇到了"冤大头"呢？君子务本，以善意待人，其境界是以为其可欺者不可能理解更不懂得敬畏的。这位冯姓教师的书抄袭了一些人的文章，拼拼凑凑。也抄了我不少。我当时尚未习惯于被抄袭，于是写了《〈郭沫若的文学世界〉读后》，发表于《中国现代文学研究丛刊》1997年第3期。《丛刊》编委会逐篇讨论到此文时，樊骏老师没说话，但会后，他对我说，那人是农村出来的，挺不容易的。我问，您见过这人？樊骏老师说，见过，朴实的样子。

据说樊骏老师少时家境优裕，他从上海到北京，生活在两个大城市，而他似乎对"农村出来"的人有特别的宽容和关爱。

记得读研时的事：一日，樊骏老师与我们（安明明和我）一起去唐弢老师家。唐老师说起前些天身体不适，并提到我们的一位同学拿来一篇几万字的长文请求指教，唐老师对他说实在没精力看——唐老师做事也极认真，凡答应帮人看稿，则一字一字看，且不只看一遍。因不会糊弄而不轻易应许。那位同学便坐着不走，从下午磨到夜晚。两天后，他趁唐老师夫妇不在家，将文章塞给了保姆。唐老师慨叹那位同学的执著，无奈地说：我看了好几天，比他写的时间还长。从唐老师家出来后，樊骏老师不以为然地说起这件事，但当我嘲笑两句，他转而批评我：你怎么说话这么难听？就是当时，我第一次听樊骏老师说"农村出来的""不容易"之类的话。

我知道"农村出来"的人会经历种种"不容易"，然而，从翻烙饼般的时代浪潮中颠簸过来的人，谁容易呢？只能说各有各的不容易。况且，"农村出来"的人大多出身贫下中农家庭，在很多年间享受过政策性优待。我不知道樊骏老师的思路是怎么形成的，但也曾听他感慨看错了某个人：本以为农村出来的人很朴实，怎么做出的事会令人大吃一惊？

说到樊骏老师做人行事的风格，我联想起他的一些同代人。他逝世之后，也有人从"代"的意义上解读樊骏。

李泽厚著《中国近代思想史论》最后一节讨论"中国革命与六代知识分子"，开启了30多年来的代际研究。出生于1930年的樊骏与李泽厚同属"解放一代"即"第五代"。李泽厚对这一代中国知识分子做笼统的描述："第五代的绝大多数满怀天真、热情和憧憬接受了革命，他们虔诚驯服，知识少而忏悔多，但长期处于从内心到外在的压抑环境下，作为不大。其中的优秀者在目睹亲历种种事件后，在深思熟虑一些根本问题。"李泽厚的概括曾获得广泛认同，并唤起人们的一些感性印象。如果将人分群分类，本可选择多种尺度：民族、阶级、性别、职业、性格……而百年来中国社会的大震荡大变化致使代际区分凸显，但同时，所有以代际划分的概括以及由此形成的类型化的惯性判断都会留下可质疑、可究诘之处。就出生于1930年代的"第五代"说，"虔诚驯服"吗？那么怎么解释这一代中的不少人在1957年成了"右派"？——好像听说过樊骏老师当时被划为"中右"，不知确否。我曾问王信老师：您是右派吗？记得王老师说：不是。你以为谁都配当右派吗？

在中国现代文学研究这个"范围很小"的学科，也常有人提到"代"。想起樊骏老师的一些同代人，如已去世的杨犁老师、杨占升老师，如健在的王信老师、严家炎老师、王景山老师等，往事中的断片腾跃闪亮。我认识的人少，知道的事少，当我从很少的人和很少的事感受到令人尊敬的品格，我明白这些品格并不具有普泛性。

李泽厚界定的"第五代中国知识分子"并非都拥有他总结的"忠诚品格的优点"（《中国现代思想史论·后记》）。那一代人中，分明也有招摇撞骗者、屁屁溜溜者，也有没什么学问却摆出一副权威架势的，也有热衷权斗贪得无厌的，也有如今一把年纪还要跑到江湖作准明星的……同时代人中，这一些与那一些、这一位与那一位会大不一样：差异甚于类似。

从研究生院毕业后留在文学所工作，我们的直接领导大多为"第五代"中人。那一代人主持的大型研究项目正在启动。他们中的一些人认为：当年我们都是从助手做起，在集体项目中耗过了青春和中年，现在轮到你们了，你们有什么理由不在集体项目中为我们打工？樊骏老师的想法不同于此，他多次谈到参与集体项目的得失利弊，并多次说：你们还是写自己的东西。

20 世纪 80 年代初，有一个词的使用频率比较高：耽误。因此，也属"第五代中国知识分子"的谌容写了荒诞小说《减去十岁》。

如王富仁所说，樊骏以近 20 年的岁月投入编写《中国现代文学史》的集体项目，"拥有了一个中国现代文学史家的学术视野，他关注的已经不是其中的一个作家、一个文学流派或者一个文学运动的历史作用及其评价，而是中国现代文学的整个历史，以及与这个历史直接相关的整个中国现代文学研究。"（《樊骏的中国现代文学研究》）作为群体中的个体，樊骏老师在硬性分派的集体项目中有所收获，但也留下了与"耽误"有关的遗憾，这在他对我们的指导中有所流露，而他认为：我们耽误了，你们就不要耽误了。他的一些同代人则秉持相反的思路：我们耽误了，凭什么你们不该耽误？

大约在 1985 年，时任副所长的某领导屈尊到我家，请我参加他主持的项目《中国现代文学思潮史》，我尽管不情愿也答应了。于是参加项目组的讨论会，会上有人提议：咱们集体讨论，让刘纳执笔吧。我被这话吓着了，心想：如果要我一个人执笔写几十万字，何必跟你们讨论呢？后来，我就借故不去讨论了。再后来，人家讨论也不找我了。有人告诉我：樊骏说了你的坏话，说你缺乏合作精神，不适合参加集体项目。而我明白，这不是"坏话"，是保护。

从 1953 年北大毕业分配到文学所现代室，樊骏老师的履历极简单：他的工作单位没有变动过，连"室"也没有变动过。如果填表，一格即一生。

写到这里，我闪过一个疑问：中国现代文学研究是不是樊骏本人的选择？我猜想：未必。在他走出校门的年代，工作单位是分配的，专业也是分配的，而他既然做了这个工作，就认真地、专注地、虔恪地、全身心投入地去做。日复一日，年复一年，以一生做一件事。

如韦伯在《新教伦理与资本主义精神》中所说，当世界进入世俗化的、去魅的时代，一个人的职业生涯也可能被赋予神圣的意义。对于樊骏老师来说，中国现代文学研究是职业，更是事业，甚至成为支撑生命的信仰。

20 世纪 90 年代以来，中国知识界参照西方的界定，区分了知识分子（intellectual）和文人（literate）以及知识分子与专业人士（professional）。依照从西方引进的区分标准，樊骏老师似乎够不上称"知识分子"，他不"公共"，他不是呐喊着批判着的"精神界战士"。而樊骏老师的价值观始终以知识定位：在"政治挂帅"的年代，他的价值观以知识定位；当他晚年遭遇一切都可以用货币计量的社会环境，他的价值观依然以知识定位。

樊骏老师的知名度大致仅限于本学科范围，他本人也并不追求更大的格局。说到樊骏这个人的影响力，不妨推想多种可能性。他真实而切实地影响过一些人，这些人又会影响一些人。影响的角度和影响的强弱都不具可测量性。很可能，影响在传递过程中渐趋减弱，以致沉寂、消失；但也可能，随着影响的发散、流动、游移、变异，难以估料会于何时何地以何种形式发酵、生长、膨胀、增殖。何况，樊骏的人生已被描述为"一个真实的神话"。（魏建：《一个真实的神话》）

樊骏老师最受瞩目、并且被人议论最多的事是：一个远远算不上富有的学者，捐赠两百万元设立现代文学学会的"王瑶学术奖"和文学所的"勤英文学研究奖"，自己却过着清俭的生活。

生前死后，樊骏老师得到"自律甚严""自律极严"的评价。遭逢欲望膨胀的消费时代，中国不缺明白人，缺的是道德自律。而我觉得，"自律"这个词用之于樊骏，似乎不很确切——"律"有约束的意思，"自律"含克制的意思。

终其一生，樊骏老师没过过拮据的日子，同时，他对物质生活的需求度很低。一个未曾为钱发过愁的人，又是没什么物欲的人。

前面我提到樊骏老师在 20 世纪 70 年代末分得住房，10 年后的 20 世纪 80 年代末，所里依照资历分给他一套小四居的住房，在安贞里。我和一些人去过他的新家，同去的一个人说，中国知识分子能住上这样的房子就算到头了。是谁说的想不起来了，但我记住了这句话。20 年后的 2009 年春天，我约了朋友去看望多年未见的樊骏老师，曾经令人羡慕不已的房子，竟显得窄仄而陈旧，墙皮已经开裂。同去的一人说起前些时来探望的所党委书记感慨："樊先生就住这样的房子！"我立即联想起 20 年前听到的话。从"中国知识分子能住上这样的房子就算到头了"的羡慕到"樊先生就住这样的房子"的叹息，透示出 20 年间中国一部分人生活境况的巨大变化。这变化与樊骏老师无关。

现代商品社会通过挑动人们的消费欲望推动经济发展。倘若社会中人皆少有物质欲求，岂不阻碍 GDP 的增长。70 多岁仍然挤公交车的樊骏只能是现实生活中的另类。

那是 20 年前的事：1992 年初唐弢老师逝世后，我写了《落帆的印象》。樊骏老师说：你写的唐弢和我印象中的不一样。又提起收入《唐弢纪念集》的蓝棣之、汪晖等人的文章，说：怎么都和我的印象不一样呢？当时我竟说了一句极不得体的话：以后如果写您，我可能也写不对。因为话一出口就懊悔，所以记得很清楚。也因而，写此文过程中我始终惶惑：假如——当然只能是假如——樊骏老师看到我的这篇文章，会说什么呢？

"三不"与"三悟"

张梦阳

2011 年 1 月 15 日 14 时 50 分，中国社会科学院文学研究所的中国现代文学权威专家樊骏先生去世了。

17 日，星期一上午，文学研究所电话告知我这一噩耗，我深知刘再复先生与樊骏先生的感情，立即给再复兄的女儿小梅发邮件。再复得知后大哭，当即写了挽辞，但他家的通信系统坏了，无法传真，于是到李泽厚家传真。我又没有传真设备，只好先发给"再复迷"网主叶仙先生，叶先生扫描后又发邮件给我，才得到了再复兄的珍贵手迹。

痛挽樊骏好兄长

文研所诗书三百，品学一流无私卷，
当铭当记当颂樊先生；
宇环间星斗万千，慈慧双修有情族，
最思最念最爱吾兄长。

刘再复敬泣于美国洛矶山下
辛卯一月十八日

20 日上午 11 点，在八宝山菊厅告别。北京的中国现代文学研究界人士几乎全去了。大家都很悲痛，有些女士，虽年过古稀，但仍痛哭不已。我将再复的挽辞分送给诸位友人，大家都悲痛地点头称道。又托所内同志将再复和广东黄修己教授、上海陈子善携《现代中文学刊》同仁的花篮敬献于樊骏先生遗像前，才略觉释然。

樊骏先生 1930 年出生于上海，1953 年从北京大学中文系毕业后，一直在文学研究所工作。他奉行"三不主义"：一不结婚；二不带研究生；三不写专著。只留下数十篇论文，集成《中国现代文学论集》，由人民文学出版社出版，是中国现代文学研究中的经典。他一生可以概括为两点：一是纯粹，做一个纯粹的学者和研究家；二是专门化，专门研究一项学问，终生不渝。

樊骏先生的"三不主义"，我想，恐怕是一般人难以做到的。起码，我就做不到。纵然后来因为自己做不到而懊悔终生，但终归是做不到。而从樊骏先生那里，我倒也有"三悟"：

一悟学界的主流还是很有眼光的。凡是人格真正高尚、学问真正扎实的学者，都会得到公正的评价。最近，著名作家史铁生逝去，也说明了这点：蕴含深刻思想的"纯文学"是有读者的。

二悟学者犹须养生。因为诗人靠的是年轻和才气，学者却靠积累和学养，愈到晚年可能体悟愈深。倘若到这时候没有精力了，或者干脆走了，真是可惜！

三悟人生太短促了，已经没有时间怨恨，甚至没有时间感谢，聚精会神搞学术，一心一意求质量吧！

原载 2011 年 1 月 27 日《文学报》第 2 版

"今之人谁肯迂者！"

——写在樊骏先生去世之后

赵　园

我有时会想，倘若活在另一时期，樊骏会是个"贵族知识分子"的吧。他出生在上海，家道殷实，早年读过教会学校。但当他1950年由北大毕业时，已是"新社会""新时代"；此后所从事者，是与政治史、革命史撕掳不开的"中国现代文学"；职业生涯之初适逢"知识分子改造"，又长期生活在风沙弥漫的北京（这一点在我看来并非无关紧要），也因此就成了我所认识的樊骏。如果我没有记错，他似乎也有过回上海养老的念头，却终老于斯，且在那座敝旧的宿舍楼，隘、陋、阳光不充足的住所。你只能由某些细微处，比如着装习惯，看出一点他早年生活的痕迹。去世前的樊骏，已是中国社会科学院文学所"元老级"的人物，经历过文学所的"何其芳时代"，被认为有那个时代的流风余韵。只是在我看来，他待己之苛不免于过，略近于不情，"严格要求"中少了一点余裕，更像某一种古人。

我会随时意识到樊骏属于另一时代，尤其1990年代之后。他应当是自己所属的一代中较为经得起潮水冲刷、不大容易被"时代"坚硬的胃消化掉的人物。我一再暗中比较他们和我们——"他们"指我所熟悉的樊骏、王信等几个人，"我们"则是我自己和二三好友。我们远不及他们的"粹"。"粹"自然指的是"纯度"。我所研究的明代人物，有对"纯度"的苛刻要求，拟之于金子的成色，所谓"淋漓足色"。我们因早年生长的环境，以及此后阅历的人生，有了种种沾染，其不能"粹"，亦属自然；而他们的罕见稀有，则因虽后来亦经历了种种（如"文革"），却能保存本有的纯净质地。这似乎又要归因于早年的生活环境与成长期的社会氛围。我对他们的"粹"怀了复杂的感情，有时甚至有几分怜悯，以为经历、经验过于单纯，如毛泽东所说的"三门干部"，不能不限制了涉世的深度，而研究文学也即研究人性、人生、人事，那种"粹"是否预先决定了所能到达的境界？但对那"粹"仍然怀了羡慕。如果不过分注重事功（即所谓的"学术成就"），那种境界应当更有益于生存。上面的意思，不曾在樊骏生前对他说过。倘若他在九泉下有知，会否是一脸我所熟悉的不大以为然的轻嘲的神情？

2009 年文学所为樊骏举办八十寿庆，其时这单位刚发生了一些在我看来极荒唐的事，于是我的发言不免含了愤激，说樊骏是幸运的，他经历了为人艳称的"何其芳时代"，又经历了改革开放之初学科的崛起；待到所内空气渐趋污浊（我当时用的是较"污浊"更刺激的字眼），他退出了文学所的事务；待到这里的环境更加污浊，他对周边发生的事已失去了理解能力……事后王信对我说，"何其芳时代"没有那样美好。其实我何尝真的不知道，只不过在借寿庆这场合"说事儿"，说我对近事的感受罢了。

中国现代文学学科的"精神"，部分地承自其对象，尤其五四新文化运动。践行五四新文化运动的某种精神，或许可以作为学术工作者与其对象间关系的特殊一例，是学术史考察的好题目。几代学人——由朱自清至王瑶先生的一代，与樊骏所属的一代，使这个时间跨度仅三十年的学科，一度显示出恢弘的气度与生气勃勃的面貌，在我看来，较之同一时期的其他某些学科，更能体现 20 世纪 80 年代的学术文化精神。被这种精神所滋养，我是自以为幸运的。我自己得益于中国现代文学研究的专业背景，得益于 20 世纪 80 年代的学科环境，回首自己的学术经历时怀了感激。当然也不妨承认，"我们"也参与了这学科环境的营造，与"他们"有精神上的相承，对此不必过于自谦。

20 世纪 80 年代中国现代文学研究界的两次"创新座谈会"，第二次已见出衰飒，却在变化着的环境中，依然坚持着发现、鼓励年青一代学人。"文革"大破坏之余培植元气也培植正气，被认为学科的急务。以"兴起人才"为己任，对后起者奖掖、鼓励不遗余力，以此造成的健康的学科风气，至少延续了十余年之久。"我们"是最直接的受益者。当"我们"中的一些人走向了更宽广的学术空间，目送"我们"的，仍然是这种鼓励、欣赏的目光。转向了"明清之际"之后，樊骏对我的学术工作已不能了解。知识基础的狭窄，也是我所认为的"他们"的缺陷，为"他们"学术成长的环境所造成，无关乎个人的才智。而"我们"只不过起步稍晚，尚来得及做一点有限的弥补而已。以樊骏自省的冷静，自我评价的清醒，对此一定看得很明白，却乐见较他年轻者的学术拓展，没有表现出任何褊狭固陋的"专业意识"。在这一点上，无论王瑶先生还是樊骏，都是鲁迅的真正传人。

我不曾在樊骏生前称他为"老师"或"先生"，樊骏则常常以我为例，要年轻同事不要称"老师"，说赵园就是自始直呼其名的。其实在北大读研期间，曾听过他一次课，内容已不记得。后来他参与了我的学位论文答辩，因了关于他如何苛刻的传闻，事先受了一点惊吓。之后成了同事，稍多了一点交谈，谈过些什么也全不记得。待到他退休之后，每年在固定的日子登门探望，却更是在与他的友人交流。后来因中风后遗症，对我们的谈话，他能听懂的越来越少。他当然是希望懂得的。他仍关心着他供职过的唯一的单位。但听不懂于他，未尝不是好事——何必用那些烂事儿增加他衰病中的负担？

据说当初樊骏为唐弢先生做助手时，对研究生相当严格，以至因此结怨。他的坚持不招研究生，或许与此种经验有关？由我看来，樊骏无意于让人怕，倒是有点怕人，与不相熟的人打交道时心理紧张，有社交方面的障碍，却又偏有古人所谓的"金石交"。但对触犯了他所以为的道德底线的，却不肯宽假，会形之于颜色，确也是真的。他始终未脱出 20 世纪五六十年代的"清教"（这里系借用）传统，惯于自我抑制，与古代中国的道学一脉相近；却又率性，不掩饰好恶喜怒，偶或令人不堪，又略近于以青白眼对人的古代名士。尽管早已被"改造"为"平民知识分子"，在我看来，仍保留了骨子里的"贵族气"，不苟且，不追随时尚，对"潮流"反应迟钝。流行过"最后的……"这种修辞，比如"最后的士大夫""最后的贵族"等，我常常会想，樊骏也应当是某种孑遗，某种"最后的"，却又怀疑自己经验的广度，且一时不能断定他是"最后的"什么。

与樊骏同代的不少人有顺应时势的调整，他则属于不合时宜、缺乏"灵活性"的那种。我曾当面说他的"迂"。后来读黄宗羲的《思旧录》，其中写陈龙正投书刘宗周，黄宗羲看了后，说："迂论"。刘宗周却说："今之人谁肯迂者！""今之人谁肯迂者"，这句话正可用于樊骏。其实处如此复杂的环境，他也并非真的迂阔不通世务。"文革"中曾卷入派仗；"文革"后在不那么正常的单位环境中，也曾勉为其难地"干预"，难免有不得已的妥协。我听到过他使用"痛苦"这个词，自以为很理解他的感受。他真能做到的，大概只是守住书斋里的宁静，不因利害的考量而放弃操守，不为单位人事所裹胁绑架，如此而已。而"我们"较"他们"皮实，对"不洁"的承受力稍强，虽"痛苦"而不那么难以承受——不知这在"我们"，是幸抑不幸。

洁癖从来是要抑制活力的，不但有可能限制对文学对人生的感受能力，甚至会限制了人性的深度。对此古人看得很明白，如每被引用的张岱的说"癖"说"疵"。这也是"美德"的一种代价。对樊骏，我不取"无私""淡泊名利"一类道学气的说法，更愿意相信他只是将学科发展置于个人名位之上，少了一点私利的计较，如此而已。20 世纪 80 年代眼见他花费了那样多的时间，用于每年的"中国现代文学研究述评"，以为近于精力的虚耗；他显然没有这一种关于"投入—产出"的精明算计。那种对学科的责任感是我所没有的。单位所拟"讣告"提到了他为了设立学术奖项的"慷慨捐赠"，我其实不大以为然于他的这种"慷慨"，以此作为他的"迂"之一证：何不用于改善自己的居住条件，或做一点其他更有益的事，比如慈善救助？他早已不明白目下的"评奖"是何种"操作"，想到的却只是用这种在我看来古老的方式"鼓励学术"。

我的导师王瑶先生对樊骏不但欣赏且极为信任，更是对同行而非晚辈的态度。樊骏对王先生，就我见所及，似乎也是虽有对前辈的尊重，而更以之为同行。中国现代文学界的几代学人，就在这种融洽且澄明的气氛中。融洽固不易，澄明更难得。我怕这一切已不能复现，怕他们真的成了上文所说的"古人"。

由樊骏想到了一代人的际遇。在我看来，樊骏在精神气质上，更与其前的一代学人相近，却不能不受制于 20 世纪五六十年代的学术环境、学科状况。相信那一代有未充分实现的可能性，未尽之才、之能，未及激发的潜能，亦所谓造化弄人。这些年来，出现在三四十年代的学人——所谓的"民国知识分子"——吸引了较多的关注，却多少冷落了距我们最近的这一代，即五六十年代涉足学界的学人、知识人。作为学生辈，我们也不免于势利，不能免于以学术成就取人，妨碍了对于他们探究的热情。

我对樊骏其实了解有限，比如全不了解他的早年经历，不了解他的北大年代，不了解他的"学部"岁月。1981 年底我进入文学所时，"学部"的"文革"像是还没有过去，那段历史却至今未曾被真正面对。有上述诸种"不了解"，就只能说一点浮光掠影的印象。我相信校园、科研院所的气象系于"人物"。对于系于何种人物，却从来见仁见智。尽管对樊骏的人格一直有称美，对此不认可的想必另有其人。而且应当说，那"人格"在其人生前，未见得发生过怎样的影响，也未见得真的为他所在的单位看重。

最后还应当说，樊骏并非学界中人所共知的名字。限于工作领域，他的学术影响更在一个具体学科内部。但所谓知识界、学术界，岂非正由这样的知识人、学人支撑，且决定着这种"界"的品质？倘若我们这里真的形成了"学术共同体"，他们则是这"体"的骨骼。至于樊骏的学术贡献，有钱理群的长文（刊《文学评论》2011 年第 1 期），无须我再妄评。看到周围的年轻学人因为他的去世而更加关注学术史、学科史，相信他在九泉之下会感到欣慰的吧。

2011 年元月

怀念樊骏先生

杨 义

在文学所的长辈学者中，樊骏先生是我交往最多的一位。三十多年前，我们作为中国社会科学院第一批研究生入学的时候，他就协助唐弢先生，具体指导我们的学业，手把手地将我们引进学术的门槛。

那时我每个学期都写一篇五万多字的研究鲁迅的作业。记得第一次写五万字，才用了八天。樊先生虽然判了一个"优"，但他还是拍着卷子，笑着对我说："看后面的日期，我总以为你抄了八天。"沉默一会儿，又说："写文章有两种风格，有人像画地图，有人逐字逐句地推敲。唐弢先生说他写文章是'一步三回头'，我可能是'一步六回头'。"樊先生的文章不算多，但多是精品，与他这种严谨的治学风格有关。他是在现身说法，引导我们的治学门径。

每次辅导我们的时候，他拿着的不是现成的稿子，而往往是几张纸片，上面写着密密麻麻的小字，几乎每一行都有线条勾出来，插入或长或短的语句。一边听我们讨论，一边又在纸片上插入新的修改文字。似乎一篇文章，不改上十遍八遍，是不会轻易出手的。受他的熏染，我以后写成文章，也往往放上一两年，然后再拿出来仔细打磨，才敢拿去发表。

我留在文学所后，设想了一个现代小说史的研究计划，最初的想法是用这种方法强迫自己大量阅读原版书刊。文学所图书馆的不少"毛边书",都是我第一个裁开的。樊骏先生见我每周都从文学所图书馆借回一大包书,建议我到柏林寺查阅北京图书馆的内部书库。他是非常重视资料工作的,说唐弢先生建议所里到大西南地区搜寻抗战文学资料。有一次,樊先生问我:"现代文学值得阅读的经典作品并不多,你为什么卷地毯式阅读?"我回答:"这么大一个国家,总得有几个学者把它们都读一遍,其他人才可以心安理得地做有选择的阅读。"樊先生笑着说:"职业病,职业病。"但他对这种阅读和研究方式,是赞赏的。

连续好几年的除夕,我觉得樊先生一个人过年,有点孤单。就用自行车驮上一点饭菜,到他劲松的住所聊天。我聊自己小说史研究的进展,尤其是讲到我与作家本人及后人通信,提出许多问题得到他们的回答。樊先生对这些通信很感兴趣,让我好好保管和利用这些书信,认为这个工作,我们这一代人不做,后人就很难有条件做了。我们有时也分析文学所的学术状况,樊先生常常说,我的一些看法是和所里的学术委员会相一致的。后来我经过连续破格晋升为副研究员、研究员,进入所、院两级的学术评审委员会,因为年纪最轻,经常被指使去参与算票。院里第一届评审建院以来十几年的优秀科研成果的时候,樊先生入选的是他论老舍小说现实主义的文章,我当时提出,樊先生考察中国现代文学学科的资料建设工程的八万字长文,更加精彩。樊先生也同意,因此就换了过来。我又发现文学所入选的成果中,没有钱钟书先生的《管锥编》,应该补上。樊先生笑指着我说:"应该补上,应该补上。忘了这一点,不仅是文学所的遗憾,而且是社科院的遗憾。"后来全票通过,把钱钟书《管锥编》列为全院首届优秀科研成果的第一项。在所、院两级的评审会议上,樊先生是经常和我交换意见的。

20世纪90年代,我就把主要精力转向探讨古代文学和文化,因此在几次现代文学研究会的年会上,我都提出不再担任中国现代文学研究会的副会长兼法人代表。但樊先生和严家炎先生都坚持,要让学会挂靠单位文学所的青年学者担任此职。有一次,樊先生甚至发了脾气,说:"我们还没有退休呢,你就提出退休了?"我只好挂着这个名分,许多具体工作，都是由樊先生和严家炎先生、钱理群先生去做。在这一点上，我实在有点愧对樊先生。

我出任文学研究所所长之后，樊先生经常给我的工作做一些指点。他把一百万元捐给文学所，设立"勤英文学奖"（原名中国文学奖）。这笔钱是经过公证，由我负责接受的。我提出，由我、严平、朱渊寿三人做些组织工作，聘请所外著名专家组成评委会，我们的论著不参加评奖，我们也不参与投票。这些意见都得到樊先生的同意。后来，他又提出，这笔钱主要用来奖励青年学者。樊先生后来身体不太好，但有两次投票结果出来后，他都赶到宾馆，请袁行霈等评委先生吃饭。席间，大家对文学所年轻学者的成长，感到很高兴，谈笑风生。袁行霈先生甚至说：文学所有这么一批根底厚实的年青学者，在其他单位很难找到。

樊骏先生是文学研究所 1953 年建所之时就在所的元老之列，对文学所建所 50 周年所庆活动，表现出高度的热情。他对所庆安排，出了许多好主意，并且提出编撰"文学所 50 年学术文选""文学所 50 年回忆录"，出版经费可由他的捐款中拨出一部分。后来我到院部争取到 25 万元的出版经费，没有动用"勤英文学奖"的老本。樊骏先生参加了建所 50 年全部文章的编选工作，与王信先生一篇一篇地过目，并鼓励我为《文学研究所 50 年学术文选》写一篇长篇序言。当三万多字的《解读文学所》初稿出来后，他又找了几位老先生对文稿进行逐段逐句的推敲和讨论。

三十多年前，我当研究生的时候，感觉到樊骏先生英俊凝重、和蔼可亲，年轻得就像我们的兄长一般。想不到"非典"爆发的那年，他突然暴病，影响了他深刻持重的学术思维能力。他得病的那天，是卓如先生送他住医院的。我闻信后，不知他住在哪家医院，就让我爱人对他家附近的医院和与中国社会科学院有关系的医院，逐一电话查询，终于发现在北京医院，就立即打车去看他。发现他的病情还算稳定，平静地躺在病床上，但是同一病房还有别的病人。我就立即告诉医院和本所的行政部门，樊骏先生是文学所的一个资深专家，一个宝，必须保证他一人住单间。这些事情办完后，第二天，北京医院就作为"非典"的重灾区，与外界隔离了。

樊先生对我的学术成长非常关心，记得黄修己先生的《中国新文学史编纂史》出来后，我还没有读到，有一次在所里过道上，樊先生把我拉到一边，低声说："黄修己对你的小说史，评论得比谁都长，他还注意到你的古典文学根底深厚。"他有点喜形于色，似乎比我自己还高兴。后来，樊先生还专门对我的现代文学研究写了一篇长文章，字里行间有不少鼓励。我和张中良、中井政喜合著的《20世纪中国文学图志》在台湾出版不久，樊先生还和钱理群先生、吴福辉先生在《读书》杂志上发表了热情的"三人谈"，汪晖告诉我，"三人谈"上的插图，是他从书中精选的。樊先生为"三人谈"取的题目是"换一种眼光打量文学史"，多年过去了，这句标题语，至今还鼓舞着我在学术上不断地加强创新意识。樊骏先生的学术风貌，已经融入了文学研究所刻苦、谦虚、实事求是、创新奋进的传统之中，滋润着我们的现代文学研究创新体系。

2011年3月24日

一个"有故事"时代的消歇

温儒敏

樊骏同志——在这个称呼混乱的时代，我还是喜欢称他为"同志"——生前很低调，死后却得到如此之多的赞誉。这赞誉不只是对于逝者的尊敬，更多还是打心底腾升起来的感佩，还可能有某种失落感。樊骏同志数十年执著于学问，有许多近"迂"的行为，每每被善意地传说着，颇具"世说新语"的情味。他生活清苦，却默默捐赠百万设立王瑶学术奖，不愿留名；他公私分明，连写封私信都约束自己不能用单位的信封；学界均以博导为荣，他却谢绝这个名分，一边又在不遗余力地培养青年；……他克己严苛，似乎不近人情，然而又有真实、坦诚、温暖的一面，和他接触能感到纯净。樊骏是 20 世纪五六十年代成长起来的学人，身上有那个年代拘谨的烙印，但骨子里更像一个清流。这样的学者，现在是极罕见了，他的死，多少意味着一个"有故事"时代的消歇。

樊骏同志著作不多，甚至没有专著，那些不同时期发表的论文汇集出版，就那么不算厚的两本。但我想很多治现代文学的学者都会很看重这两本论集，这是我们的案头书之一。樊骏 80 年代对老舍的研究，特别是关于老舍现实主义创作特征，以及《骆驼祥子》悲剧内涵的论述，代表了当年这方面研究的学术高度。他关于现代文学史料的整体研究，在系统性和深度方面所达到水准，至今无出其右者。他提出的现代文学研究的"当代性"问题，把握住了这个学科的性格与命运，具有相当的前瞻性。还可以列数樊骏同志很多论文的贡献，他的文章出手很慢，一篇就是一篇。他是一个学术上严谨的以少胜多的卓越的学者。和现在到处快速生产学术泡沫的现状比起来，樊骏是有些怪异却不能不让人肃然起敬的。

尤为我所敬重的，是樊骏同志那些评述总结现代文学研究状况的文章。他始终关注这个学科研究的趋向与得失，像一位严峻的质量检查员，也有人称他为"学术警察"。他及时梳理学科进展的状态，肯定那些出色的成果，分析研究的动向，也会提出应当避免的某些偏向与问题。一般学者可能不屑于写这种"述评"，但樊骏偏偏在这方面投入如此之多的热情和心血。回头看，这些"述评"性的文字绝不是简单的梳理介绍，而总是有高屋建瓴的眼光，坚实的方法导向，对学科发展悉心的指导，也有对学风偏至的警醒。记得当年我们还较年轻，学术研究刚上路，是很注意樊骏这些文章的。他每一篇述评发表，我都找来认真读过，顺着他的指点去思考学术的路径，也真的从中获益匪浅。有时看到自己的某些研究能在樊骏的评述中得到一点点肯定，那就很惊喜，这是最大的鼓励了。难怪我们这一代学人往往都把樊骏看作自己的老师，或自认是樊骏的私淑弟子。我在想，樊骏靠什么"立身"，为何能得到学界那么高的评价？靠的是他对学科建设的无私奉献。很幸运能有他，这样一位始终关心和呵护现代文学这个学科的人，一位有卓识的学科评论家与指导者。有他存在，学科圈子里的人会感到某种温暖，还有实在。可惜现在他去了。

现代文学研究领域历来思想活跃，名家多，人才众，照说容易文人相轻，产生矛盾，但事实上我们这个学科包括现代文学研究会，是团结的，风气也是比较正的。这跟现代文学研究的传统有关。第一、第二代学者，特别是建立与主持现代文学研究会的那些核心的学者，他们的为人为文，都影响着这个学科性格。想当年，现代文学研究会独树一帜，在社会上常发出声音；而《丛刊》则殷实持重，得到学界广泛好评。这自然依靠王瑶先生的通达睿智，还有众多同仁的支持，他们个性不同却都把主要心思放在学问上；但我们不会忘记，很重要的，还有樊骏这个"秘书长"，他的大量无私的贡献。他始终在兢兢业业地维护与建设这个学科。我很赞同有些朋友说的：樊骏是我们现代文学学界的"魂"。我主编《北京大学中文系百年图史》时，要从百年来上万名校友中挑选出代表性的100位知名校友，征求各方面意见，毫无疑义地，大家都推举了樊骏。他也是北大中文系的骄傲。

我从20个世纪80年代起认识樊骏同志，那时常在北大镜春园76号王瑶先生的客厅里见到他的身影；我博士论文答辩时，樊骏严格的评审让我生畏又佩服；是他写推荐我首次获得社科基金项目（得到3500元支持），让我完成了《中国现代文学批评史》；我和钱理群、吴福辉合作修订《中国现代文学三十年》，他在《人民日报》撰文评价和肯定；他还曾邀我参加中国社会科学院的《中华文学通史》编写，使我得以有更多机会向他求教……许多事情当时并不觉得怎样特别，如今回想，才更体味到那种沉甸甸的分量与价值。真的非常感谢樊骏同志，在我的学术成长中得到他许多关怀与帮助。

2010年秋一个夜晚，在北大博雅酒店大厅，北大中文系百年系庆的酒会就要开始。我突然看到坐在后排的樊骏同志，忙上前问候，问他是否还认得我。他笑笑回答"是温儒敏嘛！"这让我很感安慰。因为当时樊骏同志是中风所致的重病，意识不是很清楚的。他居然还来参加系庆的酒会，还能来到大家身边。我心里暗暗祈祷他能多活几年。不料这是和他最后一次见面。

樊骏同志离开我们快两年了。有时我会突然想到他，想起他的那间书屋——有些阴暗，简陋的家具影影绰绰，他枯坐在椅子上，彼此说话不多。他总是那样慢声细气的，有时开点笨拙的玩笑，似乎想活跃一下气氛。我怎么也想不起他说过些什么，但至今能感触到那种气氛，他的样子，他的声调与口气。不用使劲回忆，其实很多都已融化在我的生命感觉之中了。

2012年10月14日于历下南院

记忆中的樊骏先生

陈子善

　　樊骏先生是我的中学校友，但这件可以引为自豪的事我很晚很晚才知道。樊先生 1944 年秋至 1949 年夏在上海麦伦中学从初二读到高三毕业（樊骏：《依然鲜亮的回忆》）。麦伦是所建于 1891 年的属于英国基督教伦敦会的著名的教会中学，1953 年以抗美援朝战争中献出年轻生命的黄继光之名，改名继光中学。我 1962 年秋进继光读初一，所以樊先生确确实实是我的前辈学长。后来见面时，他偶尔会笑嘻嘻地称我"小老弟"，大概也源于此。

　　不过，樊先生对我最经常的称呼是"阁下"，每次见面总是"阁下，最近在弄什么？""阁下，钱（谷融）先生好吗？""阁下"如何如何……乍一听还真不习惯，后来也就慢慢适应了。他爱开玩笑，至少与钱谷融先生等在一起时是如此，于是我也就没大没小起来，常与这位其实是我师长辈的我所尊重的学者嬉皮笑脸。

　　樊先生 20 世纪 80 年代初与钱先生合编供外国留学生使用的《中华现代文选》（上下册），唐弢先生作序，钱先生主编，樊先生副主编，许多具体工作都是樊先生做的。为了写这篇小文，我特意检出原书重读。《文选》1985 年由上海教育出版社出版，26 年过去了，我仍觉得编得很好，很独特。那时就已入选了林语堂的散文《怎样写"再启"》，李健吾的独幕剧《另外一群》和张爱玲的小说《花凋》等鲜为人知的作品，尤其是大量的诠注，对"中国的风土人情、文物制度、成语典故，以及方言、地名、时令节气等，尽可能作些解释"（《〈中华现代文选〉编选说明》），令我都受益匪浅。这体现了樊先生一以贯之的一丝不苟的学风。

那段时间里，为了《文选》定稿，樊先生来沪住过一段不短的时间，就住在华东师大中山校区靠近后门的现已被改建的校招待所中，而那里正是我每天到校必经之路。我虽然没有参加《文选》的编选，上下班半路上却能经常见到樊先生，有时还到他的房间小坐聆教。那时具体谈些什么，现在已不复记忆了，但樊先生认真和谨严的印象一直保留到今天。

待到读到他的洋洋八万言的《关于中国现代文学史料工作的总体考察》，我当时的感受完全可用"震动"两个字来形容了。也许由于我踏入中国现代文学研究领域是从注释《鲁迅全集》书信卷开始的，所以我对现代文学史料有一种直觉的痴迷，但并没有从理论上进行过认真的思考。樊先生此文高瞻远瞩，在系统全面地探讨了中国现代文学史料工作与中国现代文学史研究互相依存、互相推动和互相制约的关系之后，提出了中国现代文学史料工作"是一项宏大的系统工程"的观点并加以深入的论证，对中国现代文学史研究的指导意义是多方面的和深远的，尤其对中国现代文学史料学的建构厥功至伟。此文写于 22 年前，我多次重读，至今仍让我感到亲切和富于启发。我后来指导现代文学专业硕士和博士，一直把樊先生此文列为必读的中国现代文学研究重要文献之一。

就在此文中，樊先生表扬了我，把我列为"热心"于现代文学史料发掘和整理工作并"作出了令人瞩目的成绩"者之一，我先受宠若惊，后感到其实远远不配。樊先生此文完成于 1989 年 8 月，讨论的是 1989 年之前中国现代文学史料研究的历史和现状。记得到了 90 年代后期有次与樊先生见面，他笑着对我说：阁下，有没有兴趣写篇文章，对 90 年代以来史料研究的新成绩、新特点和出现的新问题作些分析？这是樊先生在命题作文了，但我自知视野不广，功力不够，不能胜任而未从命，有负樊先生的期望。

2006年3月，我收到了樊先生寄赠的《中国现代文学论集》（上下册），喜出望外。这部扎实厚重的现代文学研究论集该年2月刚由人民文学出版社出版，是樊先生从事中国现代文学研究半个世纪大部分心血的结晶，正如严家炎先生在《序言》中所指出的：书中"几乎每篇都很厚重而有分量。其涉及材料之丰富，行文思虑之周严，学术内容之深广与透辟，凡是读过的人，无不感到佩服。"他对唐弢、王瑶、陈瘦竹等前辈学人不同治学特点和学术贡献的剖析，对中国现代文学研究学科史的梳理，他对老舍和茅盾、罗淑、马宗融、高长虹等现代作家文学成就（后三位至今研究不多）的评骘，还有书中未收的他对"何其芳现象"的探讨等，宏观和微观的结合如此之好，再次显示他的敏锐的学术眼光、高标准的学术追求和前瞻性的学术思考，足资启迪。

我最后一次见到樊先生是在2009年11月3日，那天北京雪后初晴，中国现代文学馆和中国现代文学研究会联合举行"《中国现代文学研究丛刊》创刊三十周年座谈会"，樊骏先生来了，多年不见，还是惯常的笑容，只是不多说话。机会难得，我为他和严家炎先生、范伯群先生、朱德发先生和吴福辉兄等拍摄合影多幅，其中一幅后来刊发于拙编《现代中文学刊》2011年第2期"纪念樊骏先生"特辑，而我自己却未及与他合影，留下了永远的遗憾。

樊骏先生逝世后，我把噩耗告诉钱谷融先生，说到了大家熟知的他的"三不"主义（不写专著、不带学生、不结婚）和捐献巨款助建中国现代文学研究学术奖励基金，钱先生静静地听着，久久沉默不语，最后说了一句："他不结婚，唉！"

辛卯初秋于海上梅川书舍

怀念樊骏先生

商金林

　　1978 年秋天，北大、北师大和北师院（首都师范大学）中文系现代文学教研室合作选编"中国现代文学史参考资料"，包括"短篇小说选""散文选""新诗选""独幕剧选"和"文学运动史料选"，涉及的内容多，而在当时全国性"拨乱反正"才刚刚开始，这套参考资料"怎么选""选什么"面临很多问题，因而专门开了研讨会，除三个学校现代文学教研室的老师外，还从各地请来十多位专家帮着出主意，这大概是"文革"后我国高校召开的第一个学术会议了，因而显得很隆重。

　　会议是在北大专家招待所召开的，王瑶先生和严家炎先生自然成了会议的主角。会上有一位先生跟严家炎先生发生"争论"。这位先生看起来年纪不大，穿的是笔挺的中山装，显得很英俊，话说得很直率，我跟邻近的老师打听后知道他就是中国社会科学院的樊骏先生。晚餐后在北大后湖边散步又遇到他。樊骏先生知道我就住在招待所东侧的 12 公寓，问我是否可以到家里坐坐，我当然欢迎，只是我那时很不懂事，坐定后就问他发言的时候怎么叫出严家炎先生的名字，他笑着说："我不叫他严家炎叫他什么呀？"他见我屋里摆的是"双人床"，有点好奇地问"结婚啦？"我说"是呀"。他听了连声说"佩服"。在随后的交谈中才知道他还没有成家。他说知道自己不能成为一个称职的丈夫，更不能成为一个称职的父亲，也就不敢有恋爱结婚的念头。知道我已经给学生开过课，问我有何体会，说他从不敢轻易上讲台，就怕学生知道得比他还多。最后问起我的日常生活，还问我会做哪些菜，我说会烧"红烧肉"，他就要我细细说给他听，说回去也学着做。

第二天见到陈贻焮先生，问我樊骏先生来开会了吗？原来樊骏先生是他的同学，资格比严家炎先生还要老且年长3岁，我这才惊讶樊骏先生显得"年轻"、富有朝气，并对自己的浅薄和鲁莽感到愧疚。

从那以后，每次见面他总和我说说话，也长聊过两次。1987年6月上旬（大概是9号或10号），温儒敏先生和陈平原先生的博士论文定稿后，系主任孙玉石先生委派我给评委送审，其中就有樊骏先生。那时樊骏先生住在劲松。我去樊骏先生家之前，先到王瑶先生家，他要我捎封信，知道我从未去过樊骏先生家，就告诉我乘车的路线，还画了图指点方位。又说他去过樊骏先生家，路是远了点儿，可乘车很方便。最后说到给樊骏先生的信没有封，叫我不要看。我顺路先把论文送给钱中文先生后，就直奔樊骏先生家，到时已是上午11点了。因为事前没有联系，樊骏先生有点意外，问我是怎么认识他家的。听我说是王瑶先生指点的、王瑶先生来过他家时，樊骏先生笑了起来说，"王先生骗了你呀！"见我犯懵，就解释说，"天气热，路又远，王先生怕你不乐意就'骗'你，他还来过呢，你能不来吗？"又说，"王先生怎么会来我家呢，即便来也是坐小车，会挤公共汽车吗？"我把王瑶先生托带的信交给他，见没封口问我看了没有？我说没有，告诉他王先生叮嘱过，叫我不要看。樊骏先生笑着说我"真老实"，他看了后就递给我看，说王先生叫你不要看，也可以理解为是有心让你看看的。

细细想来，觉得樊骏先生的话都很有道理，所捎的信原来是一位副研究员晋升正高的评语，看也无妨。王瑶先生聪慧过人，又幽默风趣。那天天气很热，从樊骏先生家出来后又去王春元先生家，记得王春元先生住在北京饭店西侧的红霞公寓，我这个"路痴"走了好多冤枉路才找到。送完论文回到学校已是傍晚，精疲力竭。王瑶先生知道这一趟路很辛苦，就用"激将法"激励我。他老人家大概不知道我与樊骏先生有过往来，要是知道也就不会"骗"我了。樊骏先生问了我的工作和学习情况后，要我在理论方面多下些工夫，提升思辨能力。最后说到他会烧"红烧肉"了，又问我夏天的熟食怎样才能防"馊"，让我看到这位智者谦和以及热爱生活的一面。

第二次是1996年春天，我到慈云寺桥看望中国社会科学院近代史所的闻黎明，在电梯口遇到樊骏先生，原来他已搬了家，就住在黎明的楼上。办完事上楼看他，他知道我已经招收研究生，问了研究生的必读书目、开设的课程和论文的写作情况后，说他就是不敢招研究生，也没有带过。原因是他脾气不好，有点固执，又看重性情。性情合得来的，即便不好也另眼相看；性情不合投的，再怎么好也合不来，要是招了个性情合不来的研究生就麻烦了，干脆不招。我当时还跟他开玩笑，说"您是大名家，可以从心所欲。像我这样的小字辈只好听从系里的安排"。其实，像樊骏先生所说的"性情"，我们每个人都有，只是不如他那样看重罢了。也不知他后来招没招研究生，要是没有招，倒说明樊骏先生"太知道自己"，或者说对自己要求过严，对名利也太淡泊了。

我是新中国的同龄人，生在新中国，长在红旗下，虽说也有过骄傲和狂妄，但也经历了很多苦难，听到过很多批评，而樊骏先生是最早"表扬"我的一个，他在1989年8月写就的《关于中国现代文学史料工作的总体考察》一文中谈到史料工作的成绩时说：

> 有位年轻同志谈到史料工作的甘苦时认为："这既是很有兴味的事，也是极其艰难的事，乐在其中，又苦在其中。在苦中，我常常想起叶（圣陶）老谈到的他在1929年编撰《十三经索引》时的情景。他在《〈十三经索引〉自序》中说：'历一年有半而书成。寒夜一灯，指僵若失，夏炎罢扇，汗湿衣衫，顾皆为之弗倦。'那时，叶老已是著名的文学家和教育家了。他尚且如此拼搏，像我这样浅薄的青年人怎能遇难叫苦，徘徊不前呢？"他以前辈学者的勤

奋严谨勉励自己，从中获取力量和启示。这个例子，很有代表性地表明曾经中断过的良好传统，开始在我们的实际工作中得到继承和发扬。

樊骏先生引用的是我在《〈叶圣陶年谱〉后记》中的话，近20多年来，我一直非常珍惜这几句表扬，由衷地感谢他对我的鞭策，尽管"年轻"两字已悄然与我作别。更让我感念的是我平时在报刊上发表的小文章有的也引起他的注意。叶圣陶先生逝世一周年前夕，我在《人民日报》(1989年2月13日）发表了一篇短文，题为《沉重的寂寞——纪念叶圣陶逝世一周年》，没过几天就收到樊骏先生的来信，信是这样写的：

金林同志：

你好！

前几天在《人民日报》上读到你怀念叶圣陶的散文，写得很好。但你正处于热闹红火的年华，怎么对这种沉重的寂寞感受这么深切呢？今天，又想起这一点，忽然联想到另一件事，赶紧向你求助！

就在这一两年里，叶老的一位公子在报刊上撰文说叶老晚年编文集时，坚持将旧作的文字修改一遍，结果也的确较原先好些。我在一篇文章中想引用这个例子，却忘了在何处了。你搞史料，经过严格训练，又广有积累，对叶的生平著作更为熟悉，很可能随时将这类材料都记录收集起来。能给我以指点否，最好能将有关文章的题目、出处、发表日期和上述那几句话抄下给我——说也可怜，我们所的图书室因为场地狭小，过期报纸竟然无法查阅。

等着你的回音。

祝

好

樊　骏　2.19

"你正处于热闹红火的年华，怎么对这种沉重的寂寞感受这么深切呢？"仅这句话，对我的教育就特别深。虽说"年华"已经不会再"热闹红火"了，但对"寂寞"感受"深切"，正说明身上的"中年情味"太重，于是告诫自己："宁有稚气，毋有滞气。"我把叶至善先生的文章抄寄给他，他又郑重其事地向我道谢。

1992 年秋，叶圣陶研究会召开叶圣陶创作研讨会，我想请樊骏先生和张大明先生参加，可工作人员在寄请柬时把两份请柬都寄给张大明先生了，樊骏先生没有收到。我为大会写的论文《走向写实主义的蹒跚步履——叶圣陶文言小说漫评》，发表在当年《中国现代文学研究丛刊》第 3 期上，这是我在《丛刊》上发表的第一篇文章。樊骏先生是《丛刊》的主编之一，听说凡是在《丛刊》上发表的文章他都会过目，就给他写了封信，请他对我的文章提点意见。信寄出后两个多月没有回音，我以为他忙顾不上，或许是信没有收到，就把这件事给忘了。可就在这个时候他来信了，信是这么写的：

> 金林同志：
>
> 　　来信是去年 11 月 10 日收到的，快三个月了，迟复为歉！
>
> 　　首先需要说明的是：我没有收到过叶圣陶讨论会的请柬。收到来信后，我问过张大明，他说他收到了两份请柬，看来是将我的一份也寄给他了，如果这是由你寄发的，责任在你。不过，话又要说回来，即使收到了请柬，我也不会参加，因为我对叶毫无研究，没有发言权，也就不敢参加了。
>
> 　　其次需要解释的，所谓《丛刊》发表的文章我都要过目的说法，是不确实的。一般说来，只有当编委会上针对某篇稿件能否采用有争议或者存在什么问题时，我才拿来看看。所以，大作在发表前没有看过，而收到来信时，也尚未收到该期《丛刊》，所以未能立即回复。
>
> 　　12 月 17 日在开编委会时才收到这一期，据说在这以前早已用挂号寄我，不知何故没有收到。考虑到商老师如此严肃地征求意

见，我当认真对待，应该细读。可实际上又没有做到。一万多字的文章也还是分成两次才读完（好像是被什么来访者打断了），一搁又是好几天，原来还想再看一遍，但考虑到从明天起又得连着开三天会（院一级的职改评审会），而二月份得交出两篇稿子，三月份还有搬家的任务，看来还是早日还清这笔欠债为好，但只好简单说几句。

我觉得文章写得不错，题目和角度都好，我特别赞赏的是一、利用日记中的材料来说明问题的做法；二、文字朴素、实在，读起来亲切——我的眼前常常浮现你那和蔼诚恳的面庞。一些论点也是站得住的。当然，按我个人的标准，觉得还可以多作些论说、发挥。如今这样点到即止，显得有些拘谨，不够有力、透彻。或许和那些作品都比较短小简单有关，即客观上受到一些限制。我赞同你这样踏踏实实地研究叶圣陶和其他问题。对于你的为人和你的工作，我一直是欣赏的。

祝

好

樊　骏　（1993）2.3

严家炎同志回来了吗？

看了让我感到真亲切。信中表扬我的话完全出自樊骏先生对我的希望和期待，批评的话虽然说得很委婉，但的确点出症结：我的思辨能力弱，理论素养差，当尽量弥补。樊骏先生工作忙，办事又太认真，从此就不敢再打扰他了，可每次见面都会给我留下很深的印象，即便在他生病后的这两次，留下的印象也特别深刻。第一次是 2009 年 11 月 3 日下午，在现代文学馆召开的《中国现代文学研究丛刊》创刊 30 周年座谈会，樊骏先生抱病出席，让与会者感到欣喜，拥上前问候，我怕他太累，就没和他打招呼。不久就开会了，樊骏先生上了主席台。中间去洗手间时从我身边经过，我站起来和他握手，他凑近我的耳边小声说"我还认识你"，我要搀扶他，他执意不让，只好悄悄地跟在他的身后，看着他那缓慢挪动的步履，心里有点难过，想到人生很短暂，似乎也很空，可最终还是想到了樊骏先生的真诚和坚强，这是他最非凡的人格魅力。第二次是去年 10 月 22 日晚上，在北大博雅会议中心的酒会上，樊骏先生作为"知名系友"回来参加百年系庆活动。百年系庆本身就是很喜庆的事，我走进会场一眼就看到樊骏先生，他和王信先生、吴福辉先生在一起，握手言欢，格外高兴。樊骏先生居然晚上也能出门了，我还以为他身体见好，不料竟成永诀，让我留下无尽的思念……

2011 年 1 月 20 日

一个民族文学研究者的追思

关纪新

在这个"著名学者"称谓信意受授的年代，我宁愿用"当代杰出学人"的名分，来看待已故的樊骏先生。在众多当代学人中间，樊骏先生之杰出乃是全方位的：从学养到著述，从修身到搢世……无不教人们由衷感佩与景仰。

有件事，是我永难忘怀的。1997年，当先生读罢我撰写的将近45万字的《老舍评传》书稿，并且详细谈了修改建议之后，少有地显出一副严肃表情，对我说："你大概会补写一篇'后记'，我先声明，如果你提到我一句，我是断断不能允许的！"这让我甚为惶恐。因为先生一向和蔼对我，给我教诲指点尤多，这部书稿如没有他的提携引导，我是遇不到这个撰写机会更达不到眼下水准的。我试图说服他，让我按照预先准备，在"后记"里表示些心中的感激，他却毫无妥协余地，告诉我，这是他的一贯态度，从未许可任何人那样做。他甚至还半开玩笑地，以我若表达对他的感激便与我绝交相威胁。他见我的态度也挺固执，又说："反正我是这套丛书不挂名的编辑，有权对你写的文字修改删削！"真是弄得我毫无办法。对此事，我的长久的感慨是，在一个世间普遍追逐虚名的现实中，像先生这样干干净净的人，实在是太罕见了。后来，我在《老舍评传》"后记"当中写道："……一个特有的遗憾，来自我对某位老舍研究大家、我历来尊重的一位老师的情感。是他，本着提掖后学的精神，代出版社约我写这部书稿；又是他，从我写完这部稿子的当天，便一字一句极认真地审读了全部书稿，并就其中有关立论、观点、语言、用字，向我提出了详备的意见。现在交给出版社的文稿，里面确已融进了他的心血。当他知道我还要为本书缀写'后记'的时候，一而再、再而三地坚决表示，绝不许可提到他的名字（这是他的一贯作风）。我不敢拗师辈意志而为，只好在这里，采取姑隐其名的变通方式，略表由衷的敬意和憾意了。"

我与先生相见，是在大约 30 年前。当时，我有幸在半路出家误闯学界之初——1982 年国内首届老舍学术研讨会上，得以拜识先生。那会儿，我还是个未出本科校门的"资深青年"，斗胆向会议陈述了一番关于老舍创作个性里存在满族素质的"猜想"。对我的"怪论"，有人茫然，有人宽容，亦有人随即反驳。当时在老舍研究上已享有较高位置的樊先生，却对我的想法予以关切，他跟我这无名小卒交流了一两个小时，鼓励我切莫放弃这一研究。他还在大会发言中，提请与会者注意我的意见，说这"会把我们面对老舍的镜头焦距调得更准"。

我常想，自己带有民族文学个性化色彩的老舍研究，设若没有先生当年策进，怕是早就夭折了。1984 年我调来中国社会科学院民族文学研究所后，时而能够见到先生，他更是不断鼓励和指点我的此项研究。20 世纪 90 年代后期，他代出版社约我撰写《老舍评传》，并叮嘱我可以按自己的思考，写出民族文学研究者观察老舍的独到视角。这本书出版后，在 1999 年为该书召开的学术座谈会上，先生围绕老舍与民族文学的话题，说了些令我牢记的话。他除了肯定我在揭示老舍文学满族文化意蕴方面做的工作之外，还提到：由于历史的原因，从事中国文学研究的学者，一直把中国文学等同于汉族（或汉语）文学，无视其中不同的民族文学成分，特别是完全忽略了那些在生活、文化上与汉族多有融合，又使用汉语写作的作家的特性。长期以来，老舍就是受到这般对待、被混同于汉族的一位作家。这样做，学术上不够科学，政治上也有害。进入新时期以来，随着少数民族文学研究的日趋活跃，这一情况有所改观，部分学者开始思考和探索各族民间文学和作家创作在中华民族文学形成发展过程中的成就与贡献，以及由此形成的多样性、丰富性。但对于如何认识界定作家作品的民族特性，理论上多有争议，分析也大多流于空泛，有关研究进展不大。这部《评传》不仅在老舍创作的个案研究中，以切实的成果超越了前人，而且对于如何认识把握文学创作的民族素质、民族特征，在打开思路和方法论方面，也提供了一些有益的经验。有人说关纪新在研究老舍时注意到作家的满族文化背景是发现了一个小小的新角度，而我看来，这是一个大大的角度。先生在他的发言中，还指出我在进一步研究老舍满族素质时，可在发掘老舍及其满族同胞20世纪前半叶普遍的政治处境和政治态度、发掘老舍与鲁迅利用文学弘扬启蒙主义精神的异同、发掘老舍深厚的爱国情结与满族旗兵出身的关系等方面，做更深的思考。说实话，我一向不是现代文学学科上的人，写《老舍评传》已然自不量力，本想写完该书便金盆洗手，谁想经先生点拨，始知自己的研究不足尚存诸多，于是，我又鼓足勇气，启动了老舍研究的两度跋涉，方才有了2008年面世的《老舍与满族文化》。遗憾的是，我将它寄奉给先生之时，他已经过两度重病煎熬，难给我太多具体批评了。

樊骏先生是中国现代文学研究大家，他的广博与深刻，远不止步于一般意义的现代文学范畴。近日读到某学术名家纪念樊先生的文章，便谈到，先生对中国现代文学的研究不是孤立的，他把中国现代文学放在中国文学整体语境中思考，而中国文学整体又放在中国历史进程的大语境中思考。我在这里，愿意提供另一点补充，即先生长久萦怀并思考的中国文学整体语境，其实，也涵盖着中华多民族文学的学科领域。

1993年第1期的《民族文学研究》，发表过先生撰写的长篇论文《论马宗融》，在我看来，是较为集中地体现出了他关于民族文学学科建设的思路。论文以剖析诠释现代回族文学家马宗融有关回族文学发展的言论为基准，发微抉隐，不但对马氏思想有精准开掘，亦借此平台，多方表述了自己关于强化民族作家文学研究的学术理念。总其要点，这些理念包括：（1）各民族文学历史上的探索者与先驱者，曾为我们认识和把握现代中国的民族文学发展历程，提供了生动的素材和具有典型意义的实例，在原来被认为是空白处，留下摸索的足迹和发展前行的线索。我们应当给予重视。（2）应当关注从文化角度切入民族和民族关系问题的探索，不同民族间的隔阂从彼此不理解来，而增强理解，消除隔阂，要从文化沟通入手。不同民族无论是交恶还是和好，文化都起到重要作用。（3）文化的功能又是有限的，它终究属于意识形态，依赖人们的社会实践，最终得由经济基础决定，要受到多方面的限制。（4）文学是民族精神意志、民族文化的重要载体，是促进民族间沟通理解、交流感情的有力手段。（5）应当鼓励民族文学走出过多模仿汉族文学的趋向，要求民族作家努力表现民族的精神特征，作品内容多方面地反映本民族的生活，展现本民族的风貌，兼顾创作主体与客体各个方面的民族特点。（6）为了建设民族文学，作家理当向"原有民族"寻根和认同，同时向东西方所有创新变革的文学学习。（7）我国的民族文学研究是新兴学科，还存在不少空白、盲区、薄弱环节，在现代文学部分，有些著名的少数民族作家曾长期被混同于汉族作家，至今大多仍未能明确地作为少数民族作家，从各自的民族属性入手，对他们有新的发现，作新的剖析，得出新的评价，是令人遗憾的。人们渴望了解我国现代民族文学的历史内容：其间究竟发生了哪些变化？在文学历史的发展中起着怎样的承前启后的作用？及早结束其中的空白和模糊，是学术建设的迫切需要。（8）民族文学古已有之，虽然各个民族都以自己具有民族色彩、民族特征的作品丰富了中国文学、世界文学的宝库，却没有真正意识到这是自己民族的贡献，具有民族的属性和意义。它们是自在的而不是自为的，是自发地产生和存在的，而不是出于明确目的自觉创造出来的。这种自为和自觉是20世纪初期以来世界上风起云涌的民族解放运动和现代中国反帝反封建的人民革命的新高潮，在民族文学领域的具体反映，又是民族意识的开始觉醒与高扬和现代的民族理论的指导与实践相互结合，才得以形成的产物。这些客观条件，在进入近现代以后才逐步具备，而这种自觉和自为又是全面实现文学现代化应有的内容。这在民族文学史上引起了比一般所说的现代化更为深刻的划时代的变革。（9）民族学、文艺学这两大学科，似乎都还没有把民族文学理论作为自己分支进行专门的理论建设。与民族文学史、民族文学批评相比，民族文学理论最为薄弱。像究竟应当如何、从哪个方面、以什么为依据，来确定作品的民族性，即民族文学的定义这样的基础性课题，至今仍缺少充分系统地论证。不同民族、不同民族文学共同存在于这个世界，彼此之间的影响是极其普遍的现象。严格地说来，中外古今的文学史上绝对意义的、纯粹的、一尘不染于其他民族影响的民族文学是不多见的。民族文学的特征和传统具有很强的稳定性凝固性，却又不是一成不变的，仍然是在缓慢地悄悄地发展着变化着。（10）问题的关键，在于将范围广泛的历史内容还给历史，从众多头绪、复杂联系、广阔背景中研究民族文学的历史。现代中国的民族文学研究，还是一门年轻学科，对于有关历史内容我们知道得还不多，又往往未能着重地从民族文学的发展变化的线索和民族特征的角度认识和把握它们，对许多现象和问题还模糊不清。当把历史内容还给历史，再来认识考察民族文学，便有可能对民族文学的现代历史有新的发现和结论。

我愿与从事传统意义的"民族文学"研究、从事传统意义的"现代文学"及"中国文学"研究的师友们，一道重温樊骏先生阐发的以上学理。

记得有一次邂逅，先生颇为郑重地跟我说：有句话叫做"民族事务无小事"你听到过吗？我看，对民族文化、民族文学，同样是疏忽不得……

樊骏印象

战嘉悌

"帽子拿在群众手里是最可怕的"

　　樊骏先生在同辈学人中算是出类拔萃的，他的治学为人堪称典范。被刘再复称为"品格最为高尚无私。"他德高望重，在学界受到广泛尊敬，很少有人知道他也有狼狈不堪的经历。

　　我和樊骏先生由相识到相知，最后无话不谈。有一次他回忆起"文革"初期的情景："我这个人非常好面子，年轻时别人在公众场合喊我的名字都会脸红。"1966 年 7 月，文学所造反派组织批判会，作为"白专道路"的典型，他被推到台上，角色是陪斗，是当时台上最年轻的一个。他戴着高帽子，帽子不能掉，弯着腰必须是标准的喷气式，难度很大，时间一长，根本受不了。谈到当时的感受，他说："其实人很容易变得无耻。在批斗会之前，我非常害怕，心理负担很重，白天吃不下饭，晚上睡不着觉，不知道接下来会发生什么预料不到的事，也不知道能不能闯过这一关。等到真正站在台上，好像也就那么回事，没有想象中的那么可怕。我尽量弯成九十度，不要等人家过来按你。下台后用手扶住高帽子，不要搞坏了惹麻烦。人的面子就那么回事！其实与挨斗比起来，帽子拿在群众手里才是最可怕的！因为你根本无法预料，什么时候，什么地方，发生什么情况，啪的一下，给你扣上一顶什么帽子！"说着，他还迅速做了一个扣帽子的动作。"文革"中，"帽子拿在群众手里"是一句流行语，本意是给你一个改过的机会，群众要看你的表现。有过亲身经历的樊先生对此感慨万分，深刻体会到引而不发的可怕。遭受批判，又被剃了阴阳头，对于当众说话都会脸红的樊先生来讲是个巨大的打击。从那天开始，在长达3个月的时间里他不到食堂吃饭，怕见熟人，每天独来独往，只等天黑以后才到附近的小饭铺一次买很多烧饼，为的是减少出门的次数。每天躲在宿舍里喝开水吃凉烧饼，刚开始时天气炎热，时间一长烧饼都长了绿毛。有几个月工资停发，没有生活费，万不得已向天津弟弟求援才渡过难关。比起整个社会的大混乱，比起许多"牛鬼蛇神"死于非命，樊先生感到庆幸："老实讲，文学所还是不错的，很客气。"他粗略算了一下，他的研究工作前后耽误了20多年，这正是他一生中精力最旺盛的时光。翻开《中国现代文学论集》，共收集了27篇论文，都是他本人选定的。这些论文定稿的时间有半数是在20世纪90年代（13篇），其次为80年代（9篇），2000~2002年（4篇），70年代末只有1篇。除了2003年3月以后因健康原因停笔之外，入选作品的多寡与政治大环境密切相关。80年代和90年代（樊先生50~70岁）是他研究工作成果最多的时段，而"文革"前的文章一篇都没收进书中。这不是他逃避而是他"不喜欢"，他在《论中国现代文学研究》前言的注释中，无情地剖析了自己："在回顾这门学科的历史道路，对过去的失误进行清理时，我从来没有忘记自己也是这样跋涉过来的，是当年那些迷途者中的一个，因此也始终把自己作为这种清理评判的对象之一。"钱理群先生在2011年第1期的《文学评论》上发表了长篇文章，是研究分析樊骏学术思想的力作，在文章最后一段，谈到了樊骏的踌躇、紧张、苦恼、困惑、愧疚与自责。文章引用了王瑶先生对第二代学者不足之处的评价："外语和古代文化知识较差。"樊骏先生初中和高中都在上海麦伦中学就读，当过五年班长，那是个教会学校，当时他的英语非常好。《三十九级台阶》第一个汉译本就是他上高中时利用课余时间翻译的，发表在上海某报纸的副刊上。只是 1949 年以后，中国有近 30 年的"接连不断的思想批判和政治运动"① 使第二代学者时时处在"帽子拿在群众手里"的高压态势下，根本无法达到"学贯古今中西"，这不是樊先生个人的悲剧，实在是政治大环境使然。

"这已经是第三稿了"

樊骏印象之二

樊骏先生原来住在劲松 313 楼 2 门 11 号，是个老小区，楼下有一排信报箱，投递口很小，只能放进报纸及一般信件，杂志和大一点的邮件只能放在箱子顶上，邮件丢失时有发生。樊先生为此很苦恼，我决定帮他解决这个问题，无非是做一个体积稍大一点，投递口的尺寸与大开本的杂志一致的邮箱。

新邮箱很快做好了，那天我到了他家，樊先生说一定要和邮递员讲清楚，以后的邮件都往新邮箱里放，旧邮箱停止使用。商量好了，我就到一层去安装，樊先生开始给投递员写便条。半小时以后我回到 11 号房间，只见他还在修改那张便条。樊先生苦笑着说："这已经是第三稿了，还没改好，真麻烦！你不回来，我还会继续改。我这个人就是这样，对自己写的东西总是不满意，交稿总是拖到最后。"一张写给邮递员的便条他居然会写到第三稿而且还要修改，我忍不住笑了："邮递员能看明白就行了！"他又改了几个字，正式抄了一遍，才算了事。

便条尚且如此，那些动辄几万字的大作不知耗费了他多少时间和精力，有时改动量超过一半，甚至会推倒重来。他最怕文章中出现硬

---

① 樊骏：《论中国现代文学研究》，第 6 页。

伤，出现常识性错误。他的论文《认识老舍》在收进《走近老舍》一书中时，他补写了说明："本文原为 1986 年老舍学术讨论会上的发言《老舍二十年祭》中的一部分……相隔十年之后，将这部分发言整理扩充成文，着重正面阐述自己对于如何认识老舍的看法。文章连载于《文学评论》1996 年第 5 期、第 6 期上。这次收入本书，时间又过去了五载有余，发现原文写得仓促。多有缺漏之处和粗糙之弊。为此，又作了一些修改和补充。"《认识老舍》一文写成 15 年以后，仍不满意，仍要修改。这种一丝不苟的态度让同行感叹不已。熟悉他的人都知道，樊先生每次发言都有草稿，即便是普通的小组会，他也要拿一张小条，要言之有物不能信口开河。宁波人崇尚节俭，在樊先生身上得到充分体现：他总是在一些废纸背面打草稿，一张窄纸条上写满谁也不认识的蝌蚪文。有一次他自嘲道："别人都说我的字是天书，是甲骨文。"

有一次我到舒乙家还资料，舒乙说："樊骏的作品不多，但每一篇分量都很重，就是这些文章奠定了他在学界的位置。"由于长期伏案写作，樊先生的脊柱严重弯曲，以致在体检时很多动作都无法到位。他的右手明显变形，手掌无法完全展平，掌心下陷，拇指、食指和中指不写字时也保持握笔的姿势。他从来不带研究生，却看了不少研究生的毕业论文。他的审稿总是比别人多用几倍时间，提出的意见都是言之有据，中肯严厉有时甚至能影响到学生的研究方向，让人心服口服。

樊先生一向做事认真，务求尽善尽美。2006 年 2 月出版的《中国现代文学论集》中所有的篇目完全由他自定，当时他已患脑血栓 3 年，已经无力校对、修改、补充了，否则，重读一遍，发现问题，补充修改，不知又要拖到何年何月。在确定哪些篇目入选时，他又思考了许久，最后入选的只有 27 篇，总计 65 万字，他叹了一口气，摇了摇头："就这些了，其他的算了。"

樊先生搞了一生的"研究的研究"，现在他也成为别人的研究对象，"后之视今，亦今之视昔。"不禁令人感慨万千！

"平起平坐最好"

樊骏印象之三

　　樊骏先生住劲松时，卧室里有一把破旧不堪的藤椅，几近散架。恰好我有一把闲置的藤椅，于是鼓起勇气给他送去。刚出院门，我母亲追了出来，递给我一个坐垫："这个也带去，他没媳妇，谁给他做？"他的独身，引起了别人的关注、关心，同情甚至怜悯。那天樊先生看到藤椅很高兴，把两把藤椅摆一起："以后有人来谈事情，都坐藤椅。平起平坐最好！"俗话说，新的不来，旧的不去。现在，为了"平起平坐"，旧的也不能扔，我只好又用胶带铁丝把藤椅加固一番。

　　"平起平坐"是樊先生待人接物的准则之一，据说与何其芳讨论问题，说到忘情处，他会拍何的肩膀表示赞同，绝不顾忌年龄差距和地位的悬殊，尽管他对何是很敬重的。对年轻人，他也不摆架子，他帮研究生看论文，总要比其他人多花几倍的时间，真正看懂了，才提出自己中肯的意见。他不认为是在指导，而是平等的学术讨论。他说曾经观察过，日本人看街头艺人表演，给钱的时候动作很夸张，票子是甩出去的，完全是居高临下的赏赐。而美国人则不同，他们把艺人看成劳动者，你付出劳动，我享受了服务，付钱是应该的。他们是恭恭敬敬把钱递上去。我举这个例子，是想说明樊先生有众生平等的意识。刘再复评价"樊骏正是一个典型的'群而不党'的现代君子。"正因为如此，他交了很多朋友。学术界的自不必说，多为君子之交，因为淡，所以持久。他到河北平山县农村下放锻炼时，与众多的农民变为朋友。甚至把一个比他大 20 岁的农民认做"干爸爸"。这个"爸爸"的儿子、女儿、外孙都成了他的朋友，关系维系了几十年，一直到樊先生去世。"文革"期间，文学所到北京维尼纶厂"开门办所"。樊先生到修机车间钳工组参加劳动，成了年轻工人的良师益友。我就在此时与他相识，开始了长达 35 年的交往。有时他给人的感觉是一个略带羞涩的大男孩，"不好意思"是他的口头禅。他生活能力差，经常需要别人的帮助，另一方面，他的"基督情怀""菩萨心肠"也是出了名的。有一次他听到一个老同事生病住院，经济陷入困境。他马上取了工资，托别人带过去，并一再要求不要透露姓名。后来他无意中提起这事，他说："其实我并不喜欢这人，但是听说他这么困难，我就是想帮他一下。"这就是樊先生的为人！他拒绝感谢的理由很简单："太麻烦！"他只求心静如水，如果当面向他表示感谢，他会立刻制止你："不要再说下去！"我记得有两件事，都是他帮助了别人，对方不敢言谢，只是说要见见面，希望樊先生安排一下。结果他一拖再拖，直至此次住院。樊先生怕对方闻讯到医院探视，又委托我打电话，告诉对方近期在上海。何时见面再联系。受助人直到2011年1月16日才知道真相，在电话里泣不成声。如果受助人带着薄礼登门感谢，他会逼着你把礼品拿走。而且是真正的满脸不高兴，有时几乎不近人情。

樊先生在学术上对年轻人的帮助更是数不胜数，他以平等的身份与他们讨论问题，提出建设性的意见，把自己的思路讲出来。由于他的看法有前瞻性和独到性，有时甚至会影响年轻人一生的研究方向。他没有正式带过一个研究生，他的年轻朋友却遍布全国各地。如今这些研究生大多已五十多岁，在各自的领域发挥着重要作用。他们每次到北京出差、开会，都要挤出时间登门拜访。樊先生晚年思维语言都有些障碍，讨论学术问题已无可能，但师生情谊始终未变，有的人闻讯后匆匆赶到医院看到失去知觉的樊先生，一句话也说不出来，只能含着眼泪鞠了三个躬。2011年1月20日，那么多人冒着严寒，从四面八方赶到八宝山，有的人甚至乘飞机从外地赶来，就是为了见最后一面。在文学所，只要是有关樊骏的活动，原有的所谓派别问题就会暂时搁到一边，大家都冲着樊骏来的。会议室每次都是爆满，临时加许多折叠椅。我有幸参加了3次活动，他每次都一言不发，虽然这些活动都是专门为他安排的。那次庆祝他八十大寿暨学术讨论会，由于群众发言过于热烈，主持人王保生都忘记了安排会议的主角说几句，那天他精神很好，始终微笑着，大概他想说："千万不要把我捧得太高，平起平坐最好！"

"我就是穿这件衣服参加政协会议"

樊骏印象之四

北京维尼纶厂曾名噪一时，当时年产值占到全北京的 1%，福利待遇比较好，工作服也比一般工厂高级。前胸后背都没有"安全生产"之类的字样。我把一套新工作服送给樊先生，上衣深灰色，夹克式样。他笑纳了，我心中窃喜。过了很长时间，他对我说："这件衣服我很满意，我就穿着它参加政协会议，到外地参观也穿它，很不错！"那衣服是化纤的，好洗易干。我只是想给他带来一点方便，其实并不舒服。没想到他毫不在乎，竟穿着它出席重要的会议。他一生极少穿西服等正装，那次去日本访问是个例外。在国内不管什么活动，一律夹克衫，简单随便。就家庭出身，成长环境而言，他着装应该很洋气，但事实却不是这样。简朴、整洁成了他的特点。由于他气质好，无论穿什么衣服都透出一股英俊之气。即便穿了工作服也不会被人误认为老师傅。我帮他买过一件衬衫，他问多少钱，我告诉他原价 400 多元，打折后不到 200 元，他大为惊讶："这么贵！我以为只要几十元呢！"社会向前发展了，高消费已成为一种时尚，樊先生的消费观仍在原地踏步。在他的衣柜里有用了 50 多年的手绢，也有穿了 30 多年的衬衫，领口磨破了也没扔掉。年轻时穿的开司米毛背心已经包不住肚子，依然挂在那里。他几乎没有什么体育锻炼和家务劳动，又不追时髦，穿衣服极省，一件衣服经常穿几十年。他原来有 2 块手表，已经老掉牙，修表师傅说没有配件，建议买新的。于是我陪他去了两次表店，他满意的款式价格都在 4 位数甚至 5 位数，只好作罢。每次我陪他散步、购物、用餐、就医，我都要事先把手表戴上以备他不时之询（我平时也没有戴手表的习惯）。他对自己很抠，讲究"简"与"俭"，一切能免则免，能省则省。晚年体重增加了，肚子凸起来了，原来的夹克衫不再合身，决定买件大一号的。我几次催他，他却一拖再拖无法决定。时过境迁，夹克不再是 100 元左右了，他拿不定主意，最后竟说："等明年涨了工资再说。"弄得我哭笑不得，以他的经济条件，把买一件衣服和涨工资扯到一起真有点莫名其妙。

樊先生一直有个想法：积攒一笔钱，捐给文学所，奖励年轻人。但工资调整的速度远不如他的预期。而物价上涨的幅度却远超想象。他失望了，觉得一辈子也攒不到一百万。后来他意外得到一笔遗产，原来的想法又激活了。他决定匿名捐献两个一百万，分别为"勤英"奖和"王瑶"奖。这件壮举只是近几年才逐渐为圈内人士所知。他的本意是完全不让外人知道，这样才心安理得。了解他的性格，经手人都替他保守秘密。至于从经济上帮助别人的事更是数不胜数。就在 2011 年 3 月 25 日的追思会上，王保生又讲了几件樊先生的善事：接受捐赠的人有的是长期生病的同事，有的是原来几乎没有来往的人。应樊先生的要求，王保生当时没透露捐赠者的名字。樊先生一辈子没结婚，但并不孤独。那么多的人心甘情愿关心他、帮助他。听到他去世的消息，一位同样八十多岁的老同学在电话那一头号啕大哭，半天说不出整话，在遗体告别仪式上，许多人悲痛欲绝。在追思会上，朋友们争先恐后地发言，深切怀念他的为人、治学、情操。许多人有备而来却无说话的机会。樊骏先生精神不死，他高尚的品格永远活在我们心中。

"我正在上班"

樊骏印象之五

大家都知道，文学所是不用坐班的。每周二是固定的返所时间。一般开会、学习、报销都安排在这一天。无特殊情况，其他时间可以在家里办公。任何一个有责任心、有事业心的知识分子，工作时间都远远超过 8 小时，这是工作性质决定的。

某天上午，我顺路拜访樊先生。谈话间说到热播的连续剧《乔家大院》。他说："这个连续剧不错，值得一看。可惜昨天晚上有事耽误了 2 集。"我说："现在正好重播，可以补上。"没想到他连连摆手，一本正经地说:"我正在上班,不好意思。"我感到不可理解,认为他太书呆子气了。"你可以倒休嘛!""倒休"是当时工厂的常用词。那时没有加班费,平时工作超过 8 小时,就由考勤员把超过的时间记上,以后有需要就可以占用而不扣工资。樊先生仍不为所动:"上班就是上班,不能做无关的事。"樊先生年轻时唯一的爱好就是看电影。后来工作越来越忙,这点爱好也被挤掉了。竟长达 20 年没进过电影院。晚年最后一次看电影是在 2010 年 8 月,片名是《唐山大地震》,看完没有流泪也没有任何评论。他一生未婚,枉担了"户主"的虚名。他生活非常简单,完全没有家务之累,一心扑在工作上,除了看书,就是写作。最忙的时候"往往直到午夜三四点钟,才上床睡 2 个小时左右。"① 由于中国的特殊情况,樊先生最好的年华被"接连不断的思想批判和政治运动"② 耽误了,所以 20 世纪最后 20 年,是他最拼命、最出成果的时期。他把时间看得非常宝贵。工作时间不看电视只是一个小例子。只是说明他要求自己很严,真正做到了"慎独",只要他认为应该做到,就坚持到底。大是大非如此,细枝末节也不放过。

那时候去看望樊先生,写字台上通常堆满了报纸、书刊。有些书是打开扣在那里,有的书中夹了很多字条,茶几上也是规格不一地写满了字的草稿。一般是说完事立刻走人,渴了,自己讨水喝,他会问你:"白水还是茶水?"他自己平时只喝白开水。聊的时间稍长一点,他会不停地看表,知趣一点的,赶紧打住话头。对那种实在没眼力价的,他会下逐客令,绝不让时间在闲聊中溜走。

"我已经 80 岁了,可以了!"

樊骏印象之六

2003 年,樊骏先生突发脑血栓,经及时抢救,虽然没留后遗症,

---

① 樊骏:《中国现代文学论集》,第 114 页。
② 樊骏:《论中国现代文学研究》,第 6 页。

但是他丧失了工作能力，对于一个以研究现代文学为生命的人来说，是一个巨大的精神打击。出院后，他的情绪非常低落，几次说到这样活着没意思，几次提到了"死"。当时听了以后我感到后背发凉，怕出意外，反复劝他："你恢复到这种程度，算不错了！不少人得了脑血栓以后半身不遂，生活不能自理。再说大脑有自我修复能力，康复需要时间，不能着急，要锻炼，要多说话多写字。听说冰心也得过脑血栓，恢复得很好。几年之后又能写作了。"他听了以后，苦笑着摇了摇头。看我过于担心，他又反过来安慰我："你放心，我只是说说而已。我心里烦得很。我不会自杀，不是不想，是没有那个勇气！"说这句话的时候，樊先生脸上带着自嘲的表情。那时候，他几乎不能写字，偶尔写一张便条，连他自己都不认识。我只能靠推测，在纸上写几个简单的词，他点头或者摇头。由于多年的了解，我居然能猜中大半，应付日常生活不成问题。随着时间的推移，樊先生的身体有了一些改善，可以说短句，写单词了。与人交流也比刚出院时顺畅了。有一次他对我说："最近好一些，可以看懂报纸了！"在他的刻苦努力下，表达能力有了明显进步。2005 年，经严家炎先生的提议和督促，人民文学出版社王培元先生全力协助，樊骏先生从已经发表过的，分散于各学术专刊上的论著中选出部分文章，合编成集。2006 年 3 月，《中国现代文学论集》上下册出版了。这对大病初愈的樊先生来说是个极大的安慰。

2007 年 9 月，许志英先生自我了断的消息传来，樊先生感慨万分："他那种状况，这么做，可以理解！自杀需要勇气的！"他把许先生的遗书看了好几遍，枯坐了半日。樊先生是一个献身于中国现代文学研究事业的人，现在大脑部分功能丧失，表达能力明显存在障碍，内心痛苦向谁言说？晚饭后，他经常默默地站在阳台上望着远处的灯光，思绪万千。他几次提到何其芳，说他是一个非常好的人。也是一个非常矛盾和复杂的人。哪些是真实思想，哪些是违心的话，许多问题值得研究，局外人很难讲得清楚。2010 年 5 月，樊先生甚至答应了严平的请求，准备分几次口述文学所的历史，重点是关于何其芳的。但出于健康原因迟迟未开始，最终成为不可弥补的遗憾。

我与樊先生是在 1975 年相识的。那时我是北京维尼纶厂的工人，他是"开门办所"到基层参加劳动。当年他已经 45 岁了，但外貌显得非常年轻。在老师傅的眼中，是个腼腆的知识分子。樊先生既是良师又是益友，我们成了忘年交。从 2003 年年底开始，他主动要求我每周五到他家里住一个晚上，帮助处理一些杂事，例如回信、打电话之类。他对我的能力评价不高，例如，从来不敢让我骑车带他。另一方面，他又对我非常信任。一次谈到"死"，他对我说："这件事就交给你了！"一边说，一边抬起右手在眼前一挥，意为去世后，让我帮他把眼皮合上。接着他又说："这些都拿去好了。"左右手交叉舞动，在自己身上做了几个解剖动作。当时，我非常感动，一个彻底的唯物主义者对死亡是无所畏惧的。后来，他几次说："有些事情要慢慢做起来。"及至后来，健康情况又恢复了一些，身后事也就不那么紧迫了，需要"慢慢做起来"的事也就搁置了，直到这次急诊住院。

2009 年 10 月，文学所专门为樊先生举办了 80 寿辰的庆祝活动，学界同行争相发言，探讨他的学术思想，赞扬他的高贵品德。此次活动提前了一年，事后看来，真是太及时了。虽然他在那天一言未发，看得出来他的情绪非常好。（2010 年文学所举行团拜会，为老同志祝寿，樊先生因为身体不佳未能出席。2010 年 12 月 23 日是他 80 岁生日，在病床上度过）从此，他就认为自己满 80 岁了，几次说起："我已经 80 岁了，可以了！"这话有两层意思：一是他自幼体弱多病，居然活到 80 岁，不容易，知足，满意，寿命超过了他父亲，也超过了他的二弟、大姐和三弟。另外一层含义是已经 80 岁了，身体这么差，生活几乎不能自理，研究写作更谈不上。再活下去还有什么意思？他意识到来日无多，所谓活一天少一天。为了宽慰他，我向他讲了很多例子，体弱多病的人活到 90 多岁也不少见，关键在于锻炼和保养。其实他嘴上说活着没意思，内心深处还是充满期待，希望多活几年。他非常关心植入体内的起搏器，做过多次检查，唯恐失效，他甚至向大夫提出：能不能提前换新的，反正换一次就差不多了，换一次可以用十年。大夫笑着拒绝了他。担心与期待，失望与希望交织在一起，应该说，这两种心态都是真实的。

2010 年 11 月 30 日，樊骏先生因腹痛进了北京医院抢救室。经过一系列检查，医生初步判定，腹痛的原因是肝囊肿破裂，腹腔内有大量积液。我借送药的机会溜进抢救室，只见樊先生表情平静，神志清醒，他问我："到底怎么了？"我只能简单解释几句，并告诉他耐心等待，医生正在商量做不做手术。由于检查和等待手术的需要，从前一天午夜已经禁食禁水，此时的他嘴唇干裂，舌苔非常厚，体温也在逐渐升高。我用湿棉棒清理他的口腔，被他急切地咬住，拼命吸吮棉棒上的水。这个镜头深深印在我的脑海里，挥之不去。当天下午，我又一次进去看他，他着急地问我："怎么还不手术？"他一个人无助地躺在临时增加的病床上，看着忙得团团转的医生、护士，脑子里一定在反复考虑各种各样的问题，摆在他面前的只有两条路：及时手术，有危险，有希望，另一条路就是等死。在这生死关头，他没有消极等待，而是选择了充满危险的求生之路。患者本人同意手术，对倍感压力的医生而言，是一种安慰。在长达 47 天的住院期间，樊先生强忍着痛苦，没有叫喊过一次，没有掉过一滴眼泪。他拖着虚弱的身体，配合着种种检查、治疗及康复训练。47 个日日夜夜，他没有一天正常的生活，身上插满了管子，没有一点食欲，没睡过一个安稳觉，大小便失禁，没有任何自理能力，失去了做人的基本尊严。作为健康人的我，看在眼里，却又无可奈何，任何宽心话都显得那么苍白无力。

2011 年 1 月 7 日是他入院以来精神最好的一天，医生为樊先生拔掉了导尿管。进食比平时多了一点，甚至不用人搀扶，自己从沙发上站起来，慢慢走到卫生间。趁此机会，我给他理了发，一扫多日的萎靡不振。他开始和我讨论出院以后的种种安排，商量春节怎么过。

残酷的事实无情地粉碎了我们的梦想。从第二天起，病情急转直下，体温升到 38 度多，输液效果不明显。直到 2011 年 1 月 15 日，连续 8 天高烧不退，医生想尽了办法，病房成了抢救室，上呼吸机，铺冰毯降温，注射强心剂，最终是回天无术。直接导致病情恶化的原因是感染中毒性休克，引起的疾病是肝囊肿破裂。2010 年 12 月 1 日剖腹探查，外科医生对巨大的肝囊肿做了两指宽的切口处理。但囊肿被肝包着，若做彻底处理，至少要切掉三分之一的肝。根据樊先生当时的状况，主刀医生不敢，也不能做这么大的手术。术后的病理报告表明，囊肿是良性的，囊液显示为阴性，当时医生也喜形于色，认为只要刀口没问题就可以出院了。没想到仅仅过了一个半月，囊肿里又有了大量积液，而且变成了脓肿，成了高烧不退的元凶。2011 年 1 月 15 日下午 2∶50，樊骏先生停止了呼吸。临终时，他的表情安详，一切痛苦都结束了。他一生光明磊落，先人后己，使每一个熟悉他的人想起来就心里难过，在这里借用樊骏先生的话来表达我们的思念之情："幸好任何一位杰出作家的生命都不仅存在于个人的躯体，更寄寓在他的创作成果之中，使他能够超越自然的限制，永远活在读者的心上。"①

---

① 樊骏：《中国现代文学论集》，第 562 页。

书 生 烦 恼

——怀念樊骏先生

严 平

不止一次，樊骏先生在电话里对我说"我烦死了！真的烦死了！这件事情怎么办呢！"他说这话时往往声音很大，很用力，那个"烦"字拖得很长，我立刻就想象到他手握话筒身体有点颤抖的样子和脸上焦虑的又带点自嘲的表情。

每当这时，我就会笑，说：谁叫你姓樊呢，大概不能不烦吧！

他几乎听不进我说什么，总是自说自话，完了，哐铛一声挂上电话，把我留在一片茫然之中，想忘掉他说的那些事又忘不了，郁闷悄然浮上心头，不由地也就跟着一起烦了起来。

樊骏先生是中国社会科学院荣誉学部委员，文学研究所老研究员，在现代文学研究界享有盛名。但说实在的，他活着的时候我和他说话从来没有用过您字，也很少叫老师，更不用说称先生了——不只我一人，所里很多比他年少许多的人都对他直呼其名。他因此而快乐，总说：你叫某某为先生，却叫我樊骏！他走后，我突然就改了口，想起来心里明白，其实他的学问人品真正是经得起我们敬重的先生，只是因为彼此太熟了，在一起的时候除了听他说学问，还爱听他直率地发表对各种事情的看法，包括述说心中的烦闷，那时候我们是平等的，是朋友，因此也就忽略了应有的称呼或是以平等为乐了。

樊先生出生于上海一个富裕家庭，祖上事业兴盛，有过不少当官和做生意的能人。到了樊先生出世的时候，他的毕业于复旦大学商科的父亲已经在上海和人一起开办了银行，从事着证券业务。优越的家庭环境使樊先生从小受到了良好的教育。新中国诞生之际，樊先生从上海麦伦中学（英国基督教伦敦会创办的教会男校）毕业，考入了北京大学中文系，据说离家北上时，樊老先生给他买足了肥皂和草纸，告诉他去好好读书吧，别的你什么都不要管！

樊先生带着父亲的嘱咐开始了他人生的旅途。毋庸置疑，他的做事用心、绝不敷衍、勤于思考是和他秉承家教，以及在麦伦中学受到的教育分不开的。樊先生去世后曾听他的侄儿感叹爷爷樊老先生的功德，不知他用什么高明的办法把自己的四个儿子都培育成为卓有成就的人才。老大樊骏是现代文学研究界著名的专家、学科带头人，其他三个兄弟分别成为工程、医学、药学方面的专家。侄儿总结说，他们四兄弟共同的特点都是做事投入和专一。樊先生的二弟是上海著名儿科专家，据说每到该下班却最容易出问题的时间里他总坚守在医院的岗位上，弄得别人也不敢离开，时间久了他还有些奇怪，等弄明白了才改变了做法。三弟在天津从事医药研究，几十年中曾数不清多少次到老北京图书馆查资料，来往间总看见矗立于红墙绿树间的北海白塔，却一次都没有进去过，没有时间。据说他们兄弟四人都不太会生活，除了敬业几乎没有别的爱好。

樊骏先生是在文学所建所的那一年从北大毕业进所的，他把自己的全部精力都投入到学习和研究工作中，凭着他优良学业和勤奋的钻研精神很快就得到了何其芳、唐弢等前辈的重视和欣赏，但他的书生气还是让他受到了挫折。反右时，他认认真真地读了很多书，在会上郑重地发表了自己对中国是否可能走议会道路的看法，结果团籍被开除，下放到外地一年半时间。反右过后，虽然爱才的何其芳先生一如既往地看重樊骏，使他心中的阴影多少淡漠了一些，但那个时代的政治氛围注定了他的命运。他只能把自己的精力放在一些集体项目上，真正可以称得上凝聚着自己研究心得的论文只有十几篇。过后，他曾不止一次地谈到过那个时期的苦恼，那种总是要服从应急而写作的苦恼，那种由于为政治服务而不能坚持科学态度的苦恼，那种总感到无法把问题分析得清楚透彻的苦恼……每每谈到此，都有一种说不出的无奈和发自内心的痛苦。到了"文化大革命"，他被当做漏网右派和修正主义苗子批判、下放，原有的可以从事研究的环境也被彻底毁掉了。一晃十年，他和他那一代人失去了做学问的黄金时光。原本具有出大成果基础和功力的樊先生只有在苦恼和麻木中度日，唯一可以庆幸的是，他从来没有放弃读书，也没有放弃思考。

我认识樊先生是在 20 世纪 80 年代初进文学所的时候，经历了历次政治运动的樊先生终于有了可以专心从事学术研究的机会。他并不抱怨失去的时光，相反，正是从他曾经拥有的学术经历出发，他开始反思和回顾现代文学研究的历程，总结现代文学学科的发展，写出了一篇篇厚重的蕴含很高学术价值的文章。在我印象中，文学所里 20 世纪五六十年代的知识分子中，樊先生是最有学者气质的。他的那种缜密思维和一丝不苟的态度一接触就会给人留下深刻印象。我们这些年轻人都爱听他发言，即便是很小的论题，他也要经过充分准备，谈的时候非常有逻辑性，层层剥皮，丝丝入扣，一步步把你引入问题的核心。就如同他自己所说的，他作研究习惯于"追本溯源，从各种联系和对比中进行分析；即使是一个小题目，也往往涉及很多方面"。这样做，是需要花费很多时间和力气的，有时还会把问题扩展到自己没有准备的范围里，如果遇到一时解决不了的难题，那就需要下更大的功夫了。樊先生遇山爬山，遇海过海，他在追求学术质量上对自己的要求，甚至可以用"苛求"两个字来形容，有时遇到实在难以驾驭的问题时，就会听到他苦恼的叹息。多数时候他不会放弃，会一遍遍地修改自己的文章，直到满意为止。但说实在的，他似乎很少有真正满意的时候，他的《认识老舍》，前后修改时间长达十年之多，在获得了很高荣誉并产生了广泛影响之后，他仍然还在为一些未尽人意之处而耿耿于怀。

樊先生的发言从来不随意，他总是把自己要谈的问题事先写在一张纸上。他的写法也特别，一张纸折成四折，开始只写四分之一，随着思路的深入再随时补充其余的四分之三部分，待成熟时那张纸就像一张地图，字迹密密麻麻，大题目套小题目小题目又拉出许多线条，插入长长短短的句子，加上他的字也不大好认，别人是很难看懂的，那就是被称为"樊氏甲骨文"的东西了。记得一次，学术委员会按照上面的要求讨论学科规划，因为这种会开得多了，大家也就高谈阔论有的不免空泛而流于形式。樊先生最初沉默不语，作为工作人员的我在下面询问他什么时候发言，他总是摇头。直到后来开会，见他从口袋里掏出一张"甲骨文"，才知道是时候了。果然，他那次的发言非常缜密，不仅从历史的角度梳理现代文学研究取得的成绩和存在的问题，而且指出社会的转型给这个学科带来的深刻演变和影响，以及在新形势下现代文学研究面临的挑战。他谈得深入透彻，让人觉得好像是喝了一杯多年酿制的醇酒。一个普通的讨论会能够作出这样高水平的发言，更让我这样的年轻人看到了什么是真正的研究精神。会后，我有些兴奋，想对他说说自己的感受，没有想到，他攥着那张"甲骨文"对我说，还不行，还不行，要修改、要修改，我已经弄得好几天没睡好觉了！过了一段时间，当他的这些观点陆续出现在发表的论文中时，又都经过了一番严格的过滤和沉淀，变得更加深刻和完整。

樊骏先生不仅做学问认真，但凡涉及学术问题都不愿意马马虎虎，更不肯违背学术原则。那些年评职称在所里成了最难弄的问题，名额少，待评人多，好比千军万马挤在一个独木桥上，总有自视高却评不上的人要大闹起来。评审会常常开到街上灯火阑珊，委员们成了热锅上的蚂蚁，不得不因种种因素作出妥协和让步，一些委员已经无法再把关注点集中在学术成果上。樊先生的评委当得尤其痛苦，他依然认真地阅读每个申请人的成果，依然不辞辛苦地准备发言，而且每次都有"甲骨文"拿出来。不仅如此，他还反复地对不同学科人的成绩作出比较，最终提出自己认为应该评上的人——事实上这不仅出力不讨好还犯了大忌。一次，一个出名能闹的人在走廊上等待委员们散会，樊先生从会议室出来刚好走到那人跟前，他看着那人很认真地说，我没有投你的票，因为比较起来，你的学术还是差一些！话一出口，不仅让那人震惊不已，也让后来所有知道此事的人都感到惊讶和敬佩。樊先生很固执，在评职称问题上大概只有一两次不得不勉强为之，事后别的委员很快就淡漠了，只有他很长时间还为此感到苦恼和焦虑，每每想起来就有一种自责。

樊先生操心的事情很多，当他看到哪位同事发表了好文章总是感到欣喜，甚至会主动找上门去提供进一步研究的材料，有时候他还毫不留情地对同事研究工作中的缺点提出批评和劝告。他尤其关心年轻人的成长，一位同事告诉我在他遇到挫折一时难以支撑的时候，樊先生曾经找到他恳切地说：你不能再这样消沉下去了！樊先生细心地给他出了很多点子，他吃惊地发现平日里交往并不很深的先生一直在默默地注视着他，那些话语中透露出的担忧、急切和关怀，让他感动也永远难以忘怀。

我时常觉得，樊先生活得太认真了，也就很累。伟人毛泽东曾经说过：世界上怕就怕"认真"二字，可樊先生偏偏认真，做学问认真，做人认真，几乎事事认真，因而也就带来了很多的烦恼。"文革"前他为不能安心做学问而苦恼，"文革"后有了做学问的环境又为学问不能达到自己满意的境界而苦恼，其实世界上有多少事情是圆满的呢！樊先生的烦恼是我们这一代人所没有的，即便有也绝不会像他那么强烈，那么纠结，挥之不去。我也时常为樊先生的那种韧的追求而感叹，他全身心地执著于学术研究，能够为此舍弃一切，这是许多人都做不到的，尤其是我们这一代人，在很快看破红尘之后怎么也抖擞不出那样的奉献的精神。

除了做学问，樊先生在生活上几乎什么都不行。

他一直过着独身生活，衣食住行样样简单。一年四季就穿那么几件大家看惯了的衣服，干净而整洁。20世纪80年代初，他住在文学所办公楼的集体宿舍里，吃食堂；曾经有段时间办公楼被拆还住了一年多陶然亭公园管理处的房子，还是吃食堂。后来，中国社会科学院给了他房子，因为是单身比同级的人要小，一伙关系好的人参谋着做了简单装修。搬家时我们在楼上等着，当大卡车（那时搬家的设备很简陋）开来时，我从敞开的窗户看下去只见两辆车上满满当当装的全是一捆捆的书，不知道的还以为是图书馆搬家呢！离开了集体宿舍，他一时竟惶惶然不知怎么生活。有一次专门跑很远的路到我家，向我先生张建勇请教煤气开关问题。于是，经常提起的结婚问题就再次被我们提起。每次劝说，他只是笑和摇头，说太麻烦了！太麻烦了！事实上他有种恐惧感，"反右"时的遭遇和解放后父亲的境遇都给他留下了无法抹去的伤痕，他不能想象假如给别人带来不幸自己如何承受。他更害怕不能专心地搞研究，如果另有一个人（还是个女人！）老在旁边走来走去，他还怎么读书？怎样写文章！分析比较的结果是"一加一有时候并不等于二，弄不好的话可能是等于三和四！"那他可真是要烦死了！

他好像只是为做学问而活着，其他一切都视之为麻烦，最让我觉着吃惊和哭笑不得的，是钱对他来说也是一件麻烦事。

大约是20世纪末，他意外地得到了姐姐姐夫留下的一笔遗产，从香港继承遗产回来，他根本就没有那种天上掉馅饼的兴奋，有的只是对失去亲人的感慨，和对这笔数目不小的钱如何使用的茫然。他告诉了我和我先生钱的事情，我们都希望他首先用在自己身上，好好改善生活条件，但他却说到了捐赠，并且打算向三个单位分别捐赠一百万（后经接洽改为文学研究所和现代文学研究会两处）用于学术评奖。对他的这种想法，最初和他关系好的一些人大都持质疑态度，因为当时社会上的评奖已经很多很烂，而且单位人事关系复杂，这些钱能否如樊先生所愿真正起到支持青年人研究的作用，实在难说。但我们的困惑挡不助樊先生的决心，在他看来这些钱最好的去处就是支持年轻人作研究了，哪怕是能起到一点点作用也好。

记得第一次和单位正式交谈此事气氛就有些奇怪。樊先生谈了钱的来历、捐赠意图，并提出要求对捐款人的姓名保密，评奖也不能用他的名义等。参加谈话的领导各谈各的想法，明眼人一听就知道重点是在由谁来掌控这件事情。眼看一件好事很快就改变了模样，我很为樊先生难过，当轮到我发言时竟什么都不想说，却又实在忍不住地对樊先生发泄道：不是我泼你的冷水，你这样做到底有什么意思呢……在座的人都愣住了，樊先生的脸有些红，他心里明白我是什么意思，嘴上却什么都没有说。

　　经过 28 个月繁杂的过程，樊先生的继承手续才告完毕。但他的捐献却是钱没到账就开始了，他先把自己的积蓄 20 万元捐了出来。2005年秋季的一天，他通知我说其余 80 万元会在哪一天到期（他把一部分买成了国债），要求我在当天把钱转走，一天都不能耽搁。我试图说服他再等等，因为这么大一笔钱转到哪个账上，用什么方式存都还是问题，再说评奖的事一直也没有一个好的方案。他不同意，在电话中用着他一贯坚持的语气说：立刻就转，一天也不要拖！必须赶紧了结此事！

　　那天，我如约赶到银行，他早已坐在那里等我了。我们在贵宾部办理了转账手续，他立刻变得轻松愉快起来。他告诉我，那些钱已经成了他的一大心事，一天不转都睡不好觉了。说这话时，他脸上带着惯有的自嘲式微笑，那神情好像是说这些钱总算和我没关系了，剩下的就是你们的事了！那天，我的心情的确有些哭笑不得，在一个物欲横流，金钱地位日益上升到高于一切的时代，有谁还会像他那样对钱如此超然和淡漠呢？等待转账的时候，我又一次想和他谈谈世俗的观点，希望他明白这些钱能够对他的生活产生的作用，但我知道那都是没有用的，他的心思全然不在那上面。为了庆祝转账成功，也感谢我的如约而至，那天他还特意请我吃了一顿很不错的泰式午餐。席间，我询问他一个月的生活花费，他告诉我他和保姆两人共 400 元左右。我很吃惊，这个数字在当时实在是太少了，很多普通家庭都远远超过这个数目，我劝说他不要对自己太苛刻，他觉得那根本谈不上苛刻，而是不需要。

　　樊先生一如既往地过着自己的清贫日子，虽然他很有钱，但他似乎始终不明白钱可以给他的生活带来什么样的好处。他仍旧住在窄而陋的房子里，二十多年前装修的地板磨得露出了白茬，一块块木条翘了起来，人走过时嘎嘎作响，一不留神还可能被绊倒。他仍旧年复一年地吃着简单的饭食，穿着不多的那几件衣服，唯一的奢侈是当朋友、同事或学生去看他的时候，他一定要选一家好餐馆请别人和自己高高兴兴地吃上一顿。我每次去看他都会获得这样的荣幸，那时候，他点的菜总是很精致，量不是很大，却很高档很有品味，他会坐在你对面，一边吃一边慈祥而愉快地望着你说：快吃，好好地吃！

　　我对他的这种生活时常感到不解和焦虑，并和他有过多次艰难的对话，一次是因为床垫。2003 年春，他夜间起床跌倒在地几个小时爬不起来，结果诱发了脑血栓。事情过后，我发现他睡的那个床垫太旧太软，人坐在床边就会滑下来，这可能就是他半夜摔倒的原因。我费了很多口舌要他买一个高级床垫，他始终不表态，直到我急了威胁说要不就由我通知店里送来，钱从你的捐款中出，他才总算买了床垫。还有一次是因为空调。他那 80 平方米的房间里只有卧室里装了一个小空调，夏季酷暑来临他热得几乎难以坚持。每次劝说加装一个他都摇头，不知经过了多少回合的论战，再三再四的说服，才在厅里又装了一个。最好笑的是橄榄油了！他血脂太高，当我劝说他改换食用油，并介绍橄榄油的种种好处时，他详细地询问了价格却给予坚决的否定，说太贵了不能用。还有一次他说要买裤子，可又说听说要涨工资了，就坚持要等涨了工资再买裤子！他的睡衣穿得磨出了很多洞还高高兴兴地穿着，坚持不买……有时我真怀疑他是否对物质没有欲望，但又发现他其实并不是对钱完全没有感觉，他只是对认为属于自己的那份钱有所期待。比如谈到涨工资了，他会满怀喜悦还带着一点点孩子似的兴奋。一次，他专门揣着工资单让我看他又涨了多少钱，其实那些钱和他所继承的遗产比起来算什么呢！在他看来，继承的始终都是继承的，它们应该有一个更好的去处，否则他就会不安，他从来都没有用心盘算过怎么用这些钱来改变自己的生活。

　　钱总算捐了出去，名誉还是坚决不要。在樊先生的坚持下，现代文学研究会设立的奖项采用他所尊敬的王瑶先生的名义，文学所设立的奖项在大家的一再说服下他才同意用姐姐和姐夫名字的组合——"勤英文学研究奖"。文学所的评奖工作在接受捐款之后又拖了一段时间，原因是怎么评和评给谁意见不一致。他很焦虑，隔段时间就会打电话询问，催促上马。我便在他询问的时候借机动员他参与此事，以利定夺。他还是坚辞。说那样他一定会很烦了。2007 年底，"勤英文学研究奖"终于开评，七位文学研究界一流专家（其中多数为德高望重的老先生）在他的邀请下欣然承担了评委，评奖进行得很顺利，结果出来后他还应邀到场和评委们一起吃了一顿晚餐，席间大家都感到非常愉快。我以为他会就此改变主意参与此事了，谁知饭后送他走时，他悄悄地对我说这餐饭是第一次也是最后一次，以后他不会再来了，既然交出去就坚决不管。果然，此后不仅发奖仪式他不肯出席，以后的评奖活动也再没有露过面。

持这种态度的樊先生其实生活得很寂寞。当他一遍遍地修改着自己文章的时候有人早已制造出一本本具有轰动效应的"巨著"；当他因为对自己过于严苛而决定不带学生的时候有人已在学生的围绕喧哗中散发出更大的光芒。有多少人能够真正理解他呢？就是在他捐出自己财产的时候也有人用怀疑的眼光看着他发出"有人就是好这个啊"的猜想……我时常会想，樊先生好像是另一个时代的人，他似乎不大会受时下流行风气的传染和干扰，一心只专注于自己的事情，不需要别人的认同，也不期望掌声和颂扬，那些反倒会让他生出更多的烦恼！他的那些早年培植的起来的信仰和人生态度很难被另一个时代的潮流所融化，即便是在那些极端的年代里有所收敛。

樊先生生命的最后一段路程走得很不容易，因为脑血栓后遗症，一个终身视文学研究为生命的人，不能再读书，不能再自由地表述自己的思想，他远离了自己的"甲骨文"——无法使用他所珍爱的文字武器，甚至一度连简单地与人交流都发生了困难。好几次，我坐在他的身旁，看着他笨拙地抖动着嘴唇词不达意，然后无奈羞涩地摇头笑笑，我知道他的心里是清楚的。因为清楚，也就会痛！我记起他曾经坐在椅子上滔滔不绝的神情，和话到激扬之处身子前倾一再挥动手臂的样子，心中不禁黯然。在那些简单如钟摆一样的日子里，寂寞时，他只能默默地站在阳台上向着远处遥望。他不再说：我烦死了——但我知道他的内心会是怎样的一种沉重。

如今，走了的樊先生终于不再苦恼，然而，他却把寂寞留给了我们，也让我们感受到生活中一种无可弥补的空白。每当想起他的时候，我就会想起他那不同于别人的风采，也想起他的那些我们不曾拥有的烦恼。

2011 年春于北京

告别一个学术时代

陈平原

走出八宝山的告别室，放眼望去，天很蓝，无风，北京的冬天，显得辽远而高阔，可心情却相当压抑。真的是"哀乐中年"，近年常来此告别长辈乃至同辈，有时哀痛，有时怅惘，有时则近乎麻木。这回不一样，感觉上似乎超越了个体的生死，更像是在告别一个学术时代。这种直觉，王瑶先生（1914～1989）去世时，我也曾有过；转眼间二十多年过去了，确实也到了"更新换代"的时候。

2010年10月，樊骏先生（1930～2011）答应参加北大中文系百年庆典，本希望他代表老系友发言，征询朋友们意见，得悉其身体虽还可以，精神却大不如前，长篇讲话不太方便，因而作罢。庆典前一天的晚宴，在王信陪同下，樊骏早早就到了。那时客人还不多，我得以坐近前聊了一阵。没什么要紧事，不外表达晚辈请安之意。26年前初到京城时，我得到了樊骏等诸多先生的悉心指点，一直感激莫名。当时确实没想到，两个月后便天人相隔了。

与王瑶先生披荆斩棘、创建中国现代文学这一学科不同，樊骏的著述其实不多，其影响力之所以持续，主要靠立身谨严以及对于学术的执著。四年多前，中国社会科学院文学所曾召开樊骏《中国现代文学论集》（人民文学出版社，2006）出版讨论会，记得那天与会者发言很热烈，有赞赏其毫不利己专门利人的，也有表扬其治学认真锱铢必较的，我则感慨其作为"学术警察"的意义。事后，《文学评论》2007 年第 1 期刊发了程凯整理的《樊骏先生〈中国现代文学论集〉学术讨论会纪实》，其中提及："北大中文系的陈平原教授谈到民国时期曾有学者呼吁学术界应该有'学术警察'，即对已有的研究成果能站在公正的立场上进行直言不讳的批评以推进学术的发展，而樊骏先生在现代文学界扮演的就是类似'学术警察'的角色。但陈平原遗憾的是樊骏在学术上有'洁癖'，具体反映就是他在自己编选的《中国现代文学论集》中将大量写于 20 世纪 80 年代前期的学科史、学科评论的文章剔除在外。而陈平原认为那些曾收入《论中国现代文学研究》（上海文艺出版社，1991）的早期文章其实更能反映学科发展的历史和问题脉络，具有不可替代的历史价值。"

这里的"学术警察"，是借用原哈佛大学教授杨联陞的典故。1945 年，杨联陞恭贺胡适出任北大校长，并为中国史学的发展出谋划策，其中有这么一条建议："出版一个像《史学评论》一类的杂志，特别注重批评介绍（书籍文章都行。中国需要很多像伯希和一类的'汉学界的警察'）。"由于时局变化，胡、杨的学术设想未能真正落实。不过，日后杨联陞以大专家的身份，为《哈佛亚洲学报》和《清华学报》撰写了不少专业水平极高的书评，其立论之严谨，态度之冷静，思路之缜密，以及体现出来的学识之丰富，令人望而生畏。我在评论辑录此信的《论学谈诗二十年——胡适、杨联陞往来书札》（台北：联经出版公司，1998）时，称："我同意杨先生的思路，学界之有无称职而不专权的'警察'，乃这个领域能否顺利发展的关键。"（《小扣大鸣与莫逆于心——掬水集之十》，《文汇读书周报》2000 年 3 月 18 日）在我看来，维护学问的神圣，推动学术的发展，靠什么？主要不是靠高高在上的政治权威，也不是捕风捉影的大众传媒，而是学界及师友间的互为"诤友"——互相敬畏，互相监督，互相批评。在此意义上，我们需要各种外在的以及内在的"学术警察"。

告别式上，《文学评论》编辑部的常务副主编王保生送我一册刚刚出刊的 2011 年第 1 期杂志，上面有钱理群的《樊骏参与建构的中国现代文学研究传统》，其中提及我"将樊骏称作现代文学研究界的'学术警察'"，"乍听起来有些费解，其实是道出了我们的共同感受"。钱文称："公心不在，正气不彰，一切苟且马虎，这正是当下学术危机的一个重要表征。在这个意义上，呼唤'樊骏式样的学者'，也同样具有迫切性。"我与老钱的忧虑相同，但很不乐观，不仅没有"不信东风唤不回"的自信，而且认定樊骏的时代已经过去了。如今流行的是"表扬与自我表扬相结合"，即便还有个别像樊骏那样律己极严、不苟言笑（更不要说吹牛）的纯正学者，是否能在中国学界生存、是否还能得到大家的敬仰，是个大问题。换句话说，眼下的中国学界，"樊骏式样的学者"不仅没有成为榜样，且只能迅速地边缘化——这才是我真正感到悲哀的。

2011 年 1 月 20 日初稿，2 月 5 日改定于京西圆明园花园

樊骏先生点滴

张中良

2010 年 11 月 30 日清晨，樊骏先生因急性腹痛，被老友战嘉悌老师送到医院。我与文学所的几位同事闻讯匆匆赶到北京医院，见到他正坐在轮椅上等候检查。本以为他一定很痛苦，因为不到挺不住，他是不会去医院的。可是，在他的脸上却看不出怎样的痛楚。我推着轮椅进电梯，他对着迎面的大镜子还笑眯眯地问我："怎么样，看我的气色还可以吧？"的确，他的脸色甚至还微微发红。其实，他的腹痛一定不轻，但他性格内向、坚韧，不愿将痛苦示人。那微红的脸色，可能就是发烧的缘故。他是乐观的，当医生要求化验尿样时，他还自信地说，应该可以的，早上喝了水。但情况并不容乐观，越是着急越是取不到尿样；片子拍出来后，初步诊断为肝囊肿破裂，又穿刺检查，抽出了感染物，医生决定立即手术。我想，樊骏先生是仁厚之人，这次也一定会像几年前中风那样有惊无险吧。手术后，去探望的同事回来说，恢复得还可以。可是，刚刚跨进 2011 年没几天，病情却急转直下。1 月 13 日我们去探望时，正在抢救，靠鼻饲药物维系血压，气喘成抽搐状态，其痛苦难以言状，我们不禁心里发凉。樊骏先生到底没能闯过这一关，2011 年 1 月 15 日 14 时 50 分，这位中国社会科学院文学研究所研究员、中国社会科学院荣誉学部委员，走完了 81 年的人生旅程。

樊骏先生性喜安静，风度儒雅，自尊自重，轻易不肯麻烦别人。而今，从上上下下插着管子的尴尬与无奈的痛苦中彻底解脱，也免得亲友与同事跟着揪心般难过，这或许符合他的最后意愿。然而，他却把无尽的思念留给人间。

峻厉，是我对樊骏先生的最初印象。那是1985年的事情，我研究生毕业不久，把硕士论文的一部分贸然地寄给了他，因为此前读过他的老舍论文，那深邃绵密的思辨与酣畅淋漓的气势让我十分敬佩，很希望得到他的指点；况且，他担任《中国现代文学研究丛刊》的编委，若能推荐发表，岂不更好！我先是焦急地盼望回音，继而是说不出的失望和怨艾，几个月之后，在我几乎忘却了这件事的时候，终于收到了樊骏先生的信。然而，这封密密麻麻写了大半页纸的信，远远超乎我的意料之外，开篇就责怪我为什么把信寄到了《丛刊》编辑部，他是在文学所上班，有几个月没去那边，以至于耽搁了这么久；然后批评说，你的论文要说明什么问题，我没有看懂。这无异于兜头一盆冷水，让我心寒了好久。但痛定思痛，后来我再回头去看那篇东西时，自己也如堕五里雾中。老舍小说中的理性，应该说的确是一个值得探讨的问题，但我当时学力有限，并没有做出透彻的分析。十几年以后，我辗转来到文学所工作，与樊骏先生同在一个研究室，从来不敢对樊骏先生叙那段让我汗颜之"旧"。1998年太原年会后，我成为《中国现代文学研究丛刊》编委会的一员，也不时遇到与我当年一样莽撞的年轻人、一样不知所云的"论文"。如今我也到了当年樊骏先生给我回信的年龄，自己的工作做也做不完，又要接受年轻人派来的任务，不做吧，似乎有傲慢冷酷之嫌，可是要做的话，又深感时间与精力严重不足，再说刊物哪有那么大的容量来满足这么多人评职称的要求？我深深地理解了樊骏先生的烦恼与愠怒。说来惭愧，我缺乏樊先生那样的奉献精神与负责态度，看到电子邮箱里不时雪片般飞来的论文，没有精力与耐心去一一阅读，更下不了狠心给年轻人一记清醒头脑的"铁砂掌"。

走近樊骏先生身边，感受更多的是温馨的关切。1998年，他因为年龄的缘故，要退出中国现代文学研究会理事会，他与吴子敏先生等交换意见，想把我推荐到理事会工作。为了让我能够得到年会代表的支持，他帮助我推敲学术报告的选题，先是让我考虑谈一谈"图志"话题，后来觉得"现代文学图志起源于杨义的创意"，又启发我找一个自己"拿手"的论题，刚好 2009 年我出版了一本《20 世纪初叶中日文学比较》的小册子，于是题目定为"从比较文学史的视角看现代文学"。到了交提纲的时间，他拿着一页记满了事项的备忘录，对我说："怎么还没交，会务组等着印议程了！"我在会上发言之后，休息时征求他的意见，他微笑着鼓励说："比我预想的要好"。这届年会上，我当选为中国现代文学研究会理事，如果没有樊骏等先生的推介，能有多少代表了解我呢。论文修订稿经朱栋霖先生推荐，刊发于《江苏社会科学》，后来还获得这家杂志"十年优秀论文奖"，这是我的学术成果第一次获奖。饮水思源，樊骏先生是这篇论文写作的直接推动者。

对待学术，樊骏先生十分严肃，有时近乎苛刻，据说 20 世纪 80 年代论文答辩时，一些学生既希望请樊骏先生当答辩委员，因为很想聆听他的指教，但同时对他又有几分畏惧，担心他严厉起来不放论文过关。其实，严厉的另一面，他也有大度的宽和，面对熟悉的同事，还不时流露出暖意的幽默。90 年代，有一家刊物的编辑给他寄来一篇青年学者葛红兵的文章复印件，文中对他的观点有些商榷，编辑希望樊骏先生有所回应，这对于推进学术未始没有益处。但樊骏先生表示，自己的那些文章是 80 年代写的，自然存在着这样那样的缺陷，年轻人的批评也不是全无道理，不回应也罢。1999 年末，葛红兵在《芙蓉》杂志发表了《为二十世纪中国文学写一份悼词》，文章不乏犀利而深刻的见解，但也明显表露出非历史主义态度与粗暴的文风，一时间引起强烈的反响，我也在《人民政协报》发表了批评文章。樊骏先生读到我的文章后，似有不以为然之意，但不是不同意我的看法，而是告诉我葛红兵是许志英先生的弟子，而许先生曾在文学所工作过，是他多年的老友。我明白了樊骏先生是怕批评文章给他老友的弟子带来压力。从这一点看得出樊骏先生的善良，也见得出他的传统。如今，社会开放，年轻人唯恐动静不大，葛红兵辣味十足的文章非但没有给自己带来麻烦，反而知名度飙升，不久被上海一家知名大学聘为教授，学术著作与文学创作联翩登场，星光闪烁，饶有意味的是他还把一组批评文章收入他的一本书，作为热烈反响的证明。睿智如樊骏先生，恐怕想不到世风变化竟有如此诡谲！

2000 年，我的《荆棘上的生命——20 世纪三四十年代中国小说叙事》书稿写完之后，他在百忙之中给予热情的肯定，推荐出版。自然，批评还是有的，不过没有写在推荐意见里，而且也要婉转得多："怎么分了十三章，多不吉利！若是加上一章总论，不是好些？"我知道，他是希望我加强宏观性的分析。毕其一生，谁也说不清他给别人看过多少论著，有些不只看过一遍，指出问题切中肯綮，肯定长处要言不烦，为此他花费了多少心血啊！杨义主笔的《二十世纪中国文学图志》台湾版印行不久，樊骏、钱理群、吴福辉三位先生在《读书》杂志发表笔谈书评，予以肯定。其增订本《中国新文学图志》由人民文学出版社出版后，出版社申报奖项，请樊骏先生写推荐意见，他爽快地应允。取推荐书那天，我看自己的表到了约定的时间，便上楼敲门，樊骏笑眯眯地说："你不守时，提前了一分钟。"我看着写了好几页的推荐意见，十分感动，为了一部著作申请奖项，他竟也如此认真！

每次开会发言，他都要认真准备，倒未必写成文章，但一定是、哪怕是在小纸片上密密麻麻地写下要点。2003 年 3 月 18 日，现代室请他退休前做一次报告，他讲的是《现代文学的学术史问题》，提纲写在一页好像是从笔记本撕下来的纸上，照例是密密麻麻写满了字。因为惦记着报告这件事，他凌晨三点就起了床。也许是过于紧张、辛苦，没有休息好的缘故，更为深层的原因大概是多年积劳成疾，如今退休了，一向绷紧的弦松弛下来，便受不了，报告后隔了一天，他突发脑溢血，住进了医院。

中风后逐渐恢复，但留有后遗症，表达能力大为下降。出门有时乘公交车，感觉快到家时，站了起来，售票员忙问："先生，您到哪儿下车呀？"可是，他越是着急回答，越是说不出话，突然发现了自己熟悉的路标，赶忙用手指着："就这儿，就这儿。"有的乘客嘀咕说："这么大岁数了，出门应该打车了。"说话人并不知道，这位老者把 200 万元亲人的遗赠分别捐赠给了文学所与中国现代文学研究会，促成了文学研究所"勤英文学研究奖"与中国现代文学研究会"王瑶学术奖"的设立。记得那一年到银行办理取款捐赠手续时，他满脸都是轻松愉快的表情，仿佛一个放学归来的孩子把一份优异的成绩单交给了家长。

樊骏先生仿佛是为了学术才来到人间的。1953 年 8 月北京大学中文系一毕业，他便被分配到文学研究所，直到 2003 年 8 月退休。他一直独身，除了读书之外，似乎也没有什么爱好。他致力于中国现代文学研究五十余年，孜孜矻矻，对学科的发展和建设作出了重要贡献。他把许多精力投入到集体项目中，在唐弢主编的《中国现代文学史》三卷本（第三卷主编为唐弢、严家炎）与《中国现代文学史简编》的撰述中，他均为骨干；《中国大百科全书·中国文学卷》，他担当现当代文学部分的修改、审定重任；十卷本《中华文学通史》，他与张炯、邓绍基共同主编。他的个人著述，从量上来说，不算很多，结集出版的只有《论中国现代文学研究》、《中国现代文学论集》（上、下）。但是，他治学严谨，学风扎实，论文绝不轻易出手，有时一篇论文打磨多年，数易其稿。尤其是改革开放以来，他的学术研究日臻成熟，论文篇篇有的放矢，思辨绵密，论析透辟，掷地有声。他的现代文学研究，表现出弘通宽广的视野与高屋建瓴的眼光。《关于近一百多年中国文学历史的编写工作》《论中国现代文学研究的当代性》《我们的学科：已经不再年轻，正在走向成熟》《〈中国现代文学研究丛刊〉十年（1979～1989）》《〈中国现代文学研究丛刊〉：又一个十年（1989～1999）》等论文，代表了其时现代文学学科总体把握的最高水平，《关于中国现代文学史料工作的总体考察》可以说是奠定了现代文学之文献学研究的理论基础。作家研究方面，以老舍研究最为突出，《认识老舍》堪称学术经典，荣获"鲁迅文学奖"。他对王瑶、唐弢、陈瘦竹等学者学术贡献与特点的研究，表现出浓郁的学术史色彩。

学术上，樊骏先生是现代文学界公认的权威；政治上，他曾经担任中国人民政治协商会议第七、八、九届全国委员会委员，但他为人低调，不事张扬，更是从来不利用自己的身份谋利。有一次，在传达政协会议精神时，说到某委员来京开会，一个人占一个软卧包厢，其理由是"要把权力用够"，他表露出明显的不屑。第一届"王瑶学术奖"评奖时，评委会全票评选他的《认识老舍》为优秀论文一等奖。他得知后，十分不悦，无论大家怎么解释，他都坚持不受，退回奖状与奖金。2010年，同事要给他开祝寿会，他开始坚决不同意，后来劝了好长时间，才总算同意了。祝寿会上，同事、同人情真意切，赞语连连，他本来也想讲几句简单的话，但被主持人忙得给忘记了，到了饭桌上，他说自己本来是想说几句话的，但请他说，他又不肯说了。他总是怕给人添麻烦。他谢绝别人为他做什么事时，总是做出后退状，微笑着摆手。这次他坐在饭桌旁，无法再做后退状，但微笑着摆手的姿势依旧，只是幅度要小得多了。

樊骏先生九九归一，飘然远行，拉不住，招不回，只能送上一副挽联寄托哀思与敬意："白驹过隙，经典永驻学术史；桃李不言，口碑长传君子风。"

2011 年 1 月 20 日凌晨 3 时初稿

2011 年 11 月 3 日增订稿

"樊"门立雪

李光荣

樊骏老师是我的学术引路人。在樊老师的关怀、教育和辅导下，我懂得了如何做学术研究，获得了宽广的学术视野，提高了学术水平，具备了独立研究的能力。假若没有樊老师的指导，就没有我的学术成绩，也没有我今天的生活。因此，我时常感念与庆幸：跟随樊老师学习是我的福分。

一

樊骏先生不愿做老师，却破例收我为访问学者。对此，我至今能做出的解释是，他出于对一个有志于学术研究的边疆青年的同情。

1993年5月，我去中国社会科学院文学研究所现代文学研究室做访问学者，在中国社会科学院研究生院安顿下来后，去所里办理手续。严平女士问我："你跟哪位导师？"我答："樊骏先生。"

"啊？"严女士吃惊，"你弄错了吧？樊骏是不带学生的。"

这话使我心惊肉跳！做不了学生，我怎么向单位交代呢？便提出见樊老师。严女士说："他住医院了，见不着。"

那我更应该去看望他了！一方面出于人情，另一方面也是出于担心，便问："他住在哪家医院？"

"他拒绝别人看望。"严女士见我焦急，又说："这样吧：现代室有人负责与他联系，我让她把你来的事告诉他。结果怎样，再通知你。"

过了好几天，终于接到通知：樊老师让我去劲松他的家。那天，狂风大作，尘土飞扬，地面一片混沌，目不及 50 米，只觉得沙尘杂质打在脸上，迎风行走需侧脸眯眼，这就是后来命名的"沙尘暴"。我想，古人程门立雪，我今"樊宅迎风"，求学的诚心与艰难古今同一。樊老师和我对坐在一张圆桌边，他问，我答。不觉过了吃饭时间，他带我到马路对面一家餐馆吃饭。他刚出院，需要休息，吃完饭我就回研究生院了。

离开樊老师后，我心中极为畅快：终于登堂入室为樊门弟子了！

但樊老师并不这么看我和他的关系。不久，我参与帮助樊老师搬家到安贞桥外。一天，张建勇和严平夫妇来看他，他向他们说到对我的谢意，严平说："学生帮助老师做点事是应该的。"他立刻说："我可不认为我们是师生哦。"我相当尴尬，不知说什么好。严平赶快说："就说是朋友、同行什么的吧。"我至今不理解樊老师为什么要这样看待我们的关系，是他不愿为人之师的一贯心理的体现吗？是我水平太低不愿收我为徒吗？还是他觉得访学不能算做师生？可我一直称他"樊老师"。

回到研究生院，一帮文学博士既吃惊又羡慕：你是怎么成为樊骏先生的学生的？他不带学生，你用了什么办法让他带你？他的许多做法不同常人，你怎么和他亲近的？他是京城著名的严师，看来，你和他交往很深啊？这些问题我都答不上来。

其实，此前我和樊老师只见过一面。那是 1985 年夏天，中国现代文学研究会在兰州举办青年学者讲习班，樊老师是主持人之一，我作为云南蒙自师专的老师去参加学习，听了他的讲课后，我向他请教如何做中国现代文学研究。他要我先谈谈自己的学术情况，我向他述及身在边疆开展研究工作的难处，他听后对我说："你选一个题目做下去，在做的过程中会摸索到经验，并且会发现新的课题的。"也许他对这次谈话有了印象。当我校同意我外出进修后，我立即写信给他，不久就收到了他的复信，同意接收我做访问学者。

二

樊老师搬家前，我见他在文学所，搬家后，就在他的新家了。见面逐渐形成规律，大约每两个礼拜见一次，每次见后住在他家，两三天不等，一起做饭吃。他的书柜任我翻检，我每次回来时带走几本书，去时再还。我去的主要任务是向他汇报学习心得，摆出困惑请他释解，提出问题与他商讨，谈谈收获请他鉴定。他总要抽出专门的时间，坐在书桌旁与我交谈。他把这种方式称为"学术对话"。每次"对话"都很愉快，似乎从来没有发生过争执。这当然是做到了求同存异的缘故。他对我的想法多有包涵，我对他的教导悉心体会。他对研究界的情况相当熟悉，谈话方式较为委婉，常常以别人的例子来表明态度。他非常谦虚，或者说深知自己的缺点，有时我谈到一些问题，他不是正面解答，而是首先检讨自己的不足，然后再举某人的长处加以说明。谈话多了，自然跨出了专业。我后来一有想法就想与他谈谈，无论哪个方面的想法。除学术对话方式外，工作之外剩余的时间、做家务的时间、上街购物的时间都是我们交谈的机会。而且，有相当一部分问题是在这种时候谈的，有些思想启示是在这时候获得的。这种教育方式，是古代"师从"的演化，梅贻琦叫"从游"，是中国最为传统，也是最为有效的教育方式。我是这种教育方式的受益者。多年以后，我和樊老师开玩笑："您当了我一次老师，没给我上过一节课哦。"他欲言，我赶快说："可是从樊门走出，我的学术水平提高了一大截。"他转赧颜为笑容。假若没跟随樊老师学习，我的学术道路不会走得这样顺当，换句话说，没有樊老师，就没有我今天的学术成就。我从樊老师那里获得的，是独立研究的能力和上了一级台阶的学术水平。

樊老师不仅学术视野宽阔，而且心胸博大。之前，学术界提出了打通近、现、当代的呼声，且沸沸扬扬，他似乎没有公开表态，但对我说过："现代必须向当代延伸，否则没有出路。"他对于民族文学研究也给予了极大的重视和热情的关怀。有一次，交谈中说到汪晖先生改专业的事，我表示惋惜，他说："唉，不是照样对社会作出贡献吗？"

他对我说得最多的话是"想一想"，把一切想清楚了再下笔。他提倡多思索，少发表不成熟的言论。有一次他问我："你写东西快不快？"我不置可否。我写得慢，写不出来。他说："我写文章很慢，一天写成一千字，我就很高兴了。我倒不是写不快，而是经常推翻重写。"接着他举了一个例子：中国社会科学院历史研究所有一个研究员，她只有两篇文章，就在历史学界享有崇高地位，因为那两篇文章是人们从事同类研究绕不过去的。我对这位专家的水平非常崇敬，但我无法学习，便说："可我们学校要求讲师以上职称者每年发表两篇文章，否则履职不合格。"他听后无奈地摇摇头。

他认为中国现代作家中，语言艺术性最高的是鲁迅，其次是曹禺。有一天我俩走在安定路上，他和我谈起曹禺，说："曹禺戏剧是诗的，语言充满了诗意。田本相抓到了他的特点，说他是'诗化现实主义'。他写得最好的是《北京人》。《北京人》的语言色彩浓郁，耐人寻味，风格最为隽永。"我立刻反驳过去："我认为最好的是《雷雨》。《雷雨》矛盾冲突激烈，人物性格鲜明，语言诗意浓郁，读来扣人心弦……"他不再说话。我那时真是阅历不广又年轻气盛，随着年龄的增长，经过一些社会风雨后，樊老师的话便时时出现在我的脑海里，我不得不佩服他的艺术眼光。

三

有一天，樊老师抱歉似的告诉我："你的文章还是有分析的。我当时读得太匆忙了，没有注意到。"在他为搬家发愁的那几天，他看了我的几篇文章，觉得没有分析，所以这么说。我还没有发表的几篇，他觉得《论哈尼族神话的崇高美》分析较为充分，他给了《民族文学研究》的关纪新先生；《〈包身工〉的电影文学特色》一文角度较好，他给了《当代电影》的张建勇先生；《南湖诗社》一文具有史料价值，可以给《新文学史料》，但他碰不到编辑，要我自己去投。我去编辑部，在与编辑的交谈中说："文章承蒙樊老师润色过，最后一段是樊老师改动的。"下次见樊老师时如实汇报。他即刻说："你看，你把我抬出来了！我送稿从来不说推荐的话，只说'这里有一篇稿子，拿给你看看'。《丛刊》的稿子我也只转交编辑，不作表态。"说得我有些难堪。后来这些文章都得到了发表。《曹禺剧作的运动美》用电影观念分析曹禺剧作，他觉得有新意，但要修改，建议集中论曹禺剧作的人物出走问题。我重新阅读资料，另起炉灶写作，历时三个月，写成三万字的《论曹禺剧作中的人物出走》。樊老师看后，较为满意。但文章太长，无处发表。我把它拆为三篇。其中一篇重点论述人物出走在曹禺剧作中的艺术价值，樊老师改题为《人物出走——曹禺戏剧艺术管窥之一》，交给《文学评论》的卢济恩先生。王信老师见了，又把题目改为《人物出走：曹禺戏剧艺术管窥》。卢济恩先生找我谈话："你的文章写出了新东西，但12000字太长，压缩到9000字才能发表。"我压缩后刊登在1994年第6期上了。回到云南三年后，我又把另外两篇另行加工，分别在《中国现代文学研究丛刊》和《云南师范大学学报》上发表了。这三篇文章在学术界产生了一定影响。其中凝聚着樊老师的心血。

　　樊老师要求我选一个题目写一篇文章。作为一个云南人，我对艾芜及其作品有感情，曾发表过关于艾芜的研究文章，我提出可以写一篇有关艾芜所写南行作品的文章，我的基本观点是：艾芜曾经三次南行，每次南行都写了书，由于南行的身份不同，旅行中经历的事件不同，感受也不同，三次所写作品的感情基调是痛苦——歌颂——赞美，生活的深度越来越浅，艺术质量越来越差。樊老师边听边微笑着，最后说："艾芜逝世不久，尸骨未寒就写否定文章，对尊者不敬。过两年写是可以的。"而后我集中精力修改关于曹禺剧作人物出走问题的文章，没有时间准备新题，拖延了下来。那年我校评职称，不如我的人评上了副教授，而我没通过。我深受刺激，便产生了写一本书，直接冲击教授的想法，并想利用访学机会，在樊老师的指导下完成构思。于是，沉迷其中，无暇考虑论文。樊老师几次向我提起，我都说不出选题。这时，我和樊老师发生了方向性的分歧：他要求我写论文，我却要写专著。我当时认为写书比写论文复杂而困难，能写书必然会写论文，而且我修改那几篇论文已属于论文训练，就没大理会樊老师的要求，而坚持准备写一本《心灵的探寻——曹禺戏剧艺术论》的书。我每次去见樊老师都和他谈此书，他总是认真与我讨论，最后帮助我确定了详细提纲。但樊老师心里很窝火，我却没把这个问题看得有多么严重。到我学习结束将离开时，他对我说："你以后写这书与我没有关系了啊。"这时我才猛然认识到这事给樊老师造成了伤害——我是一个不听话的学生！但悔之晚矣。更可悲的是，由于多种原因，此书至今没有写成。此事一直使我愧对樊老师：要是不坚持准备写书，不会使樊老师那么不高兴，而我也会得到更好的论文写作训练。

四

但是，樊老师对我的学术成长一直很关心。

他和我通信多年，谈过一些学术问题。我怕过多打搅樊老师，信写得不算频繁。为让他免除写信的劳神，等樊老师逐渐适应打电话后，就陆续改为电话交流了。

1995 年，我知道原《丛刊》主编杨犁先生逝世，写了怀念文章《一个边疆人的怀念与歉疚》投给《丛刊》。樊老师见到后，来信说："我认为可以发表。"文章刊登于当年第 4 期上。不久，我对当时没发表的关于曹禺剧作的两篇文章做了润饰，其中一篇《曹禺：出走情结与戏剧创作》寄给樊老师。他来信说："你能继续思考原来的问题，这是好的。"他把文章给了刘纳先生，同样没有推荐，之后也没再过问。《丛刊》为组成栏目，这篇文章直到 1998 年第 3 期才刊登出来。这是我在《丛刊》上发表的第一篇论文。

为了不占用樊老师的时间和精力，此后我没再寄论文给樊老师。

钱理群老师我最初也是在兰州青年讲习班上认识的，后来还有过交往。樊老师搬家不久，他外出活动，可能是在《丛刊》的编务会上，见到了钱老师。他向钱老师讲起我来访学的事，钱老师建议樊老师让我研究西南联大文学。樊老师把钱老师的建议转告我，要我慎重考虑。过了不久，樊老师又问："钱理群给你的题目你不打算做吗？"我说："没有资料，目前无法做，等我回去后再做吧。"他表示同意。这事就这样搁置了起来。1996 年我调到昆明工作，诸事理顺后，即着手西南联大文学研究。2003 年，获得国家社科基金。次年暑期，我在徐州开罢中国现代文学研究会理事会后，即去北京搜集资料，与樊老师又一次长时间朝夕相处，交谈各种问题。回昆明后，时与樊老师通电话，但不谈研究情况。我发表在《丛刊》和《史料》上的文章，他在身体不好的情况下阅读了，在电话中他主动告诉我："不错。"这给我极大的鼓励！因为这完全是我独立完成的。2008 年，我在保定开中国现代文学研究会理事会后去北京看他，特意把课题的结题专著《季节燃起的花朵——西南联大文学社团研究》拿给他看，他显得很高兴。他问我："你打算找谁作序？"我说："你不能作，我只有找钱理群老师了。"这正是他的意思，便要我用他家里的电话当着他的面立即打电话给钱老师。我说："咱们先出去，回来再打。"这时他精神很好，我和他再一次步行去游览了元大都城垣遗址公园。在一座亭子里休息时，我向他详细汇报了做西南联大文学社团研究的情况，他兴致很高地听着，有时插话做指点。我俩一回到家，他就提醒我打电话给钱老师，我没有打。过一会儿，王信老师进来，他指着茶几上的书稿对王老师说："你看，这是李老师写的书。"语调包含着欣喜的色彩。他再一次指着电话说："你打电话呀。"我走过去拿起了电话，又放下。他一直看着我，见状便立即问："怎么啦？"我说："现在时间宝贵，等我出去再打。"我当然明白樊老师的美意，但我觉得不该利用樊老师的名望。他又问："你打算找哪家出版社出版呢？"我答："要等验收结题后才能联系。"后来，我在电话中告诉他："钱老师给我作了序，中华书局接受出版。"他记住了。再后来，我对他说："出版遇到波折。"他立即问："为什么？"这时他的思维已不顺畅，可对此事的反应却十分快。我说："责任编辑调了岗位，编辑室还没安排新的责编。"在后来的一次电话里，他又主动问："书的责编落实没有？"这使我很吃惊：他对此事记得很清楚。令我万万没有想到的是，合同书上签订的出版日期是 2010 年 12 月 31 日以前，可到今日还没有落实责编。这本樊老师如此关心的书，我在封面上写了"谨以此书献给樊骏先生"的书，樊老师最终没有见到。更让我后悔的是，我没有把封面上题字的事告诉过樊老师：尽管他对题字会无所谓，我还是想给他一个突然的喜悦。可是，现在……这事，成了无法弥补的遗憾！

2011 年 2 月 3 日，樊老师逝世 19 日

忆樊骏先生

王培元

如果还有记忆，我要勉力写出沉潜于脑海深处的樊骏先生的真实影像，写出他独有的微笑、他说话走路的姿态、他的富有魅力的人格、他的鲜活如生的一切。

第一次见到樊骏先生，是 1982 年。那一年，我来到北京师范大学，就读中文系中国现代文学专业研究生，正赶上教育部委托北师大中文系举办中国现代文学专业讲师进修班，导师李何林先生和杨占升先生，延请了不少京城的著名专家学者来授课，我们几个研究生同学有幸跟着进修班学员一起听课。

樊骏先生也来校讲过一次，记得题目大概是老舍的小说创作。讲课的时候，他一直低着头，眼睛向前、向下，看着前方 45 度角的一个什么地方，又似乎没看什么，自始至终，未抬头瞥济济一堂的听课者一眼。我有些纳闷，这位先生为什么不直接面对在座的人，不和众多听课者进行交流呢？在大庭广众之中，像他这样一位鼎鼎大名的学者，怎么会像一个初出茅庐的年轻人似的，竟然有些羞赧？

1995 年，我非常有幸参加了《中国现代文学研究丛刊》编委会工作，在每季度一次的编委会上，可以见到樊骏先生、严家炎先生、吴子敏先生，和我的导师杨占升先生等诸位前辈编委。当时，中国现代文学馆尚寄居在西郊万寿寺，那是一个早已废弃的荒凉破败的园子，前边建筑物之间的空场上，丛生着些荒蔓杂草，以及迎春、丁香、紫薇等各种灌木，后边宽敞的庭院里，则长着高耸笔直的杨树，以及槐树等各类乔木，夏秋间浓荫覆地，空气里飘荡着浓烈的草木气味。据说，这里曾是清末垂帘听政的西太后慈禧的一处行宫，是她由紫禁城去颐和园路上驻跸休憩的地方。

我们每次的编委会，一直在离大门不远的一所空旷高大的屋子里召开。樊骏先生、严家炎先生、吴子敏先生、杨占升先生，以及理群兄、富仁兄、福辉兄、刘纳女士，还有中忱兄、远东兄、孙郁兄，后来又有蓝棣之老师，围坐在一起，先仔细听当期执行编委介绍拟辑入丛刊文章的内容，然后，探讨问题，推敲文章，斟酌题目。老中青三代编委，你一言我一语，七嘴八舌评说议论的情景，历历如在目前。

樊骏先生发言时，手里常常拿着几张旧纸，大小不一，宽窄不同，皱皱巴巴，甚至完全像废纸，上面大约是他随手记下的对一些问题的想法、看法。他是丛刊编委会的主编，讲话时，总是微笑着，态度极温和，声音也并不大，即使谈不同意见，或有些激动，也从未见他疾言厉色，而老是以一种他所特有的商量、讨论、征询的口吻，和气地说出来。如今回想起来，他那时的语调、眼神、姿态，乃至手势，立即鲜活地在眼前浮动起来。和他在一起共事，你的感觉，一定是极放松、愉快和自在的。那确是一种"如沐春风"的幸福之感。

樊骏先生和我的导师杨占升先生年纪差不多，中间又隔着蓝老师、老钱、老吴、富仁兄、刘纳女士他们那一代人，于我而言，可以说他是"爷爷辈"的研究者。自然，刚参加编委会时，身份的差异，辈分的距离，使我对樊骏先生持一种恭敬、甚至拘谨的态度，怀有敬畏之心。在他面前，是不可以随意说笑的。

然而，对于我们几个新进编委会的年轻人，樊骏先生却似乎格外客气、谦和，而且，居然他是颇喜欢和我们开玩笑的。这样，只要有过一次，也便一下子拉近了两代人的距离，使你忘掉了彼我的差异，破除了辈分的障碍。

　　记得 20 世纪 90 年代初，曾在一篇短文中，结合自己在交通事故中头部被撞，造成颅骨塌陷性骨折，落下脑外伤后遗症的伤痛体验，评介一本外国学者写的专著《疼痛》。大约樊骏先生是看了那一期《读书》杂志，开编委会休息时，他走到我面前，笑吟吟地说："哦，真行啊，连头疼也写到文章里去了呀。"特别慈和，又特别善意，令你感到极亲切，活脱脱一个老爷爷。

　　后来，樊骏先生从主编岗位上卸任了，不再来出席编委会了。再后来，听说他生病了，脑子出了问题，忘事，失忆，于是更难见到他了。近些年来，西郊万寿寺每季一次的编委会，似乎已成为一个遗落已久的无法捡拾的梦。不能不说，那也是留存于我个人生命史中的一段最愉快的经历、最幸福的时光，最能引发你的忆念和回味。然而，消逝的岁月，是永远永远也不会再回来了。

　　丛刊创办二十周年时，专门在京郊香山饭店举行了纪念活动，意外地，樊骏先生抱病出席，还讲了话，又在大堂里和我们一起合影留念，还住了一夜。终于又见到了慈和、善意、亲切的樊骏先生，又可以亲近他、和他聊天，所谓"亲承謦欬"了。香山饭店那难忘的二十几个钟头，过得是何其快意啊！

　　2005 年，刘玉山社长授命我担任樊骏先生的文集《中国现代文学论集》（上下）的责任编辑，由于此著，那段时间和他交往又多了起来。书第二年二月如期出版，见到样书，我立即打车给他送去。为表示答谢，中午，他非请我一起出去吃饭。那个饭馆就在往安慧桥方向走的路边，离他家不算远。到了那里，找个桌子坐下来，樊骏先生就开始点菜，点的基本是很普通的家常菜，并不讲究，也就更谈不上排场。同席的，还有和樊骏先生住一个楼的王信老师。樊骏先生只要了三个热菜，记得还有两个小凉菜。菜很快上齐，米饭也跟着来了。无论黄酒，还是啤酒、葡萄酒，都没有要。我们仨，就是"吃饭"。吃着，聊着，时间不长，一顿饭就吃完了。随后，和樊骏先生、王信老师告辞，分手。

　　那以后，樊骏先生的病，似乎越来越重了。有一回，专门到安贞桥外他的寓所去看望他。尽管事先已通过电话，但进了门，他看见我，抬起左手，在脸的一侧，不停地上下挥动着，却怎么也想不起我是谁来了。他用手指着自己的脑袋，竭力地想着，过了好一会儿，才"哦、哦"地说："想起来了，想起来了……"落了座，闲聊间，他为了什么事，曾站起来，去给一个似乎很熟的朋友打电话，拿起话筒，好半天，也没记起对方的电话号码。

他家所在的楼，紧挨着马路，是一座高高的塔楼。进了门，便是一个厅，放着椅子、茶几、电话等，面积很小，甚至可以说很狭窄。他还带着我，走过窄窄的过道，去看了同样不大的卧室、书房。给我的感觉是，拥挤，逼仄，光线也并不明亮，有一种挤压感。于是，就想起他把自己继承的一百五十万元遗产，捐给中国现代文学研究会和文学研究所的事来，心里暗自思忖，此事樊骏先生做得是否有一点"愚"呢？这笔数目不小的钱，拿来改善自己的生活，比如扩大一下居室面积，难道不好吗？眼下，学界、高校颇有一些人，完全不把学问当回事儿，根本就不认真严肃地对待学术，而是利用了来攫取个人好处、名声和地位，樊骏先生这样做，值吗？时至今日，恐怕我也还仍然是这样想，这样看。

有人说，樊骏先生是一个无私的人；有人说，他是一个高尚的人，一个纯粹的人，一个脱离了低级趣味的人；还有人说，他是一个"党外布尔什维克"……以上诸种说法，和我心目中的樊骏先生、我所感受到的樊骏先生，似乎都有那么一点相近、相似；然而，又不完全是我内心深处的樊骏先生。

与樊骏先生聊天、交往、相处，一个最突出的感受是，他是个"真人"。

而现在，在学界中，在高校里，伪人，巧人，聪明伶俐的人，实在太多、太多。以近年来所仅见的人五人六，人精人英，自我感觉极好的教授、博导和研究员，以及什么什么长者流，与樊骏先生一比照，其间之别，何啻云泥！两者距离，岂止天壤！

我强烈地觉得：樊骏先生就像一面镜子，照出了这个时代的黑暗和丑陋，照出了我们的自私和虚伪；樊骏先生就是一把"人"的标尺，衡量出了到底谁是"做戏的虚无党"。

"敬爱"二字，自20世纪六七十年代以来，怕是用得实在太滥了。然而，我还是想不惮以其本然的"所指"，来表达对樊骏先生真诚的景仰和怀念之情：他确是我所由衷敬爱的一位前辈学人。

樊骏先生遗体告别仪式，因社里在京西山里开年终总结会，未及参加，今天出席他的追思会，格外痛切地意识到，我失去了一位多么令人尊敬的师长、多么令人爱戴的前辈。

也不知道什么时候，真正钦敬他、怀想他的人们，还能有机会聚在一起，再谈起他，忆念他，追思他；那么这一次，别了，敬爱的樊骏先生！

2010 年 12 月 25 日草于京城之蜗牛庐

2011 年 4 月 18 日改定

怀念樊骏

刘福春

一

樊骏走了。时间是 2011 年 1 月 15 日下午 2 时 50 分。

入冬以来一直没有下过雪的北京，这一天刮起了北风，不太大，但很冷。

中午几个朋友聚会，分手后总觉得应该去医院看看。路上一种不祥的感觉不断袭来。走进病房，一直照顾樊骏的战先生迎过来，告诉我樊骏刚刚去世。再看病房，已经空了很多，昨天病床旁那些呼吸机以及各种插管已经全部撤除，樊骏裹着白色的床单安安静静地躺在病床上，看起来很安详，像是睡了，永远地睡着了。

二

樊骏是 2010 年 11 月 30 日因肝囊肿破裂紧急住院抢救的。我得到消息赶去北京医院，樊骏已手术结束转入 ICU 病房。得到医生的允许，我换上探视服走进病房，樊骏还没有醒来。樊骏的侄子从上海赶来，他是学医的，向医院的医生询问了病情，又打电话咨询上海的专家，结论大致相同，像樊骏这样囊肿自行破裂的现象很少见。

但很快樊骏就转入了普通病房，再去看樊骏，已经可以谈话。那天下午虽然他几次赶我回去，还是待到了傍晚。我们聊到了不少人，他还常常问起他们现在的状况。以后再去看樊骏，也还都好，有时还和他开开玩笑。

转眼 2010 年过去，这一年似乎过得更快。1 月 6 日去深圳参加诗歌活动，11 日晚返京，又忙了两天杂事，打听樊骏的病情，说是不太好。14 日吃过早饭赶紧去医院，樊骏的弟弟和侄子已经从天津赶来，他弟弟告诉我，樊骏已经脑死亡，昨晚上的呼吸机，现在实际上是呼吸机在维持，能维持多长时间很难说。于是我们谈到了樊骏的后事。樊骏弟弟的要求只一个字——简。我问简到什么程度，他回答说简到不能再简。所里的意见是再简也得有个告别仪式，一直照顾樊骏的战先生拿出了一份需要通知的名单，说是从电话簿上抄来的。我看了一下，有些问题，主要是有些人已经不在了。我把名单交给了负责老干部工作的同事。

三

1 月 17 日收到子善发来的手机短信，要我为《现代中文学刊》写一篇纪念樊骏的文章，我没有立即回复。原因并非不想写，更不是没得写。其实自樊骏住院，朋友们的话题常常与樊骏有关，关于他的为人，关于他的处世。有一天与所里一位同事从医院回文学所没有乘车，走了一路，讲了一路，都是樊骏的事。很多事情让这位并不十分了解樊骏的同事感到惊奇、佩服或有些不理解。我之所以没有立即回复是与我多年的固执有关。了解我的朋友都知道，我一直谢绝撰写这样的纪念性文字。我写文章很慢，又不会同时做两件事，而且对撰写这类的文章又有自己的想法，并且一直坚持着。像唐弢先生故去，无论从哪一方面说我都应该写一篇纪念，朋友们这样劝，自己也觉得应该写，最后写是写了一篇，但至今也未拿出来发表。这次我犹豫了，觉得自己不但应该写，而且想写，很想写，只要一静下来满脑子都是樊骏的事。于是第二天复了短信：努力完成。

四

讲起樊骏很多人都会想到一个词"严厉"。在现代文学研究界能称得上"严厉"的可能只有两位，一位是北京大学的严家炎先生，另一位就是樊骏。有意味的是，二位的名字就不能不让人肃然起敬，一位是"严"再"加"上一个"严"，一位是"峻"。所以当年有研究生从二位参加的答辩会上出来，擦着汗说终于通过了"严峻"的考验。

严家炎先生和樊骏给人的印象都有些严厉，特别是不太熟的人，总是有些怕他们，或者说是有些敬畏。实际上樊骏一点都不"严厉"，或者说没有能力"严厉"，如果换一个词说他"认真"可能还准确，而这认真也只能更多地对自己，不但"严厉"，还有些"苛刻"。

说起樊骏的认真可说的很多。他无论讲什么都要做准备，不论是事大还是事小，讲话时手里总是拿着一张事先写好的小纸片，边讲边看。这一点在给别人看稿时表现更是突出，20世纪八九十年代，总有不少人拿来文章向他请教，一般地讲，樊骏看稿子至少要看两三遍。先看一遍，这一遍是通读，只是看，到第二遍边看边在稿子旁写些感想，一般是看过第三遍后才最后写出他的意见。

就我所知，樊骏在文学所从未领过办公用品，他所用的信封、信纸都是自己买的。别人给他寄来的信和信封都要翻过来用，很多讲话稿都是写在拆开的信封上。给他寄信或杂志的信封都留着，他搬家时旧信封就有厚厚的一大堆。印象最深的是20世纪80年代中期，樊骏评研究员，所里让我把评职称的表格带给他，可他坚决不肯填让我退回去，理由很简单，他不够。后来所里又做他的工作，说你不评，别人怎么办，无奈他才妥协。1985年樊骏评上了研究员。

五

樊骏是个愿意出主意的人，而且也很积极、主动、认真，但解决问题的能力却很差，做起事来常常是越做越复杂。他自己就讲："我为人拘谨，做事多烦琐习气，常常犹豫不决，想问题写文章也总是没完没了地反复和拖拉"（《论中国现代文学研究·前言》）①。这不是客套，樊骏最怕的是"麻烦"，常常是不得不妥协或逃避。

近来不少朋友都说到了樊骏的"三不"，有的还上升为"三不主义"，就是不写专著，不带学生，不结婚。这样说似乎并不很准确。首先是"不写专著"就可商榷，他的第一本书《论中国现代文学研究》的《前言》就讲："也可以把这作为一本结构松散的专著看待"。其实他是不愿意出书。樊骏共出过两本书，《论中国现代文学研究》1992 年由上海文艺出版社出版，为"中国现代文学研究丛书"之一种。这本书是出版社在"文革"前就约了他，"文革"后他又一直拖，直到 1991 年才交稿。樊骏不想出书，所以书出来送朋友都没有签名。第二本《中国现代文学论集》是晚年出的，也是朋友们劝说，而且这次听从了王信的意见，送书时签了名。第二是"不带学生"，准确地讲应该是"不在他的名下带学生"，他参与指导的学生是不少的，而且投入又认真。第三"不结婚"，好像他并没有这样宣称过，如果改为"没结婚"似乎还确切些。这一切背后的最主要原因就是怕"麻烦"。

樊骏向文学研究所和中国现代文学研究会捐款的事也是近来朋友们的话题。樊骏的这笔款是他香港的姐姐去世后继承的，当时是我为他到公证处办的公证。朋友们觉得，这笔款他以后的生活会很需要，而樊骏却好像是多了份负担，总想捐出去。有一次在研究室谈起他捐款事，我和一些同事都反对。我说你如果想支持学术研究，你就看哪些研究应该资助你就直接去资助好了。他回答说，那多麻烦。

樊骏的爱好似乎只有一个，就是看电影，而且是不分好坏，想看时有看的就可以，而且一定能看完。荒煤知道樊骏有这个爱好，送给他一个电影卡，每周可以到电影资料馆看一次电影。20 世纪 80 年代初，樊骏搬家到劲松，最让他满意的就是附近有一家电影院，他可以想看电影

---

① 樊骏：《论中国现代文学研究》前言，上海文艺出版社，1992。

就去看。有一次他去看电影，开演时加他只有三个人，演完再一看只剩下两个人。樊骏如此爱看电影，同事们就劝他买一台电视机，可他一直不肯，其原因是怕电视剧一看就要看完，自己控制不了自己，太费时间。他的第一台电视机还是再复20世纪80年代末送给他的。

六

讲到了再复，樊骏去世后再复写了篇纪念文章，其中谈到了与我有关的一件事，不少朋友看到后问我当时的情况。那是再复出去后的第一个新年和春节，樊骏、郝敏和我寄去了一张贺年片。具体的细节已经不很清楚了，字是我写的，郝敏负责外事，是她找到的通信地址，是直接寄给再复还是转去的也记不得了。贺年片上只写了"想念您"三个字，这是最想说的真心话，也是当时只能这样写的。再复出去后的情况一点都不清楚，只知道是去了美国，他能不能收到这贺年片也没底。贺年片后来又连续寄了两三年，我们只是希望这小小的卡片能给远在他乡的再复带去一点安慰，从中也可以看出樊骏对友情的珍重。

樊骏真的是很重友情，而且与他那严肃的外表相反，是很容易交往的。樊骏非常坦诚，他或者是不说，说出的话一定是真心的。有一年所里评职称，樊骏是学术委员会委员，一位同事没评上找到了他，他就坦率地说，我就没投你的票，原因是如何如何，这位同事反而对他很敬重。

无论是人品还是学术，樊骏是很受大家敬重的，然而樊骏从没有高高在上的感觉，反而在很多时候常常会觉得不行，你可以直接批评他，甚至可以对他指手画脚。我从来没有称他为老师，倒是他常常戏称我为刘老师。《中华文学通史》出版，樊骏是主编之一，我不满意这套书，觉得不应称之"通史"，而是古代、现代、当代文学史的合编，因此对樊骏发牢骚，认为他不该在上面署名。他辩解地说，他只管现代部分。

也许正是这一点，樊骏的朋友是很多的。只要是他去过的地方，都会有一些朋友，而且会一直保持联系。其中老朋友很多不必说，年轻的朋友也不少。除了学术圈，其他行业也有。"文革"前去河北农村参加劳动，樊骏认了并不比他大多少岁的干爹干妈，这之后常常要表示"孝敬"，而且很多年的春节都是到那过的。这位干妈也十分关心樊骏，一定要把当地小学校的一位女教师介绍给他，樊骏坚决不肯，那位女教师也白白等了好多年。"文革"中，樊骏又到北京的工厂与工人相结合，结识了一位战先生，此后一直交往，樊骏晚年身体不好，这位战先生一直照顾他，并最后送走了樊骏。

七

我是 1980 年 2 月到文学研究所工作的，那时的我，别说现代文学专业，就是什么是文学研究都不很清楚。我能走入这个专业，真正的老师是樊骏。

我到所里的第一个可以称之为研究工作的就是樊骏带我和另一个年轻人撰写有关现代文学研究的评述。按樊骏的要求，要把当年与现代文学有关的文章通通看一遍，并每篇文章写一张卡片，重要的还要有提要。这些文章陆陆续续发表差不多要看一年，一年下来卡片能装满一抽屉。那是一个重新开始的年代，很多文学刊物上也有很多有关现代作家的回忆文章，这些都要看。如果到年底一些重要的文学研究刊物，像《中国现代文学研究丛刊》如果最后一期没出刊的话还要去出版社看校样。在此基础上樊骏进行梳理，总结出当年研究的特点和学科的态势与动向，最后完成《中国现代文学研究述评》。按照现在的惯例，像这样合作完成的文章，樊骏的名字当然应该署在前面，可樊骏不但署在了最后，而且还用了笔名"辛宇"。

这工作持续了三年，三年下来我大致了解了现代文学的研究状况，更从中学到了一些研究方法。期间我开始尝试撰写论文，第一篇是《小诗试论》，看了很多原始资料，写得也还顺利。完成后送给唐弢先生看，唐先生看了前面不断称好，可越看越失望。我改了改，也没有能力大改，又拿给樊骏看。樊骏给了我很多鼓励，并推荐给《中国现代文学研究丛刊》发表了。受益最大的，就是樊骏当时指出了我语言上的一些问题，像"因为""所以"太多等等，这以后一拿起笔自己就会警惕，此次写这篇文章还删掉了几处。

樊骏是我入门的老师，也是最了解我并支持和鼓励我走到今天的朋友。我不写"文章"专搞"资料"，不少人对我是有意见的。樊骏也常劝我写文章，但他并非认为我所做的只有写成文章才能提升到"学术"，而是认为写东西也是一种训练。固执的我一直没有听从，而且还曾表示过评上副研究员前绝不写文章。对我的固执，樊骏一是无奈，二是理解。樊骏非常关心我，关心我所做的工作。好几次，他一定要请我夫人吃饭，让我作陪，原因是他认为我夫人能容忍我把家里当成了书库很不容易。20 世纪 90 年代末，我写了一些读诗随笔的文字，张大明看过认为很好，樊骏听说了就要我送给他一份看看。后来我写了篇《20世纪新诗史料工作述评》，樊骏看过认为写得还不错，推荐选入了文学所建所 50 周年的《文学研究所学术文选》。我知道，选入这篇文章是有不同意见的，是樊骏的坚持才没有删去。

八

1 月 20 日到八宝山告别樊骏，回来与王信坐在一起，又谈起了樊骏。我说，讲起樊骏和你，好像是在讲古人。王信回答，是吗，为什么？我说，像你们这样的人现在还能有几个。我这样说，并不只是感叹，更多的则是对那逐渐远去的年代的怀念。虽然我也知道，那个年代也并不那么完美，但我还是感谢那个年代，不说那个年代造就了樊骏，至少是包容了像樊骏这样的人，而我也是那个年代的受益者。

那个年代没有量化管理，不看重学历，只要你努力就行。所以樊骏可以不出书，可以不追求论文的数量，可以不申请所谓的重点项目，现在行吗？即使如今还能残留几位樊骏式的人物，又如何经得住这时代的考验呢？在这"一日万里"的高速时代，像樊骏那样给人看文章，而且还要看两三遍，谁还有这样的时间和耐心呀。

樊骏走了，或许一个时代结束了。

九

这篇文章的初稿题目是《怀念樊骏先生》，文中也是这样称呼樊骏。初稿完成后又看了两遍，最后把樊骏后面的"先生"都删去了。原因很简单，开口闭口"樊骏先生"读起来觉得好像不是我的口气，有点不习惯。30 年来，我一直是直呼他的名字，这样感到亲近。樊骏走了，我仍不想改变。赘上一笔，敬请读者见谅。

2011 年 3 月 5 日

怀念樊骏老师

关爱和

　　我是从《中国现代文学研究丛刊》顾问名单的黑框里得知樊骏老师去世噩耗的。我不相信，一位学术大师去世，怎么可以这么悄无声息呢？急忙打开电脑，寻找可以证实的信息，才知道一切都是真的。那位清癯消瘦，精神矍铄，一口南方普通话的老人永远离开了我们，离开了他热爱的现代文学学科。

　　我知道樊骏老师名字，是在 1986 年。那一年北京召开"中国近、现、当代分期问题学术研讨会"，会上袁凯声、解志熙和我共同提交了一篇以现代化理论阐释近现代文学演进历史的论文，引起樊骏老师的兴趣，戏称我们三人为三剑客。这是前辈的一种赞许和鼓励。参会发言的袁凯声回来给我们讲到此事，我们感到高兴并因此对先生增添了敬意。1992 年，为筹备在开封召开的"现代文学理事会"和"学术研讨会"，我曾去先生在方庄的家里拜访，征求意见。学术会后，我陪先生及会议代表去石人山游览，晚饭后在皓月当空，空寂无声的山上住处聊天，说到博士点申报，刚刚担任中文系副主任主抓学位点的我，有些情绪激动，大有没有博士点就无法生存的急迫。这种急迫让从不挂名研究生导师的先生感到诧异，博士点对一个学校、一个学科真的那么重要吗？先生尽管有很多疑惑，但他下决心要帮助我们。他告诉我们要注意梯队培养，要形成学术特色，并与我们约定，以后每年来河南大学讲课一周到十天，以帮助青年，推进学术。先生在以后的六年中，践行诺言，如约来开封讲学。讲老舍茅盾，讲史料学科，总是修改的密密麻麻的讲稿，总是最低标准的衣食住行，让人肃然，让人感动。1998 年河南大学的现代文学博士点批准招生后，先生便不来讲课了。念先生此举，我常常以"待到山花烂漫时，她在丛中笑"的伟人词意来揣度之。先生帮人，总是帮的波澜不惊，帮在于无声处。先生后来拿家庭遗产，设立王瑶文学奖，并不留自己的姓名，也是这样一种情怀。

后来，先生搬到了安贞桥外的高层宿舍，我和解志熙、沈卫威等人隔三差五地去看望先生。黑瘤瘤的楼道，左拐右拐，曲折前行。先生的家是最简陋的，一桌一凳一床而已。先生家原来不装电话，以避烦扰。后来心脏不好，勉强装上电话。电话有了之后，我们惊喜地发现，先生又添了一件茶几，我们入座后，先生居然可以忙碌着茶水招待。除学术外，先生还给我们讲全国政协会，讲在安贞医院进行的住院治疗。到吃饭的时候，先生招呼我们下楼到最近的饭店吃饭，有时约上王信老师。每次买单时，先生总要亲自操作，并不许我们乱说乱动。

十余年间，每次交往细节的回忆都让我们温暖。与先生之谊，在父辈师长之间。先生往矣，先生播下的学术的种子，兰蕙齐芳，春意盎然；先生心心念念的学科，人才济济，兵强马壮。先生安息吧，您永远在我们心中。

书生风范

——怀念樊骏先生

殷国明

2011年元月，我从互联网上得知樊骏先生去世的消息，深感悼伤，尽管在此之前已经从友人处得知，他身体一直不佳，长期住在医院，但是听到这个消息还是很震惊，想不到如此快就离开了我们。感念之中，仿佛又看到了他的身影，于是写了一首悼诗，发表在我的博客上，以寄托我的哀思：爱的脚步

——悼念樊骏先生

1984年，樊骏先生曾参加了我的硕士论文答辩，他那文质彬彬的坦诚和善意令我永远难以忘怀。

子然一身的散步
撕破了清冷的晨雾
这是爱的脚步
由近向远
消失在百年历史的来处

总有难以割舍的情愫

总有发自内心的笑容

轻轻地来

轻轻地去

所有的记忆都不带走

留在生活深处

留给世界

留给我

　　这时候，我再次捧起樊骏先生由人民文学出版社出版的《中国现代文学论集》，心情十分感伤，且感到深深愧疚。在这本论集上册的题页上写着："殷国明先生惠存。樊骏 2006.3"，而在最后一页上用红色圆珠笔写了"北京安定门 26 号 1308 室　樊骏　100029"。

　　我分明感受到了一种心的召唤。

　　我虽然与樊骏先生的接触并不多，但是就在为数不多的接触中，已经感到他不仅是一个宽厚、严于律己的师长，更是一个感情细腻的人；无论在学问上、还是在生活中，樊骏先生话语不多，情感内蕴，但是你可以从他那细密温柔的眼神中、缓慢顿挫的低语中，感受到那种真诚的、细水长流的关爱——而这种关爱此时透过他那童真犹存的笔迹再次环绕在我的身边，敲击着我的心灵。

　　但是，我又是多么懒惰和粗糙的一个人啊，我为什么不能早一点提起自己的笔呢。

　　正如严家炎先生当年在论集的"序言"所说："在如今进入古稀之年的同辈学人中，樊骏先生对中国现代文学学科建设有着重大的建树。他是我们名副其实的学长。他的学术论著上承前辈、下启后学，产生过相当广泛的影响；数量虽不算最多，但几乎每篇都很厚重而又分量。其涉及资料之丰富，行文思虑之周严，学术内容之深广与透辟，凡是读过的人，无不感到佩服。"而樊骏先生的文章之所以耐读，能够给人以启发，之所以严谨周密、内容深厚，首先在于他的一以贯之的真诚，他从来不追风，从来不发表自己尚不十分熟悉、没有经过自己内心陶冶的"新论"和"高论"——尽管他总是给予青年一代学人的创新意识温润的鼓励和支持。

樊骏先生在学界以谦逊宽厚闻名，几乎没有谈论过自己，但是，这不能说在他的文章中"无我"，看不到樊骏先生的身影；相反，从他的为人为文中，都能感受到一个纯粹文人的赤子之心。他是一个在当今社会难得少见的纯粹书生，自始至终保持着一种执著的书生之风与书生之气。这种书生之心、书生之风和书生之气，看似简单甚至平庸，可能还会被一些人看做是迂腐不敏，却正是这个时代最缺乏的、最难能可贵的。

我相信樊骏先生也深深知道这一点，并由此一直坚守自己的书生气。当读到樊骏先生《中国现代文学论集》（下）倒数第二页时，如此的文字引入了我的眼帘：

> 本来，书生出身的革命者身上保留着书生气，有什么可以奇怪的呢？更无可厚非，却像宗教主义者所说的"原罪"那样，成了他们不得不一辈子夹着尾巴做人的根源。这样的剖析，揭示出连他们本人都不一定清醒地意识到的他们性格中的悲剧底蕴，还令人广泛地联想到半个多世纪以来多少知识分子共同的悲剧性命运。

所谓"书生气"，其实就是一种做学问的痴气、稚气和傻气，就是"两耳不闻钱权事，一心只研文史书"，就是孜孜不倦，一以贯之，就是在嘈嘈杂杂、惶惶恐恐地求名逐利的时代，保持自己作为文人的那份操守和职责。

樊骏先生就是这样的书生风范。

愿书生永在，风范长存。

从未说出的感念

李　今

我认识樊骏先生，时间很长，但一直觉得距离很远。

1983 年我从民政部调到正在筹建的中国现代文学馆，当时也并不是有什么高洁的志向，就像我的考大学，从没想过要做什么，就是"大学生"本身的吸引力。

不过，当我从代表国家庄严气派的办公楼群一下走进偏僻、尚待修葺的文学馆旧址万寿寺，还是为满目的荒凉破败心里一沉。直到有一天，寂静的院里响起一串串爽朗的笑声。后来我才知道这一行人是来开《中国现代文学研究丛刊》编委会的。说句实话，当时我连《丛刊》还未读过，并不知这群人的分量，但用现在的话来说，他们的气场吸引了我，也改变了我对万寿寺的感觉。

我不记得什么时候认识樊骏先生的，我的无足轻重用不着做什么引见拜见之类，我从王瑶先生女儿超冰的嘴里慢慢地知道了这批人的名字，他们的轶事，樊骏先生铁面无情、大公无私的传说更让我对他敬而远之。我的第一篇论文《试论巴金中长篇小说中的软弱者形象》，是经樊骏先生发表的，但想来不是我交给他的，否则我不会忘记当时肯定要战战兢兢的时刻。即使满心欢喜地拿到有我文字的那期刊物，我也没有表示一下感谢，直到听见别人的夸奖，我才鼓足勇气问先生，他发我论文"是因为认识我，还是因为我的文章？"我心里是满希望他像传说中的那样摆出"严峻"的面孔说"完全看你文章水平"的，没想到他沉吟了一下回答："大概都有，各一半吧"，我不由沮丧地大叫。想想我真是不知深浅，自找没趣，但谁能料到樊骏先生竟会在日常玩笑场合也不肯敷衍呢？

现在我也不能断定，后来我不顾大龄，继续攻读硕士、博士，就是因为先生的这句实话刺激了我，但从此他的要求标准就悬在了我的头上。

我已记不清哪年开始负责《丛刊》编辑部工作的，这使我和担任主编的樊骏先生有了更多的接触，每期我都要把责编编好的稿子交给他和王信老师最后审阅。每当接过他们的最后定稿，我都不能不心怀崇敬。两位先生大概从没想过，他们在每篇稿子前面都用大 32 开白纸写满的审读意见是并不发表的，不说是专门写给我看的，至多也不过当我拿不定主意如何处理，去请教吴福辉老师时，才会多个读者的。让我们讲功用目的的眼光看来，本来他们只要把不合格的文章撤下，至多把需修改的意见写出，也就尽到"把关"责任了。但两位先生都不计自己的时间精力，像现在评议博士论文那样去写审读意见，想想我真自责当时没有再转给作者，如果我能不怕麻烦，有两位先生的一点点儿认真和奉献精神，会让多少人受益。

我是幸运的，每期稿子的处理对我来说，都是一次难得的学习机会，仿佛在读优秀老师的一份份精辟透彻的教案，他们提问题看问题的方式观点，全局的视野和恰切的分寸感，对我都是最好的熏陶和培养。

恐怕这些多年积累下来的稿件批文早已不知所终了，前几天翻东西不经意发现了 1998 年两位先生为我读博期间的稿件《从"硬性电影"和"软性电影"之争看新感觉派的文艺观》做的审读评议：

> 李今这篇文章很好。在研究"新感觉派"的文艺观问题上，目前可能还没有超过此文的。比起讨论"新感觉派"的创作特点，探讨他们的文艺观是更困难的。如果不是从他们介入电影的"软"

"硬"之争的文章入手，也许并没有更合适的材料可以讨论。李今掌握了这方面的材料，本身就是难能可贵的。理论上的梳理、分析和判断，也都做得很好。

李今以研究"新感觉派"为博士论文题目，看来还真是有成绩的。

王 6.13

在王信老师评议的空当，樊骏先生又加上了他密密的小字：

为了赶时间，凡是王信同志充分肯定的文章，我一般就不看了。这次，看了。觉得这篇文章的选题和角度、材料和论证，都有明显的长处。这才叫独立的研究，真正的新意和突破。个别文字上的问题，我都用铅笔注在文旁了！

此外，还发现作者自己删去的部分都删得很得当（往往都是横向比较的文字）。以后处理别人稿件时，也希望李今同志多发挥这一特长。

樊 骏 6.18

我在键盘上敲着这些字，眼泪又止不住地往下淌。参加樊骏先生追悼会时我没有哭，我不觉得那就是他，现在我真切地感到樊骏先生离我这样近，却又真是距离那么远。这些天只要想到他，我的眼泪就不停地涌出。我想自己当时读到这些评语，一定只见到赞扬，只感到得意。现在我才体会到先生对和他一起工作同志的特殊关心和关照。长期以来，因为自然形成的工作关系，从未想过这是一种手把手悉心传授的师生情分，多年承蒙教泽而不自觉。先生的讲原则是出了名的，除了极少数和他同类的朋友，大概很少有人能够逾越同事或工作关系。但大家都信任他，因为他公正、真实，没有私情。这也是我特别珍藏宝贵的原因。

现在想想这种工作方式有些颠倒，一般情况似乎应该是编辑写审读意见给主编看的，更何况先生属于业余兼职，不仅没有任何报酬，恐怕单位也不会给他记工分，但他的认真尽力超过了专职人员的投入，小到文字上的问题都要一一标出改过。这种谋道不谋食不谋私的君子精神，使世人眼热的职位之于他，完全是责任；权力之于他，纯然是奉献。

我本是想把这篇文章题为"一个学生的感念"的，但我仿佛看见樊骏先生在笑着向我摆着手"不要！不要！"。记得一次开会，我们坐在一起聊天，他和我说他这一辈子就怕麻烦，所以一直采取"不要"的态度，当时一边说，一边笑，一边身体向后仰着摆着手"不要！不要！"仿佛真的有人要给他什么，他拒绝着。

的确，樊骏先生不要家，不要孩子，不要学生，也不要大家营营以求的钱，甚至不要少数精英殚精竭虑为之奋斗终生的"名"，如果不是他所尊敬的严家炎先生的强迫和代为编辑，也许他连一本个人的论文集都不会留下。先生一辈子去世离俗，积精全神所做的都是和学术相关的研究、活动和工作。即使如此，在我看来，先生的事功无论怎样大，都不会超过他认真做事的态度、清正的作风和无私的品格对世人的感召力大。他担任中国现代文学研究会副会长、《中国现代文学研究丛刊》主编，中国人民政治协商会议第七、八、九届全国委员会委员，退休后又被中国社会科学院授予"荣誉学部委员"，享有我国人文社会科学界的最高学术荣誉，都是众望所归。先生活出了一种别人"求之而不可得"，他是"却之亦不可免"的人生境界。

如果不是偶然发现先生的手迹，也许我会把自己从未说出的感念永远埋藏在心底。先生走了，仿佛带走了一个时代，越发感到幸好曾有先生，更希望先生的精神不朽，人性乃能趋善，公正乃能存在，学术乃能纯粹而昌明。

感念樊骏先生的言传身教

汪文顶

　　我拜樊骏先生为师已有二十六个年头，一直得到樊老师的指教和督励。如今樊老师走了，我再也听不到他那睿智而缜密、严正而亲切的教诲，只能凭借记忆和收藏的数十封书信，以及他对我几篇文稿的批注，重温先师对我的言传身教，心中充满着感念师德师恩的情思。

　　早在1985年9月，我在职攻读硕士学位期间，业师俞元桂先生派我赴京游学，转益多师，参加当年中国社会科学院文学研究所高级进修班学习。当时，文学所十分重视这个进修班，刘再复所长、何西来副所长和班主任杨匡汉老师精心组织进修班的教学和研讨活动，不仅广邀国内外著名专家讲学，传授文学研究的新理念新方法，还为每个学员选派一位专业导师，指导专业进修和论文写作。在刘再复老师的关照下，樊老师破例应允担任我的专业导师，我从而有幸在樊老师的亲自指导下学习了一年，并从此与樊老师结下深长的师生缘分。

　　樊老师给我们进修班全体学员讲授过《中国现代文学研究的当代性》专题课，还对进修班中现代文学专业的几个学员主动开过多次"小灶"。他几乎是每个月都约我们到劲松小区313号楼那狭小的寓所，座谈现代文学研究的有关问题，谈得较多的有史论关系、历史感与当代性、民族性与世界性和现代性、"五四"文学精神、典型形象等。他总是先听我们谈论听课读书体会，不时引导我们讨论相关的学术问题，随手在他常用的活页纸上记下谈话要点。最后他作简要的总结，总是敏锐抓住疑难问题而深入剖析，既有针对性的解疑释惑，又有启发性的探赜钩深，让我们当面领受到睿智而缜密的学术教育。他对我们进修生的精心指导和热心关照，完全出于自觉自为的责任心和敬业精神。

樊老师对我的日常指导特别费心尽责。进修期间我选写有关现代散文流派和英国随笔与中国现代散文关系的两篇文章作为结业论文，选题和资料是我参与俞先生主编《中国现代散文史》写作时准备的，到北京后又找到一些新材料，有些新想法，在梳理思路、提炼观点、加强论证方面得到樊老师的具体指导。樊老师虽然谦称不熟悉散文研究，但对我的选题和初稿都提出切实中肯的指导意见。就选题而言，他认为有新意有价值，但作为单篇文章存在着题目偏大偏泛的问题，要我限定论域，突出主题，把重点分别确定在流派演变和影响研究上。写出初稿后，他及时审阅，写了许多批注，约我面谈修改意见。对于《中国现代散文流派及其演变》，他以为写得平实，要我在梳理流派演变史实的基础上，进一步探讨散文流派与散文文体的内在关系。他对各类散文的特性及其与现代文学思潮流派的相互关系，提出了修改意见，希望我结合史实深入分析，加强理论阐述，把散文流派演变的内在规律说深说透。我尽力改了两稿，还是力不从心，达不到他的要求。他从而更了解我理论阐述上的弱点，希望我努力"扬长克短"，强化思辨训练，补救论证不足。稍后写的《英国随笔对中国现代散文的影响》，我按照樊老师的指导，努力加强影响研究的实证分析和理论探讨。对此，他较为满意，仍费心帮我提炼观点，深化论述，还推荐给《文学评论》。我从进修班结业回榕后不久，收到樊老师的第一封来信，信中说："你的文章，《文评》原则上准备采用。他们的看法和我差不多，觉得内容充实，问题说得清楚，只是深度不够"，"这篇文章，我这次再看时，觉得经过修改，有改进，主要是内容更充实些。此文写得不错（在我这里，'不错'是相当高的评语，我从来不用高级形容词），比上一篇好。这使我想到你的功底扎实，态度严肃；也因此使我反问自己这一年来对你的评语和要求是否过于苛刻了。我想，说得准确些，是否应该是这样：对于这两篇文章来说，可能太严了些；从长远的要求来看，似乎这是必要的。总之，希望你能更有信心地、更奋发有为地前进"。这种严中有慈、勖勉有加的谆谆教诲，令我铭感不忘，终身受益，也让我至今还有负师训而愧疚不安。

1986 年 7 月，我从北京回到学校后，边工作边准备硕士毕业论文，经常就论文问题给樊老师写信请教，他几乎是每信必回，一如既往地加以具体指导。我原想综合研究五四时期抒情散文的审美特征，他着重指导我改变讲义式写法，扣紧抒情性与文学性关系来论述这时期抒情散文的变革、成就和意义。他抱病审阅我的论文初稿，作了 50 多处、3000 多字的旁批，还写了 2000 多字的长信，主要对全文思路和写法提出中肯的批评和具体的建议。他针对我去信请教的问题说："你在信中关于缺点的自我评价，是符合实际的。第一个问题好办，'审美特征'本来是个难题，不少文章在这个标题下谈的大多仍然是思想内容方面的。只要导师同意，改动一下题目即可。或者改为'思想艺术特征'，或者就干脆改为'创新''革新'之类，这样就切合内容了"。这促使我将论题改定为《五四时期抒情散文创新综论》。"第二个问题，在于描述概括多，论证评价少，文章写得'平'了一些，深度不够，更像是教材，而不像论文。我觉得这是个写法问题，与你的思路习惯有关。你把研究的对象分成几个方面，然后并列着一个一个地分析，旨在说明对象的全貌，用的是平面推开而不是深挖下去的写法。我的思考习惯和你不同，不管研究什么对象，先要找一个高一点的立足点，宽一点的视野，而且不只是说清楚具体的对象，总还想有所发挥；文章也不是平列地展开，而是找出关键问题所在（最好是矛盾所在）一层一层剖析（所谓抽茧剥蕉）下去。这样可以迫使自己往深处思考和挖掘，也容易直截了当地切入对象和揭示本质。"他再三指出：散文从实用性向文学性演变，抒情因素起了关键作用，应该特别抓住"抒情"在文学创作（或者审美过程）中的特殊作用多做些发挥，应该集中在从实用散文到文学散文的历史转折中，或者说自觉地作为艺术创作的文学散文终于从实用散文中分化、独立出来这个焦点上多做些论证。他不仅指出问题所在，还指明解决问题的方向和路径，并把自己的研究秘诀传授给我。我在论文修改和后来的研究中虽然还无法抵达樊老师的要求，但总是记住他的教导，把抓住问题深挖下去作为治学的指针。他给我这篇毕业论文写评语时希望我坚持散文研究，"不要怕寂寞，自会有收获——这不会只是我一个人的殷切期待！"他当时未能前来主持答辩会，随后来信说："这不只是对你一个人而言的，我估计到这份评审意见当为有关几位老师见到或听到，想借此表示对于你们各位在现代散文研究方面的工作的支持和期待而特意写上的。由于现代散文大家不多，更重要的是研究散文要比研究别的难度大些，它更有赖于对语言、文体等的审美感受，而缺少其他体裁那些更容易把握的环节。因此，即使在今后，也难以成为'显学'，但又总得有人研究。你们已经有了健康的开端，希望能够坚持下去，自觉地承担起形成一个现代散文研究中心的责任来。所以写上这么一句，其中自然包含了希望你能以主要精力献身于此的意思。"他从学科建设大局着眼，理解和支持我老师俞先生主持的现代散文研究工作，像俞先生那样悉心指导和一再勉励我钻研散文，并在拓宽视野、更新思维、严谨治学、深思细辨等方面给我许多深切的教益，这是我最感念不忘的恩德。

除了学业上的指导，樊老师还在为人处世上给我诸多教益和示范。他对文学研究事业的诚敬与专精是有口皆碑的，他律己严正、简朴苦行的一贯作风也为人称奇道绝。他一直住在单位的公寓，无论是先前的劲松小区，还是后来的安定路旁，都只有简单的日用家具，满屋的书橱和书刊，独自过着俭朴而自足的日常生活，而把时间和精力倾注于工作上，把一生积蓄和从他大姐处继承的遗产不声张不留名地捐献给文学研究事业。他在信中早就说过："我有我的生活信念和处世态度。比如我总觉得自己太顺利了，总是处在众人的照顾和关切之中，所得到的多，所奉献的少；又比如我对有些人的生活趣味和追求不以为然，于是选择了有时可能不同于旁人的道路和方式。"他言行一致，一以贯之，时时处处都以身作则，躬行践履。他给我的六十来封书信，从不用公家的信封信笺和邮资，都是在自购的普通稿纸上写得密密麻麻，并细心修订，亲手付邮，这在我收到的来信中是绝无仅有的，使我在承受精神滋养的同时也受到一丝不苟的教育。他前后两次相隔十年拨冗来我校讲学，不让我安排游览活动，事先就来信坦言如果以讲学为名行游玩之实，他会"心中不安，你总不会让我这么难受吧"。头一次是1986年12月初，他为我校举办的全国现代文学助教进修班讲学一周多，接连讲授关于现代文学研究、史料工作和老舍研究等专题课近三十节，可能是他外出讲课最多的一次，也确实是专门讲学，别无他顾。他对助教班情有独钟，乐意多作奉献，多与青年教师交谈，还热心引荐多位专家前来讲学，甚至为学员操办订购书刊之类琐事。他每讲都认真准备，一本正经，在写好的讲稿上还不断添加材料和想法，在讲授中以条分缕析、逐层深入而吸引学员。后一次是1996年11月底，为现代文学研究生讲授学科动态和几位前辈学者的学术思想，同时到泉州出席我省的现代文学研究会年会。这次他还热心推荐即将博士毕业的郑家建到北大严家炎先生处做博士后研究工作，他对青年学子的关爱就惠及我校好多人。他一直关心我们的学科建设，殷切希望我们传承俞先生的扎实学风和散文史学。每次来信或见面，他总是询问我的研究情况，批评我深陷事务泥淖而在学业上裹足不前，督促我摆脱干扰，克服弱点，增强自信心和主体性，执著探究现代散文艺术，但又宽容地理解我身不由己的苦衷和既然做事就要认真负责的态度，曾在来信中书赠一句箴言："对人来说，尽心尽力是需要的；就文章而言，尽善尽美是没有的。"我可能是他特别费心而又失望伤心的一个不争气的学生，每次到北京见他，特别是看到他中风后仍费力表达对我的期待和忧虑的情景，我深感愧疚和悲戚。

樊先生是我受业问学中与俞先生一样的严师和恩师，他们对我的言传身教都以严谨方正为本，使我切身体会到前辈学者的品格与学风具有内在的同一性和自律性。他们以学术为第一生命，以科学精神治学做事和律己律人，树立了学术人格的标高和典范。俞先生去世十五年了，樊先生也悄然离开了人世，使我深感痛失导师的悲伤和迷茫，但他们的嘉言懿行和学术精神永远铭刻在我心中，继续指引和督勉我努力在散文学园地里潜心耕耘，争取有点收成来报答先师的教育培养之恩。

2011 年 10 月 2 日

为樊骏先生送行

王泽龙

那天上网，突然看到樊骏先生于 1 月 15 日去世的消息，心里十分悲伤。现代文学研究界的老人们一个一个都在离我们远去，带走了那个年代的纯粹的学术精神。

我认识樊骏先生是 1985 年。华中师范大学那个时候叫华中师范学院，文学院称中文系，那时候我是荆州师专的一名年轻教师，参加华师办的高校现代文学教师助教班进修，那个班共 20 多位同学，有陈方竞、李仁和、皇甫积庆等，班主任是黄曼君先生。记得一年半的时间里，黄先生请了一批现代文学研究的大家来给我们讲课，其中就有樊骏先生，还有王瑶、陈瘦竹、叶子铭、严家炎等先生。毕业后，我就和樊骏先生建立了联系，差不多每年都有通信，我写信先生每次都回，他是用活页纸写信，字写得较大，两个横格子一行，一些字还是繁体字。第一次回信给我时，他为了查找荆州师专的具体地址，还专门拿出地图搜寻，因为我的信封上只有湖北荆州师专（那个年代还没有用邮政编码）。那个时候卖的全国地图居然没有古城荆州的地名，只有江陵，当时的江陵与荆州是一个地名。他在信中写道："这封信不知能否收到"，我看了很是感动。

1989 年初，我们在师范学院任教的几位同学朋友，不满意当时通用的现代文学史教材，觉得三大本，较烦琐，讲那么多文学运动文学斗争，许多有影响的作家都没有得到应有的评价，就萌发了合作编一本简易教材的想法。我和我们学校的李德尧老师共同起草了一个征求意见的详细提纲，把提纲分别寄给了王瑶、樊骏，还有钱理群、陈思和诸位先生，很快都得到了他们的回信。樊骏先生肯定了我们的提纲简易明了，按照文学文体组织结构，方便教学。王瑶先生也热情地肯定了我们的提纲，并提出了很具体的修改意见，最后还嘱咐我们："暂缓时日，便于写作。"王瑶先生也在那一年冬天离开了我们。想到王瑶先生的嘱咐，真是令我们感慨不已。想起1986年春节我为王瑶先生整理的讲稿《中国现代文学的起讫时间问题》在《中国社会科学》发表后，他把修改稿的原件寄给我作为纪念，我想这是王瑶先生教我对照学习，如何思考问题、修改文章，这一份资料成了我宝贵的纪念。那一本被称为《新编中国现代文学简史》的教材，在1991年4月由高等教育出版社出版，这一本教材倾注了王瑶、樊骏等先生的感情与智慧，有他们对我们年轻学者的奖掖与关心。在现在这个功利化的时代想来，这样纯粹的学术交往多么珍贵。

我到武汉后，樊骏先生也退休了。他行动不便，靠轮椅行走，一个人生活，只有保姆照护。后来知道他把100万的存款捐给现代文学学会，设立王瑶青年学者奖励基金，我们对他只有暗自钦佩与默默祝福。2006年4月的一天，我突然收到了从社科院寄来的邮件包，打开一看，是樊骏先生签名送我的他新出版的著作《中国现代文学论集》上下两册。看他书写的字迹，还是繁体字，虽然笔力显得有一些涣散，但是字形依然清俊爽目。好多年中断了联系，他依然记得我这个后生！写到这里，看看先生的签名，心里生出深深的哀伤与幽幽的念想，像流水静静东去——望着一个个远去的背影，每一页文学史和我们一起惆怅。

樊骏先生追悼会的日子，我在长江边点亮了一支蜡烛为他照明送行——先生一路走好！那一个世界里，有我才送别的曼君师，您当年一起编文学史的好朋友。在那里，想必您不会再孤独寂寞。

此生何幸遇恩师

——悼念樊骏师

逄增玉

今天中午 11 点，在北京八宝山公墓南厅，参加了送别樊骏老师的悼念仪式。

1 月 15 日上午 9 时许，有朋友来电话，告知樊骏师病危，住在北京医院特需病房。我和妻子当即打车直奔北京医院，路上堵车近四十分钟，到医院时已经是 11 点多。樊骏师已经无知觉，靠呼吸机和心脏起搏器维持呼吸，脉搏和血压已经很微弱。我与妻子把手放在老师的胳膊上抚摸，他没有任何反应，皮肤很凉——我记忆中的樊骏师，手总是比较凉，但不像此刻，一点体温都感受不到。我的心很沉痛，妻子流泪了。陪护的护工告诉我们，樊骏先生的侄子与他轮流护理，现在出去吃午饭了。樊骏先生是 11 月 30 日住院的，没想到住进来就没有再出去。

12 点以后，我和妻子下楼到医院旁边的小饭店吃点午餐，很快又回到病房。此时中国社会科学院老干部局的一位同志来了，问我的姓名，我说出后，他说，是东北来的吧，知道樊骏先生有位学生在东北。我回答说现在已经不在东北，在北京传媒大学工作。他说樊骏先生拟定了一个友人名单，若有不测将邀请这些人参加吊唁，然后掏出一张纸与我查看，第一排的第五名就是我的名字。妻子也伸头看到了，又流出眼泪。陪护和老干部局的同志说，按樊骏先生目前的状态，估计没有几天了，并劝我们回去，说有了消息就告诉我们。妻子和我又一次到樊骏师身边，摸着樊骏师那冰凉的手臂，望着那消瘦的、沉睡的、只有微弱呼吸的面庞和身躯，心中百感交集，恋恋不舍地离开病房。那一刻，我们知道，这将是生死之别。

第二天接到社科院电话，告知樊骏先生已经于15日下午2时许逝世，也就是我们离开后的一个多小时。

国庆节以前，我们夫妇到樊骏师家，妻子把在2010年春季社科院文学所为樊骏师举办的八十寿辰的祝寿会时拍摄的照片，放大后一一放进相框，送给他。他很高兴，细致翻看。晚餐非要请我们在楼下一家餐厅吃饭。席间，我妻子知道樊骏老师喜欢牛肉，也知道他对家里保姆做的牛肉不太喜欢，就说自己做的酱牛肉很好吃，过段时间在家里做好了带来，一向绝不打扰别人的樊老师没有拒绝。

可是国庆节以后，忙得一塌糊涂，先是到外地开了几次会议，11月又去巴西南美十几天，回来后倒时差就倒了一个多星期，加之在巴西时腿部受了点小伤，不良于行。一到12月份，事情更多，个人述职，学院总结，孔子学院工作总结，全院考核述职，新年联欢……和妻子说好，到元旦去老师家，带着酱牛肉。可是12月31日上午上完两节课、接着开留学生毕业结业仪式，已经感到身体不适，喉咙痒痛，忙到下午四时才回到家，到家就昏昏沉沉睡去，直到晚上近午夜才醒。醒来后头痛、嗓子痛、恶心打喷嚏流鼻涕，感冒了。元旦三天，基本躺在床上，夜里睡，白天也饭后药后就睡。节后感冒未痊愈就上班上课了。去先生家里看望事，就泡汤了，和妻子念叨了几回，说那就放假后春节前去，一定去。真是天有不测风云，没想到……

去年初春之际社科院文学所为樊骏先生举办的八十诞辰贺寿活动，王保生先生来电话让我参加。我带着妻子一同赶去，妻子拿着一部相机，说好好为樊骏师照几张。会上有那么多德高望重的先生纷纷发言，有的先生说到樊骏先生的学问人品和对自己的帮助时，还流下热泪。突然，主持会议的王保生先生点我的名字让我发言。一点也没有准备的我，仓促地、激动地讲述了我与樊骏师的师生情和他对我长期以来的爱护。每个人发言时，带着助听器的樊骏师都认真地侧耳倾听。

会后，一些友人跟我说：不知道你是樊骏先生的学生，从来没有听你说过啊。

是啊，作为樊老师不及第、不合格、不争气的弟子，怎么好拉大旗作虎皮，玷污老师的清名呢。

1984 年，我在湖南师大中文系读中国现代文学研究生，进入第三个年头。那时硕士研究生论文需要外审，导师之一的蔡健先生让我和罗成琰师兄到中国社会科学院美学所找他哥哥、著名美学家蔡仪教授，蔡仪先生出面邀请樊骏先生担任我的论文的外审专家。由是，我在中国社科院文学所第一次见到了樊骏先生。樊骏那时已届中年，身材适中，黑发，清癯的脸庞很有棱角，双目炯炯有神，严峻中又透着和蔼。接过论文后，他说他看论文比较慢，让我两天后再来。我利用这段时间游览长城和颐和园，又到北师大、社科院外文所和其他大学，去看望已经工作或正在读研的大学同学。两天后如约来到文学所，樊骏老师拿出一沓写满字的纸，严肃而细致地谈了他对论文的评价，在肯定论文选题和基本构架后，又从资料、观点和整体结构上提出问题与不足，并修改意见，时间约一小时。樊骏老师对论文评价之独到、尖锐和切中肯綮，令我如醍醐灌顶，茅塞顿开，脑海中如被闪电照亮，同时也大为汗颜，自觉离学术存在巨大距离。我向先生索要他写的意见，他说自己的字潦草难认，不过还是给了我。回到住处翻看论文，但见其间从标点符号到字词，从句子到段落，从标题到注释，多有修改，空白处还写有不少修改文字。看了以后，我如入冰火两极，无比激动又自责和自卑，只有一点是确信不疑的：遇见了一位极端严肃认真的学术大师。

回湖南后，又两次把修改的论文修改邮寄给他，每次的回函都写满意见或建议，不客气地指出不足之处，同时对每一次修改后的进步都鼓励有加。那年秋季，我们举行毕业答辩，导师请樊骏作为我的答辩导师，请他南下，他爽快答应，如约前来。答辩中，尽管论文已经多次修改，樊骏师提问题依然尖锐，让我不时冒出冷汗，紧张而兴奋。

　　答辩结束后，恰好湖南省的中国现代文学年会在尚没有大力开发的张家界举行，导师们邀请樊骏师前往。在原始龙茸的张家界，开会之余，我陪着樊骏师看山过河，饱览美轮美奂的大自然。这时的樊骏师平易和蔼，时露童心童趣。记得樊骏师调侃我：北方人长得像南方人，有点清俊之气，但细看还是粗，标志之一就是穿的衬衣经常衣领不整，上面的扣也时常不扣，典型的北方人大大咧咧，与我们上海人和南方人比就差了，你看你的师兄罗成琰就比你利落。有天在张家界一山下，有一上海口音的妇女与挑担卖野生猕猴桃的农人吵起来，那妇女好生厉害，口手并用，我见此就对樊骏师调侃道：看你们南方人，比北方人野蛮多了。樊骏师用手指指我，摇头笑了。

　　离开湖南前，我到樊骏师住处送行。他问我毕业后的打算，是否还想深造。若想到北京读书，可找他，他可代为推荐学校，并说回东北时路过北京可去找他。毕业后，因为家庭原因，我与当时孔雀东南飞的中国大趋势相反，独自北上，回东北师大任教。路过北京去见樊骏师，他邀我到他住处吃饭面谈。他问我为什么非回东北，委婉地表达若读书做学问还是北京上海较好，希望留在文化发达之地，将来发展更好。我谈了回东北的原因。樊骏师说，每个人的生活中都不是一帆风顺，都有困难，问题在于要善于抓大放小，想办法克服困难，苦难总会克服的。但我固执己见，还是决定回东北。记得是第二天下午，我向樊骏师辞行，他送我到离他家不远的公共汽车站，车来了，我要上车之际，他说，你再考虑考虑，人生的路很漫长，关键的就那么几步，回东北后考虑一段时间做决定不迟。我还是上了车，车开后，看见樊骏师往回走的背影，刹那间，百感交集。

　　回东北后，很快给樊骏师写了一封信，告知近况。樊骏师一如既往地要我好好读书治学，并要我把毕业论文的一部分再次修改后邮寄给他。不久，樊骏师把看过的修改稿转交给《文学评论》的王信先生，王先生与我书信往来、提出意见和建议后，将稿子发表在1986年第三期的《文学评论》上。樊骏师的拳拳鼓励关爱之情，于兹可见一斑。

　　记得一次樊骏师到东北镜泊湖开关于现代文学史的会议，其间打电话给我，说他乘坐的回程火车某某列某某车厢，何日何时到达长春站，在长春站有二十分钟停车时间，希望我买站台票到站台见他。我如约到达，樊骏师从列车下来，关切地询问我回东北以后的工作和生活情形。我简单汇报后，他说我身体怎么这么快就发胖了，并指出与我同期毕业的研究生某某读了博士，某某学问做得很好，某某很有前途，希望我再刻苦一点，努力一点，不要随波逐流。我知道这是樊骏师的良苦用心，是在用高的标杆要求和鼓励我。可惜，由于生活和环境的种种原因，我虽然未敢忘怀樊骏师的教诲，但实际的与先生的期望，相差甚远。

1989 年的大风波过去之后，时在九月，樊骏师电话问我近况，我回答一切安好，并在休假。于是樊骏师邀请我到北京一聚。到北京后，樊骏师告诉我重庆出版社正在组织出版一套现代作家传记丛书，陈涌主编，希望我承担其中的东北作家群部分，随后带我到陈涌先生家拜见。从陈先生家出来后，樊骏师带我到使馆区一带一转，看看风波后的建筑上留下的历史痕迹。晚饭时樊骏师买来了羊肉和白菜，就在他那个位于劲松住处的简陋的厨房里，两个人吃起了白水白菜涮羊肉，锅子就是一个白铝饭盆，还有一盆杨义夫妇做好送给他的炖鸡肉。临行时，樊骏师谆谆嘱咐我用心专一，莫太被生活的琐事缠住，好好写东北作家群传记。

可惜，慵懒和为稻粱谋的我，未能及时完成重庆出版社的书稿，再次辜负樊骏师的期望。同时，也感到写一个人的传记可能好写些，写一个作家群则比较难以把握。不过好在把为写作家传记的材料和内容，写成了另一部书，即《黑土地文化与东北作家群》，出版后把这部书邮寄给樊骏师，聊以塞责。

书出版于 1995 年，也是在那一年，中国现代文学年会在位于西安的西北大学举行。樊骏师来电话要我接到会议通知后一定到会。那也是我回东北以后第一次出关参加大型专业学术会议。东北那时有一个不好的风气，就是能参加会议的人从来不告诉我们、也不带我们参加任何学术会议。所以接到通知后，当即与吉林大学中文系的陈方竞一起奔赴西安。到达西北大学入住的宾馆门前，只见樊骏师站在那里与人打招呼，显然他是提前到的。看到我，樊骏师要我把行李箱等物品安放到房间后，到他住的房间去。我有点忐忑不安，于是要求与我同住一室的陈方竞陪我同去。进了房间略作介绍后，樊骏师当面毫不客气地批评我未能如约完成作家传记的做法，是懒汉，并说与我先后毕业的硕士研究生很多人在学术上都有很好的发展和成就，就我进步不大，并具体地点到了几个即将在大会上做学术发言的青年学者的名字，希望我好好向人家学习。我无言以对，回到房间，陈方竞说樊骏老师对你太厉害了，也看出爱护督促之心啊。并说你有这样的老师实在幸运。

两年后，我患病多年的母亲去世，那是我人生路上遭逢的最大一次打击。多子多劳、任劳任怨、几乎　生没有享过福的母亲的离去，使我在人世上没有了最亲的亲人、最疼我的亲人、最挂记我我也挂记她的亲人，这是怎样的打击和不幸啊。接到母亲病重的消息直至母亲逝世，我的身体精神一直处于高度紧张和劳累之中。母亲走后，很长时间里我都处于木然状态，不想吃，睡不着，不想也不能工作，头发很快大半斑白。此时，我远在南方的师兄邀请我到南方母校，三湘四水，故地重游，加以美食佳肴，希望以此宽慰我心。不久，接到樊骏师的一封长长的来信，他知道我现在的状况，很为我担心，并以他在一年之内于香港失去兄长和母亲的事例，劝我振作，工作，在工作中化解心忧、开阔胸襟，还从哲学的高度阐发人生道理。樊骏师的信写得既朴实又清迈，如春风化冰，对我摆脱低迷怅然状态发挥了极大的作用。因为在心里，我是一贯把樊骏师的教诲当作真理的。

此后，每到年节，我一如既往地必给樊骏师打电话问候，过北京时若有时间，一定抽出时间去看望。有几次他到外地开会，比如一次他到无锡江南大学开会，也希望我去。可惜，越来越多的高校杂事拖住我，几次会议都爽约。但是不论我去与不去，我感到樊骏师对我的批评越来越少，越来越宽厚蔼然。记得 2005 年，我到北京参加中国社会科学院文学所召开的"反法西斯战争暨中国抗战胜利六十周年文学研讨会"，会后又到樊骏师家中看望。此时的樊骏师已经退休且已经身体有恙，话语行为皆不甚灵便，见此我心中难受。临行前樊骏师把一些书送给我，并有些凄然地说，当年第一次见到你时你还那么瘦，现在也已经到中年了，不过，好好利用时间，还可以做二十年，要珍惜啊。

2007 年秋初，我调到北京中国传媒大学。安家后不久，第一次带妻子到樊骏师家中拜望。此时的樊骏师脑中风后遗症比较严重，说话语迟，忘事忘人。距离樊骏师 1984 年劝我留北京或继续深造，已经 23 年了。但见到我们，他流露出少有的平静中羼杂着激动的表情，仔细打量一下我妻子，又多少显示出一点拘谨。我们谈到到北京后的工作与不适，特别是我妻子的身体精神都不好，有些后悔年龄如此大才到北京。听了这些后，樊骏师语速很慢地说：不要紧，慢慢适应，一切都会慢慢好。还说，来了就不要轻易回去了。还指着我说，年龄才这么大，就这么胖，这样对身体不好。我妻子拿出照相机，给樊骏师照单幅照片、照合影。樊骏师很配合，一个很乖的知性老人。告辞时，樊骏师突然激动地对我妻子说：我很喜欢逄增玉和他的为人，他也很聪明，就是……说到这里，我妻子也流下了眼泪。

2008 年春季，就是寒假之后，我们再次到樊骏师家，我妻子假期把樊骏师的照片洗好，配上相框，送给他。樊骏师像孩子一样把照片细细端详，一会，指着照片说：这张逄增玉照得比我好，这张合影也是。我妻子笑呵呵地说：樊老师坐好，咱们重照。于是，樊骏师果然摆好姿势，可爱而天真。聊天时，他真切地问：适应北京了吧，不会再回东北了吧？听到我们肯定的回答，樊骏师安然之情溢于言表。

其间，我们又去过几次，有一次还带着我在传媒大学的博士研究生一起去。我发现，尽管樊骏师当年对我为家庭、为父母、为爱人而回东北的事情不太满意，尽管回东北的二十多年时间里他从未问及我的妻子的情况，也未与我妻子见过面或通过话，但来北京后的几次见面，他对我妻子印象很好，流露出一位慈祥的父亲对女儿一样的赞许的目光和态度。尤其是对我妻子的照相、为照片配置的相框及谈话衣着，皆流露出欣赏。当然，他的欣赏不是直接的夸奖，而是他一贯的委婉含蓄，比如我们夫妇站起来准备告别时，他有时说：逄增玉到北京后好像又胖了，你们俩站在一起就显得更明显了。这对我发胖的含蓄的批评里，既包含了对我不要再发胖、保护身体的希望，也包含了对总是清瘦的吾妻的夸赞。终其一生，樊骏师都是那么平易近人而又高贵、那么清癯爽净如江南之竹……

樊骏师不仅对我这样一个不堪雕琢的学生如此鼓励关爱，对他人、对很多人都给予无私的帮助，而他自己的所求，却是那么少。别人有求于他，他竭尽所能；自己却几乎无求于人，也尽力不去打扰别人，总是怕给别人添麻烦。此次住院之后，他告诉家中保姆，若有人打电话问询，就说不在北京，到上海弟弟家去了。

退休前，他继承了一笔遗产，有200万元之多，但他将其中一部捐给文学所设立青年奖励基金，另一部分捐给以他的北大老师王瑶命名的学术奖励基金，以奖掖后人，推进学术。那时的百万元，可在北京好地段买到大房子，可在近郊买到别墅，可以使晚年生活过得滋润而有尊严。可他，都捐出去了，自己一直住在安贞桥边的小三居老房子里，几乎没有客厅。晚年上医院，他都是乘坐公共汽车，不坐出租车。有时到樊骏师家里，我就想：假如这些钱不捐出去，假如自己买套大房子，假如自己有豪车，假如……

但我知道，这是凡夫俗子、引车卖浆者流的想法，而樊骏师，是一生为学术的人，是脱离了庸俗趣味的人，是纯粹的人，是大写的人，是我们这个时代真正的稀有的高贵者。

但他自己生前却从不追求这些称号。他只想低调地、善良地、安静地读书、思索、写作、做学问。

想到自己和他人痛失良师益友，我心悲怆。

想到一生追求宁静淡泊的恩师，在那么多善良人的惦记和感怀中静静地走了，走向他追求的宁静的天国，我心渐趋宁静。

老师走好。相信你会以博大的爱继续俯瞰和关爱着我们。我们，永远感念和仰望着你与你周围的星空。

2011 年 1 月 20 日深夜

"夜空中晶亮的星辰"

——怀念樊骏先生

黎湘萍

每日忙于不知所为的事务，我似乎久已失去某种心痛的感觉了。直到 1 月 15 日下午，收到同事传来的噩耗，得知樊老师往生的消息。我一时失神，无语，不知所措。

为樊骏先生送行之后，我脑海里始终回响着他那带着江浙口音的细碎的声音，不断重现着他似乎腼腆却又很坚毅的微笑的面容。我为他轻轻地播放一首怀念逝者的歌曲《千风之歌》，让这首歌的旋律陪伴我写完这篇短文。我知道他其实并没有"去世"，他只是化作千缕微风，变成了夜空中晶亮的星辰，冬日里照耀在白雪上的阳光，晨曦中盘旋振翅的小鸟，如《千风之歌》所唱的。对于悄然离开这个喧嚣人世的樊骏先生，这首歌似乎最能表达我的怀念之情，我好像听到他说："请不要伫立在我坟前哭泣，我不在那里，我没有沉睡不醒，我是一首永不止息的歌……"但落笔之际，还是抑制不住内心不绝如缕的寂寞。

祖籍浙江镇海的樊骏先生 1930 年 12 月生于上海，年纪上，他是我的父辈。他的一生经验，应该是那一代人所特有的"新旧"两栖特色吧？他很少撰文记述他在上海读小学、中学的情况，对人的一生的性格和生涯选择具有重要影响的青少年经验，因为他的"沉默"，也几乎淹没在他私人历史的静海中。唯一能猜测到的，就是他曾就读的上海麦伦中学，是英国基督教伦敦会创办的教会男校，而它的校长沈体兰在三四十年代曾把这所中学办成了民主革命的教育基地，在那里庇护了进步青年的活动，培养了许多栋梁之才。樊骏先生的性格志趣，一定也在麦伦中学自由空气的熏陶下渐渐形成。但这个战乱和社会动荡变革的年代，只让他匆匆窥视了一阵子就草草结束了。他飞扬的青春很快见证了另外一个时代的诞生。1949 年 9 月，他带着在麦伦中学接受的最早的现代民主教育的洗礼，考入了北京大学。大学四年，在内心深处播下的五四新文化启蒙运动的种子，从此跟着他一起扎根在了北京。这恐怕也是他1953 年到文学研究所工作后，一直选择做现代文学研究的原因吧？

80 年代中期我遇到樊骏先生的时候，他已在文学所工作了将近三十余年。经历过"反右"运动、"文革"风暴等各种大小政治运动的樊老师，表面上并没有我想象的那么浪漫。相反，他给人的印象倒似乎是不苟言笑的。当时刚到文学所读硕士，我的老师何西来、杜书瀛先生经常提到三个人的名字，一是何其芳先生，他象征着文学所严谨治学的传统；二是栾勋先生，他所谈的中国古典美学散发着草野的生气，似乎进可济时，退可养气；三是樊骏先生。老师反复强调樊骏的认真，说他哪怕是在小会议上发言，也是写好提纲，注有密密麻麻的材料，让我们一定要好好学习这种精神。那时并没有上过樊老师的课，但他已给我们留下深刻的印象，他意味着一种慎思明辨的学风。后来跟唐弢先生读博士，在现代室见到慕名已久的樊骏先生。记得刚见面时，他就不让我们称他为"老师"，而要直呼其名。我们不习惯，他反过来称我们为"老师"，看到年轻人很不好意思，他便像孩子似的笑了起来。其实，他在生活中原是不乏浪漫和幽默的，率性、纯真、厌烦尘世的虚礼与虚名的羁縻，才是他的本性，然而这些，却又常常隐藏在他貌似不苟言笑的严肃里了。

樊老师自述"为人拘谨，做事多烦琐习气，常常犹豫不决，想问题写文章也总是没完没了地反复和拖拉"（《论中国现代文学研究·前言》），这一自省，大概也可从他每篇文章总是不厌其烦地修改得到印证——收入他的文集的文章，差不多都留下他反复修改成稿的痕迹，有的修改时间长达十年，甚至十多年，如他用力甚深的《认识老舍》，从发言稿到书面稿，用了十年的时间；从书面稿到修改稿，又间隔了五年时间——在当下什么都讲究速度、争抢课题和资源的时代，樊老师的这种方式显然慢得离谱，"不合时宜"，他不像那些巧思如泉、下笔千言的枪手那样看什么事情都很容易，事事"举重若轻"；相反，他似乎凡事都"举轻若重"。这在有些人看来，也许未免有些"笨拙"或"迂阔"了，但他做"笨活"，并不是为了奢求浮名或文章传世，只是不能苟且于思考、治学和写作罢。

凡是了解樊骏先生的人，都知道他的认真、纯粹到了近乎"迂阔"的程度。他每年用于帮助别人看文章的时间，几乎多于自己写文章的时间。不论是所里的同事，还是研究生，只要有文章送到他手里，他都会不厌其烦三番两次地细读，然后才写出自己的意见。《文学评论》遇到一些"疑难稿件"，也送给他审阅，他的学术判断往往是在大量阅读和深思熟虑之后才审慎作出的。樊老师深知学术乃天下公器的道理，他往往会把自己的思考毫无保留地奉献给向他请教的人，让别人写到文章中去，一旦别人的成果发表，他就不再就此写文章了。

有的同事曾惋惜他早期因为参加《中国现代文学史》集体项目的写作而耽误了自己的个人研究，但正如蚌病成珠，他反而从参与现代文学史撰写的经验中，深刻地感受到了中国社会从现代到当代的转型给现代文学这门学科的建立和演变造成的巨大影响，并别具慧眼挖掘出了现代文学在"历史""思想"和"理论"研究上所蕴含的学术价值。他把撰写年度学术综述文章这种最枯燥乏味的工作，转化为暗藏学术智慧的学术史的清理，他甘愿做一名吃力不讨好的"清道夫"，去清扫几十年来堆积起来的精神上和学术上的"奥吉亚斯牛圈"。正是从20世纪80年代初开始撰写的这些类似学术史或学科发展史的文章中，他找到了真正属于自己的语言。

他没有著作等身的皇皇巨著，但他的学术贡献尽显于慢功细活之中。他把1979年以后重新出发的现代文学学科建设，从无意识的众声喧哗的状态，转化为有意识的学术方向；他通过对王瑶、唐弢先生等现代文学研究专家的个案研究，开创了具有反省批判性质的现代文学"学案研究"；他借助于作家研究（例如《认识老舍》），重新回到历史现场，以其丰富的艺术感受力和历史研究的洞察力，重新诠释了五四启蒙精神、旧文化批判和新文化建设这三大核心问题对于当代的意义。他的简明朴实的文字之下，涌动着从麦伦中学以来就有的那一代人的激情。

在《认识老舍》一文末尾中，他引用了英国作家狄更斯在《双城记》中关于"时代"的议论来表现社会生活的复杂与矛盾，引用马克思在《评普鲁士最近的书报检查令》中关于自由和个性的论述展现精神生活的广阔天地与自由。他写道："如果我们能像狄更斯这样理解社会现实的丰富复杂，又能像马克思这样尊重精神劳动的多样性独创性，学会接受、欣赏、珍惜'在太阳的照耀下''每一滴露水'所'闪耀着（的）无穷无尽的色彩'，就会超越我们曾在某些历史阶段出现过的重重偏颇，而对作家有'较为公正的认识和较为科学的评价'"。（参见樊骏《中国现代文学论集》下册）。这是他从文学史的研究中获得的深刻启示。

黄宗羲《明儒学案》之"蕺山学案"，写刘宗周不惮权势，违世抗俗，屡以仁义之说谏万历，而被万历目为"迂阔"。有学长言及此事，以为刘宗周之"迂阔"正为难得。樊骏先生的清正、孤直和纯粹，有时也似乎显得"迂阔"。然而当今之世，"一涉功利，皆为苟且"，能做到不为苟且的"迂阔"，又何其难能？这是我每一想到樊老师，便会感到温暖和敬畏的原因吧！

愿老师如千缕微风，如夜空中晶亮的星辰，让黑夜不再寂寞！

2011 年 1 月 19 日于北京

樊骏：一个真实的神话

魏 建

1月15日，樊骏先生去世了，终结了一个真实的神话。

这位新中国培养的学者，在中国社会科学院文学研究所研究中国现代文学50多年。退休后被授予荣誉学部委员，享有我国人文社会科学界最高学术荣誉。然而，按照当今流行的"专家"标准，樊骏先生连中等"人才"也算不上。没有奖项、没有申请科研项目，没有学术专著（只有论文集等），发表的论文也不多。可是，读过樊骏论文的人，几乎都是交口称赞。

1986年春，在全国老舍研讨会上，樊骏先生宣读他手写的论文《认识老舍》，台下鸦雀无声。我和许多与会者都惋惜记不下来，问他何时能看到文字稿。他好像很不安地说：写得不好，还得改。等了一年，两年……整整等了十年！这篇论文才正式发表。我们都在赞美这十年磨一剑的杰作。可樊骏先生还是不满意，直到2001年又做了一次大的修改。这就是樊骏的众多"神话"之一：一篇论文修改了15年！

樊骏"神话"之二：不当导师。我国刚设立学位制度的时候，樊骏先生就可以做博士生导师了，可他不申请，连硕士生导师也坚决不当，直到退休。熟悉樊骏的人都知道，他这不是谦虚，也不是想摆脱做导师之累。他想做事，并不想要名。他义务地辅导别人的许多硕士生和博士生。包括我在内的很多晚辈，都得到了他的悉心指教。二十多年来，我们这些私淑弟子想感谢他，连请他吃顿饭，他一次也没有答应。

樊骏还有一个更神的"神话"。2000年，一个信息在我的同行中不胫而走：有一个不让透露姓名的人出资100万元设立"王瑶学术奖"。我们都想知道这神秘人物是谁？很多人猜的是已故中国现代文学研究会会长王瑶教授的女儿。两年后，樊骏的《认识老舍》以最高得票入选首届"王瑶学术奖"候选论文名单。樊骏力辞不受，评委们却坚持要评。在争执的当口，某知情人说漏了嘴——樊骏就是那出资人！在场的人震惊了！有人哽咽着说：樊骏即使以他的名字捐款也足以让我们感动啊！何况是用老师的名字，还不让说！哪知樊骏后来又捐款100万元给中国社会科学院文学研究所设立"勤英文学研究奖"，同样不让别人知道捐款人是谁。

樊骏先生的安贫乐道也是大家传颂的话题。他出门不要出租车，直到80岁还是乘公交车。我只见过他的三件衣服：蓝色涤纶中山装，白色衬衣，晚年那件灰色夹克衫。樊骏先生捐出的200万元几乎是包括他继承遗产所得的几乎全部家产。他自己省吃俭用，却倾其所有奖励他人的研究。

无论顺境和逆境，樊骏先生都能做到既"独善其身"又"兼济天下"。他写得最多的文字是关乎全国的大学问。他从1953年起就参与统筹全国现代文学研究的宏观战略。1978年以后，他一直对全国的现代文学研究做高屋建瓴式的全局性思考，亲自规划、组织和领导这一事业二十多年。可惜，这位心有全国的学界领袖，却没有一个家，一生没有结婚。除了做学问，他没有多少喜好。我们见他多是在学术会议上。会后的旅游者中从没有看到樊骏的身影。我们常常不理解，他急着回家干什么？那个家永远只有一个人和数不清的书。

为什么大家总在传颂樊骏先生的"神话"？无非因为他深深地感动了我们。如果让中国现代文学研究界推选感动中国人物，必然是樊骏先生。他感动我们的首先是他人格的高尚和这高尚背后的自我牺牲。在做人上，他对自己要求极严，到了近乎苛求的程度。比如，不知多少人关心他为什么不结婚？他几乎都不回答。据樊骏的弟弟说：他不结婚是怕自己的严苛让别人受不了。多少年以后我才明白，樊骏先生对自己是怎样的严苛：不能当一个好丈夫，就不当；不能当一个好父亲，就不当；不能当一个好导师，就不当……

樊骏先生去世那天，我正在北京。刚开完会我听说樊骏先生病危，急忙赶到北京医院他的病床前。他双目紧闭，听不到我的声音。我从他那里唯一感受到的信息就是体温极高。他身边的人（朋友和侄子）和医生告诉我，这最后时刻可能就是今天。说到抢救的时候，樊骏先生痛苦得全身颤抖，我意识到：他不是神，神也救不了他。他只能在人格上超越生命，创造了一个不可企及的神话。

樊骏先生不可企及，却有并非遥不可及。他不就是总说真话吗？不就是总以事业和他人为重吗？不就是不占公家的便宜吗？不就是不当导师吗？不就是认真地写好每一篇文章吗？……然而，就是这些看似简单的事情，又有几人能做得到呢？

这就是樊骏的价值：常人应该做、都能做、却都没做的事情，他尽可能地都做到了。为此，他舍弃了那么多人间的享乐。他几乎是为学术殉道，为真理殉道。他牺牲了常人都有的东西，得到了常人没有的东西。人性中的虚伪、敷衍、苟且、占有欲……他都没有。他拥有的是人格的完满。他才是一个真真正正的人，用他的一生，活出了人之为人的尊严！

今天是樊骏先生遗体告别的日子，我为他写了一副挽联，献给他的在天之灵：

　　　无妻室无家产无专著无一名入室弟子独善其身默默治学不恋常人之所有

　　　有大爱有恒心有卓识有万千私淑门生胸怀天下苦苦殉道只守众生之所无

2011 年 1 月 20 日晨

旧文续补：怀念樊骏先生

解志熙

一　现代文学学科的守护神——樊骏先生

2006 年 2 月，人民文学出版社推出了樊骏先生的《中国现代文学论集》。当年的 11 月，中国社科院文学研究所召开了"樊骏先生学术研讨会"，下面这段文字是我的发言稿。

樊骏先生的学术选集《中国现代文学论集》终于出版了，这是现代文学学科几代学者共同期待已久的事。拜读散发着油墨香的两册新书，让人感觉到的不仅是沉甸甸的学术分量，更是樊骏先生对这个学科近乎无私的关爱，这种关爱充溢在全书的字里行间，让人感动不已、肃然起敬。

关于樊骏先生的学术贡献，他的同辈学者已从学科的角度做出了中肯的评价。如严家炎先生在本书"序言"中就有全面的概括："樊骏首先在学科的总体建设方面下了很大的工夫，有着突出的贡献。他对中国现代文学学科的历史与现状、成就与问题、经验与教训，都做过相当系统深入的考察。结合着半个多世纪以来学科的沉浮起伏，他写了不少'研究之研究'的相当扎实的文章"，这些文章对整个学科的顺利转型与深入开展发挥了重大的影响和指导作用；其二，"樊骏在中国现代作家研究尤其在老舍研究上做出的深刻而独到的贡献，更为学界所公认。"其三，同样意义重大的是樊骏先生"在树立良好学风方面所作的贡献"。支克坚先生也在刚刚发表的长篇评论里，深入分析了现代文学学科在新时期面临的艰巨转型及几代学者之间的学术接力，以为这种转折与接力需要某种"桥梁"，而"这项工作自然只能由所谓第二代学者来做，樊骏是做得最出色的几位中的一位。"并强调担当这种角色，使樊骏先生个人在学术上付出了很大的牺牲，但整个学科却因此而幸运受益，因此支先生赞誉以樊骏先生为代表的几位第二代学者的杰出代表，是我们这个学科的"志士仁人"（《我们的学科需要这样的志士仁人——读樊骏著〈中国现代文学论集〉》，载《中国现代文学研究丛刊》2006 年第 4 期）。这些评价都很准确和切要。

作为一个学术后辈，我觉得樊骏先生的无私奉献远非有形的文字所可限量，他的言与行惠及学科的方面之广、泽及的学科点和后辈学子之多，几乎是无与伦比的。就此而言，他事实上是 20 多年来现代文学学科最大公无私的守护神之一。这不是神话，而是俯拾皆是的事实。他20 多年如一日，不惜牺牲个人研究而在学会事务及其刊物上花费那么大的心血，只是为了学科的健康发展，所以他从不夸功叫苦；他对许许多多与自己素无渊源的青年学子热情奖掖、及时鼓励，也是为了这个学科的后继有人，所以从不居功市恩，而他对地方院校学科点的关怀和支持，也是为了学科的繁荣和光大，所以从不炫耀自是……对这些，尤其是最后一点，我有切身的感受和观察。

樊骏先生虽然出身于北京大学这样的名校，而又一直在文学研究所这样著名的学术机构工作，并且长期担任重要的学术领导职责，但他完全没有学术上许多人都难免的门户—门第意识和等级—地域观念，他真正做到了学术为公、公而忘私，几乎把公事当做私事一样尽心办。例如，我的母校河南大学，一所建立于 1912 年的学校，发展到 20 世纪 90年代初，却因为是地方院校，而没有一个博士点，在学科和学术的发展上受到身处重点大学的学者难以想象的限制。学校将突破这个瓶颈的期望寄托在现当代文学学科，当时我们那个学科点三代师生，被这可悲的重任压得喘不过气，而又苦感孤立无助。这时候，给予我们最大支援的是樊骏先生。其实，我们几代师生与樊骏先生并无私人渊源，此前甚至几乎没有私人交往。樊骏先生乃是发现我们在那样艰难的条件下，还在认真做一些力所能及的学术工作，这些工作亦不无特点而有助于学科的发展，所以他就志愿来帮助我们：从 1991 年开始，他每年都到河南大学义务讲学、指导研究生、主持研究生答辩，并与学科点教师座谈、坦率地对学科的发展提出建议并给予真诚的鼓励。这对我们真是雪中送炭。最让我们感动的是，为了支援我们那个学科点，他后来甚至打破了自己在社科院不当博导和不愿介入其他地方申报博士点事务的戒条，而主动表示愿意作为我们学科点的一员，帮助我们克服制约学科发展的限制……虽然我已离开了河南大学，但至今每想起他对我的母校学科点发展的无私关怀和鼎力支持，仍然感到温暖如春。而得到樊骏先生有形或无形支持的学科点，又何止河南大学一家！

怀着深深的敬意，祝愿樊骏老师早日康复。

二 一位公而忘私的学者——樊骏先生

2009 年 12 月 25 日，中国社科院文学研究所召开樊骏先生八十寿辰庆祝座谈会，我那天正好到社科院参加职称评审会，就不能参加这个座谈会了，所以写了下面这段书面发言稿。

今天是樊骏先生的八十寿辰，参加这个座谈会，给这位尊敬的长者祝寿，是我的心愿。可是我今天上午十点还有一件涉及公事的会必须参加，恰巧与座谈会冲突。这是很遗憾的事。所以写几句话，聊表心意。

樊骏先生是中国现代文学研究的第二代学者的杰出代表。这一代学者在整个学科发展中起了承上启下的桥梁作用，我注意到他们大多具有一种集体主义的精神，对学术事业特别有责任感，为了学科的发展，他们往往公而忘私、不计名利，自觉奉献、甚至自愿牺牲自己。这种精神和态度，显然和他们成长于 20 世纪五六十年代所接受的革命传统教育有关，而在樊骏先生则可能还与他自幼接受的基督教教育有关。

我对樊骏先生最深刻的印象就是他在学术上的公而忘私。这一点，我们从他的《中国现代文学论集》上下两册的对比中就可以看出。上册的文章是学术评论，都是为公而写，厚厚一大本；下册是他个人的专门研究，薄薄一本。这当然不是因为樊骏先生不善于做个人的研究，事实上他对现代文学的许多作家作品和重大文学现象，都有深湛的思考和独到的心得，但他还是无怨无悔地把更多的精力用在学会的组织、学科的发展事务上去了，为此他撰写了大量的学术总结、学术评论文章，这些工作和文章对学科的健康发展起了非常积极的作用，但代价是樊骏先生牺牲了个人的研究。而樊骏先生在学会的组织领导和开展学术评论上的一个最大的特点，也是力求公正而公而忘私。他看人论文，都是从学科着眼，一秉公心，绝不搞小圈子。

这让我想起一件事情。记得在新世纪的第一年，我的现代文学启蒙老师支克坚先生的论文集《中国现代文艺思潮论》出版了，那是他二十多年的学术心血的结集。但是由于支先生僻处西北、不在学术中心，所以他和的他的书并没有多少人关注，我作为学生又由于避嫌而不便说话。但有一天见到樊骏先生，他表示自己和其他几位在京的先生都以为，支先生的这本书应该有一篇严肃的学术评论，他们希望我来写。樊先生并且加重语气对我说："你的支老师是我们这一代最有理论水准的学者，可惜他僻处边远地区，学术界对他不很了解，我们应该给他公正的评价。我、严家炎、钱理群几位，都觉得你是最合适的评论者，你就写一篇评论吧。"这番话让我非常感动。于是才下决心为支先生写了一篇学术评论，既充分肯定了他的学术贡献，同时也和他就某些问题做了认真的商榷。而就在这过程中，我又接到《文学评论》编辑部的邀约，为刘纳先生的专著《嬗变——辛亥革命时期至五四时期的中国文学》写评论。说实话，在此之前，我是很不愿意写学术评论的，觉得劳心费事给别人写评论，影响个人的研究，可是自此之后我却勉力写了不少学术评论，我这个自私的人其实是受了樊骏先生的无私精神的感召。

樊骏先生对学科和学术的爱与关怀，真正是做到了舍己奉公的程度。

他自奉极俭，在生活上很不讲究，却把全部积蓄奉献给了学科和学术。记得 20 世纪 90 年代初，他应邀到河南大学讲学、指导研究生，他来前就向我声明自己是出义务工、不要报酬。有一天我陪他在开封古城墙边散步，他说自己最近可能会从刚刚过世的姐姐、姐夫那里得到一笔遗产，他想把这笔钱捐献出来，但不知该用什么样的名义和方式比较妥当，因此征求我的意见。这让我非常感动，因为我知道他是真心奉献而又特别不愿显露自己，所以我建议他可以设立以自己的老师或姐姐姐夫命名的讲座和奖金，樊先生表示自己的姐姐姐夫是普通人，恐怕不够格，我想起旅美华工丁龙用一生所积在美国大学设立讲座的事，以打消他的顾虑。樊先生便委托我查查丁龙讲座的资料。这或者就是后来现代文学研究会的"王瑶奖"和文学所的"勤英奖"的最初萌芽吧。如今这两个奖都评过两次了，既产生了良好的学术鼓励作用，也不无遗憾未善之处。但愿组织者、评论者能够秉持学术的公心，不要辜负了樊先生的一片苦心。

三 "舍己救人"的樊骏先生：我的
一点回忆和感怀

2011 年 1 月 15 日樊骏先生去世，我很快就得到消息，心里自是非常哀痛，也来不及多想，就匆匆草拟了一副挽联发给文学所，表达我和汪晖兄、王中忱兄的悼念之情——

樊骏先生千古

博爱为人，清贫自甘，道德无愧称典范，
严谨为学，刻苦自励，文章有神足师法。

我是个不大善于表达自己感情的人，恩师支克坚先生去世快两年了，除了匆匆把自己的一本论文集《考文叙事录——中国现代文学文献校读论丛》献祭于他，我至今没有写一个字，几次提笔，都不知从何下笔。樊骏先生虽然没有教过我，但我私心里一直把他视为最尊敬的老师。2006 年得知樊骏先生患病的消息，我很不自安，心里甚至有一种不祥的预感，所以也匆匆地把那年出版的一本论文集《摩登与现代——中国现代文学的实存分析》题献给他。记得书出版后，我登门送上，樊先生似乎很高兴，但疾病已使他的思维有了障碍，言谈颇为困难，急得直摆头。看到这个情景，我心里颇觉黯然。前年在"勤英文学研究奖"的晚会上见到他，他还特意把我叫到跟前坐下，努力地和我说了不少话，身体似乎有所恢复，说话也比较顺畅了。这让我很感安慰，以为从此会逐渐康复，没想到他还是没有熬过这一关。而在文学所随后举行的追思会上，一则因为自己拙于言辞，二则眼看时间无多，还有不少樊骏先生的同代友好为来不及发言而难过，所以我只能婉谢张中良兄的盛情、没有在那个场合略抒感怀。

然而，无论为公为私，樊骏先生的去世都让我备感伤怀，而其嘉言懿行更让我念念难忘。

上面所录的两则发言稿说的多是樊骏先生的学术公德，这里再补充一点他和我的文学启蒙老师支克坚的交谊，以为存证。樊骏先生一向很推重支克坚先生的学术，所以当支先生的学术著作因为政治的原因碍难出版的时候，也是他及时地伸出了援手。记得 20 世纪 90 年代，支先生的《胡风论》完稿之后，原来的出版社因为怕惹麻烦，撕毁了出版合约，支先生很无奈，但也不愿求人。我拿着老师的稿子，不免焦急，于是想到了樊骏先生，把稿子拿给他看，他看了后说写得非常好，一定要争取出版，遂将它推荐到陈思和先生主编的一套丛书里，终于使这部凝结了支先生反思心血的著作得以及时出版。此后，他又关心着支先生另一部著作《周扬论》的出版。说起来，这个研究课题还是樊骏先生向支先生提议的。支先生在 2000 年初给我一封长信里说起，"前年到太原开会见到一位我尊敬的朋友，他强调研究周扬理论的重要性，而我这时忽然'大彻大悟'：通过研究周扬，不正可以回答上面所说的中国现代革命文艺运动本来要造成一种什么样的文学，结果又造成了一种什么样的文学的问题吗？于是我又转而写《周扬论》。"那一位"尊敬的朋友"，指的就是樊骏先生。所以，当樊骏先生看到支先生终于完成了这项重要的研究课题后，是非常高兴的，也积极地为它的出版想方设法，虽然处处碰壁，但他为此而付出的努力，支先生和我都是铭感在心的。应该说，樊骏先生和支克坚先生是真正的学术知交。所以，当樊骏先生的《中国现代文学论集》出版后，钱理群老师和我都觉得支先生是最适当的评论人，我因此约支先生写一篇评论，他立即答应了，用严肃的态度和极快的速度，写出了那篇掷地有声的评论《我们的学科需要这样的志士仁人——读樊骏著〈中国现代文学论集〉》，由我交给《中国现代文学研究丛刊》2006 年第 4 期发表了。如今，两位先生都去世了，想到他们纯真的学术友谊，让人感动而且感慨。

至于樊骏先生对我个人的提携和关照，真是一言难尽，这里就聊述一二，以为存念。

说来，自 20 世纪 80 年代以来，在北京读研究生的青年学子最怕的人，大概就是樊骏先生和严家炎先生了：他们是当时北京各高校现当代文学研究生答辩时必请的人，而由于他们在学术上的严谨以至严厉，所以被研究生们合称为"严峻"先生，当时几乎是人人望"严峻"之门而自危。我是严先生的学生，平日对他已经是敬而远之，答辩的时候更无法逃脱樊骏先生的审核。记得 1989 年末匆匆结束论文，预备答辩了，其中主要审议人就是樊骏先生。当时他住在劲松小区。论文是请同窗李书磊送去的，一个礼拜后得答辩了，我去樊骏先生家取评阅意见书，以便第二天下午答辩。记得我是下午去的，大概是下午四点左右吧，敲开樊骏先生简朴的小屋，他说评阅意见还没有写好，让我等一下，第二天早晨再来取。由于劲松小区离北大很远，骑自行车来回一趟很费事，所以我当晚就住在劲松小区旁边的一家小旅馆里。第二天一大早，我就来到了樊骏先生家，一看表，才 7 点，我不好意思那么早就敲门催他，于是就坐在他的门外，静静地等待着。快到 8 点的时候，樊先生打开了门，知道我早就来了，他嗔怪道："嗨，你这个解志熙呀，真是迂，你既然来了，就进来嘛，怎么在门外等了一个小时？"我顺口回答说："没有关系呀——既然杨时可以'程门立雪'，我何妨在'樊门立等'呢？"这事在我实在是很自然的，算不了什么，可是在樊骏先生那里似乎留下了比较深刻的印象。那时，政治形势很敏感，做"存在主义与中国现代文学"这样一个题目，很可能遇上政治的干扰，比如在我之前几天，北大哲学系的一个博士生就因为做人道主义的题目而未能答辩过关。严先生很担心我的论文会遇到阻遏。我对严先生说："我们师生尽力而为吧，您只要把答辩会召开了就行，如果因为非学术问题不能通过，那不是我们的事了，我不会在意的，就随它去吧。"严老师说："你有这个准备，我也就放心了，我一定把答辩会给办起来。"后来，答辩会如期召开，结果是出人意料的顺利，参加答辩会的乐黛云先生、叶秀山先生、谢冕先生、杨占升先生、张恩和先生等都非常友好，在北大五院那个小小的教研室里，把严峻的答辩会变成了颇为轻松的学术漫谈了。记得樊骏先生曾很狡黠地问了我这样一个问题："解志熙，你能说说这些现代作家与存在主义的关系，为什么此前的学者未能发现而你却发现了吗？"我也开玩笑地回答说："那大概是因为我之前的学者都忙着别的事情了，没有顾得上注意这个问题吧，而我呢，恐怕是瞎雀碰上了谷穗子，赶巧了啊。"大家都笑起来了。

这就是我和樊骏先生的交往之始。从此樊先生似乎记住了我这个学生，也记挂着我的研究，他曾几次主动推荐我的毕业论文在内地出版，而我因为那个小书当年就在台湾出版过了，觉得不值得再在大陆重复出版，所以婉言谢绝了（直到 1999 年，它才被我的一位师弟自告奋勇地拿去在人民文学出版社重版了）。大概是因为我的毕业论文里涉及冯至先生、钱钟书先生，给樊先生留下了比较深刻的印象吧，所以他稍后又热情地向出版社举荐我来写冯至传、钱钟书传，而我实在无心于此，但拗不过他的再三勉强，只得接受了为一家出版社写冯至传的稿约，而答应的时候，心里就做好了赖账的准备，所以拖了两年之久也未着一字，终于那家出版社无法再等下去，主动和我解除了合约。而我后来甚至忘记了那是樊先生提议的，以致有一次有人当着他和我的面，问起冯至传是怎么回事，我说："忘记了是哪位先生的举荐，我不得不接受这个任务，其实关于冯至我能说的话就那么一点，此外别无可说的，所以勉强接受稿约的时候，就做好了把它拖黄的准备……"樊先生听了很无奈地说："嗨，你这个解志熙呀，那个勉强你写冯至传的人，就是我啊！"如今想起自己的无赖而有负樊先生的瞩望，真是惭愧。

在前面关于《中国现代文学论集》的发言稿里，我曾提到樊骏先生公而忘私、志愿支援河南大学学科点的事。其实在这件事情上，樊骏先生也有一点"私心"而为，我当时所不便说，因为那"私心"与我有关。当然，樊骏先生对河南大学现代文学学科点的全力支持是没有疑问的，所以当1991年刘增杰先生命我邀请樊骏先生来我们学科点讲学并指导研究生时，樊先生二话没说，很爽快地答应了。可是当我们进而请他担任学科点牵头导师、合作申请博士点时，樊骏先生却面有难色、婉言拒绝了。他诚恳地表示，自己在社科院多次拒绝担任博士生导师，现在若与河南大学合作申请博士点，将无法对社科院交代。对此，我们当然表示谅解，事情也就作罢论。可是，大概是1993年的春天吧，他却突然给我来了一封长信，表示同意与河南大学学科点合作申报博士点，而促使他下这个决心的，则是他对我的学术前途的考虑。记得那封信的大意是说，最近他重读了我的一些论文，觉得从长远来看，我还是应该回到北京工作为宜，但他也明白，除非河南大学的博士点批下来，否则我是不可能离开河大的。所以，他决心答应河大的要求，参与博士点的申报，希望早一点获批，这样就可以让我早日回北京了。还说这是他考虑再三的决定，并且征求过严家炎先生的意见，严先生还开玩笑地对他说，"那你就舍身去救解志熙吧，除此也没有别的办法啊。"他觉得情况确是这样，所以自己决心已定，让我告知刘增杰、关爱和两先生。记得那个上午我在系里拿到这封信，心里既感动又沉重，正好系主任关爱和师兄也在场，就给他看了这封信，他同样非常感动，面色凝重地说，"樊先生待你、待我们学科点实在不薄，他下这个决心不容易呀。"事情就这么定下来了。从此樊骏先生全面地参与了河南大学学科点的工作，完全把自己看作学科点的一员，除了每年一个月来讲学、指导研究生、主持研究生答辩等例行工作，还积极为我们出谋划策、努力争取外援……而让研究生们最开心也最担心的，则是每次答辩后樊骏先生的总讲评，他总是热情肯定研究生们的每一点哪怕是微末的进步，而对其存在的问题，也总是给予中肯的指正。如此来自最高学术机构著名专家的讲评，是这些边缘地带的年轻学子们难得的福气，对于他们的成长，起了非常重要的激励作用。事实上，如今学有所成、留任河大的青年学者如刘进才、张先飞、刘涛、杨萌芽、孟庆澍、李国平等，都是樊骏先生悉心指导过的研究生。可惜的是，樊骏先生给我的那封长信，我当日给了关爱和兄，现在也不知还保存着没有。

在河大的十年间，也是我与樊骏先生交往最多的时期——每年都有一个月朝夕相处，常常陪他散步、聊天，得到了许多请益的机会。而坦率点说，樊骏先生对我比较关爱，并不完全是出于偏爱之"私心"，其实也包含着他对学科公事的某些考虑在，而他显然对我的研究工作和学术发展期望过高。记得有一次和他在河大的城墙边散步，他问起我的学术理想，我老实回答说："我并不是一个有学术雄心的人，只是因缘凑巧走了上学术道路，若能活到六十岁，回头看自己还有十篇文章勉强可看，就差强人意了。"他听了很不满意，说："你怎么对自己要求那么低呀？"见他认真起来，我也故作正经地说："我的标准说低是低，说不低也不低呀。如今前辈号称大师者，又有几人能选十篇像样的文章出来呢！"他这才点头称是。那时我正在写作《美的偏至》一书，其中最拿不准的，乃是说周作人、朱自清、俞平伯等文学研究会的骨干成员，以及废名、朱光潜、梁遇春、何其芳等京派文人，也都曾经有过或长或短的"唯美－颓废"阶段。这在当时几乎是"匪夷所思"的看法，所以我不敢自信，便拿樊骏先生做"试金石"，把这部分先请他过目，看能不能说服他。认真的樊骏先生于是花了数日的功夫，在河大的招待所里仔细审读了这部分稿子，然后严肃地约我去谈，说："我被你说服了，看来包括何其芳在内的京派作家，确实有过一段唯美－颓废的时期。"并在他随后所写纪念何其芳的文章里采纳了我的看法。这件事使我对樊骏先生的学术性格有了进一步的了解：他是个为学十分严谨的人，但思想绝不保守，只要你有比较充分的理据，他就会认真考虑改变自己的看法。

虽然后来因为政策和年龄的关系，樊骏先生在河大1996年正式申报博士点的时候未能列名为导师，但没有他的积极支持，就没有我们那个学科点的发展，这是我们永远铭感在心的。博士点获批后，樊骏先生仍然坚持每年到河大讲学、指导研究生；后来他实在走不动了，学科点每年也都会到北京向他汇报工作，我个人也终于在 2000 年如他所愿，调回北京工作。

而樊骏先生如此苦心提携我，以至"舍身"救我，小而言之，自然是为了我个人的发展，大而言之，也可以说是为了学术吧。闲尝思之，像樊骏先生、严家炎先生以及钱理群先生这两代学人，其实都身体力行着新中国文化之可宝贵的理想主义、集体主义的精神与责任感，而这正是我这一代人的欠缺，至少是我个人所缺乏的。而具体到樊骏先生，他的公而忘私、热心助人，显然还有他自幼所受基督教的博爱教育的影响在。博爱者是不求回报的。然而作为接受者，涓滴之恩自当涌泉相报。可是，樊骏先生对我个人的深恩厚泽，我自知无论如何都是难以回报的，所谓大恩不言谢，我只有努力地工作、严肃地生活，庶几可以对得住他的高情厚谊于万一。

回到北京的这几年，我一直忙忙碌碌的，见樊骏先生的机会反而少了，有时碰到他，总是亲切地微笑着，给我无尽的温暖。他对我现在所在的清华大学现代文学学科点建设，也同样给予了积极的支持。到每年春节前夕，我和王中忱兄乃相约一起去看望他和王信老师，略表敬意而已。有时，樊骏老师也会给我找一点"麻烦"，比如命我参加文学所的"勤英文学研究奖"的评选，目的大概是帮着把把关吧。有时他也会给我一点小任务。记得第二次"勤英文学研究奖"评奖结束后的晚宴上，他特意把我叫到跟前，郑重其事地对我说："解志熙，何其芳与京派到底是个什么关系？我不能做这个文章了，你一定要把这个问题研究一下。"后来又一次见面，他又重申前意。我知道他之所以关心这个问题，乃是包含着对他所敬爱的文学所老所长何其芳的一份感情，所以答应了他的嘱托，然而诸事纷扰，拖拉到现在也没有动笔。但愿在不久的将来，能够完成他的这个遗愿。

2011 年 9 月 14 日于清华园

新时期老舍研究的领军人樊骏

吴小美

　　樊骏在新时期的老舍研究从拓荒解冻到提升成熟的过程中，功不可没；说他是个领军人物，应受到研究界的普遍认可。

　　老舍在新时期以前虽已获得了"人民艺术家"的崇高称号，但并未改变他在中国现代文学史上的"支流"地位。还是在 20 世纪 40 年代全民抗战中，他得到一些溢美之词。新时期后，随着思想解放、拨乱反正的合力，特别是文学批评、文学史研究和文学观念的一些深刻变化，老舍研究才可能解冻拓荒。环顾左右，对鲁、郭、茅的研究均家大业大。但正是从 1979 年开始，以樊骏为领军人物的研究队伍贡献出了一批研究老舍长篇小说的优秀论文，加以赵园的《老舍——北京市民的表现与批判者》，迅速将老舍研究的学术起点垫高，甚至飙升到了后来者居上的地位。

　　以樊骏对老舍长篇小说的研究成果看，《论〈骆驼祥子〉的现实主义》《论〈骆驼祥子〉的悲剧性》《从〈鼓书艺人〉看老舍创作的发展》三文，抓住了一种历史的必然，从政治学、社会学研究回归了文学本身的研究。以对《骆驼祥子》的研究看，该作被冷淡了几十年，与它曾为中国挣得的荣誉相比，相去十万八千里！樊骏首先指出它所保持的尖锐的思想主题和清醒的现实主义，老舍比狄更斯清醒，比陀思妥耶夫斯基激进。它的悲剧性，可贵在既是普通人的悲剧，又是社会悲剧，还是一个性格悲剧。是樊骏的研究，使这部名著重放光彩。樊骏绝不是对单部作品进行孤立的研究，而是将单部作品置于老舍创作中，又同时将老舍放在整个文学史中进行研究，以自己的宏阔视野，通过在远比作品阔大的时空中考察，准确而深入地贴近老舍世界。《鼓书艺人》在研究界一直被忽视，樊骏最早开掘出它是老舍"漫长的创作道路中一块重要的里程碑"，在中国文学史上还没有过如此严峻而有力地描绘艺人悲剧的作品，它"一切都是那么平淡无奇，一切又都是那么惊心动魄"。而且，它克服了老舍早期作品中一些明显的弱点，第一次真实而成功地写了艺人的觉醒和反抗，第一次出现了孟良这个较成功的革命者形象。这篇论文对理解中国现代作家的发展规律，提供了一个值得重视的例证。

从某个特定的角度看，笔者认为可以将樊骏另三篇重要文章视为一个"系列"。这三篇是：《〈老舍名作欣赏〉前言》《老舍——一位来自社会底层的作家》和《老舍的"寻找"》。细加归纳，三文共同构成一个压缩版或精编本的"老舍评传"。出于对老舍这位文坛巨星悲惨陨落的感怀，樊骏精选了一批老舍的散文、中短篇小说，节录了若干长篇小说和戏剧，约请他心目中的名家作出赏析文字。《前言》意图正是追踪老舍全程艰难的人生跋涉与曲折的艺术追求，找出老舍之所以是老舍的根本所在。这篇长长的前言本身，是遵循鲁迅的主张，即"倘要论文"，理应"顾及作者的全人，以及他所处的社会状态"，为我们梳理了老舍全人全文，呈现了一个完整、真实、有血有肉的老舍及其文学遗产。仅这篇要言不烦的前言，樊骏就堪称老舍艺术世界一位出色的"导游"了。而《老舍——一位来自社会底层的作家》与《前言》相互呼应，承担了更具体的开掘任务。樊骏认为，"来自社会底层"，是老舍区别于其他绝大多数作家之处，应成为我们理解和评价老舍思想和作品的出发点；而为底层人民呼吁，鞭挞压在他们身上的旧世界，则是老舍创作的"基调"。他又进一步分析了"来自社会底层"总命题下"丰富复杂的内容"。值得充分肯定的是，樊骏并没有简单地套用"社会底层"这一概念，因为老舍自己是经历了政治、社会、生活、文化思想等多方面的洗礼之后才开始创作的，老舍也是在汲取多方面的营养，丰富和充实自己，才取得后来辉煌的成就的。这样，樊骏就将老舍与同代中国作家的共同性与特殊性充分阐明了。《老舍的"寻找"》之所以也可归入精编"评传"，在于该文从另一个侧重点，即个性印记的侧重点"寻找"老舍，提出老舍毕其一生的创作都是在"寻找"，不但找到了自己，还切实地找到了人生，找到了社会和时代。该文最精彩的部分在于阐明老舍如何锤炼出为他所特有的文学语言，一种"从心眼里"发出的最有力、扼要、动人的语言。樊骏概括为"生动悦耳、简练有力、寓庄于谐、深入浅出、雅俗共赏的文学语言"，这二十个字是后来的研究者都难以逾越的精当的概括。该文也初步提出老舍的幽默，是最能显示出老舍的神韵和情趣的"老舍味儿"。这一重要问题，在后来的《认识老舍》中作出了进一步开掘，留待后述。

经过十多年的努力，老舍研究得以成为中国现代文学学术研究发展中最具活力与成绩的领域之一。在当时的"文化热"中，老舍研究因文化视角与老舍世界的高度契合而获得醒目的突破。正如樊骏所说的，中国现代文学研究整个学科"已不再年轻"，老舍研究也一样"不再年轻"。要深入而准确地把握一个作家，不但要把他的艺术世界当作一个整体来研究，还要把这整体视为一个开放的动态的体系，方可期望获得真知。所以，新时期的老舍研究在经历了十多年的前进之后，又出现了沉寂和徘徊。要想获得新的话语和创见，亟须在前进基础上拓宽思路，提倡"攻坚"。又是在这样的历史性时机中，我们的领军人樊骏再次抓住了"大整合"以萌发新机的关口，抛出了他的重型论文《认识老舍》。这篇论文，作为老舍研究会上的发言，早在1986年已见端倪。只有像樊骏这样严谨的学者，才能以十年磨一剑的功夫和厚实的学力去反复锤炼之，终在1996年的两期《文学评论》上连载，并在六年后收入《走近老舍》一书之际再次修改，不仅在老舍研究界，同时在整个文学研究界产生了重大影响。

樊骏在老舍研究史和创作史的结合中去认识老舍，以成熟的史家眼光审视老舍文学的特征和贡献，又兼容了老舍研究中一些成熟的观点，要言不烦地开拓着老舍文学海洋的景观和底蕴。该文整体的起点就很高，开宗明义以"思想启蒙"作为"认识"的平台，响亮提出老舍"始终坚持了'五四'的思想启蒙的传统"。对一些同行研究者来说，常会感到思想启蒙问题很重要又很难阐明，樊骏的观点实际解开了老舍研究史上分歧的死角的关节，起到了一通百通的功效。他开掘着老舍满含"惋惜""规劝"和"爱"的思想启蒙与人文关怀，作为基调贯穿他全部创作，成为他的艺术世界最鲜明的思想特征；而且对整个新民主主义革命和中国社会的现代化都具有"前导"意义。纵向的深邃史识，横向的作家比较（文中将老舍分别与鲁迅、茅盾、巴金、曹禺作了精当的比较），使该文达到了同一研究领域的高峰；他又将持续了很久的对老舍争议的关键所在揭示了出来，对长期存在的"理论上的片面性"和"政治上的宗派情结"进行了批评。延续了他一贯的观点，樊文更深入地阐明了文化视角、文化剖析和批判，本来就是老舍的标志和强项，《认识老舍》更突出了他关注普通人生活中体现出的文化内涵，这是不少研究者容易忽视的。樊骏特别以"清明上河图"式的艺术情趣和生活气息去描摹这内涵，找到了老舍作品中几乎无所不在的非主人公的主人公。《认识老舍》还从中国现代文学进化观念的得失角度辨析老舍创作的得与失，都与他"要看真的社会与人生"，坚持按照实际见闻与切身体验反映生活与塑造人物的创作原则密切相关，因而才有那种满含血与泪、在黯淡的气氛中透着悲凉与凄惨的世界。对老舍的现实主义，樊骏直透本质概括为"一种最接近生活的朴素的、本色的现实主义"，令人信服。除了对"京味"的精辟辨析外，笔者认为樊文对老舍的幽默，也作出了高人一筹的生发。他认为老舍的幽默已不是一个纯技巧问题，而是"看透宇宙间的种种可笑"的人生哲学的艺术表现。并认为这是由老舍外圆内方的性格和"中年人的心态"形成的。樊骏深入解读了老舍的"和颜悦色，心宽气朗"的品格化的幽默；老舍的幽默是悲观的产物，其中的苦涩心酸，反而成了思想启蒙和文化批判的手段，结果是"通于深奥"。《认识老舍》涉及了老舍研究中众多关键问题，代表了新时期来老舍研究的顶峰，以及老舍研究整体所达到的最深的境界和最大的广度。

以樊骏卓绝的史识，深厚的理论功力，翔实的资料占有，原来就足以让我们这些后来者感佩不已。但读他的论著，虽然从量上来看不是很多（其中老舍研究约占百分之三十），但没有一篇不是精品！尤其值得我们学习的是，他襄有深厚的马克思主义理论功底，对有关西方学者也绝不陌生，运用自如。但他的论文，没有丝毫理论"霸气"，也不摆出什么权威"架势"，让人信服接受，但同时又要深思才消化吸收。我们今天和今后都应该呼唤樊骏式的学者！

2011 年 2 月　于北京

学科魂[*]

——《樊骏论》之第一章

王富仁

　　樊骏先生走了，走的是我们每一个人都得走的一条路，所以也没有多么巨大的悲痛，只是心里有点沉重。

　　这点沉重，实际也不是由于"死亡"的压迫，而是突然感到了自己的一个无法推卸的责任，一个必须履行的义务。从与樊骏先生通信，到樊骏先生离世，已经整整三十年的时间。在这三十年间，至少在我的感觉里，一直受到樊骏先生的呵护，不论是在学术上还是在生活上，但出于各种考虑，除了一些空洞的个人的感谢之外，我却没有说过关于樊骏先生学术和人品的任何一句话，倒是樊骏先生却多次提到我，并给予我热情的鼓励和奖掖。现在，樊骏先生走了，各种顾虑也随着他的离去而成为不必要的。所以，不论是对于死者，还是对于生者，我都必须真诚地、无私地陈说出我心里的樊骏先生。

一

　　实际上，大概在最近二十年的时间里，我的脑海里就常常萦绕着我

---

[*] 本文是作为纪念文章写的，为避免引经据典的学究气，本文不做详尽注释，仅在括号内随时略加说明。樊骏先生的文章均见人民文学出版社樊骏著《中国现代文学论集》。

生造的一个词："学科魂"（"中国现代文学研究学科之魂"）。这个词，我是无言地用于樊骏先生的。

每一个研究学科，都是由这个学科的诸多具有独立个性的研究者以及他们具有独立个性的具体研究成果构成的，学术应该是完全自由的，每一个研究者的具体研究活动也应该是完全自由的，它是一个学科的生命的源泉，也是一个学科能够繁荣发展的前提条件。但是，一个学科又是一个整体，一个独立的研究领域，不论任何一个独立的富有个性的研究者、不论任何一个独立的富有个性的研究成果，又都是能够彼此联结并构成这个学科的整体本质特征的因素。这就有一个学科的精神、学科的"魂"的问题。如果其中一个或由几个具有独立个性的研究者所构成的小的结构体，不但具有自己独立的研究个性，其个性同时还是能够起到联结其他所有独立的富有个性的研究者及其独立的富有个性的研究成果的作用，我们就会感到这个研究者或简单的结构体就是这个学科的精神的体现者，就是这个学科的"魂"。正是在这样一个意义上，我们感到孙中山的"三民主义"就是中国现代社会革命的"魂"，"五四"《新青年》同人所倡导的"科学、民主、自由、平等"的文化思想就是整个中国新文化的"魂"，鲁迅及其文学的追求就是中国新文学的"魂"，毛泽东思想就是中国共产党领导的中国政治革命的"魂"，我们中国现代文学研究学科在整个中国现代文化中没有上述文化领域那么重要的历史地位，对整个中国社会的发展也没有那么巨大的影响力量，它只是中国学院学术研究领域文学这个研究领域的一个学科，并且是一个最年轻的、规模较小、影响力也较小的学科，但"麻雀虽小，五脏俱全"，它同样是有自己的精神，自己的"魂"的。

时至今日，我们已经不太注意我们这个学科刚刚诞生时的情况，但要体验一个事物的内在精神和灵魂，不了解它诞生时的情况是不行的。一个新生婴儿的父母都是中国人，并且他诞生在中国这块土地上，他终其一生就再也不可能完全摆脱掉他与中国人的内在精神联系。一个人是这样，一个学科也是这样。这是一个"出身"问题。这个"出身"问题虽然不是一个事物的全部问题，但至少也是诸多重要问题中的一个。

　　我们这个学科，是在新中国成立之后建立起来的一个新的文学研究学科，在这里，我认为，我们必须意识到的有这么两点：其一，它是在这个新的政权政治权力的直接支持下建立起来的；其二，它是在这个新的政权政治权力的支持下建立起来的一个"文学研究"学科。对于第一点，我们当代的中国现代文学研究学科的研究者大概是不太乐意记起的，也是不太乐意承认的，但这却是一个不容忽视的历史事实。它同样是浸透进我们这个学科的学科精神并构成我们这个学科的本质特征的因素。为什么我们这个学科首先产生在中国大陆，而不是首先产生在台湾？在这里，至少又是有两个方面的原因的：其一是中国新文化、特别是中国新文学在整个中国文化中实际地位的卑下和实际影响力的微弱。这决定了它还无力仅仅依靠自己的力量而支撑起自己的存在和发展，而必须从现实的国家政权那里获得直接的政治权力的支撑。用句形象的比喻，我们学科实际是一个"不足月"的孩子，极早地在现实政治权力的催生下诞生了；其二就是当时现实的政权之所以直接地、主动地支持了我们这个学科的成立，是因为我们这个学科的存在本身与中国共产党领导的政治革命在精神上就有相互呼应的关系，并因此发生着各种不同形式的社会交叉。没有这种呼应和交叉的关系，一个国家政权是不可能直接地、主动地促成一个文学研究学科的建立的。这种精神上的呼应关系，用我们过去常用的概念来说，就是"革命精神"上的呼应关系：中国共产党领导的政治革命运动是在中国政治领域发生的一个革命运动，而中国新文学则是在中国文学领域发生的一个革命运动，二者在"革命精神"上有着共时性的呼应关系，因而相互之间也发生着多方面的交叉。若用我们现在常用的一个更切近的术语，我们也可以用社会弱势群体对社会强势群体的反抗来表述：中国共产党领导的政治革命是当时中国社会上弱势政治群体对当时中国社会上强势政治群体的反抗，中国新文学则是当时中国社会文化中弱势知识分子文化对中国社会上强势知识分子文化的反抗。这决定了二者之间有着相互同情和理解的广阔渠道，因而也在诸多方面有着相互的支持和配合。

　　从新中国的成立到1976年"文化大革命"的结束可以说是中国现

代文学研究学科的初成期。在这个历史时期，樊骏先生作为一个大学中文系毕业的学生而成为中国现代文学研究学科的一名青、中年学者，他以自己的方式经历了这个学科的风风雨雨而得到自身的成长，但显而易见，在那个时期，他还不是中国现代文学研究学科的灵魂式人物。在那时，作为中国现代文学研究学科灵魂式人物的，我认为，可以举出我的博士生导师李何林先生。

在 1949 年之后的中国现代文学研究界，学术成果最丰硕的并不是李何林先生，而是王瑶、唐弢等诸位学术前辈，但我为什么独独认为他更能体现中国现代文学研究学科的精神和灵魂呢？我认为，只要考虑到当时中国现代文学学科之所以能够存在并得到特定程度上的发展的两个主要条件，我们就会感到，李何林先生及其研究活动实际是更能体现那时中国现代文学研究学科的精神和灵魂的。我们说中国现代文学研究学科是在当时国家政权政治权力的支持下建立起来的一个新的文学研究学科，这就内在地决定了当时中国现代文学研究学科的基本理论范式：它的理论基础是作为当时国家政治意识形态的毛泽东思想，特别是毛泽东的文艺思想，而作为它的本体研究对象的则是中国现代文学。在这里，当我们回到作为一个中国现代文学研究者的本我的李何林先生的时候，就会感到，不论在其学术思想的外在表现上，还是在其内在精神的实际构成中，李何林先生都是这两种文化因素的有机构成体。现在的人们大都认为李何林先生很"左"，但他的"左"是真"左"，而不是假"左"；他的"左"就是他的本色，而不是装出来的，更不是为了得到权势者的青睐而给自己涂上的一层文化的油彩。他参加过八一南昌起义，在家乡组织过文字暴动，避难未名社期间开始搜集中国现代文艺论战的历史资料，可以说是以一个革命者的身份、带着自己固有的革命精神和革命体验着手中国现代文学研究的，他的鲁迅观和中国现代文学观并不是对毛泽东文艺思想的被动接受和消极服从，而是形成于毛泽东文艺思想正式形成之前，是从他的阅读感受中自然孕育出来的。除了关于"五四"新文化的领导权的观念之外，他在 1949 年之后坚持的所有文学主张，几乎全部是他固有的文学主张，不是对现实国家政权的政治意识形态（现在常常称为主流意识形态）的搬用和抄袭。从有形的研究模式来说，他的文学研究模式几乎与当时占主导地位的政治化模式是完全相同的，甚至较之在别的研究者那里表现得更加机械、更加生硬，但他的研究活动却与当时流行的研究活动有着本质上的不同：如果说当时占主导地位的研究活动（其中也包括很多中青年学者的研究活动）是通过对中国现代文学作家及其作品的研究具体阐释和论证着作为当时国家意识形态的毛泽东思想、毛泽东文艺思想的正确性，他则是用当时作为国家意识形态的毛泽东思想、毛泽东文艺思想具体阐释和论证着鲁迅及其文学创作的价值和意义。在别人的研究中，实际上越来越失去了中国现代文学本体的完整性，而在李何林先生的中国现代文学研究中，却始终保持了他在 1949 年前早已形成的中国现代文学的整体性观念，他始终没有将以胡风为首的原《七月》《希望》派诗人和文学家，将丁玲、艾青、萧军、冯雪峰、邵荃麟等依照国家主流意识形态的政治标准被打倒的新文学作家从他的中国现代文学的整体性观念中抹去，并在"文化大革命"结束之后成为主动为这些作家的存在权力和存在价值进行呼吁的知识分子。

必须指出，李何林先生之作为当时中国现代文学的魂灵式的人物存在于中国现代文学研究学科的内部，其本身就是当时中国现代文学研究学科不具有自己完全独立的文化地位、不具有自身的自由性的表现，并且这也影响到中国现代文学研究学科向着更加完整和更加丰满的方向发展的可能性。在李何林先生中国现代文学观念的整体格局中，周作人、徐志摩、戴望舒、梁实秋、林语堂、沈从文、张爱玲、钱钟书都不具有自己完全独立的文学地位，但从中国现代文学本体意义的角度，他们恰恰是不可忽略的。李何林先生的中国现代文学观是革命的文学观，但任何时代的文学都不可能仅仅有革命的文学，同时也有不是革命文学的文学，而且正因为有的文学不是革命的文学，革命的文学才有自己独立的品格和独特的价值。文学研究的学科，首先要求的是"文学研究者"，而不是"革命的文学研究者"。"革命的文学研究者"也可以成为文学研究队伍中的一员，但其标准却不能成为文学研究学科的基本标准和主要标准，更不能成为文学研究的唯一标准，这正像"贫下中农"也是国家的公民，但却不能以贫下中农的标准要求每一个国家公民一样。

"文化大革命"结束之后、中国当代文化发生了一个显著的变化，中国现代文学研究学科的面貌也为之一新，李何林先生的文学研究仍然作为中国现代文学研究中的"一家"而发挥着自己重要的历史作用，但却已经不是中国现代文学研究学科的主要精神支柱。

中国现代文学研究学科开始脱离国家政治权力的襁褓、作为一个独立的文学研究学科而存在和发展起来。

二

在任何一个历史的转折关头，都给那个时代的先锋人物、特别是青年一代的先锋人物带来无限的期望，因为未来永远是朦胧的、不明确的，历史的转变给人们提供了无限广阔的遐想的空间，好像它能满足任何一个人的任何一种美丽的幻想，并像一团火炬一样引导着他们去追求、去奋斗、去创造属于自己的人生。在这时，人们总是感到："黑暗即将过去，光明就在前面。"但是，人类的历史永远不会简单到只是光明代替黑暗的历史，不是经过一代人的努力就能够完成的历史，而是一种历史的合理性代替另外一种历史的合理性的历史，是跨过这个困难而迎来那个困难的历史，并且它对于不同的人也有着各自不同的意义：历史的笑脸永远不是对着每一个人的。

在这里，就需要我们每一个人都必须思考自己的命运和前途，并且在对自己的历史和现实的认识中为自己开辟前进的道路：盲目地信从别人是没有前途的，盲目地反对别人也是没有前途的。——一个人是这样，一个学科也是这样。

从中国现代文学研究学科建立伊始，我们中国现代文学研究学科就是以毛泽东的《新民主主义论》《在延安文艺座谈会上的讲话》，特别是毛泽东对鲁迅的崇高评价作为基本的理论指针的，由此而及于整个毛泽东思想，而及于整个世界范围的马克思列宁主义文化——我们中国现代文学研究学科是在整个世界范围的马克思列宁主义文化舞台上获得自己的存在价值和意义的。必须指出，这在我们中国现代文学研究学科的建立与建立之初的存在与发展过程中绝对不是毫无意义的，它不但赋予我们以存在的现实感，同时也赋予我们以存在的先进感；它不但赋予我们在中国文化中的先进感，同时也赋予我们在世界文化中的先进感。在整个现代世界的文化舞台上，我们中国现代文学研究学科永远不是孤独的，即使遇到这样或那样的困难和挫折，也认为只是自己和自己这个狭小的文化环境出了问题，而不在我们这个学科本身。但是，就是在这种大而化之的乐观主义之中，我们中国现代文学学科的路却没有越走越宽广，越走越光明，而是越走越狭窄，越走越黑暗，到了文化大革命，我们就走进了一个死胡同，几乎走到了我们生命的绝境。

"文化大革命"结束之后，我们中国现代文学研究学科的重新生成并呈现出某种程度的繁荣发展的局面，像中国大陆绝大多数文化领域的情况一样，直接表现为过去被我们奉为指导思想的马克思列宁主义、毛泽东思想绝对统治地位的动摇。于是我们常常认为，马列主义、毛泽东思想就是"文化大革命"前中国现代文学学科悲剧命运的总根源，只要遗弃了马列主义、毛泽东思想对我们思想的影响，我们中国现代文学研究就会有自己光明的前景。但是，这对于有些研究领域似乎是顺理成章的，但对于我们中国现代文学研究学科，却像一身不太合身的衣服一样，穿在身上有点捉襟见肘的感觉。这里的原因是不难理解的：从20世纪20年代末，中国现代作家大量向左转就是一个不争的历史事实，而对"五四"新文化、新文学运动在中国文化发展史上的作用和意义有着最充分的认识和评价的，也正是作为中国共产党主要领袖人物的毛泽东，并且这成为他的思想的主要组成部分之一。1949年之后，中国大陆各高等院校中国现代文学史课程的开设、中国现代文学研究学科作为一个独立的学科出现在中国大陆学术界，莫不有赖于毛泽东思想、毛泽东文艺思想的理论支撑。

我们必须意识到，不论是"文化大革命"以及此前的历次政治运动，还是"文化大革命"结束之后的"改革、开放"，都是发生在全国范围内的思想文化的大变动，并且是国家意识形态自身的变动，而不是由任何一个特定文化学科的发展和变化引起的，更不是以任何一个特定文化学科的力量所能够抗拒的，它对不同文化领域不同文化学科的影响作用实际是极为不同的。与此同时，"文化大革命"是发生在国家政治中心地带的意识形态的大裂变，"文化大革命"的结束则是这个大裂变过程的终结，而在这一过程中，国家政治意识形态的本体发生了一个根本性的转变。这种转变直到 20 世纪 90 年代才有了一个更加清晰的轮廓——它由以社会政治形态为主体的意识形态转换为以社会经济形态为主体的意识形态，文学与文学研究、特别是我们中国现代文学研究学科实际已经在这种国家意识形态自身的转变过程中逐渐从国家意识形态的本体中被分离出来，既不再直接受到国家政治权力的支持和保护，也不再像过去那样直接受到国家政治权力的约束和控制。当然，这是一个过程，在这个过程中同样会有各种各样的事情发生，但这个转变过程却是千真万确的。

我之所以不厌其详地说了以上这些话，我认为，这对于我们更加真切地感受和理解樊骏先生是有关键意义的。"文化大革命"结束之后的中国文化界，是一个风起云涌的文化界。各种各样的潮流，各种各样的思想，各种各样的主义，各种各样的旗帜，风云际会，波诡云谲，而樊骏先生却绝对不是一个风云人物，我们甚至就无法给他一个醒目的名目：他既不是一个马克思主义者，也不是一个反马克思主义者；既不是一个现实主义者，也不是一个现代主义、后现代主义者；既不是一个国家主义者，也不是一个自由主义者；既不是一个激进主义者，也不是一个保守主义者；既不是一个"国粹派"，也不是一个"西化派"……他只是一个没有定语的中国现代文学研究者，他重视的始终是中国现代文学研究自身。

但是，只要我们平心静气地思考一下我们中国现代文学研究学科以及我们每一个中国现代文学研究者的任务和命运，我们就会感到，恰恰就是樊骏先生这样一个没有定语的中国现代文学研究者，才真正体现了我们中国现代文学研究学科的本质特征，才反映着中国现代文学研究学科能够不断得到延续并发展的根本需要，同时也是我们中国现代文学研究学科在整个中国文化舞台上所能够发挥自己作用的基本形式。我们中国现代文学研究学科是一个学术研究的学科，我们中国现代文学研究者就是从事中国现代文学研究的。中国现代文学自身就是一种历史性的存在，我们对它的研究是对这个历史性存在的感受、认识和阐释，除此之外，还有什么呢？正像世界上不存在革命的生物学和反革命的生物学、民主的生物学和专制的生物学一样，我们中国现代文学研究也不存在革命的中国现代文学研究和反革命的中国现代文学研究、民主的中国现代文学研究和专制的中国现代文学研究。中国现代文学史上的"革命文学"实际只是部分文学家对自己政治倾向性的一种界定，此后成为像毛泽东这样的政治革命家从现实政治需要出发对文学创作提出的希望和要求（这对于一个政治革命家而言，是完全可以理解的），但它不是对文学本身的研究，更不能作为评价文学作品的唯一标准（既不能像 17年那样将所有自称"革命文学"的文学作品都视为正确的、优秀的，也不能像后来一些人那样将所有自称"革命文学"的文学作品都视为错误的、低劣的）。总之，中国现代文学研究学科的灵魂就是没有附加语的中国现代文学研究本身。

显而易见，在中国现代文学研究学科的历史上，樊骏先生并不属于李何林先生的学术传统，而更属于王瑶先生的学术传统。李何林先生更是带着中国现代政治革命的传统进入中国现代文学研究界的，唐弢先生更是带着中国现代创作家的传统进入中国现代文学研究界的，而王瑶先生则是带着中国现代学院派学者的传统进入中国现代文学研究界的。在1949～1976 年我称之为毛泽东时代的历史时期里，李何林先生的学术传统起到了中国现代文学研究学科的精神支柱的作用，但他的学术传统却带有更明显的过渡性特征，不具有为后辈广大青年学者直接传承的可能性，而具有这种可能性的则是王瑶先生的学术传统。这里的原因是不难理解的，在整个人类的历史上以及在一个民族的历史上，政治革命仅仅发生在极短暂的历史转折时期，在这样一个转折时期，像李何林先生这样的学者既有自己政治革命的经历，也有自己的学术积累，使其在政治、学术两个侧面都拥有自己的资本，可以在历史转入和平发展时期以后承担更大的压力，支撑更大的场面，这是为王瑶先生这样的学者出身的学者所不可能做到的。但是，历史一旦转入和平时期，不断进入学术界的就不再是像李何林先生那样经历过"血与火"的考验的学者了，而是像王瑶先生这样一些一直从事着学术研究的学者了。他们没有政治革命的经历，他们没有能力直接影响国家政治文艺政策的制定与贯彻，所以必须像王瑶先生一样，主要依靠自己的学术支撑自己的学术，支撑自己的文化观念乃至精神生命。学术的意义就是他们存在的意义，学术的价值就是他们存在的价值。但是，他们虽然像王瑶先生一样，也是学者出身的学者，但在现实国家政治面前，却没有也不应当有王瑶先生所不能没有的异己感觉和原罪感觉，王瑶先生之选择了学术，不是根据当时中国共产党领导的政治革命的需要，不是现在的国家政权对他提出的希望和要求，而这些青年学者之从事学术研究则既是个人的选择，也是现实政治的一种需要；既是个人兴趣之所在，也是新的国家政权对他们的希望和要求。在他们这里，政治与学术、国家与个人仍然是有区别的，但这种区别却不应成为价值判断的主要标准，因为谁也不能说从政的就是革命的，从事学术研究的就是不革命乃至反革命的。由此可见，对于像樊骏先生这一代的中国现代文学研究者，忠诚于中国现代文学研究自身既是最基本的、也是最高限度的人性要求，是他们人性成长和发展的基本表现形式。世界上没有任何一个人有权利要求他们必须成为一个这样或那样的政治派别的人物，但人们却有权利要求他们必须忠诚于自己所选择的中国现代文学研究这项社会的事业，并为这项社会事业的存在和发展做出自己正面的努力。所谓忠诚于中国现代文学研究，就是要忠诚地面对中国现代文学史自身，忠诚地面对中国现代文学史上的作家及其作品、忠诚地面对中国现代文学史上发生的各种不同的文学现象和文学事件，逐渐深入地感受、了解和理解它们，并忠诚地将自己对它们的感受、了解和理解表达出来，不为任何外在的目的而歪曲地表达自己感受和体验中的这些历史的事实。在这条学术研究的道路上，一个人仍然可以走这样或那样的曲折的道路，存在这样或那样的失误，任何一个人都不是一个天生的圣人，但只要他能够忠诚于自己所从事的这项社会的事业，他就会不断成长与发展起来，并在任何一个历史的当口都能找到自己继续前进的道路。

　　表面看来，忠诚于自己所从事的学术研究，并不是一个多么困难的事情，但在中国的现实历史条件下，特别是对于在毛泽东时代从事我们中国现代文学研究的学者们来说，却也不是一个多么轻松的事情，因为中国向来是一个权力化的社会，而不是一个文化化的社会。中国有文化，但文化在任何一个具体的社会环境条件下，都不可能起到决定性的作用，即使文化上的真理，也必须用权力来保卫。没有权力，任何一种文化都是一句空话。"五四"新文化，在其本质上就是一种离开权力关系的文化，是当时极少数独立知识分子倡导的文化。文学，是在作者和读者之间实现的一种精神上的交流，是超越于权力关系的；科学，是作者和读者之间实现的理性上的交流，也是超越于权力关系的。在严重的民族危机动摇着现实社会固有的权力关系的现实社会上，"五四"知识分子企图通过这两种具有超越性的文化的革新改变中国社会的整体面貌，为中国人开出一条新的文化道路。但当时的现实社会却依然是一个权力化的社会，不论是没有文化的下层劳动群众，还是有文化的上层政治社会，都既不急需这样的文学，也不急需这样的理性，当时的新文化与新文学只在少数充满好奇心和求知欲的青年学生中发生过一些皮毛的影响，即使他们，到了1919年之后，也都感到了现实权力关系的压迫，其后的中国历史，就仍然是政治的历史，是政治上的革命，是围绕社会政治权力进行的大博弈，新文化自身也被卷入了各种形式的政治权力斗争的旋涡，分不清哪些是政治权力之间的斗争，哪些是文化上的斗争了。实际上，这二者原本是有本质上的区别的："五四"新文化面对的主要是中华民族的精神危机，追求的是心灵内部的革命，而政治革命面对的是中华民族的社会政治危机，追求的是外部社会政治权力关系中的革命。1949年中华人民共和国的成立，正式结束了从晚清开始的中国现实社会的政治危机，但它仍然是通过不同政治势力之间的大博弈实现的，其结果则是愈加强化了中国社会的政治权力关系。如前所述，正是在新文学革命与中国共产党领导的政治革命之间在革命精神上的相互呼应关系以及由此发生的大面积交叉，中国现代文学研究学科在当时国家政治权力的直接支持下诞生了，但它一当诞生，就与现实的政治权力关系发生了各种不同形式的差异和矛盾：在现实国家政治权力关系中居于有权地位的，在中国现代文学史上可能乏善可陈，而在中国现代文学史上具有重要地位的，可能在现实的国家政治权力关系中处于被排斥的地位。这就将中国现代文学研究者置于了两难的境地：是忠于现实的政治权力，还是忠于中国现代文学研究自身？换言之，是主要关注自己在现实政治权力关系中的命运和前途，还是主要关注自己对中国现代文学研究事业的作用和意义，就成了中国现代文学研究者两种不同的人性的抉择。

任何一代青年学者都是在前一代学者所提供的知识图景的基础上逐渐建构自己的知识图景的，并且任何一代青年学者也都不能不重视自己与现实社会的协调关系以求得自身的存在与发展，但以上两种不同的人性抉择仍然是有巨大的差异的：那些忠诚于自己所从事的中国现代文学研究事业的人，是在逐渐完善自己对中国现代文学史的感受和认识的基础上积累自己的知识与才能的，这样的知识和才能尽管也会受到现实社会关系状况及其变化的某些影响，但其主体是具有稳定性的，它不但不会被任何现实社会关系的变化所颠覆，并且还会在现实社会关系的变化中得到进一步的丰富、完善和加固。他们也会重视当时社会所普遍使用的理论话语，但这种理论话语在他们的言论中不会成为霸权话语，不会成为对读者的威慑力量。而那些忠于现实的政治权力的人，却不是在完善自己对中国现代文学史感受和认识的基础上积累自己的知识与才能的，而是在现实政治权力需要的基础上积累自己的知识和才能的，这样的知识和才能具有极大的不稳定性，任何现实关系的变化都会将其从根本上颠覆，使其不能不有一个十分僵硬的转折。他们特别重视当时流行的权威性理论话语，并将这些话语转变成霸权性话语，包起自己，吓唬别人。

不难看出，樊骏先生即使在毛泽东时代的政治风浪中，也始终是作为一个忠诚于中国现代文学研究的青、中年学者走过来的，他并没有白白地度过那个时代。在那个时代里，他积累的不是自己的政治权力，不是自己的霸权性话语，而是自己从事中国现代文学研究的知识和才能，这使他在面临"文化大革命"结束后的新的历史机遇的时候，几乎是顺其自然地走进了一个新的历史时期。

2011 年 9 月 8 日于汕头大学文学院

樊骏参与建构的中国现代文学研究的传统

钱理群

一 樊骏对于我们这个学科的意义

我在一次关于"80年代现代文学研究"的访谈里，曾经对年青一代的研究者说过这样一番话："你们要研究八九十年代的中国现代文学，樊骏是一个关键人物，他的现代文学研究的学术思想，他所做的组织工作，特别是他对我们这一代的重视、培养和影响，是不可忽视，应该认真研究的"。[①] 这里，我还想补充一句：樊骏对于我们学科，还不只是这些具体的贡献，或许还有着更大的启示意义。

读樊骏的著作，最引人注目的，是他把自己的主要精力集中在"学科评论"与"学科史"的研究上；而恰恰是这一点，是很难为人们所理解的。如严家炎先生所说，樊骏对于老舍研究是做出了"深刻而独到的贡献"的；[②] 以老舍研究中所显示出的高远的学术眼光和深厚的

[①] 钱理群、杨庆祥：《"二十世纪中国文学"和80年代的现代文学研究》，《上海文化》2009年第1期。

[②] 严家炎：《序言》，樊骏：《中国现代文学论集》，人民文学出版社，2006，第2页。

学术功底，樊骏如果集中精力进行作家、作品与文学史研究，定会取得巨大的成就，这是学术界所公认和期待的。但樊骏却并不注重个人的学术发展，而更关注整个学科的发展，在"学科的总体建设方面下了很大的功夫"，以此作为他的学术的主攻方向。① 而如樊骏自己所说，这样的选择，开始也有偶然因素；但越到后来，就越自觉，并激发出"责任感"，成为"一种内在的动力"，"随时留意和反复思考这门学科正在发生的变化，而我自己也终于不知不觉地进入了这一角色"，② 而甘当学科发展的铺路石。

这样的责任感和内在动力，在我看来，就是一种对学术、学科的使命感，承担意识。——很少有人像樊骏这样忠于中国现代文学这门学科，把整个生命投掷其中的。

而这样的使命感和承担意识，又是建立在充分的理性认识基础上的。樊骏对学科的研究对象——中国现代文学，有着这样的体认："现代中国这段历史丰富复杂的内涵，这在中外古今的文学历史中都是极为少见的"，"在三千年的文学历史的长河中，很少有如此深深地扎根现实土壤，又如此牢牢地植根于时代生活，与之水火交融为一体的"，而我们"对于这门学科所肩负的艰巨任务和需要探讨的学术课题之繁杂等，都估计不足"。③ 因此，在樊骏看来，这样一个研究对象，是能够最大限度地满足自己对于文学和对于现实、时代生活的双重迷恋的，而这样的双重迷恋正是樊骏这一代研究者的最大特点，我们在下文会有详尽讨论；同时，其空前丰富而复杂的内涵，以及研究、把握的难度，又是最具有挑战性时的，是最能激发自己的想象力和创造活力的。也就是说，樊骏是在现代文学学科的研究中，找到了实现自我生命价值的最佳路径和最厚实的载体，于是，他就很自然地将自我生命的发展和现代文学的学科发展融为一体了。

---

① 严家炎：《序言》，《中国现代文学论集》，第 1 页。
② 樊骏：《前言》，《论中国现代文学研究》，上海文艺出版社，1992，第 4 页。
③ 樊骏：《〈中国现代文学研究丛刊〉：又一个十年》，第 224 页；《很有学术价值的探索》，《中国现代文学论集》，第 468 页。

　　这里还有着他对于学术研究的独特理解和把握。在樊骏看来，学术工作是"凝聚着几代人的集体智慧的、社会化的精神劳动"。他所看重的，不仅是学术研究的个体性，还有社会性的方面。也就是说，在学术内部，也存在着社会的分工。除了个体的某个方面的深入研究之外，也还需要有学者着眼于学科的长远发展，作整体性的思考与把握，进行"研究的研究"，即"从总体上剖析整个学科（或者其中的某个方面某个专题）的来龙去脉，总结前人的经验教训，提出继续探讨的方向和任务"，这样的学科战略发展研究，就能够使"人们对于进行中的研究工作以至于整个学科的建设处于清醒自觉的状态"。①

　　对"总结前人的经验教训"的学科发展史的研究的重视背后，也还隐含着樊骏对学科理论建设的高度重视。樊骏说过，他对学科建设的基本思路，就是两条：一是史料，二是理论。② 史料问题我们在下文会有详尽讨论，这里要说的是樊骏对"普遍加强研究者的理论素养，提高学科理论水平"的迫切性与重要性的阐述："可以毫不夸张地说，我们的每一步前进、每一个突破，都面临着理论准备的考验。任何超越与深入，都离不开理论的指引与支撑。理论又是最终成果之归结所在，构成学科的核心。而且，衡量一门学科的学术水平、学术质量的高低，归根结底，取决于它在自己的领域里究竟从理论上解决了多少全局性的课题，得出多少具有重大理论价值的结论，有多少能够被广泛应用，经得起历史检验，值得为其它学科参考的理论建树"。樊骏同时一再提醒现代文学研究界的同行：对理论问题的忽视，造成了"自觉的文学史观"的缺失，正是这门学科根本性、制约性的弱点。③ 而在樊骏看来，学科的理论建设，自觉的文学史观的形成，固然需要最广泛地借鉴外国的与传统的理论资源，但最根本的，还是要从自己的文学史实践出发，从历史经验、教训的总结，抽象概括里，提升出对自身文学现象具有解释力

---

① 樊骏：《〈中国现代文学研究丛刊〉十年》，《中国现代文学论集》，第 425 页。
② 樊骏：《前言》，《论中国现代文学研究》，第 8 页。
③ 樊骏：《我们的学科：已经不再年轻，正在走向成熟》，《中国现代文学论集》，第 509 页，第 514～515 页，第 504 页。

与批判力，既具有中国特色，同时又具有某种普遍性的文学史理论与观念。

在我看来，以上两个方面：对学科发展的全局性、战略性关怀与思考，对学科理论建设的高度重视与自觉性，构成了樊骏学术研究最鲜明的特色，也成为樊骏对我们这个学科最独特的贡献：这是一位具有战略关怀与眼光的学科建设的战略家，一位最具有理论修养、自觉与兴趣，因而最具有理论家品格的学者。在这两方面，都是无可替代的。他也因此在促使学科发展能够处于"清醒、自觉的状态"这方面发挥了无可替代的作用。这一点，在樊骏因为身体的原因，逐渐淡出现代文学研究界以后，是看得越来越清楚了。我在好几次研究生的答辩会上都提出了今天的现代文学研究存在的"精细有余，大气不足，格局太小"的问题，其中一个重要原因，就是全局性、战略性眼光、关怀与思考的缺失，理论修养的不足，对理论建设的忽视。而这样的缺失与不足、忽视，就很容易形成学术研究的盲目与不清醒状态，在这背后，又隐含着学科使命感、承担意识的淡薄：这都构成了当下现代文学研究的根本性问题。因此，我们实在需要呼唤"樊骏式的学者"的出现：这是关系现代文学学科长远发展的全局性的大事。

严家炎先生在为樊骏的《中国现代文学论集》写的《序言》里，把"在树立良好学风方面所做的贡献"作为樊骏的重要学术"建树"，这大概是八九十年代学者的一个共识。严家炎先生并且具体指出："樊骏先生是位律己极严的人，这种人生态度体现在治学上，就是学风的刻苦，严谨，原创，精益求精，决不马虎苟且"，"通常人们所谓的那点'名''利'之心，好像都与他无缘"，"他惟一关心和讲求的是学术质量"，[1] 这是更能引起接触过樊骏的学术界同人的共鸣，并且会引发出许多温馨的或难堪的，总之是难忘的回忆。可以说，我们每一个人都不同程度上，在治学道路和学风上受到樊骏先生的影响。在樊骏《中国现代文学论集》座谈会上，有一位中年学者将樊骏称作现代文学研究

---

① 严家炎：《序言》，《中国现代文学论集》，第4、5页。

界的"学术警察",乍听起来有些费解,其实是道出了我们共同的感受的:樊骏自身的研究,就提供了一个"治学严谨"的高水准、高境界,无论对自己,还是对他人,凡是学风上的问题,他都"决不马虎苟且";因此,他的存在本身,就会起到一个规训、警戒、制约的作用。我自己就有过这样的经验:在写文章,特别是发表文章之前,有时候就会想到,如果樊骏看到这篇文章会有什么反应,仿佛面对樊骏严峻的学术审视,行文就不能不更加谨慎,不由自主地要一再推敲,特别是避免发生学风不严谨的,低级却又致命的错误,能不能在"樊老师"面前过关,就自觉、不自觉地成为我们自我规诫的一个标准。

关于樊骏的"决不马虎苟且",这里不妨再举一个例子。在《中国现代文学论集》里收有一篇关于《中国新文学史编纂史》的评论文章。如樊骏所说,这是一部自觉地追求"尊重历史客体,注重实证的学术品格与治学特色"的著作,作者在"尽可能直接掌握原始材料"上下了很大工夫,也取得了可观的成就,樊骏都给予了很高的评价。但樊骏依然抓住了个别地方缺乏实证,仅根据推理就草率作出结论的失误,并且坦率直言:"诸如此类的美中不足,提醒人们要将好的编写原则贯彻于全书的始终,实非易事——既然是要以材料力求详尽、方法遵循实证为著述的鹄的,更需要对所研究的对象进行全面的扫描,每有所论也要做到言必有据、据必切实,各个环节都不能稍有疏漏;不然,仍旧难免出现失误,留下遗憾"。这里所提出的"每有所论,言必有据,据必切实,各个环节都不能稍有疏漏"的原则,既是严格的,却又是学术研究的常识、底线,学术界人人都知道,但像樊骏这样处处、时时坚守,不允许有半点马虎苟且的,却又实在少见。而当樊骏发现这本编纂史的作者,在面对文学史编写工作中的缺陷、不足,常出于人情、人事关系的世俗考虑,采取回避态度,加以缩小淡化时,就提出了更为严厉的批评:"史家的职责在于尽可能完整地、准确地将它们,包括蕴含其中的经验教训,作为来自历史的信息,传递给后人。而我们的史家反而缺少足够的勇气正视已经成为历史的这一切,给后人提供必要的警示和启迪,这不能不说是编写原则上的失策"。樊骏由此而提出:"如果说史书的描述评判最为全面深入、客观公正，首先不就要求史家真正做到无所顾忌、畅所欲言？如果说历史无情，史家和史书同样应该是无情的！"① 在樊骏看来，在坚守秉笔直书（无所顾忌、畅所欲言）的史家风范、品格，客观、公正而无情的史笔传统问题上，是不容任何让步，更是不能有任何马虎苟且的。

值得注意的是，樊骏的批评尺度如此严格——用他自己的话来说，就是"无情"，却又使人心悦诚服。这不仅是因为他是充分说理的，更因为他态度的无私，他同样坚守的是一个史家的立场：批评、探讨的"重点已经不是追究哪个个人一时的是非得失，而重在求索所以如此的历史因素，和总结其中的历史的经验教训"。比如他对编纂史作者回避历史事实的批评，就不是追究作者的责任，而是深入、客观地探讨了其背后的"学术观念上的原因"。② 这不仅使他的批评具有了历史的深度、高度和普遍意义，而且具有说服力：这是真正的"学术批评"。或许也正因为真正关注的是学术本身，他也就没有许多批评者通常会有的居高临下的扬扬自得、幸灾乐祸之态，他甚至同时把自己也摆了进去，在对编纂史作者的批评中，他就坦诚承认自己在人情、人事关系问题上，"也往往未能完全免俗，因此事前为难，事后愧疚"③：他对他人的严格首先是建立在更加严格的律己之上的，而且是绝对从学术出发的。这就是严家炎先生所强调的，樊骏所"惟一关心和讲究的是学术质量"。

还要强调的是，樊骏学术上的严格又是和他学术上的宽容相辅相成的。今天的研究者如果读到他的《我们的学科：已经不再年轻，正在走向成熟》，看到他对比他年轻的学者的评价，是不能不为之感动并生发出许多感慨的。他是那样满怀喜悦，如数家珍般地一一分析他们的学术长处，风格和贡献，既极其精当，有分寸，又充满了期待：他的着眼点也不仅在这些青年学者个人的成就，更是由此显示的学科发展的

---

① 樊骏：《黄修己的〈中国新文学史编纂史〉》《中国现代文学论集》，第 165、167、185、190、187、191 页。
② 樊骏：《黄修己的〈中国新文学史编纂史〉》，《中国现代文学论集》，第 191 页。
③ 樊骏：《黄修己的〈中国新文学史编纂史〉》，《中国现代文学论集》，第 190~191 页。

"正在走向成熟"。作为一个年长者，樊骏当然清楚这些学术新手的弱点，在另外的场合或私下他也会有严厉的批评和严格的要求，他更清楚自己个人的学术追求、观念、观点和年青一代的区别，甚至分歧，但把这些青年学者作为一个群体来考察他们对学科发展的贡献与意义时，他都把这些心中有数的弱点，以致分歧，有意忽略了。这同样也是一个真正的史家的眼光与立场。我们说樊骏的学术战略关怀与眼光，其中也包括了他对学术人才的随时关注与自觉发现和扶植。在这方面，他也表现出极好的学术敏感与学术判断力。可以毫不夸大地说，我们那一代每一个有特色、有追求的学者，没有一个不曾在樊骏的关照之下，都在他那里得到不同程度的鼓励和批评、提醒，他为年青一代学术发展的空间的开拓，是不遗余力，而又从不张扬，不求回报的。因为他的唯一目的只是促进学科的发展。这里确实不存任何私心，没有任何个人学术地位、影响的考虑：这也正是他和学界的各代人（包括我们这些当时的年轻人）都保持平等的关系的最基本的原因，在樊骏那里，是真正做到了"学术面前人人平等"的。因此，他的严格，绝不是以自己的学术追求、观念、观点为标准，当然更不会强加于人；相反，他的特点，正在于最善于从每一个年轻学者自己的追求，包括和他不同的追求中，发现其学术发展的新的可能性和可能隐含的问题，然后给予充分的鼓励和及时的提醒，以便使每一个学者都能按照自己的学术个性在扬长避短中获得健康的发展。因此，他对于每一个年轻学者的关照，是既严格而又温馨的，他对于我们每一个人，既是严师，更是诤友。他在学风，学术质量、水准上的要求，是极其严格的；但在学术追求、发展道路、观念、观点上，又是极其宽容的，在这两个方面，我们都深受其益。

我在这里一再谈到樊骏的没有私心，这或许是他的最重要、最根本的品格。这也正是严家炎先生所强调的，"通常人们所谓的那点'名''利'之心，好像都与他无缘"。我要强调的，这不仅是在当下这个商业社会里极为难得的人的品格，更是一种"一切出于学术公心"的学术品格，这在越来越成为名利场的当下学术界，同样极其难得和可贵。因此，在樊骏那里，是自有一股学术的"正气"在的。我有一篇文章，说我在林庚先生那里，发现了"心灵的净土"；那么，在樊骏这里，同样也存在着一块心灵的净土，学术的净土。这也是樊骏对于我们这个学科的重要意义的一个更为内在的方面。

樊骏正是以他严谨、严格，绝不马虎苟且，而又宽容的学术风范，以他的学术公心和正气，赢得了学术界的普遍尊重，可以说，现代文学研究界的第三代、第四代学人，对于樊骏是始终心存敬畏之心的。由此产生的学术威望和榜样的力量，是真正能够起到制约学术的失范与腐败，净化学术的作用的，这也是前文所说到的"学术警察"的作用，但它是超越权力（行政权力与学术权力）的，也是更为有效的。这是促进学术健康发展的不可或缺的精神力量与精神资源。但也是今天的中国学术界，也包括现代文学研究界所匮缺的。公心不在，正气不彰，一切苟且马虎，这正是当下学术危机的一个重要表征。在这个意义上，呼唤"樊骏式的学者"，也同样具有迫切性。这也是我们今天重读樊骏的著作，最为感慨之处。

二　樊骏所参与构建的现代文学研究的精神传统

所谓"参与构建"，包括两个方面的含义，一是樊骏对这一传统作出了最为全面、深刻的阐释，二是他自己的身体力行，他自身就成为这一传统的一个时代的代表性学者。而所谓"现代文学研究传统"，也有两个侧面：精神传统与学术传统。

我们讲现代文学研究的精神传统，某种程度上也是讨论创建、发展这门学科的两代学者（以王瑶、唐弢、李何林、贾植芳、钱谷融、田仲济、陈瘦竹为代表的第一代学人，他们都是樊骏学术史研究的对象；以樊骏、严家炎等为代表的第二代学人）的人的精神传统。因此，我们的讨论也无妨从对这两代学人的精神特点的探讨入手。在我看来，这又包含了三个层面的问题。

首先是这两代人的精神资源。于是，我注意到了一个细节：翻开《中国现代文学论集》第一篇论文《论文学史家王瑶》第一页，樊骏在描述王瑶等前辈创建现代文学这门学科的精神力量时，首先引用的就是马克思关于"科学的入口处"就是"地狱的入口处"这句话。这是一个重要提示：正是马克思主义构成了这两代学人最重要、最基本的思想资源，理论资源和学术资源。而樊骏在这方面更是有着高度的自觉，他的论著中反复引述的，都是马克思主义的经典论断，作为他立论的基础，这绝不是偶然的。更值得注意的，樊骏是在八九十年代，人们迫不及待地向西方吸取非马克思主义的资源，而有意无意地忽略、淡化，以致否定马克思主义的学术氛围下，坚守马克思主义的理论基础的，而他的坚守，又完全不同于同时存在的将马克思主义宗教化的国家意识形态，而对马克思主义采取了开放的、发展的、科学的态度。在这两方面都是十分难得，极其可贵的。

有意思的是，在引述马克思以后，樊骏又紧接着提到王瑶这一代人对"普罗米修斯"和"浮士德"精神的继承；[1] 而在同一篇文章里，提到的精神前驱，还有但丁，以及中国的屈原、鲁迅。[2] 樊骏所勾勒出的，是两个精神谱系：一是西方传统中的"普罗米修斯—但丁—浮士德—马克思"，一是中国、东方传统中的"屈原—鲁迅"。在樊骏看来，中国现代文学研究的开创者，都是这存在着内在联系的两大精神谱系，在现代中国学术界的自觉的继承人。而樊骏本人，对继承这两大精神谱系，或许是有着更大的自觉性的。

其次，由此决定的，是这两代学人对学术的理解，也即他们的"学术观"。樊骏说得十分直白：学术研究是一个"科学"工作，而"科学"的本质，就是对"真理"的"寻求、发现"和"保卫"。[3] ——这看起来几乎是一个常识，但如果把它放在历史与现实的学术背景下来考察，就显出了其不寻常的意义：学术是追求"真理"的"科学"，就不是"政治工具"，不是"谋稻粱和名利的手段"，不是"游戏"，不是"自我表现和个人趣味的满足"，这样也就自然和政治工

---

① 樊骏：《论文学史家王瑶》，《中国现代文学论集》，第 3 页。
② 樊骏：《论文学史家王瑶》，《中国现代文学论集》，第 4 页。
③ 樊骏：《论文学史家王瑶》，《中国现代文学论集》，第 3 页。

具化、商业化、娱乐化、趣味化、纯个人化的学术研究，区别开来，而后面这几个方面的研究，始终是历史与现实中国学术研究的主流（当然不同时期有不同重点）。因此，坚持这样的以追求真理为鹄的科学研究（我们前面说到的樊骏的"无私""学术公心"，都是源于这样的以追求真理为唯一目的的学术观），不仅在王瑶那个时代，而且在当下中国，都是具有极大批判性与反叛性的。而这样的批判性的、因此也是本质上的科学性的学术，正是我们始终匮缺，因而特别值得珍视，需要一再呼唤的。

最后，由此而产生了"为科学而献身"的精神。这正是樊骏在总结现代文学研究传统时所反复强调的："马克思曾把'科学的入口处'比作'地狱的入口处'，来形容寻求、发现、捍卫科学真理的艰苦，提醒人们要有为之付出代价，作出牺牲的精神准备。这决不是危言耸听"，"古今中外的学术史上都出现过普罗米修斯式的、浮士德式的为科学事业而受难，却仍然锲而不舍、以身殉之的学者。所以无妨把这看作是科学发展中的普遍现象"。樊骏在这里把马克思、普罗米修斯、浮士德的精神传统概括为"为科学而献身"的精神，而且把学术工作看作是一个需要献身的事业，这都是意味深长的。而在樊骏看来，中国现代文学研究这门学科由于它对现实生活的密切参与，以及本质上的批判性（我们在下文会作详尽分析），就决定了它难以逃脱的"厄运"，"它的发展往往成了一场场灾难"，因此，就特别需要献身精神。①

而樊骏也确实在这门学科的开创者那里，一再发现了这样的献身精神。这是他眼中的王瑶先生："跋涉在这条举步维艰、动辄得咎的道路上"，"如但丁所描绘的和马克思所借用、发挥的那样，做到了'拒绝一切犹豫'，没有'任何怯懦'"，"他确实像鲁迅描述自己受到不应有的伤害时所做的那样，'总如野兽一样，受了伤，就回头钻入草莽，舐掉血迹，至多也不过呻吟几声'，然后继续迈步上路；表现出屈原所抒发过的'虽九死其犹未悔'的献身精神"，而他的最后"病倒在学术讲

———————

① 樊骏：《论文学史家王瑶》，《中国现代文学论集》，第3页。

台以致不治"，也是表现了"对于学术事业的专致与赤忱，彻底的献身精神"的。① 樊骏也同样在唐弢先生身上发现了为学术而"奋不顾身"的精神，并且有这样的理解："他始终把这（学术研究）作为自己坚定的人生追求和莫大的生活乐趣，从中找到了充实的生活内容，也以此来实现最大的人生价值。在这个问题上，他是完全自觉的，因此也是极端执著的"，真正做到了"锲而不舍"。② 在讨论《陈瘦竹对于中国现代文学学科建设的贡献》时，樊骏所强调的，也是陈瘦竹先生所留下的精神遗产，并且把它概括为"追求真理的学术勇气和执著精神"，"献身学术的神圣感情和自觉的责任感"，"坚韧"的生命力量。③

细心的读者或许会在我们的引述里，发现樊骏在描述前辈的学术精神时，除我们已经注意到的"献身精神"之外，还反复提到"专致""执著""坚韧""锲而不舍"这样一些概念。这也是一个极其重要的精神传统，或许这也是最具有现代文学研究这门学科特点的：因为这样的"锲而不舍"精神是直接源于鲁迅的韧性精神传统的，而且是由学科发展道路的空前曲折与艰难的历史条件所形成的。如樊骏所说，这是"在沉重的岁月里，从沉重的跋涉中，留下的一份沉重的学术遗产"；在这样的"沉重"的历史里，升华而出的，是一种"与这些沉重相适应的严肃理智的沉思"和"冷静科学"的态度，并且最后积淀为一种坚韧、执著的锲而不舍的精神力量。④

樊骏在谈到现代文学研究中的"献身精神""韧性精神"传统时，特地指出这是一种"神圣感情"。这一点，也很值得注意：他要强调的是学术研究的"神圣性"，以及内在的"精神性"。我们在前面讨论的以追求真理为鹄的学术观，所内蕴的其实也是学术的神圣性和精神性。

---

① 樊骏：《论文学史家王瑶》，《中国现代文学论集》，第4、5页。
② 樊骏：《唐弢的现代文学研究》，《中国现代文学论集》，第125页。
③ 樊骏：《陈瘦竹对于中国现代文学学科建设的贡献》，《中国现代文学论集》，第155、162页。
④ 樊骏：《论文学史家王瑶》，《中国现代文学论集》，第5页。

学术研究之所以值得为之献身，并付出执著努力，就是因为它能够最大限度地满足人之为人的精神需求，把人的生命升华到神圣的境界。这是学术研究区别于其他职业的真正魅力所在，是学术研究永不枯竭的动力所在，也是学术研究能够给人带来快乐与幸福感的真正源泉。在我看来，许多学者学术动力的不足，学术研究越来越失去对年轻一代的吸引力，这样的神圣性与精神性的弱化，应该是一个重要原因。

当然，这样的学术观今天很可能会受到质疑，因为我们正生活在一个消解理想，消解精神，也消解神圣的时代。因此，今天的中国学术界，需不需要献身精神与韧性精神，大概都成了问题。不过，在樊骏这样的学者看来，恰恰是在这个一切物质化的时代，更需要呼唤精神。他曾经这样谈到"进入 90 年代以后"的现代文学研究的外在学术环境和状态："市场经济的运作毫不留情地把学术研究，尤其是其中的人文学科挤到了社会生活的边缘，在普遍的社会心理中这类学术事业更是越来越受到冷落"；面对这样的现实，樊骏特地撰文赞扬和呼吁"没有彷徨，没有伤感，在寂寞中依然焕发着献身学术而一往无前的炽热精神"。① 而到了 21 世纪以后包括现代文学研究在内的学术研究，又面临着体制化，被收编的危险，在巨大的诱惑面前，淡泊名利，坚守为学术献身的精神，就更有了特殊的意义。而要真正坚守学术，就非得有韧性精神不可。

三　樊骏所参与创建的现代文学研究的学术传统

仔细读樊骏的论著，就可以发现，他对于现代文学学科的学术传统，是给予了更多关注，更为充分的论述的。而且他也有明确的概括："把从实际出发，尊重历史和从今天的认识水平对历史进行新的审视结合起来，历史感和现实感并重，实现历史主义和当代性的统一，才是做

① 樊骏：《〈中国现代文学研究丛刊〉：又一个十年》，《中国现代文学论集》，第 438 页。

好研究工作的基本要求和发展中国现代文学这门学科的必由之路"。①

在樊骏看来，"当代性、历史感以及两者的结合，可能是史学理论中最有思想深度和哲学意义、最为复杂微妙、因此也最有争议的理论命题"。② 而且这似乎是一个古老的命题："在中外古今的史学史上，由于在这个问题上认识和实践的差异，还形成了不同的史学派别。在我国，历来有重考据和重义理之分，'我注六经'与'六经注我'之别，就大致与此有关。鲁迅在一篇杂文中曾经将史家分为'考史家'与'史论家'两类，区别也主要在于此。在西方，所谓客观主义的'事件的历史'与所谓主观主义的'概念的历史'，更是直接反映出这种差异。把史书写成史料的长编，和认为一切历史都是当代史，则是各自的极端"。③ 而樊骏在八九十年代把这一古老的命题激活，一方面这正是八九十年代现代文学研究本身所提出的时代课题，另一方面，也是他对现代文学研究学科历史经验的总结，其中也包括了他自己对现代文学和现代文学研究这门学科的理解与把握，内含着一种文学史观。也就是说，樊骏的讨论，是以中国现代文学和文学史研究的丰富事实与经验作为基础的；因此，他首先要着力把握的，作为他的讨论的基础的，是现代文学研究这门学科在发展过程中形成的历史特点。

于是，我们注意到樊骏所写的《马克思主义与中国现代文学研究》一文。他指出："对于'五四'以来的新文学进行比较系统的历史考察，开始于 20 年代末期到 30 年代初期，正当进步的文艺界、学术界出现学习和运用马克思主义理论的高潮之际。当时，不仅革命作家在马克思主义的指引下，提倡无产阶级革命文学；在社会科学的众多学术领域里，也纷纷建立起马克思主义的新哲学、新史学、新经济学、新教育学……形成一个声势浩大的马克思主义的新文化运动。萌发于这个时期的中国现代文学研究，从一开始就鲜明地显示出这样的时代特征和发展

---

① 樊骏：《论中国现代文学研究的当代性》，《中国现代文学论集》，第 301 页。
② 樊骏：《前言》，《论中国现代文学研究》，第 14 页。
③ 樊骏：《论文学史家王瑶》，《中国现代文学论集》，第 39 页。

趋势"。① 这是一个符合实际的描述，同时也是一个重要提醒：中国现代文学研究从一开始，就受到了马克思主义理论的深刻影响。这个学科的几位创建人：李何林、王瑶、唐弢、田仲济、贾植芳等，他们的论著都不约而同地以马克思主义为理论基础，这恐怕不是偶然的。

这里，最重要的，就是马克思主义的历史唯物主义和辩证唯物主义。樊骏在考察王瑶先生的文学史观时，特地提到他在 1947 年所写的一篇文学史的书评。书评批评这部文学史"完全由作者的主观左右着材料的去取"，"用历史来说明作者的主观观点"，"有许多与史实不太符合的地方"，全书的"精神和观点都是'诗'的而不是'史'的"；同时批评该书"对史的关联的不重视"，"历史和时代的影子都显得非常淡漠"，进而提出："文学史的努力方向，一定须与历史发展的实际过程相符合，须与各时代的社会生活和思想文化相联系，许多问题才可能获得客观满意的解决"。② 樊骏据此而概括说："可见他（王瑶）在40 年代后半期，已经形成了尊重客观史实的史学主张与强调实证、注重叙事描述的治史方法"，并且认为这样的"把文学史研究理解为文艺科学与历史科学的结合又更突出'史'的性质的主张"，"偏重于联系'社会生活和思想文化'解释文学的思路"，强调"文学作为精神现象和艺术创造，必然受到客观的环境和人们的社会实践的制约的观点"，"都属于唯物主义的文学观和文学史观"，而且显然成为王瑶先生在 50年代初所写的被视为现代文学研究学科奠基之作的《中国新文学史稿》的理论基础。③

樊骏同时注意到，王瑶先生在 80 年代又重新强调"文学史既是文艺科学，也是一门历史科学"，并且重申马克思主义关于要把问题"置于一定的历史范围内加以考察"的历史主义原则，明确提出了"研究

① 樊骏：《马克思主义与中国现代文学研究》，《论中国现代文学研究》，第50页。
② 王瑶：《评林庚著〈中国文学史〉》，转引自樊骏《论文学史家王瑶》，《中国现代文学论集》，第10、11页。
③ 樊骏：《论文学史家王瑶》，《中国现代文学论集》，第10、12页。

问题要有历史感"的命题；① 而樊骏自己也一再指出，"缺少历史科学
的训练""历史眼光""历史高度""自觉的史学意识"以及"严格的
历史品格"的不足，构成了现代文学研究这门学科根本性、制约性的
缺陷。这自然是有其针对性的，可以说是对现代文学发展历史中的经验
教训的一个总结。如樊骏所说，在五六十年代的政治条件下，现代文学
研究曾经为政治实用主义所支配，在理论上也有过"以论带史"的失
误，结果就导致了"涂饰歪曲历史的倾向"。② 在改革开放初期的"拨
乱反正"中，以致以后八九十年代，一些研究者对现代文学历史和作
家作品的评价，又从一个极端走向另一个极端，出现了新的历史的遮
蔽。在樊骏看来，看似两个极端的评价和研究，却存在着文学史观和
方法的共同点：都是以自己的主观立场、观点来裁剪历史，违反了马
克思主义的历史唯物主义基本原则和实事求是的学风。③ 王瑶先生则认
为，根本的问题是"不能把所论述的作家或问题与当时的时代条件紧
密联系起来"，"这样势必背离历史的客观实际，既难以准确地理解所
研究的对象，更无法作出科学的评价"，于是，这才有"研究问题要有
历史感"命题的提出，④ 而且有了樊骏关于"研究的历史感"的一系列
论述。

　　首先，樊骏指出，所谓"历史感"，就是"把具体的历史研究对
象放在当时的各种历史条件和整个历史范围内进行分析评价"，"从历
史形态所包含的内容里去认识对象"，以实现马克思主义经典作家所要
求的"严格的历史性"。⑤ 承不承认文学和文学研究的历史性，这是反

① 樊骏：《论文学史家王瑶》，《中国现代文学论集》，第14、38页。
② 樊骏：《我们的学科：已经不再年轻，正在走向成熟》，《中国现代文学论集》，第505页。
③ 参见樊骏《现代文学的历史道路和现代文学的历史评价》，文收《论中国现代文学研究》。樊骏在这篇文章里，批评一些研究者"给徐志摩、沈从文、戴望舒、钱钟书等作家戴上种种辉煌的桂冠"，"对于以鲁迅为代表的革命作家、30年代的左翼文学和40年代文学的工农兵方向却评价不高，颇多指责"，这是从另一个方向对历史的遮蔽。
④ 王瑶的意见出自《研究问题要有历史感——在〈文艺报〉座谈会上的发言》，原载《文艺报》1983年第8期，转引自樊骏《文学史家王瑶》，《中国现代文学论集》，第37～38页。
⑤ 樊骏：《文学史家王瑶》，《中国现代文学论集》，第38页。

映了不同的文学观与文学史观的。樊骏在一篇文章里指出，"将文学当作是一种单纯的人类思想感情的产物，一种十分抽象、不易捉摸的东西，一种仅仅供人享受娱乐的奢侈品"、那就必然要"有意无意地无视或者割断文学与社会现实的联系"，当然也就更不会承认和重视社会现实和一定的历史条件的联系。① 而马克思主义历史唯物主义的文学、文学史观，恰恰要强调："人的本质并不是单个人所固有的抽象物。在其现实性上，它是一切社会关系的总和"②，因此，"对于任何社会性的事物，包括文学这样的社会意识形态在内，都不能仅仅从其自身，而需要通过'一切社会关系的总和'来审视它评价它，进而揭示它的'本质'"。③

樊骏还注意到马克思的如下论述："历史是这样创造的：最终的结果总是从许多单个的意志的相互冲突中产生出来的，而其中每一个意志，又是由于许多特殊的生活条件，才成为它所成为的那样。这样就有无数互相交错的力量，有无数个力的平行四边形，而由此就产生出一个总的结果，即历史事变"。④ 在樊骏看来，现代文学研究进入 90 年代以来，越来越关注现代文学与现代报刊、出版，现代市场、现代教育、现代学术、现代宗教、现代地域文化等诸多关系的研究，不仅表现了文学观念的深化："不再把文学仅仅视为作家个人的艺术构思的结晶，而是包含了不同的社会人群以不同劳动方式（如编辑、出版、印刷、发行、传播等）共同参与的成果；不只是单一的精神生产和观念的产物，同时又是与多种物质生产和社会力量组合在一起的系统运作过程"，"特别突出了文学作为商品的属性"；而且更是标示着研究方法的新深入和新发展的：研究者越来越自觉地将研究对象"置于当年具体的历史情

① 樊骏：《关于开创中国现代文学研究新局面的几点想法》，《论中国现代文学研究》，第 128～129 页。

② 马克思：《关于费尔巴哈的提纲》，转引自樊骏《〈中国现代文学研究丛刊〉：又一个十年》，《中国现代文学论集》，第 467 页。

③ 樊骏：《〈中国现代文学研究丛刊〉：又一个十年》，《中国现代文学论集》，第 467 页。

④ 马克思：《致约·布洛赫（1890 年 9 月 21～22 日）》，转引自樊骏《我们的学科：已经不再年轻，正在走向成熟》，《中国现代文学论集》，第 506～507 页。

境之中，并从广泛的社会联系中多侧面地审视评价这段文学历史"，从导致历史结果的"互相交错的力量"，"各式各样的物质、精神的因素的牵制"的"力的平行四边形"的具体考察里去把握与描述文学发展的历史，这都是证明了建立在历史唯物主义基础上的马克思主义的社会学研究、文化学研究方法的生命力与巨大潜力的。①

其次，樊骏指出，所谓"历史感"，还要求"把尽可能多的材料融为一体，使自己能够设身处地地去认识研究对象，以便进入前人的'规定情境'，深入到当年的环境和氛围中，把握历史"，"尽可能准确地认识和完整地把握历史的原貌"，"尽可能符合历史的原始形态"。②这同时也就要求研究者"不仅要全面系统掌握史料，还需要从总体上、在内在层次上把握历史的动向、时代氛围、文坛风尚"，"文人的生活习尚和他们的文学风貌的联系"，"尽可能对于这段历史具有身历其境的真切、透彻的理解"。③——这不仅是出于历史唯物主义的要求，更是对现代文学研究创建者那一代人的历史经验的总结。这样的经验，在王瑶那里，就是直接来源于鲁迅的"知人论世"的原则。④樊骏则把唐弢的经验总结为历史的"现场感"："早在60年代初，他指导研究生，不主张他们阅读事后编辑出版的作家、选集、文集、全集，坚持要求他们从翻阅当年发表这些作品的报刊和初版本入手；目的就在于将它们引入当年的社会的、文学的环境中、气氛中，阅读作品，认识历史，以便于他们能够'设身处地地熟悉对象'，进入与作家'共同的情怀和感受'的境界，即形成一种身临其境的现场感"。⑤而且对唐弢来说，这样的对"现场感"的自觉追求，不仅贯穿于研究过程中，而且成为他

① 樊骏：《〈中国现代文学研究丛刊〉：又一个十年》；《我们的学科：已经不再年轻，正在走向成熟》，《中国现代文学论集》，第455～456、466～467、507页。
② 樊骏：《论文学史家王瑶》，《中国现代文学论集》，第36、38、39页。
③ 樊骏：《唐弢的现代文学研究》；《论文学史家王瑶》，《中国现代文学论集》，第74、37页。
④ 参见王瑶《"五四"时期对中国传统文学的价值重估》，《从鲁迅所开的一张书单说起》，转引自樊骏《论文学史家王瑶》，《中国现代文学论集》，第37页。
⑤ 樊骏：《唐弢的现代文学研究》，《中国现代文学论集》，第75页。

的文学史叙述方式，这也就是唐弢一再强调的："我比较喜欢用事实或者形象说明问题"。① 这就形成了唐弢的文学史论述的特殊风格，樊骏作了如下描述："他更多地借助于翔实详尽的材料，使他笔下的历史（从具体的历史问题到这段文学历史的整体），都不是抽象模糊而是具体清晰的，不是遥远隔膜而是贴近亲切的，不是单薄而是厚实的，不是平面而是立体的，不是相互分隔而是融为一体的；形象地说，它们'原汤原汁'地以当时的丰富性、复杂性和生动性，再现在人们的眼前"。② 应该说，这样的强调揭示"历史的生动性、丰富性、复杂性"与"具体性"的文学史观念，"接近历史原生形态"的"现场感"的研究方法，以及重视历史"细节""形象"的展现的叙述方式，已经对当代现代文学研究产生了很大影响，而且也是具有发展潜力的。③

再次，樊骏指出，"历史感"要求研究者在力图"进入"历史规定情境的同时，还要"远离"自己的研究对象，也就是说，既要"设身处地"，还要"拉开两者之间的内在距离"，"包括思想观念在内的精神、心态上"的"距离"。④ 这里似乎包含了三个方面的含义。首先是客观存在的"时间距离"。文学史研究本质上就是一个"事后"的考察，其研究的可能性就在于"经过时间的沉淀，事件的真相和本质、原因和后果，才能比较充分地显示出来，为人们所逐步认识"。如果说历史的当事人是在当时的具体历史条件下，作出自己的历史选择的，他不可能完全知道事件的全貌，更不能预知其选择的历史后果；而研究者却是在真相大白、后果显现的情况下，进入历史过程的，他的任务就是要揭示全部真相和后果。因此，文学史研究的历史性，不仅表现在对历史当事人的选择，要有"理解的同情"；同时，也要"正视历史后果"，包括当事人无法预知的负面后果。他所要面对的，是全部事实，绝不能

---

① 唐弢：《中国现代文学史的编写问题》，转引自樊骏《唐弢的现代文学研究》，《中国现代文学论集》，第91页。
② 樊骏：《唐弢的现代文学研究》，《中国现代文学论集》，第89页。
③ 参见樊骏《很有学术价值的探讨》，《中国现代文学论集》，第222~223页。
④ 樊骏：《黄修己的〈中国新文学史编纂史〉》，《中国现代文学论集》，第189、190页。

因为对历史当事人的同情的理解，而有任何遮蔽。这就提出了另一个要求，就是研究者绝不能"受到一时一地的利害关系的约束，或者个人好恶的影响"，因此，必须和研究对象保持"心理、情感的距离"，才能做到历史学者绝对需要的"客观""冷静和理性"。樊骏指出："个人的好恶或许可以不失为选家和批评家的一个尺度，却不宜成为历史家立论的依据，至少这要服从于历史发展的整体客观史实，统一于历史的理性"，① 前面说到的樊骏强调的史家的"无情"就是指这样的"历史的理性"。而这样的距离，同时又是一种"精神的距离"，这也是樊骏特别看重的，就是作为后来者的研究者，完全可以"站在不同于当年的新的时代制高点上"，"联系前后演变的全过程作出评价"，达到新的"历史高度"。②

人们不难发现，樊骏在前述对"历史感"的阐释中，始终贯穿着对"占有全部史料"的要求；在他看来，这是历史感必然提出的要求，而且也是在研究实践中落实历史感的关键环节。这是我们在一开始就提到的，樊骏对现代文学学科发展的战略性思考与谋划中，始终有两个要点："理论建设"之外，就是"史料建设"。他为此用了两年时间写了近八万字的长文：《关于中国现代文学史料工作的总体考察》。如严家炎先生所说，这是"现代文学史料学这门分支学科的里程碑式的著作"，而且"实在可以规定为现当代文学研究生的必读篇目和新文学史料学课程的必读教材"。③ 这实际上也是樊骏对现代文学研究传统的总结的一个重要方面。

对樊骏来说，重视史料首先是马克思主义历史唯物主义的一个绝对要求，他因此一再引述恩格斯在《卡尔·马克思〈政治经济学批判〉》里的一个经典论断："即使只是在一个单独的历史实例上发挥唯物主义的观点，也是一项要求多年冷静钻研的科学工作，因为很明显，在这里

① 樊骏：《关于开创中国现代文学研究新局面的几点想法》，第 110、111 页，《论现代文学研究》。
② 樊骏：《黄修己的〈中国新文学史编纂史〉》，《中国现代文学论集》，第 190 页。
③ 严家炎：《序言》，《中国现代文学论集》，第 2 页。

只说空话是无济于事的，只有靠大量的、批判地审查过的、充分地掌握了的历史资料，才能解决这样的任务"。① 但樊骏更为着力的，还是学科创建人的历史经验。他因此注意到王瑶先生始终"把尊重客观的历史事实，广泛收集、科学鉴别史料，进行描述归纳的实证研究，放在首位"，"视广义的考据为史家的基本功、史学的基础"。即使在 50 年代对胡适的大批判中，"传统的考据工作的科学性及其学术价值受到前所未有的怀疑"时，王瑶先生也依然指出"有助于研究工作进展的考据文章，则绝不应该加以反对"，依然将考据"视为修史的前提"，樊骏说，这在当时，可以说是"少数的例外"，是十分难得的。② 樊骏还把唐弢先生的治学经验，概括为"从搜集、整理文学史料入手"；这就是唐弢先生所说的他的一个"基本观点"："无论从事哪项研究，都要先做一点资料工作，亲自动手，整理辑录"。③ 樊骏还这样描述唐弢先生从事的《鲁迅全集》校对和辑佚工作：这是一个"详察（鲁迅）先生的行文，默体先生的用心"的过程，最后就"浸沉于伟大的心灵"，成了"和鲁迅先生的对话"。④ ——在我看来，其实这正是道破了史料工作的真正意义和价值。我曾经说过："把史料的发掘与整理看作是一个多少有些枯燥乏味的技术性的工作，这是一个天大的误解。史料本身是一个个活的生命存在在历史上留下的印迹，因此，所谓'辑佚'，就是对遗失的生命（文字的生命，及文字创造者——的生命）的一种寻找和激活，使其和今人相遇与对话；而文献学所要处理的版本、目录、校勘等整理工作的对象，实际上是历史上的人的一种书写活动与生命存在方式，以及一个时代的文化（文学）生产与流通的体制和运作方式"。⑤

---

① 转引自樊骏《关于中国现代文学史料工作的总体考察》，《中国现代文学论集》，第 382 页。

② 樊骏：《论文学史家王瑶》，《中国现代文学论集》，第 34、35 页。

③ 唐弢：《〈鲁迅论集〉序》，转引自樊骏《唐弢的现代文学研究》，《中国现代文学论集》，第 81 页。

④ 樊骏：《唐弢先生的现代文学研究》，《中国现代文学论集》，第 80 页。

⑤ 参见钱理群《史料的"独立准备"及其他》，《追寻生存之根——我的退思录》，广西师范大学出版社，2005，第 246 页。

　　樊骏如此强调前辈学人开创的重视史料工作的传统，自然是有针对性的：这背后是现代文学研究的一个惨痛的历史教训。如樊骏所说，不仅曾经有过毁灭文物和史料的"外在的破坏"，更有着"内在的创伤"："一方面是长期与史料工作原有的基础和传统失去了联系，一方面又迟迟未能确立新的史料工作原则和方法，现代文学研究者相当普遍地缺少这方面的必要准备、修养和实践"，或将史料工作视为"可有可无"，或"理解为十分简单轻易、谁都能胜任的杂务和兼差"，其结果就导致史料工作必有的"客观性与科学性"的丧失，史料文字的缺漏、删节、改动，到了惨不忍睹的地步。樊骏对此可谓痛心疾首，遂发出沉痛之言："不尊重史料，就是不尊重历史；改动史料，就是歪曲历史的第一步"。① 这是击中我们这门学科的致命弱点的，至今也没有失去其意义。②

　　樊骏当然没有、也不可能将史料的重要性绝对化，他指出："尊重历史客体，重视实证工作，把这置于编写史书的首要位置，并不意味着否认贬低认识主体的作用，更不是把史家的工作局限于史料的搜集，把历史著作等同于史料的堆砌"，他并且引述胡适的话，强调"整理史料固重要，解释史料也极为重要，中国止有史料——无数史料——而无有历史，正因为史家缺乏解释的能力"，并且作了这样的发挥："史料和史识都不能偏废，史家的职责在于处理好两者的融合与统一"。③ 他还这样总结王瑶先生的经验："王瑶重视史料工作，但他认为就整体而言，'写一部历史性的著作，史识也许更重于史料'"。④ 樊骏据此而提

---

① 樊骏：《关于中国现代文学史料工作的总体考察》，《中国现代文学论集》，第 310~311 页。

② 在 2003 年召开的"中国现代文学的文献问题座谈会"上，就谈到史料的"粗制滥造与整理的混乱。有些文集、全集的遗漏（篇目遗漏与成句成段的遗漏）、误收、误排、大面积的删节改动……已经到了令人瞠目结舌的地步"，遂有"今人乱出文集、全集而现代典籍亡，因为他们删改原文，且错误百出"。参见钱理群《史料的"独立准备"及其他》，《追寻生存之根——我的退思录》，第 242~243 页。

③ 樊骏：《黄修己的〈中国新文学史编纂史〉》，《中国现代文学论集》，第 170 页，胡适的话见《胡适的日记（1921 年 8 月 13 日）》，也转引自樊骏此文。

④ 见 1948 年 3 月 4 日朱自清致王瑶信，转引自樊骏《论文学史家王瑶》，《中国现代文学论集》，第 24 页。

出了"立足于实证又高于实证"的原则。① 在我看来，这是可以视为对王瑶、唐弢那一代现代文学学科创建人研究方法和经验的一个高度概括的。

　　而要做到"高于实证"，发挥"认识主体的作用"，这就涉及文学史研究的另外一个重要方面："现实感"的问题。这个问题是王瑶先生首先提出的："无论研究作家作品或其他问题，都应该注意它既然是一种历史的现象，就必然需要一种历史感。与此同时，作为历史的研究，也需要与现实生活保持密切的联系，研究工作同样需要具有现实感"，"我们的工作必须使它既有历史感，又有现实感，并且把二者很好地结合起来"。② 樊骏对此作了如下阐述："历史感要求对于历史客体作如实的反映，现实感突出了史家自身的主体意识的发扬"，"就历史哲学而言，历史感要求史家真正进入到历史中去（不仅是若干具体的事例，还有与其相关的一切），使自己的认识尽可能符合历史的原始形态；现实感要求史家从历史中跳出来，不是以历史当年的水平，更不是像历史的当事人那样诉说往事，而是用今天的精神和眼光反顾和评估历史"，这都是"从不同的角度对史家提出不同的要求，目的却都是为了更好地认识历史；所以，又是可以统一也是应该统一的。"③

　　这里提到了"用今天的精神和眼光返顾和评价历史"，樊骏因此提出了一个"现代文学研究的当代性"的命题，对前辈学者提出的"现实感"问题，作出了自己的理解与发挥，并且专门写了《论中国现代文学研究的当代性》的长文。这篇文章和我们前面一再提及的《关于中国现代文学史料工作的总体考察》一起，集中反映了樊骏的文学史观，因此，特别值得重视。

　　樊骏明确地指出，他所提出的"当代性"的命题，其"理论依

---

① 樊骏：《黄修己的〈中国新文学史编纂史〉》，《中国现代文学论集》，第 175 页。

② 王瑶：《谈关于话剧作品的研究工作》，转引自樊骏《论文学史家王瑶》，《中国现代文学论集》，第 39 页。

③ 樊骏：《论文学史家王瑶》，《中国现代文学论集》，第 39、40 页。

据"是历史唯物主义关于"认识的时代性"的理论。① 如恩格斯所说："我们只能在我们时代的条件下进行认识，而且这些条件达到什么程度，我们便认识到什么程度"，② 而马克思又指出，历史研究的最大特点，就在于它"总是采取同实际发展相反的道路。这种思索是从事后开始的，就是说是从发展过程的完成的结果开始的"。③ 这就是说，历史的实际发展进程和对于历史的认识与研究之间，有着一个时间差，因而存在着两个不同的时代。历史的研究，固然需要关注历史实际运动和其历史时代的关系，于是就有了"历史性"所提出的"进入历史情境"的要求；但同时，人们对历史的认识与研究，又必然受到研究者自身所生活的时代即当代社会生活实践的影响与制约，简单说来，研究者是站在"当代"看（认识和研究）"历史"的。因此，"不同的时代的人，通过不同的社会实践对于已经凝固、不再变化的历史，可以有新的发现、新的理解和新的评价。惟其如此，历史研究才有永不凝固的活力，也才具有现实的品格"，如恩格斯所说，"新的事实迫使人们对以往的全部历史做一番新的研究"。④ 这就是说，正是"当代性"的现实品格（历史研究与当代社会实践的密切联系），赋予历史研究得以不断进行，不断有新的发现的可能性。而且，"对于同样的历史的认识能否有新的进展，取决于研究者是否把自己的研究工作同现实的社会实践、新的社会历史条件结合起来，即从不同于前人的新的历史高度上赋予自己的研究成果以新的时代精神"。⑤ 因此，在樊骏这里，对"当代性"的强调，其实是内含着"历史研究的时代精神"的要求的，他最为赞赏的，就是马克思的这句话："任何真正的

①　樊骏：《论中国现代文学研究的当代性》，《中国现代文学论集》，第 295 页。
②　恩格斯：《自然辩证法》，转引自樊骏《论中国现代文学研究的当代性》，《中国现代文学论集》，第 294 页。
③　马克思：《资本论》第 1 卷，转引自樊骏《我们的学科：已经不再年轻，正在走向成熟》，《中国现代文学论集》，第 506 页。
④　樊骏：《关于近一百多年中国文学历史的编写工作》，《现代文学论集》，第 214 页。恩格斯的话出自《社会主义从空想到科学的发展》，也转引自樊骏此文。
⑤　樊骏：《关于开创中国现代文学研究新局面的几点看法》，《论中国现代文学研究》，第 123 页。

哲学都是自己时代精神的精华"。①

历史研究的现实性、当代性命题的另一个理论基础，是历史唯物主义关于主客体关系的理论。如樊骏所说，"关键在于确定区分历史客体与历史主体各自的作用，即在承认客观规律的决定性作用的前提下，不能忽略历史主体（在文学史上主要是作家）的能动作用"，"不仅有历史决定他们的一面，也有他们选择历史（即充当不同的历史角色）的一面，每个人都以自己的选择，参与了历史的创造。这才是历史的全部内容"。这样的原则，也同样适用于历史的研究，研究当然要从已经发生、客观存在的历史事实出发，受其制约，但研究者也并非完全被动地叙述历史事实，而必要"按照自己的认识，标准，理论原则"，对历史发展作出自己的解释，总结历史的经验和教训。如果"抹杀了史家的主体意识在历史研究中的作用，最终还是从根本上勾销了史学理论、文学史观的任何意义，以及整个历史研究的存在价值"。②樊骏因此从主客体关系的角度，对前辈"立足于实证又高于实证"的经验作出了这样的理论阐释：必须坚持"在肯定客体的第一性前提下发挥主体能动作用"的原则，所谓"立足实证"，就是强调"阐释"必须"建立在实证基础上"，"而不是远离历史实际，纯粹出于史家主观的先验的东西"；所谓"高于实证"，就是强调研究者站在自己时代的高度，通过创造性的"阐释"，而对历史有新的"发现"。③这实际上也就是历史性与当代性的统一。

樊骏提出"当代性"的命题，不仅有历史唯物主义理论的支撑，更是建立在他对现代文学研究历史与传统的研究，以及他对现代文学和现代文学史学科历史特点的把握基础上的。这是他最为看重，并且一再强调的："五四文学革命在中国文学史上所引起的历史性变革，

---

① 马克思：《第 179 号〈科伦日报〉社论》，转引自樊骏《论中国现代文学研究的当代性》，《中国现代文学论集》，第 301 页。

② 樊骏：《我们的学科：已经不再年轻，正在走向成熟》，《中国现代文学论集》，第 507 ~ 509 页。

③ 樊骏：《黄修己的〈中国新文学史编纂史〉》，《中国现代文学论集》，第 175、171 页。

集中地表现在大大加强了文学和现实生活，与人民群众的结合，密切并且深化了文学与进步的社会思潮、社会活动的联系"，① 而不可否认的是现代文学的发展"与中国现代政治革命的难分难解的关系"，② 现代文学最大的特点和优长之处，就在于"在三千年的文学历史长河中，很少有如此深深地扎根现实土壤，又如此牢牢地植根于时代生活，与之水乳交融为一体的"。③ 可以说，正是现代文学的这些特质，决定了对它的研究与描述绝不可能为史而史，而只能从文学与时代、现实、政治、人民、社会进步的密切而又复杂的历史联系中去把握它。也就是说，现代文学研究的历史性与当代性是由现代文学自身的特质所决定的。

　　因此，它的研究者也就必然地怀有强烈的现实感与当代意识——不仅是对研究对象的时代的现实关怀，更是对自己生活的时代现实的关怀和参与热情。这正是樊骏对现代文学史学科特点的又一个重要发现与概括。他指出，"以五四新文化运动为起点，于二三十年代"，中国学术界"逐步出现一个新型的文化学术群体"，他们把"自己在文化学术领域的专业工作，视为推动社会进步、民族解放的组成部分"，他们有着"更多的政治色彩和意识形态方面的自觉性"，"往往兼有学者与战士的双重身份"；而在樊骏看来，"奠基于四五十年代之交，在五六十年代迅速成为一门显学的中国现代文学研究，从整体上说，分明具有这个群体的显著特征"，"参与这门学科奠基的学者"，如李何林、唐弢、王瑶、田仲济等，"无论从走上学术道路的经历，还是体现在研究成果中的学术风格来看，也都属于这一群体"。樊骏说，"这些，都是历史的选择，即由所处的'世'决定的"。④ ——这是一个极为重要的揭示，它提醒我们注意，老一辈学人开创的现代文学研究的传统，主要的不

① 樊骏：《现代文学的历史道路和现代作家的历史评价》，《论中国现代文学研究》，第64页。

② 樊骏：《黄修己的〈中国新文学史编纂史〉》，《中国现代文学论集》，第179页。

③ 樊骏：《很有学术价值的探讨》，《中国现代文学论集》，第224页。

④ 樊骏：《论文学史家王瑶》，《中国现代文学论集》，第58~59页。

是纯学术的传统，而是一个"学者兼战士"的传统。这里所说的"战士"，我理解应该是鲁迅所说的"精神界战士"，有点类似于今天所说的"公共知识分子"。所谓"学者兼战士"，就是用学术的方式参与现实思想文化建设，维护公共利益，促进社会进步。其实我们一开始就谈到的"以寻求、发现、保卫真理为鹄的"的学术观，为科学和真理献身的精神，就是这样的"学者兼精神界战士"所必然具有的学术思想与精神品格。而且必然在学术上表现出和"为学术而学术"的学者不同的学术特点，治学方法；在樊骏这里，是用"现实感""当代性"来概括与表述的。

按樊骏的分析，大概有以下几个方面。第一，他们学术研究的热情，是来自于对现实生活的热切关怀，并从中"获得前进动力"，① 他们研究的动机与目的，就是要"以自己的研究成果回答现实提出的新问题"，② 在某种意义上，这样的历史研究，实际构成了"当代文化的一部分"。③ 因此，他们从不回避自己"强烈的参与意识与社会功利观念"，这大概就是最为"醉心学院派的研究者所不取"的。④ 第二，他们"在确定选题和研究角度时，就往往自觉地或不自觉地由现实的需要触发引起"，⑤ 努力"从历史和现实的联系中找到共同点，接触点"。⑥ 也就是说，研究的引发点，是产生于现实的问题意识；但真正要进入学术研究，却要善于将"现实问题"转化为"学术问题"，并用学术的方式来回答。这里的关键，就是能不能在历史与现实内在的，而不是外在的联系中，"找到共同点，接触点"，这本身就是一个对现实与历史的深入研究的过程，是对研究者的学术功力，眼光的最大挑战与考验，也是学术研究的魅力所在。第三，要真正做到这一点，还有一

---

① 樊骏：《论文学史家王瑶》，《中国现代文学论集》，第 40 页。
② 樊骏：《关于中国现代文学研究的考察与思索》，《论中国现代文学研究》，第 37 页。
③ 樊骏：《论中国现代文学研究的当代性》，《论中国现代文学研究》，第 179 页。
④ 樊骏：《论文学史家王瑶》，《中国现代文学论集》，第 43 页。
⑤ 樊骏：《论文学史家王瑶》，《中国现代文学论集》，第 39 页。
⑥ 樊骏：《关于开创中国现代文学研究新局面的几点想法》，《论中国现代文学研究》，第 127 页。

个关键，就是是否能够"和新的时代相结合"，从自己所生活的时代先进思潮、活生生的现实生活中吸取精神资源和滋养，以便"站在新的历史高度，结合新的社会现实和文学现实，对于文学历史作出新的探讨和评价"，这样的研究才称得上"是这个时代才能有的社会思考与文学思考"。① 第四，这样的研究，也绝不可能"对于历史采取冷漠的客观主义的态度"，而必然"有明确的是非爱憎"，并充满了"与人类在创造历史过程中所进行的壮烈斗争，所作出的巨大牺牲和所取得的辉煌胜利相称的庄严崇高的激情"，这和作为历史学者必须有的"冷静和理性"是相反相成的。②

最后，如王瑶先生所一再强调的，这样的研究，也就必然要承担"让历史告诉未来"的社会职责，即"为现实提供历史经验"，"对现实发生借鉴作用"。樊骏指出，这是对中国"以史为鉴"的史学传统和儒家"经世致用"理想的治史原则的一个继承与发展。③

当然，对这样的传统，包括樊骏所提出的"当代性"的命题，是存在着争议的。樊骏对此也作出了他的回应。他认为，关键是要处理好两个问题："一是既要防止为历史研究而历史研究的纯学术倾向，又要避免机械配合现实运动、图解政治的简单化的反科学反历史的倾向"。樊骏表示，他能够理解"由于过去有过屡犯实用主义错误的沉痛教训，大家对此都记忆犹新，深恶痛绝。如何避免后一倾向也就成为普遍关心的问题"；他也不否认，"强调科学研究的当代性、时代精神，包含着实用的、功利的目的；处理得不好的话，有时的确容易导致实用主义的错误"；但樊骏所要强调的，却是"其中并无必然的联系或者因果关系"，或许正因为曾经有过及可能发生失误，就更应该"从理论和实践上都采取积极的态度"。在樊骏看来，"从根本上说来，唯有具备充分的当代性和现实感，才能使历史研究永葆青春，不断前进"，这是他始

---

① 樊骏：《论中国现代文学研究的当代性》，《中国现代文学论集》，第 293 页。
② 樊骏：《关于开创中国现代文学研究新局面的几点想法》，《论中国现代文学研究》，第 109 ~ 110 页。
③ 樊骏：《论文学史家王瑶》，《中国现代文学论集》，第 42 页。

终要坚守的学术观念和立场。①

作为一个严格的学者，樊骏对前辈学者开创的学术传统，也进行了严格的审视与反思。于是，他注意到了王瑶先生在逝世前四个月，为最后亲自编选的《中国现代文学史论集》的《后记》里的这一段话："经常注视历史的人容易形成一种习惯，即把事物或现象都看作是某一过程的组成部分；——往往容易把极重要的事物也只当作是历史发展过程中出现的一种现象：这是否有所蔽呢？"在樊骏看来，这表明王瑶先生"对自己的观点和方法提出了质疑"。樊骏并且谈了他的理解，认为需要反思的主要有两点：一是"把时代对于文学、史学等的作用、影响绝对化了以后"，"可能忽视它们自身发展规律和特征"，"忽略了从其他方面对它们进行剖析"，从而导致"有所蔽"；二是"过多的出于意识形态的考虑，为了特定的现实需要而'让历史告诉未来'，对于历史的审视和评价，也难免自觉不自觉地有这样那样的选择和倾斜，影响考察的全面性和客观性，使'有所蔽'的弊病更加突出"。而樊骏更要强调的是，"只有在超越原先的思想高度上，才会提出这样的不满和质疑"，王瑶先生的"自我质疑"正是"显示出他不懈的探索精神，以科学的理性审视事物包括自己的学者风貌"，也是"他留给我们的学术遗产"。这同时表明，在樊骏那里，学术传统并非凝固，而是流动、开放和发展的；任何传统都是有所得也有所失，有所显也有所蔽，在获得某种价值的同时，也存在着某些陷阱，因而是可以讨论与质疑的。或许像王瑶先生这样，以科学理性的精神审视自身，不断进行"反思和自问"，并因此永不停止学术思想、观念、方法的探索，这才是樊骏参与构建的我们这个学科最重要的精神传统与学术传统。②

这也许就是学术发展的辩证法：当我们以科学理性的态度审视传统，包括我们这里讨论的樊骏参与构建的现代文学研究传统，不再将其绝对化、唯一化以后，它的真实价值，现实的启示意义才能够得到真正

---

① 樊骏：《关于开创中国现代文学研究新局面的几点看法》，《论中国现代文学研究》，第125、126页。
② 樊骏：《论文学史家王瑶》，《中国现代文学论集》，第61~63页。

的彰显。这里强调其现实的启示意义，也是有针对性的。樊骏早已注意到，从 20 世纪 80 年代开始，就出现了学院派的学术倾向，对"学者兼战士"的学术传统提出了挑战。[①] 如一位研究者所说，学院派学术的发展，显然是和"研究生学位制度在 80 年代初期的确立"，出现了"当代中国首批职业化的学术人"这样的学术体制与学术队伍的变化直接相关的。[②] 到了 90 年代，就有了对学院派学术的更为自觉的倡导；发展到 21 世纪，学院派学术就占据了学术界，包括现代文学研究界的主导地位，而"学者兼战士"的学术传统则遭到更进一步的质疑，"学者兼战士"的学术事实上处于边缘化的地位。这样的学术格局的变化，固然是 90 年代以来，学术越来越体制化，学者越来越职业化的状态直接相关，同时也是执政者对更具批判性的"学者兼战士"的学术的不断打压和对学院派学术的容忍、接纳、引导与收编的结果。这同时就出现了学院派学术的危机：越来越技术化，内在的精神性被掏空，越来越失去了和时代现实生活的联系，因而失去了不断创造的动力和活力，结果就导致了学术的精致化与平庸化，低俗化和泡沫化的两极发展。

　　某种程度上，樊骏是最早敏感到这样的危机的。早在 20 世纪 80 年代中期所写的一篇文章里，他就提醒年轻的学者对西方学院派学术在肯定其合理性，并从中吸取滋养的同时，还要保持清醒，要看到其已经存在或可能存在的陷阱，予以必要的警惕，以保持自身学术上的独立性。樊骏指出，西方学院派学术存在着三大问题。其一，他们"大多徘徊在社会解放、人类进步的时代洪流之外，躲进宁静的书斋，冥思苦想地创立同样宁静的、缺少时代气息的学术体系。他们并不是没有真知灼见，但几乎都有意无意地无视或者割断文学与社会现实的联系，将文学当作是一种单纯的人类思想感情的产物，一种十分抽象、不易捉摸的东西，一种仅仅供人享受娱乐的奢侈品、装饰品。这就在什么是文学基本理解上，陷入唯心主义"。其二，"他们提出一种主张一套理论以后，

　　① 樊骏：《论文学史家王瑶》，《中国现代文学论集》，第 43 页。
　　② 参见贺桂梅《80 年代中国文化研究》，北京大学出版社，2010，第 321 页。

又总喜欢用绝对化的、形而上学的方法，将一切现象都生拉硬扯地纳入其中，以形成一个完整的体系相标榜。因此出现很多主观武断的解释，连一些原来不错的见解也受到损害"。其三，"他们又往往满足于罗列一些现象，虽然有关的分析可能很细致、详尽、周密，却就到此为止"，"不再进一步揭示其中的本质和规律，寻找发生发展的原因，以及其他更为内在深刻的东西"。樊骏站在马克思主义立场上对西方学院派学术的质疑，或许也有可以讨论的地方，但如果我们联系以后中国现代文学研究发展的实际来看，就不难感到，他的许多批评是击中要害，并且是有预见性的。因此，今天重温他当年的警告，就不能不有一种触目惊心之感：一旦脱离了与时代、现实生活的血肉联系，"历史研究也将随同所研究的历史一同失去生气和现实感以至于生命，最终丧失存在的意义"。①

面对这样的存在危机，樊骏参与开创的现代文学研究传统在今天就显示出特殊的启示意义。这当然不是说，要重新用前辈"学者兼战士"的学术道路来否认、取代学院派的学术，具体的学术道路、学术观点、方法必须是、也必然是多元化与个性化的；我们更应该看重的是内在的学术精神，比如我们前面提到的"以追求、探索、保卫真理为鹄的"的科学观、学术观，对现实生活的关怀与热情，对学术和时代、社会的使命感，承担意识，以及为学术和真理献身的精神，或许是具有更大的普遍性的。因此，有学者提出，"'学院'作为一个知识生产的空间的同时，也可以成为思想批判的空间"，因此，也就存在着将"学者兼战士"学术传统的某些基本方面融入学院派的学术里，使学院学者同时成为"知识生产与社会参与的主体"的可能性。② 在我看来，这里的关键，还是学者自身是一个什么样的"人"。鲁迅说得很好："根本的问题是在作者可是一个'革命人'，倘是的，则无论写的是什么事件，用的是什么材料，即都是'革命文学'。从喷泉里出来的都是水，从血管

---

① 樊骏：《关于开创中国现代文学研究新局面的几点想法》，《论中国现代文学研究》，第128～129、123页。

② 参见贺桂梅《"新启蒙"知识档案：80年代中国文化研究》，第329页。

里出来的都是血"。①

樊骏在80年代也曾引述恩格斯在《〈自然辩证法〉导言》里的话，提出"我们"要做什么样的"人"的问题：是"处在时代运动中，在实际斗争中生活着和活动着，站在这一方面或那一方面进行斗争"，因而获得"成为完人的那种性格上的完整和坚强"；还是躲在"书斋"里，成为"唯恐烧着自己指头的小心翼翼的庸人"。樊骏说："我们诚然不一定成得了'巨人'，但又岂能甘心成为恩格斯所嘲笑的那种躲在书斋里的'庸人'呢!"② 这同样也是发人深省的。

四　"这一代人的疏忽，下一辈人的任务"

樊骏在总结唐弢先生的学术经验时，特别提到唐先生的一句话：我们在学术上留下的空白与遗憾，这是"我们这一代人的疏忽，下一辈人的任务"。③ 这大概也是樊骏自己的心里话，因为在他看来，一切学术工作，所有的学人，都避免不了历史的局限，都会把自己的"疏忽"留给后代，并成为"下一辈人的任务"。——他自己也不例外。

于是，在讨论了樊骏的贡献以后，我们还需要讨论"樊骏的局限"，及其留下的历史教训与历史任务。我以为主要有两点。

樊骏在80年代曾经提出一个战略口号：现代文学研究要实现"与新的时代的结合"。④ 这自然是由他的强调学术研究的现实感与当代性的观念出发的；问题是如何认识自己所处的"时代"及时代使命、时代精神。樊骏也有明确表述："今天的中国，正处于实现社会主义现代化的伟大变革之中，这样的客观实践决定了这个时代和我们所说的当代性，必然也只能具有社会主义的，无产阶级的属性，而绝不是别

---

① 鲁迅：《革命文学》，《鲁迅全集》第3卷，人民文学出版社，2005，第568页。
② 樊骏：《关于开创中国现代文学研究新局面的几点看法》，《论中国现代文学研究》，第126页。
③ 樊骏：《唐弢的现代文学研究》，《中国现代文学论集》，第152页。
④ 樊骏：《论中国现代文学研究的当代性》，《中国现代文学论集》，第270页。

的什么阶级内涵"。① 这是一个典型的80年代"现代化叙述",其实是有许多遮蔽的。在还处于历史发展过程中的樊骏著文时是看不清楚的,樊骏这样叙说,我们也不应有过多的责难。但随着时间的推移,历史发展的内在矛盾及其后果逐渐显露出来。我们今天就看得很清楚,80年代所呼唤的"现代化"并不具有樊骏所理解的"社会主义的,无产阶级的属性",而恰恰是以未加反思的"西方现代化"模式为目标,到90年代以后逐渐形成"权贵资本",就是一个必然结果。应该说,这样的后果,是樊骏,以及包括我自己在内的对"现代性"缺乏反思的天真、善良的人们所没有预计到的。这样的对80年代"时代"主题认识的偏差,在事实上使樊骏,以及我们,都不能真正把握自己所生活的时代的本质和复杂性,对历史发展的曲折性缺乏足够的思想准备。尽管这样的认识上的失误、偏差,是可以理解的;但对樊骏这样的强调文学、历史研究当代性的学者,关心学术发展战略的学者,却又不能不说是具有严重意义的。于是,我们注意到,樊骏对我们这门学科历史发展中的曲折、教训,包括精神内伤,确有切身、深刻的把握与揭示,但他对学科当代发展的环境,危机,不是没有察觉,但总体来说,还是缺乏更深刻的把握与揭示,当然也缺少了更有力的应对。樊骏曾自责自己对学科建设所提出的战略性设想,"有些空泛",② 其实对学科在当代的发展的复杂性认识不足,是一个更内在的原因。这可能是一种苛求,但对樊骏这样苛求自己的学者来说,也许还是一种遗憾。

而且,这背后或许还存在着更深层面的问题。我们已经说过,樊骏是主张学者要拥抱自己的时代,并且从时代的新潮流中吸取精神力量与智慧的。我们在前面的讨论中,已经充分地肯定了其合理性和价值;但我们现在却又要反过来思考其可能存在的问题。樊骏对80年代时代主题、精神认识的某些偏差,其根本的原因,就在于仅有高度认同,却缺

---

① 樊骏:《论中国现代文学研究的当代性》,《中国现代文学论集》,第259页。
② 樊骏:《前言》,《论中国现代文学研究》,第19页。

乏反思。这里提供的思想的教训与启示是：我们不仅要"拥抱"自己的时代，又要保持必要的"距离"；在"顺应和坚持"时代潮流的同时，还应有必要的"批判和质疑"，也就是要将"科学的理性精神"贯彻到底。——这是包括樊骏在内的我们这一代的"疏忽"，但愿新一代学者能够在一个新的高度，把"历史研究、学者与时代的关系"的思考推向一个新的水平，在理论和实践上都得到更合理的解决：这也是学术发展到今天所提出的历史"任务"。

其实，樊骏对自己学术的局限性和不足，是比任何人都看得更清楚，有着更自觉的反省的：这位对学术要求十分严格的学者，对自己是格外严格的。他在为《论中国现代文学研究》一书所写的《前言》里，特别谈到他对出版自己的学术著作"心中总有些踌躇"，原因是他"不甚满意；越到后来，这种感觉越是明确强烈"：这样的对自己的不满，是真实的，因而也特别让人感动，特别具有启发性。

樊骏特别谈到自己的困惑："我的文学观念和研究方法，在五六十年代已经基本形成。进入新时期以来，出于渴望学科能够有大的发展，对于学术上的新的探索，一直持欢迎支持的态度；但对于日渐繁多的新观念、新方法，有时感到陌生、隔膜以至于困惑；内心深处，又缺少努力了解它们、切实掌握它们的愿望和勇气"。他于是谈到自己"知识结构上的缺陷，给探讨学科建设发展，尤其是创新开拓的工作，直接带来了障碍和困难"，他说自己"为之苦恼，引以自责"。①

在我看来，这样的知识结构的缺陷与由之带来的困惑是历史性的。王瑶先生早就对包括樊骏在内的主要成长于 20 世纪 50 年代的第二代学者有过这样的评价："他们有一定的马列主义的修养，有政治敏感，接受新事物比较快；但由于历史原因，知识面比较窄，业务基础尚欠深广，外语和古代文化知识较差"。② 这里，实际上揭示了现代文学研究的一个基本矛盾。"中国现代文学始终是在古今、中外关

---

① 樊骏：《前言》，《论中国现代文学研究》，第 18 页，第 29 页。
② 王瑶：《研究问题要有历史感》，《王瑶全集》第 8 卷，河北教育出版社，1991，第 16 ~ 17 页。

系中获得发展的，这就要求它的研究者必须具有学贯古今、中西的学养"，① 特别是到了改革开放的年代，全球化的时代，对所有的学术研究都提出了必须具有古今、中外的学术视野、学养的要求，本来就有着这样的传统的中国现代文学研究就更是如此。应该说，学科开创人那一代学者，都是具有这样的学养的，在某种程度上，可以说，"学贯古今中外"这也是中国现代文学研究的一个传统。但这样的传统，从第二代开始，就被中断了。在 1949 年以后我们国家一直执行了闭关自守的文化政策，到 1957 年反右运动以后，更发展为"批判封、资、修"的极"左"路线，到"文化大革命"更为极端，几乎拒绝了民族的、人类的一切文化遗产。在这样的文化背景下，成长起来的第二、三、四代学者，总体上都存在着知识结构上的巨大缺陷。这样的学科发展所提出的学贯古今中外的客观要求，与几代学者自身知识结构的缺陷，两者之间形成了巨大的矛盾，成为制约中国现代文学研究学科发展的长远的、根本性的因素。应该说，樊骏是完全自觉地意识到这一结构性的矛盾的，他的苦恼、困惑、以致自责，都源于此。我们更要注意的，是他的"扬长避短"的应对策略。他并不因此气馁，而是以积极的态度，充分发挥自己"有一定的马列主义修养"和丰富的历史经验的长处。我们从前述他对西方学院派学术的既吸取又有批判的审视里，不难发现他马克思主义历史唯物主义的信念、自信和开放态度，这就使得他在八九十年代极为复杂的学术环境里，始终保持清醒，既不保守，也不盲目跟风，这又反过来，使他在新时期的现代文学研究中依然发挥了独特的，不可替代的作用。但另一方面，他更清醒于自己之"短"，即知识结构的局限，注定他只能起到"历史中间物"的有限作用，他说他没有掌握新潮知识的"愿望和勇气"，其实是他知道要真正学习新知识，就必须达到真知、深知，并将其"成为自己的学识结构的有机组成部分"，这就绝非一日

---

① 参见钱理群《学术研究的清醒与坚守》，《那里有一方心灵的净土》，中国文联出版社，2008，第 10 页。

之功，与其皮毛地学得一点，变成"外在的装饰"，不如就老老实实地留下历史的遗憾。① 但他又为自己因此不能对时代提出的新的学术课题作出回应而感到愧疚，并不断自责。这里所表现出的樊骏式的困惑、苦恼，是有着丰富的历史内容的。

因此，我们完全可以理解，当他"在年青一代学者，尤其是前几年培养的博士生"（年龄大概比他小了二三十岁）中，发现了"具有较为完备的学识结构的新型学者"时，他所作出的强烈反应，他期待并预言这样的"新型学者"的出现，会对"整个学科建设以多方面的深远影响"，"无论对学者个人还是学科总体，这都是走向成熟，孕育着更大发展的重要标志"。② 樊骏这样的高度评价与期待，并非完全没有理由，因为正是这些年青一代学者，适应学科发展到八九十年代所提出的新要求，及时地调整了自己的知识结构，并试图对时代所提出的学术、思想、文化课题，甚至国际、国内的政治、社会问题作出自己的回应，这是樊骏这一代，也包括我自己这一代，所不能做的。在他们身上，既继承了老一代学者开创的关注时代、社会重大问题的传统，又有了新的知识结构，因而有能力在一定程度上做出回应，尽管也有些勉为其难：这都是最能吸引因自身的无力而自责的樊骏这样的学者的，他们也因此对樊骏后的学术界，以致社会产生很大影响，获得了相当高的学术地位。但是，或许正是这样的影响与地位，却遮蔽了这些学者自身的问题，这也是樊骏因期待过殷而没有看清的问题：他们的知识结构的调整，并没有达到樊骏所期待的"深知"与"真知"，并且将新知识"成为自己的学识结构的有机组成部分"的造诣与境界，总体而言，还是属于"补课"的性质，再加上某种程度的急功近利，其中的生硬搬演、曲解、误读，是难免的，远没有"成熟"。这就意味着，我们这里讨论的学贯古今中外的学术发展的客观要求，和学者知识结构上的不足，这

---

① 樊骏：《我们的学科：已经不再年轻，正在走向成熟》，《中国现代文学论集》，第 497、498 页。

② 樊骏：《我们的学科：已经不再年轻，正在走向成熟》，《中国现代文学论集》，第 498、500 页。

一基本矛盾，在这一代学者身上，有很大的缓解，却远没有解决。而且这也不是这一代学者的问题，在以后陆续出现的更年轻的学者，因为成长在一个更加体制化、商业化，更为浮躁的社会、学术环境里，也依然存在"知识面过于狭窄，且不肯再打基础上下功夫"的问题；① 当然，他们中的杰出者，在知识结构上正日趋合理，无论对"西学"，还是"中学"，其基础都可能胜过现在已经成为中年学者的那一代人，但真正做到同时学贯古今、中外的恐怕也并不多见。而且，由于他们成长于学院体制，深受学院派的影响，在知识上或有某种优势，但却也存在缺乏社会关怀和承担意识，将学术技术化、精致化，因而内在精神与生命活力不足的危险。因此，就整体而言，包括樊骏在内的前辈学者的"疏忽"所留下的"任务"，即完善知识结构，学贯古今中外，以更好地回应时代所提出的问题，还需要现代文学研究界，以致整个中国学术界几代学者的持续努力，真是任重而道远。

现在活跃在学界的几代学者，不仅是中年一代，也包括年青一代，在学养、学风上存在缺陷，有着各自不同的问题，都是自然的，是一定的历史条件所造成，因而是可以理解，甚至是应该给予历史的同情的；问题在于自身对自己的缺陷与不足，是否有清醒的认识，正视的勇气。正是在这个意义上，樊骏的自我清醒，包括他对自己的永不满意，他的踌躇、紧张、苦恼、困惑、愧疚与自责，在今天都具有极大的警示意义。我们在讨论的一开始就提到樊骏对我们这个学科的最大意义，就是他以自己高瞻远瞩而又严格的要求，使我们的学术处于清醒自觉状态；现在，我们要补充说，樊骏又以对自我的严格要求和不断反思自省，促使后来的学者自身的清醒与自觉。而他对学术、对自己的严格，又缘于我们一再说到的他的无私，一切出于学术公心，除学术之外，全无个人地位与权力的任何考虑。无私即无畏，有公心即清醒与自觉：这或许是樊骏对我们的最大启示。

---

① 　参见钱理群《学术的清醒与坚守》，《那里有一方精神的圣土》，第10页。

（本文的基础是 2006 年在樊骏先生的《中国现代文学论集》出版学术讨论会上的一个发言。当时觉得所讨论的问题重大，没有说清楚，需要再作研究，就没有及时整理成文。不料一搁就是四年，我为此一直心怀不安。去年有一个在台湾讲学的机会，本以为可以清静一点，借此偿还文债，于是将发言稿和有关材料都带了去；却不料依旧忙碌，未写一字，把材料原封不动地带回。又拖了四个月，这才下定决心，集中一段时间，将樊骏先生的著作重读一遍。因为又有了四年时间的距离，所要面对的问题更加复杂，思绪也越加纷繁，还是说不清楚，甚至不知从何说起，又实在不能再拖，只能勉强成文，而留下许多遗憾。）

2010 年 4 月 27 日～5 月 7 日

我们的学科：已经不再年轻，其实还很年轻

——从樊骏先生的一篇文章谈起

陈思和

　　前辈学者樊骏先生写过一篇文章，题目是：《我们的学科：已经不再年轻，正在走向成熟》，写于 1994 年，刊发于 1995 年，于今已经十多年过去了，最近我读了一遍，深深为樊骏先生对学科的深刻见解所打动。他当年所思考的问题，在十多年后的今天仍然是迫切需要解决的问题以及切合学科发展实际的方向。他希望我们"正在走向成熟"，但我们仿佛还在原地踏步，因此，我冒昧模拟一下这篇高论的题目，只是改动一句话。我们的学科，说其"已经不再年轻"是因为从学科发展的历程来说，它已经经过半个多世纪几代学人的营造，不能说没有一点成绩和积累，但其实它仍然很"年轻"。樊骏先生曾解释说："不再年轻不是说原先的幼稚以及相应的种种不足，都已经完全克服；走向成熟更不是意味着已经成熟，登上科学的高峰。比之摆脱幼稚，达到真正的成熟，将是一个更为漫长更为艰难的历程，需要清醒的认识。"① 我觉得，一个学科如果称得上"成熟"，至少在理论上解决了关于这个学科的基本问题，建立起较为稳定的学科范畴和学

---

① 樊骏：《我们的学科：已经不再年轻，正在走向成熟》，收入樊骏《中国现代文学论集》（上），人民文学出版社，2006，第 502 页。

科观念，以后新的资料发现，可能在局部修正和补充学科观念，但不会引起根本性的变动。而以这样的标准来看我们的学科的现状，它确实"还很年轻"，还处于初级阶段，还有许多涉及学科发展的材料和领域，正在逐渐被发掘和重视，还没有找到适当的理论方法来做出有说服力的解说，奠基性的学科理论还没有完全建立起来，而如果我们不去思考和关注这些问题的话，我们的学科就有可能遭遇到根本性的挑战与困境。

这次我在华中师范大学举办的"现代中国文学学科观念和方法"的研讨会上，听到黄曼君教授的发言，他感慨地用了八个字来形容学科当下的处境：根本颠覆，全面覆没①。这自然有些言重，但是老一辈学者为之焦虑的心情却跃然呈现，不容回避。在我看来，所谓"国学热"、儒家热、传统文化复兴、传媒炒作流行快餐等社会思潮，并不会构成本学科的生存危机，严峻的挑战并非来自学科以外的力量，而恰恰是来自学科内部的学术研究的深入和学术视野的拓展，学术的发展必然会带来内在的矛盾：其内涵的日益丰富与理论外壳的不相容性又一次到了需要大调整的时机，所以说，这也是机遇，矛盾总是酝酿着新的突破，挑战必然带来新的机遇。会议开了三个半天，发言的人争先恐后，许多有意思的话题都引起我的联想。会后，重读樊骏先生的这篇论文，结合会议研讨的问题，写下一些不成熟的想法，权作是阅读前辈的心得体会，就教于大方。有许多话题都在研讨会上引起争论，我以为与我们的学科最有关系的，是关于会议的标题"现代中国文学"所引起的争论。我对概念术语一向不敏感，不知道以前是否也有人这么用过。记得钱基博先生在 20 世纪 30 年代出版过一本文学史，名为《现代中国文学史》。那部文学史的观念，与我们以后的新文学史风马牛不相及。有学者在讨论中提出："现代中国文学"的概念是否意味与以前我们使用的"中国现代文学"的概念有了差异：原来的"现代

---

① 华中师范大学举办的"现代中国文学学科观念和方法"研讨会于 2007 年 8 月 8 日到 11 日，先后在武汉和九宫山举行。黄曼君教授在大会上的发言题为：《世纪相伴话沧桑：现代中国文学学科观念与方法综议》。

文学"是一个专用名词,不仅仅是指时间上的现代,同时也包含了具有"现代性"的文化含义,"现代文学"意味着具有现代性的文学,其必然是尊"五四"的新文学精神和现实战斗精神,而必不能容忍许多非现代性的文学如通俗文学、旧体诗词、文言文等文学现象侧身其间和平等对话,如果用"现代中国文学"来取代的话,客观的"中国文学"就成了一个主题词,而"现代"仅仅成为一个时间的标识,现代中国文学成为古代中国文学顺其时间延伸而来的一个文学阶段,那么,它就与唐宋文学、明清文学置于同等的意义,完全没有必要单独成为二级学科,这样,等于取消了本学科存在下去的理由。①

　　这种观点虽然出于对学科的维护,但是有一点事实却不能面对:近年来现代文学学科在一些领域中开拓的成就是有目共睹的。以现代旧体诗词的发掘与研究为例:近年来相继出版的有陈寅恪先生的《陈寅恪诗集》、钱钟书先生的《槐聚诗存》《石语》等,以及上海古籍出版社推出的《中国近代文学丛书》,整理出版了郑孝胥、樊增祥、陈三立等近代诗人的诗集;胡风、聂绀弩、周作人等新诗人的旧体诗作也都整理出版。相关研究则有刘衍文《石语题外》等②,日本学者木山英雄对中国新文学作家的旧体诗作也有系统研究③。旧体诗词的研究还涉及台湾日据时代的文人诗社团体。乙未割台以后,台湾士绅以诗社名义保持中华文化血脉,成为一种主要的文化形式,在短短数年台湾竟有诗社百多家,并且形成了瀛社、栎社、南社三大诗社的鼎足局面。近年来台湾学者整理出版日据时期古典文学文献方面成果颇丰,诸如《全台诗》《全台赋》的编撰出版,以及许多旧杂志被影印,发挥了重要作用。如台湾文社发行的《台湾文艺丛志》,除了提供《全台诗》相关诗作的搜罗

---

①　会议讨论中王彬彬、陈国恩等学者都持这样的观点,因为是即兴的发言,只能记录其大概的意思。

②　刘衍文《石语题外》系列研究收入《寄庐茶座》(汉语大词典出版社,2004)。

③　木山英雄的系列研究论文有中译本,一部分对扬帆、潘汉年、郑超麟的旧体诗研究,经蔡春华翻译,收入《无名时代的文学批评》一书,陈思和等编,广西师范大学出版社,2004;一部分对聂绀弩、胡风、舒芜、启功等的旧体诗研究,经赵京华翻译,收入《文学复古与文学革命:木山英雄中国现代文学思想论集》一书,北京大学出版社,2004。

外，也提供了当时台湾传统文人广泛吸纳东西洋文史知识、开阔视野的前瞻企图。又如《汉文台湾日日新报》《三六九小报》《南方》《风月报》等几乎是以传统文人为主的刊物，保留不少旧文学的史料，也是台湾通俗文学的大本营，对台湾传统文学之古今演变和现代转化都提供了新的思考资源。相关研究论著也逐渐涌现，如许俊雅的论著《黑暗中的追寻——栎社研究》、校释本《无闷草堂诗余校释》《梁启超游台作品校释》等，都是研究台湾栎社的重要成果，令人瞩目。本学科的研究生对这些领域的研究也开始涉足。

比现代旧体诗词研究更引人关注的是关于现代通俗文学的研究。以范伯群教授为领军的学术团队不仅编撰了《中国近现代通俗作家评传丛书》《中国近现代通俗文学史》《插图本中国现代通俗文学史》等大型著述，还在理论上不断提出新的见解，要求整合通俗文学与新文学的关系。范教授多次引用朱自清的"鸳鸯蝴蝶派'倒是中国小说的正宗'"的观点，努力把通俗文学与"五四"新文学整合为 20 世纪中国文学史的"两翼"[1]。最近范教授在其新著《插图本中国现代通俗文学》里明确提出："有必要为中国现代通俗文学建立独立的研究体系，将它作为一个独立自足的体系进行全面的研究。"并且在此基础上要求再做下一道工序："探讨如何将它整合到中国现代文学史中去"。[2]这已经是一个逻辑相当严密的工作规划，不能不引起我们的重视。

人文学科之所以是一门科学，它从来就是在新的材料被发掘、新的领域被开拓的前提下经受挑战和检验，而后在理论上提出新的见解来阐释这些新材料和新领域，其学科本身也会发生或快或慢的变化，以修正自身的局限。如果学科缺乏这种应对能力，就有可能导致学科自身的作茧自缚，自我萎缩。这些来自新材料和新领域的挑战，是学科自身深入

---

[1] 参考范伯群、孔庆东主编《通俗文学十五讲》，北京大学出版社，2003。以及范伯群《近现代通俗文学漫话之三：鸳鸯蝴蝶派"倒是中国小说的正宗"》，载《文汇报》1996 年 10 月 31 日。

[2] 参考范伯群《插图本中国现代通俗文学史·绪论》，北京大学出版社，2007，绪论第 1 页。

发展的结果而非外界的干扰，其始萌并非今日。樊骏先生在回顾本学科在 20 世纪 70 年代末和 80 年代初的时候就遭遇了同样的情况，但是那个时候由于学科自身的束缚，未能给予正确对待。樊骏先生举例说："我们关于'现代文学''新文学'的含义与范围，显然存在着不同的理解与界定，不同意见也并非没有交锋过。十多年前两次会议上的争论，我至今记忆犹新。在 1979 年 1 月，有来自各地的二十余位现代文学研究者参加的《中国现代文学史参考资料》（北京大学、北京师范大学、北京师范学院中文系编）的审议会上，已经编好的两卷旧体诗词选，由于有些学者坚持'五四'以后写作的旧体诗词不能视为现代文学创作，而被排除于这套资料之外。1983 年 5 月《文艺报》召开的有京、津、宁三地近二十位学者参加的现代文学研究座谈会上，对'现代文学'是否相当于'新文学'，能否将鸳鸯蝴蝶派之类的作品写入现代文学史，也有针锋相对的分歧意见。有的学者后来还将发言整理成文章发表。但这类讨论，包括口头的和文字，都没有充分展开过，一般只限于若干具体事例的取舍，而未能根据'五四'以来的文学创作和文学运动的全部实践，参照其他艺术门类的实际状况，重新对'现代文学''新文学'的性质、特征、范围等，作出理论的界定与阐释。"① 很显然，樊骏先生在现象尚处于萌芽状态的时候，已经敏感地发现了学科内部潜在的矛盾，他不是纠缠在个别的具体的事例取舍上，而是着眼于整个学科的发展。他的倾向性意见，显然是希望我们对"现代文学"与"新文学"两个概念的含义与范围作进一步的厘定与区别。他虽然没有直接表达自己的意见，但依据"参照其他艺术门类的实际状况"的原则，他明确提出："美术界没有将同属传统形式的中国画一概视为旧美术，音乐界没有完全把民族音乐作为旧音乐，书法界更难有这样的新旧之分，而都将他们写入现代美术史、音乐史和书法史之中。如果编一部综合的'中国新文艺史'，写到了齐白石、张大千的画作，梅兰芳、周信芳的剧艺，阿炳的乐曲，罗振玉、郑孝胥的书法等，却不提鲁

---

① 樊骏：《中国现代文学论集》（上），第 510～511 页。

迅、郁达夫、柳亚子、毛泽东等人的旧体诗词，张恨水、金庸等人的章回小说，岂不荒诞不经？难道后者比前者缺少新的属性吗？"樊骏先生这些观点，其实是命中了我们学科所面对困境的要害，只是在 90 年代初的时候，我们在这些领域的研究成果还不足以引起大多数学者的关注，因此忽略了樊骏先生的敏锐发现。但是在今天，我们学科所面对的共同的挑战与困境，已经是不容再回避下去了。

　　会议上下也有不少学者在讨论这些问题，有的学者认为：学科建设是建立在科学的态度之上的。"现代中国文学"就是研究现代中国的各种文学现象，既要摆脱 2050 年代以来过于狭隘的新民主主义革命的观点，也应该从 80 年代以后形成的启蒙主义的精英立场中解放出来，让各种文学思潮文学现象都拥有平等对话的条件。如有的学者所认为的：文学史研究既是一种文学研究，也是一种史学研究，应该重视中国文学研究的史学性。① 所谓的"史学性"，我的理解是对于文学现象持一种客观研究的态度。这种观点在受过"五四"新文学精神熏陶的大陆学者看来，似乎是难以接受的，但在海外学术界则是自然而然形成的观念。李欧梵教授曾坦率地说："我绝不——也从未——贬低'五四'新文学的价值和贡献，只不过对其中暗含的精英主义和意识形态提出质疑，因为我从来不把新旧对立，也从不服膺任何文化的霸权。在海外研究中国现代文学，不像国内那样被视为重点研究项目，而且一向是挂靠在古典文学之后，直到最近才有所改观。当然，也从没有近——现——当代的分期，更无雅俗之分，近年来在'文化研究'理论冲击之下，似乎更看重通俗文学和视觉文化（如电影）、甚至有点矫枉过正。对我个人而言——我本来是学历史出身——文史哲一向不分，而文学史和文化史之间也不必划清界限，在这样的'宏观'视野之下、'文学'本身的定义也更宽泛，遑论新旧文学。"② 李欧梵教授说得很坦然，但他的

---

① 会议上周晓明的发言持这个观点，转引自王泽龙、张晋业《现代中国文学学科观念与方法学术研讨会综述》，《光明日报》8 月 24 日。

② 引自李欧梵教授为范伯群著《插图本中国现代通俗文学史》写的序言（二），见书，序二第 5 页。

看法对我们学科的理论建设有根本性的启迪。李先生强调海外的中国现代文学研究的境遇，也是预兆了如果我们这门学科放弃了"五四"新文学的现实战斗精神，把它恢复到一般的阶段性文学研究，那么，很可能就会像海外的汉学那样，沦落到挂靠在古代文学之后，没有理由成为二级学科了。但是，李先生的话又从另外一个角度描述了一种不分雅俗遑论新旧的文学史观念，毫无疑问，这样的文学史观念比现在我们现在死守一家的做法，更有弹性，也更符合文学史的实际。

回顾我们的学科发展。20 世纪 50 年代建立现代文学二级学科，是全盘继承了"新文学"的传统，当时建构这个学科平台的理论基础是新民主主义革命的理论，所以不仅确立了从"五四"到 1949 年的文学史时间，而且也充分强调了从"五四"——左翼——延安文艺座谈会的三个环节和独尊鲁迅的一个中心点，贯穿文学史的是不断的批判和斗争：有"五四"新文学运动中对传统文学和通俗文学、保守主义的批判，有左翼文学运动中对国民党政府的文艺政策、资产阶级的文学主张以及内部的小资产阶级倾向的批判，还有就是党内整风运动对于小资产阶级知识分子的批判。可以说斗争是文学史的一条主线。80 年代以后，随着 20 世纪中国文学等理论概念的提出。本学科研究开始摆脱了狭隘的战争文化心态造成的思维模式，将现代文学与当代文学重新组合，文学史的时间范围上下延伸到百年中国文学，搭建起"中国现当代文学"的学科新平台，并且对以往狭隘的文学史观念进行了反思，建立了以启蒙主义为中心的文学史论述。在这样的理论建构中，原先被否定的作家如周作人、胡适、沈从文、张爱玲等都开始得到正面的评价和专门的研究，鲁迅以及左翼文艺运动的意义也被重新阐释，对当代文学中许多政治性的教条作了认真反思。但是在 90 年代以后，中国现当代文学学科随着硕士博士研究生学位授予点的增长，其研究队伍的扩大和梯队更新、研究视野逐渐扩大，再加上日趋保守的社会风气和海外汉学学术风向的影响，许多对本学科的颠覆性意见相继出现，新的材料和新的领域不断扩大，这就给本学科的学者又一次提出了艰巨的任务：我们当然要维护自己学科作为二级学科的生存理由，要维护"五四"新文学精神在本学科所拥有的核心地位，但也不能回避，"现代中国文学"确实包含了许多非"中国现代文学"所能够包容的文学因素，要承认过去中国现代文学史的观念是从新文学史的观念演变而来，比较狭隘的新旧对立思维模式再加上战争文化心理构成的思维模式，建构起一套所谓主流、支流、逆流的文学史叙事模式，已经不能适应今天学者们宽阔的学术视野和本学科所取得的学术发展。20世纪80年代的"重写文学史"的提出和实践，本来要解决的就是这样一些极"左"教条、陈旧迂腐、政治挂帅的文学史观念，以求适应本学科在应对各种社会思潮和流行观念时的理论创新。"不分雅俗，遑论新旧"是当前本学科急需解决的理论现象，是一种实事求是的学科精神的迫切要求。令人尊敬的是，樊骏先生在十多年前作为我们的学科的全国领军人物之一，在其学术思想里已经隐含了这些思考。他质疑我们现在的文学史著作里不能容忍通俗文学、旧体诗词等创作，反过来质问道：难道"五四"新文学果真就是"纯"文学吗？他说："特别是在抗日战争爆发、延安文艺座谈会、新中国成立以后，随着新文学工作者采用、改革传统形式、旧文艺工作者学习新文艺，创造出'旧瓶装新酒'的作品，再加上文艺界统一战线的不断扩大，思想上艺术上多有交融与汇合，原先区别'新''旧'的界线有了明显变化，至少以文体形式划线的区别大大淡化了。"① 他在另外一篇评论《中国近现代通俗文学史》的文章里指出："新文学就其整体而言，难以成为真正意义上的'纯'文学，而必然具有诸多'俗'的因素。从根本精神和性质来看，与其说是'纯'的，还不如说是'俗'的。"② 为了证明新文学创作中的通俗因素，他还举了《雷雨》和《风雪夜归人》的例子来说明最西化的艺术形式话剧作品里仍然具有通俗文学的因素。在对于旧文学的评价上，樊骏先生也提出了新的看法，他这样论述鸳鸯蝴蝶派的文学："'五四'之前，'鸳蝴派'应该说是当年文坛上一个最有影响的新的流派。在中国文学现代化进程中，就

---

① 樊骏：《中国现代文学论集》（上），第510页。
② 引自樊骏《能否换个角度来看》，《中国现代文学论集》，第478页。

文学的写作传播等环节而言，现代报刊出版事业——现代稿酬方式——作为自由职业者的专业作家'三位一体'体制的确立，起了决定性的作用。"① 综其所言，新文学运动随着左翼文学运动、大众文艺运动、延安文艺整风和1950年代以后的为工农兵服务和为政治服务的文艺政策，决定了新文学在发展中不断脱离"纯文学"，向着俗的方向靠拢；而鸳鸯蝴蝶派文学也不是一开始就是通俗文学，它本身的发展道路还包含了传统精英知识分子向市场经济转换、建立现代出版制度的文学现代化的社会实践。这样的理解自然是消解了新文学史上势不两立的新旧文学之分。

在我的理解中，以鸳鸯蝴蝶派为中心代表的旧文学从精英知识分子立场向通俗文学的真正转型应是在"五四"新文学兴起以后才最后完成的。正因为"五四"新文学占领了精英知识分子的制高点（大学教堂、权威刊物、大型出版机构以及一部分权力），他们才逐渐退出精英的立场，转移到大都市的新的媒介——电影电台、报纸副刊、小报连载、连环画等，开拓了新的领域——都市通俗领域的空间。占领了都市大众传媒的新工具的通俗文学，已经不能够用简单的旧文学来解释和定位。20世纪40年代的张爱玲就是一个典型的例子，她在文坛上崛起时，充分地利用了大众媒体——通俗杂志、小报、电影、话剧、插图、甚至是自己设计的奇装异服秀。张爱玲虽然是从通俗杂志《紫罗兰》上发迹的，其创作中也有不少通俗文学的因素，但显然不能把张爱玲的创作简单归为旧文学或者通俗文学；在范伯群的《插图本中国现代通俗文学史》的最后一章，把张爱玲、徐訏、无名氏的40年代创作都归入通俗文学的"新市民小说"，在汤哲声的《中国当代通俗小说史》里，把当代文学中的许多名篇、"文革"后文学中许多流行的文学现象都归结为通俗文学。由此出发，再联系到20世纪末都市媒体网络的迅速发展，以其新的形式占领了文化文学市场，涌现出许多新的文学群体（如80'后），等等，通俗文学有了一个自我贯通的文学史逻辑。确实，

---

① 引自樊骏《能否换个角度来看》，《中国现代文学论集》，第481页。

从抗战起，甚至更加早些时候，所谓新旧文学、雅俗文学之间已经不存在难以逾越的鸿沟了。那么，是不是可以这样来理解，从文学史的实际出发，广义上的"俗"文学的思潮及其创作，理应占据文学史的大部分篇幅，而真正体现"五四"新文学的战斗精神和注重艺术形式革命的"纯文学"的传统，反倒是占据了小部分，属于比较尖端的、核心的部分？如果，我们容许现代文学史将两者并存的话，那么，它们之间又是一种什么样的关系？我们将如何来把握和阐述？

对于这样一种雅俗、新旧并存的文学史现象，自然可以有不同的叙述方法。简单的拼接是一种比较流行的方法。现在最普遍的情况就是这样：当文学史实际现象越来越繁多、越来越复杂的情况下，力求全面的文学史就无限膨胀起来，并且陷入了自相矛盾之中。比如，一部当代文学史，在导论里阐述其社会主义文学的性质，但是在具体的内容论述中，除了大陆作家作品外，还夹杂了台湾、香港的作家作品介绍；同样，在一部现代文学史中，前面是分析新文学如何战胜旧文学，批判通俗文学，但在内容论述里，张恨水被夹在丁玲、巴金中间一起论述，其理论上不能自圆是必然的。还有一种方式，就是从理论上着手，通过理论创新提出新的文学史观念，来重新整合文学的各种现象，达到新的文学整体观。正是出于上述的文学现象，我在 2005 年提出了 20 世纪中国文学史上的"先锋"与"常态"的问题，企图正面回答有关"五四"新文学的质疑。我把"五四"新文学的战斗传统界定为一种与世界文学同步的先锋思潮，其特征为彻底地与传统实现断裂、对抗性的社会批判、对唯美主义和颓废思潮的批判、形式与语言的夸张性变革等，正是这种先锋文学思潮与启蒙思潮的结合，才使"五四"新文学产生了那么大的社会影响，它的激进的、革命的以及对现实改革事业的投入，才形成了巨大的新文学传统的力量。由于先锋思潮本身是偏激的、异端的文化思潮，在文学史上，它往往与革命性的政治思潮联系在一起，很快就融化到政治运动中去，消失了文学自身的先锋性，所以先锋思潮又是短暂的，有冲击力的，惊世骇俗的。从"五四"新文学运动的发端到左翼文艺运动的兴起，形成了一个文学先锋的过程，在中国现代文学史上发挥了积极推动社会进步的作用，它是文学史的核心的力量。同时，在核心以外，大部分的文学现象则是以正常态的形式，随着社会的发展而渐渐演变，这是一个多层次的文学常态的过程，文学是社会意识形态的产物，从古代中国文学到现代中国文学，文学始终是随着社会的变化而自然而然发生变化，审美领域也逐渐形成大多数老百姓能够接受的主流趣味。当然文学的受众构成是多层次的、复杂的，常态文学也相应是多层次和复杂的，它包括了传统文学的古今演变、随市场发展而形成的市民文学、农民文学、小知文学，流行文学，也包括新文学中的时尚文学和各种通俗的文学性读物，综合起来成为一种主流的文学现象。（这里将另外一种官方政策要求而产生的歌功颂德文学或者战斗文学除外，这是一个非常态的主流文学现象，另当别论。）由这两种性质不同、形象也不同的文学的综合力，构成了一部复杂的文学史，能够包容其雅俗、新旧的文学现象，并在理论上仍然能够保证新文学传统在文学史上的核心地位①。

关于先锋与常态的理论假设，是根据文学史实际出现的问题而提出来的，要求能够解释这些现象，并解决相关问题。它是否有效还需要经过实践的检验，在此不赘。话题还是回到本文开始时对于几个概念的分析。前面曾经提到过，"现代文学"学科是从"新文学"发展而来，它全盘继承了新文学的狭隘的战斗传统，20 世纪 80 年代提出的"20 世纪中国文学"基本上是打开了原先的狭隘学术视野和研究范围，但由于当时主要着眼点是在包容和整合 1949 年以后的文学史，确立了启蒙为主要叙述方法。它的不足是对于未来 15 年的文学完全缺乏预见，没有预见到，商品经济大潮的迅猛冲击文化、网络媒体的主宰一切文化领域，社会全面道德沦丧而带来了"国学热"、"保守主义"以及新"左"思潮的复兴，等等，这些社会现象的出现，对现代文学的学科理念和基本理论都带来致命的挑战。而 1990 年代以来学术界对于通俗文学、旧

---

① 这些观点请参考拙作《试论"五四"新文学运动的先锋性》（载《复旦学报》2005 年第 6 期）、《先锋与常态——现代文学史的两种基本形态》（载《文艺争鸣》2007 年第 3 期）等。

体诗词、另类文学等等领域的史料发掘和过度阐释，也与现实的思潮相关。我以为只有通过理论创新，调整文学史的观念，重新解释、整合、包容当下的各种社会文化现象，才可能激活我们的学科，使它在现实环境中继续发挥新文学的精神影响。在这个现实意义上，我能够理解有的学者关于"现代中国文学"的解释，要求客观地解释文学史上各种文学现象，当年钱基博先生编撰的《现代中国文学史》，已经为我们构筑了一个文学史的蓝图。但是，学科的危机仍然没有消除，既然现代文学学科的建立与1949年以后新政权的意识形态建设有关，那么，在未来的发展道路上，如果现代文学逐渐成了一个阶段性的文学史，它还有必要成为二级学科吗？它与古代文学学科的差异究竟在哪里呢？

其实，这个困扰一直像梦魇缠绕着本学科的学者。其表现在现代文学的外延和内涵的不断地变换。樊骏先生也早在十几年前就注意到了。他从学科建设的角度出发，指出现代文学史前后不过三十年，作为一门独立的学科的范围实在是过于狭小了。他归纳了当时学术界的三种见解：（1）主张把现在所说的"近代文学"和"现代文学"合并，统称"近代文学"，与史学界关于通史的分期取得一致。（2）主张把"现代文学"与"当代文学"合并，通称"现代文学"或"新文学"，考虑到当代文学在继续发展中，有的学者还建议可以将其中相对凝固、已经告一个段落的部分，逐步纳入"史"的研究范围。（3）主张将从戊戌变法至今的文学作为一个整体，称"20世纪中国文学"。等等。① 他当时曾经呼吁过三个领域的学者一起就这个学科问题来共商大计，但很遗憾没有到响应。他幽然地说："近年来，我一直有这样的想法：如果说前辈学者为创建现代文学这门学科而努力，为奠定目前这样的学科格局作出了贡献，那么今后年青一代的学者的历史任务，可能是消解现有的格局，把现代文学研究纳入更大的学科之内，或者重新建构新的学科。从学科的发展来看，是迟早得这样做的，并将因此把现代文学研究推向

---

① 樊骏：《中国现代文学论集》（上），第517页，但是本段落引者做了删节。所以没有用引号，特此说明。

新的阶段。"① 樊骏先生的富有远见的学科观点，在今天的学科建设中依然是前卫的。从今天的学科建构来看，樊骏先生当年的学科展望在今天已经变成了学科存在的重重危机，所谓的二级学科本来就是教育部人为设置的，并不能证明什么长久存在的理由。当我们自己在为自己操心的时候，我们发现，"20 世纪中国文学"已经成为一个阶段性的文学史概念，完成了其自身的任务；"当代文学"作为一个学科概念也已经基本被消解，因为半个多世纪以前的事情还是被称作"当代"，显然是不符逻辑的。而我们的学科唯一能够表明自己身份的，还是"中国现代文学"（所谓"现当代文学"的"当代"是可以取消的，因为"当代"理所当然是包容在"现代"的意义里），当然，这个"现代"的含义应该有所修正，应该更加宽容，更加富有包容性，以更大的空间来显现"现代"的合法存在理由。

"中国现代文学"与"中国古代文学"一样，是分阶段的，而其"20 世纪文学"是作为第一阶段而存成立，百年文学本来就不悠久，加上国分两岸、政历数朝，完全可以笼统包容之，不必过于琐碎的划分文学史。百年文学不过是现代文学的一道序幕。而"当代文学"应该是指当下文学，即使发生在我们身边的文学现象，需要我们去关注它研究它，并通过对当下文学现象的研究，反思历史，促使对现代文学的观念和方法的更新和发展。我一直认为我们的学科尚且年轻，不仅仅是指他们不会走向成熟，不会形成稳定的学科理念，而是我们的学科存在下去的理由，就在于它不是依靠历史的久远和观念的凝固不变，恰恰它的依凭就在于它永远与当下生活结合在一起，生活的未来有多长，我们的学科的生命就有多长，它的特点就是不断对应当下出现的文化现象和文学现象，解释当下文学和生活的关系，推动文学事业的发展。其实，七十多年前的朱自清先生在清华开设"新文学研究"的课程，何尝不是当下文学？五十多年前王瑶先生论述"新文学史"，也不过是刚刚结束的文学现象；当二十多年前"20 世纪中国文学"倡导的时候，20 世纪还

---

① 樊骏：《中国现代文学论集》（上），第 521～522 页。

没有结束呢。所以，我们这门学科的最大特点，就在于它充满现实生活的活力，不断观察当下的生活与文学，不断根据现实中出现的新现象来提出新问题，不断根据新的材料来调整自己的学科观念和研究方法，这样，也许我们可以不辜负前辈学者所期望的那样，让我们的学科在不断消解原有格局的活力中，创造出新的学科格局。

附记：本文是根据华中师范大学举办的"现代中国文学学科观念和方法"研讨会（2007 年 8 月 8 日）上的发言整理而成，初刊于《文学评论》2008 年第 2 期，后被多家刊物转载。当时樊骏先生还健在，听王保生先生说，他在《文学评论》刊发了这篇文章后，曾经拿去念给病中的樊骏先生听。樊先生生前是知道我写这篇文章的。我在写作时，虽然不是意在对樊先生的纪念，但心里确是充满怀念之情。因为我早就听说樊先生病了。

我与樊先生见面机会不多，直接交流机会也不多。但是他的文章却一直是我学习成长道路上的纲领性文件。我最初记住樊先生的名字，是因为读了他对老舍《骆驼祥子》的分析，虽然后来我自己在研究中，对樊先生关于虎妞形象的阶级分析观点不以为然，但是在当时我确实把这篇论文当作一篇范文学习，模仿作者锐利的眼光和深入的分析方法。

我初次见到樊先生是 1982 年 5 月在海南岛召开的现代文学第二届学术年会。王瑶先生主持了整个会议，樊骏先生是当时最活跃也是最忙碌的组织者，王瑶先生最得力的助手。在会上见到他一直忙进忙出，私底下也听到一些与会代表的议论，说王先生对樊先生十分偏爱等。我那时真是闲得很，会议结束后从海口乘船到广州，晚上不想睡觉，与廖宗宣先生在甲板上面对茫茫南海聊了大半夜，竟高声喧哗妨碍了疲劳一天的樊先生的睡眠。第二天上午樊先生走过来，对着我们（主要是对着廖先生）抱怨：昨天晚上被你们说话吵得睡不着时，恨不得把你们扔到大海里去。由此大笑。这一笑，成了我结识樊先生的机缘。

以后见到樊先生，主要是在各种学术会议上，或者是有缘同时到某高校去讲学什么的，每逢这种机会我总是会去他下榻处拜访一次，略聊几句，也不会多打扰他。他也总是客客气气地应酬着，一直到 90 年代，还是客气地称呼我"陈思和同志"。其中有过两次谈话给我留下较深的印象。一次是他突然问我：你觉得你和王晓明的研究方法有什么不一样？我一时答不上来，他笑笑，有点得意地说：你不承认？譬如你的《巴金传》和晓明的《鲁迅传》就是很不一样啊，你偏重史料辨析，晓明更偏重理论，差别很明显啊。——他说这话的地点在福建师大，当时我们都受汪文顶教授的邀请在那里讲学。

还有一次，我记不得与谁一起去北京劲松小区樊先生的寓所拜访，顺便聊起现代文学学科，他突然说，这个学科今后会慢慢消亡。你看，某某的兴趣转到了近代文学，某某的兴趣转到了当代文学，也有的已经转到了古代文学。唯有你，还在用"新文学"的概念，已经很少有人只坚守现代文学领域了。然后他又说：这其实是好事，现代文学会慢慢融解在更大的学科背景里，这样它的特点会更加鲜明。——当他说到当下学者转换兴趣时，还做了一个动作，表示一只脚跨在现代文学领域，另一只脚跨到别的领域的滑稽模样。这是我唯一的一次看到樊骏先生内心深处的顽皮和活泼。

樊骏先生在 80 年代每年写一篇长篇论文，综述这一年的现代文学研究状况，他几乎读了所有现代文学学科的研究论著，每有突破和进步，他都欢欣鼓舞，举出来表彰。因此每年在《现代文学研究丛刊》上读署名"辛宇"的综述文章成为青年学者的期待。这些文章以编年式的学术成果为表识，牢牢地把握着学科的脉搏，关心着学科的整体性发展。所以樊骏先生的文集是我历来指导研究生的必读文献，我自己也经常学而时习之。

上述文章正是我阅读樊先生文集时的学习体会。没有想到，现在竟拿来作为我对于樊先生去世的一点纪念。特此说明。

2011 年 10 月 22 日清晨写于日本一桥佐野书院

学科评议、"时代"与文学研究中的总体意识

——对樊骏先生学术工作的一些初步理解

程　凯

　　新年刚过，传来樊骏先生逝世的消息。忽然想起，去年春节之前，樊先生提出请文学所现代室所有在职和退休人员聚餐。那一次，由于樊先生的号召力，来的人格外齐整，现在看来，竟是一次"告别的聚会"。

　　樊先生是文学所的元老，同时也是中国现代文学研究界第二代学人的代表，其学术道路与中国现代文学研究这一学科的建立、发展、转型、壮大相生相伴。因其对学科建设投入之巨大，贡献之无私，他常被人称为现代文学研究的"守护者"。而他的逝世让人倍感沉痛、惆怅的原因尚在于其特异的精神品质和人格魅力也随之远去，这必然是更难弥补的损失。可以说，樊先生的身上凝聚着其成长的那个时代所能赋予个人的一些最优秀的品质，而他经历的一些特殊生长环境又使得同一时代容易给个体造成的精神扭曲和戕害在他身上被过滤到最小。有前辈学者在纪念文章中提到樊先生身上"个性"与"群性"的高度统一，称之为一个"典型的'群而不党'的现代君子"："他本是一个清高得近乎'洁癖'的'己'，偏偏对'群'具有最真挚的关怀。"正因为有如此张力，人格的造就在樊先生身上未止于独善其身的境地，而是被他倾力灌注到工作中，形成辐射性的感召力和影响力，并通过个体间的彼此影响、言传身教、相互砥砺造成某种氛围和传统。如果说，在樊先生所工

作、身处的群体中——小到现代室、文学所，大到中国现代文学研究界——可以隐然感觉到存在某种克己、严正、讲公心、不计私利的氛围、态度，那么，它的形成和传承不能不说相当程度上归功于樊骏先生这样高度自律、严谨、无私的个体的感召。

2004 年，我到现代室时，樊先生已经退休，并且因为脑溢血初发影响了他的语言能力，因此，和樊先生的直接接触不多，但常听室里前辈学者谈起樊先生的为人与学术工作，即便是"间接学习"，也已经从中得到许多超出书本的珍贵收获与滋养。2006 年，文学所召开樊骏先生学术研讨会，我借机通读了樊先生已经出版的著述和发表过的文章，从中得到一些印象和线索，草成《"时代"和文学研究中的总体意识》的发言稿。比较会上许多樊先生的老同事、老朋友的发言，我的发言既不"知人"，更无"论世"，只是带有揣测性的梳理，几年后读来有诸多偏差和缺乏深入之处。但对于樊先生，谈其为人和工作者多，谈其文章、论文者相对少。其刻苦和深思一向为人称道，但其下笔以谨慎，甚至吝啬著称。惟其数量有限，这些学术遗产更显珍贵，凝聚着樊先生的问题意识，思考脉络、方向，观察与判断，以及他的困惑、忧心和期望。在新的时代和学术语境中，青年一代如何面对这些文字的遗产并能加以转化？这是理应认真对待的问题。五年前草写的这篇旧文或许可以为此提供一些初步参照。

讨论樊骏先生的学术工作，首先值得关注的是其工作领域的独特。作为文学史家，樊先生直接讨论文学史对象的论文不多，部分原因在于，新时期之后，他的绝大部分的精力都被"记录、剖析、评价"近二十年来的现代文学研究这样一个工作占据了。他的第一本专著《论中国现代文学研究》，就是一本"有关中国现代文学学科建设的专题论集"，其内容是"探讨中国现代文学研究这门学科的历史和现状、建设和发展、成就和问题、经验和教训"，属于"研究的研究"。这种总体把握学科问题与方向的文章有不少人写过，而樊先生的特异之处不仅在于他以此为主要工作领域，更在于他的宏观探讨建立在对本领域研究成果进行全面、紧密的跟踪与批评的基础上，其对同时期现代文学研究的整理、总结几乎达到"涸泽而渔"的地步。这集中体现于每年他以"辛宇"的笔名发表于《中国文学研究年鉴》上的现代文学研究综述。据说，他带领室里青年学者每年为准备撰写综述而抄写的卡片就有数百张。如果想有效了解 20 世纪 80 年代中国现代文学研究的状况、问题、成果，这一系列研究综述是必不可少的参考。今天，文学所现代室的青年学者依然承担着为《中国文学研究年鉴》和《中国现代文学研究丛刊》撰写年度研究综述的任务，但投入的精力、关注的范围远不能与樊先生那时相比。其重要原因在于，今天的科研已越来越个体化、原子化，强调个人创见多于关注总体态势或他人成果。事实上，在 80 年代，从集体科研到个人研究的转变已经发生。在此背景下，樊先生依然一以贯之、全力以赴地从事学术总结批评工作不能简单视为一种惯性，而是需要勇气和具备相当的自觉意识。

在《论中国现代文学研究》的前言中，作者自述了这一自觉的过程——他是经历了挣扎而最终主动选择以此为自己研究的主要领域。文中，他谈到了从事学科评议难免遭遇的尴尬："比之研究具体的作家作品和创作问题，这种学科评议可以说是研究的研究，与文学本身又隔了一层，因此较一般的文学研究，对作者和读者说来，更少了一些吸引力；对学科的建设，也不是那么直接。再说，对别人的工作说三道四，品头论足，从来有些令人讨厌，对于过去那种'大批判'的反思，更使人们普遍地厌恶以仲裁者姿态出现的判断是非得失的文字。"① 这道出了在当时语境下，从事学科评议所要面对的难题、容易碰到的陷阱。而促使他立意扎根这一工作的动因来自于 80 年代初学科"多彩的变化和迅速的进展"所带来的激励：

> 在每年数百篇、上千篇的文章中，除了读到不少闪耀着思想光采的见解，还可以感受到研究者为摆脱旧的、探求新的所作的种种内在的努力。其中，有对于过去的反思，也有对于未来的突进；有

---

① 樊骏：《论中国现代文学研究》，上海文艺出版社，1992，第 1~2 页。

文学观念方面的立异，也有研究方法上的求新；有限于具体的作家作品的，也有牵涉这段文学历史全局的；有仅属个别人的创见，也有已经成为众人的共识的；它们有的经过长期的深思熟虑，有理有据，有的可能只是灵机一动，虽然颇有锋芒，却又显得草率；有的大胆果断，咄咄逼人，有的胆怯徘徊，进两步又退一步，有的自身也还相当朦胧，不易捉摸；有的无疑是学术上真正的突破，有的还有待进一步的论证，有的则似乎一开始就陷入了新的歧途——这些，或者如雏鸡之破壳，或者像春笋之出土，虽然并不都是有说服力的，经得起反复推敲的，学术上有可取之处的，却又共同地形成了生机勃勃的局面和突飞猛进的声势，为这门学科诞生以来前所未见的。①

这段话传达着强烈的新时期发轫时的历史气息，突出呈现一种由于分享一致方向而形成的"共同责任意识"：虽然努力和得失系于个人，但都是共同前进中的一个环节。更重要的是，个人研究的努力、得失要转化为共有的资源需要有一种专门、独到的洞察力和判断力作为中介，判断哪些属于"学术上真正的突破"，哪些"有待进一步的论证"，哪些"一开始就陷入了新的歧途"；更有难度可能还在于如何将那些"只是灵机一动"的、"虽然颇有锋芒，却又显得草率"的、"自身也还相当朦胧"的研究去芜存菁、点石成金。樊骏先生看到的就是这一中介环节的必要性，而终于全力以赴、不计得失地投入进去。他描述自己的使命在于：

随时把各家的新的探索和学科的动向，逐一地作出科学的梳理和概括，肯定成绩，揭示实质，指出问题，提出任务，变个别人的尝试为大家共同的努力，由模糊走向明确，把自发的提高到自觉的，一起来及时总结是非得失和经验教训，共享成果，同攀高峰……②

① 樊骏：《论中国现代文学研究》，第4页。
② 樊骏：《论中国现代文学研究》，第4页。

这不仅需要开阔的理解力、敏锐的洞察力、准确的大局观，更需要深厚的责任感、无私的公心和奉献精神。今天，大家一般认为学科系于一些突破性研究自然而然起到的示范作用，无需刻意引导；而且今天的"学术共同体"也日渐从有共同价值诉求、文化立场的知识群体演化为价值中立、立场分化的学术集合体。那么，学科评议这样的工作在今天又将取何种形态，处于何种位置，发挥何种作用呢？樊先生当年所做的种种努力固然和他所处的时代相始终，但他期望的以学科评议"减少盲目性，提高自觉性"，"按照学术研究的客观规律来推动学科的建设发展"，"变个人的尝试为大家共同的努力"在今天应如何重新理解？

此外，选择学科评议作为自己的主要工作领域，对樊先生而言另有一层更实在的意义。那就是他切实感觉到自己在这个领域里"有话要说，有内容可写"。换句话说，他对学科的研究现状与内在问题有持续、特别的关注。我理解，这种关注不限于总结经验以作为进一步研究之参考，更重要的是，学科发展实为当代现实进程的一个部分。尤其对于学者而言，本学科的进展是他接触的更直接的现实。在此意义上说，学科的发展背后有时代的脉搏。事实上，正是拨乱反正、思想解放在现代文学研究领域引发的蓬勃创造力激发了樊先生的责任感，并转化为内在动力。而且，80年代的现代文学界正处于思想交锋的核心地带。仔细看看收入《论中国现代文学研究》中的一系列文章，围绕的都是当年学科发展中引起激烈讨论的问题——比如"马克思主义与中国现代文学研究""新民主主义的理论和中国现代文学研究""论中国文学研究的当代性""关于讨论近一百多年文学历史分期的几点理解"——这些学术问题往往根源于时代变化所造成的新观念、新态度与传统历史解释之间的错位。这些问题并非单独存在于文学研究领域，而是具有普遍性。表面看，樊骏先生文章的有效性限于学科内部，但它们其实正直接或间接回应诸多时代问题。

这里所谓的"时代"是理解樊骏先生研究工作的一个关键词，同时也是他塑造自己研究感觉的一个关键词。他在《论文学史家王瑶》这篇重要论文中曾对"时代"概念在文学史中的运用有特别论述。他将王瑶先生的文学史观的核心概括为对"时代"这一命题的突出。文中指出，王瑶先生的文章中大量使用"时代""历史""社会"等概念，但"时代"一词出现最多。"而且'历史'在这里其实是'时代'的同义词，'社会'所指的又是'时代'的具体内涵，所以反复强调的都是与时代的关系和时代的作用。"① 王瑶先生对考据工作的重视和强调历史感亦可归结为"主要就是强调从时代的背景上、与时代的联系中认识和把握它们"②。同样，王瑶先生的另一品质，即要求史家具有现实感，在樊骏看来也"直接着眼于史家与时代的关系，实现史家对时代的职责"③。对这种以"时代"观念为中心的方法（"坚定地从社会、时代的客观存在，说明作为意识形态的文学与史学及其演变"），作者特别指出它的来源"无疑是一种明确的唯物主义的文学史观"。并且梳理出它的历史源流"从中可以看到'五四'以来传入的泰纳、勃兰兑斯等的实证主义思想的投影，更可以看到20世纪20年代末以来传播的普列汉诺夫、卢那察尔斯基等的马克思主义学说和别林斯基、车尔尼雪夫斯基等的革命民主主义理论的影响"。但作者同时指出，"如此突出时代的关系和作用"即便在当年也并非普遍现象，而"更多的属于他个人的独特发挥"④。

《论文学史家王瑶》这篇论文我在阅读的时候总有一种感觉，即这篇文章相当程度上描述了作者理想中的文学史研究，同时也是对一代学人学术特质的概括。（像文末关于二三十年代形成所谓"新型学术文化群体"的概括就兼具"知人论世"和历史意识，可以扩展成一篇大文章。）其中提到的"明确的唯物主义的文学史观"其实也是作者自己的思想资源。作者明确说过，他的"文学观念和研究方法"是在五六十年代形成的⑤。因此，以"时代"为轴心的历史与现实理解也是作者的

① 樊骏：《论文学史家王瑶》，《中国现代文学论集》，人民文学出版社，2006，第44页。
② 樊骏：《论文学史家王瑶》，《中国现代文学论集》，第45页。
③ 樊骏：《论文学史家王瑶》，《中国现代文学论集》，第45页。
④ 樊骏：《论文学史家王瑶》，《中国现代文学论集》，第46页。
⑤ 樊骏：《论中国现代文学研究》，第19~20页。

出发点。由此或许可以理解作者在选择学科评价作为工作领域背后隐含的特殊的把握时代的方式和态度。

　　不过，单单指出前辈学者对"时代"有特别的关注以及它和"唯物史观"之间的关系显然不够。有必要将这一观念系统历史化，也就是说需要回答由"唯物史观"所导引出来的历史感和现实感究竟有什么样的历史规定性，它和一般的历史理解区别何在。其实在这方面樊骏先生在前文中已有重要提示，即"时代"不同于"历史""社会"的概念而又和后两者有特殊关联。究竟"时代"和"历史"有何不同？也许可以借助另一篇文章来辨析。在《新民主主义的理论和中国现代文学研究》这篇文章中作者特别引用了马克思的话"如果事物的表现形式和事物的本质会直接合而为一，一切科学就都成为多余了"①。意思是科学的价值在于阐发表象以下的本质，而唯物史观作为一种"科学"所要把握的不是历史的表象而是历史的本质。因此，简单说来，"时代"区别于"历史"正在于它更多地指向本质性的潮流。如果说单单强调历史可能会陷入就事论事和事实表象的陷阱的话，那么"时代"所依靠的是对"总体性社会历史条件"的把握。只有总体性的把握和对深层潮流、时代趋势的判断才能产生出对"时代"的认识。《新民主主义的理论和中国现代文学研究》这篇文章讨论的核心问题——"五四"是不是新民主主义性质的革命——在今天已经不是学界关注焦点。但当年那场争论背后其实包含着如何看待历史的方法上的争论。我们今天更多地延续了一种"回到历史本身"的历史主义态度，但对于"唯物史观"所隐含的质疑我们回应得不够。即，难道历史只有历史的表象，历史难道不应该穿透历史的表象重新确立各种历史因素之间的结构关系并作出更深的把握吗？今天的研究中常有太多"事实"与材料的堆积，而渐渐丧失整体把握的能力，可以说这是今天的现代文学研究面临的新的危机。

　　谈到"潮流"、历史的"发展方向"，现在容易被斥为"本质主义"

---

　　①　见樊骏《论中国现代文学研究》，第103页。

想象。但在历史研究中对于"时代""潮流"的关注能不能导致有效的研究和有价值的问题，我想可以举樊先生的一些具体研究作为例证。

与他的学科评价工作形成对照，樊骏先生的具体文学史研究基本以作家（个案）研究的方式进行，尤其以其老舍研究著名。但我觉得在这些个案研究背后有某种贯穿性的问题和关注焦点。比如，他一直关注所谓"何其芳现象"：一方面聚焦于怎样理解一个优秀的抒情诗人彻底转变成革命工作者的内外动因与过程，另一方面瞩目其转变后因创作力衰退导致的内心矛盾与挣扎。可以看出，作者重视的问题是一个大的历史潮流是如何形成的，以及大潮流中个体的状态和意义。如果说，左翼性质的文学运动最终在现代文学中形成了某种主流样态，那么，对现代进程这一整个时代的理解有必要从这个潮流是如何产生和如何发生作用来加以把握。在这方面，樊先生特别聚焦一些原本不在这个潮流中的作家、知识分子为什么最后殊途同归走向了这一道路。20 世纪 80 年代后，许多人想当然地将这种变化归结为政治压力，仿佛一股强势的政治潮流将所有人裹胁的结果。但是作者恰恰通过一系列个案研究，通过具体的历史考察回应、反驳了这种简单的历史和政治理解。比如，他通过对《鼓书艺人》的考察说明老舍在回国前已完成了一种自我转变，并非在回国后屈从于新政权而转向，并在一系列研究中突出梳理了老舍转变的内在因素，同时，回答了为什么老舍在新中国成立后比许多左翼作家更为活跃的问题。他对罗淑的研究也是向大家展现一个非左翼的作家为什么走上了与左翼作家相似的创作道路。此外，他关于高长虹的考察更具启发性：针对那种认为独立的"自我"是创作伟大文学的必要前提的观念，他特别追问高长虹这样一个最坚持"自我"、最捍卫"自我"的作家为什么不但没有创作出伟大的作品反而在时代中自然地没落。由此可以引发这样的思考："五四"以来形成的个人、自我等理想究竟是由于政治的变动而被压抑还是自身存在着难以维系的缺陷。如果是后者，那么，青年由崇尚自我转向对个人主义和自我的批评乃至投向革命的集体主义，其内在动因和过程是不是应该重新加以评估。

可以看出，作者虽然讨论的都是个案，但背后关注的恰恰是时代的总体性问题。这样一些问题在今天是不是仍有检讨的必要呢？我想樊骏先生反复提及的何其芳在十年间的反差就是意在强调这个时代的总体性变化是无法忽视的事实和必须通过历史研究去处理和解决的问题。今天的现代文学研究有着许多不同的和正在调整的方向，但我们不能通过调整方向而把许多应该回应、处理的问题甩掉，而有必要重新回到、接续上那些在过去的研究中已经提出来的真实问题。老一辈学者所借重的、以强调"总体性社会历史脉络"为核心的唯物史观方法论和今天的研究之间能否建立起有效的对话关系，能否被今天的研究者重新看待和转化，我想这是考验现代文学研究是否真正把根扎得更深的一个标尺。

附记：整理完旧文，想起樊先生当年听完发言后的反应。那时他已经耳背，有些困难地听完后，只抱歉似的说了一句："不太明白。"由此，又记起第一次见樊先生是在 2000 年文学所的《文艺学学术史》出版座谈会上，针对"文艺学"这个概念的历史和内涵，樊先生直言不讳地说："你们不说我还明白一些，你越说，我越糊涂。"引起现场一片笑声。当时，我颇惊异于樊先生的直率和认真，并越来越觉得这"不明白"背后有樊先生的一种品质。他在《论中国现代文学研究·前言》的末尾一段就着重谈到了他遭遇的困境，他的"不明白"：

> 我的文学观念和研究方法在五六十年代已经基本形成。进入新时期以来，出于渴望学科能够有大的发展，对于学术上新的探索，一直持欢迎支持的态度；但对于日渐繁多的新观念、新方法，有时感到陌生、隔膜以至于困惑；内心深处，又缺少努力了解它们、切实掌握它们的愿望和勇气。……对于一些令人耳目一新的文章，一些闪烁着智慧的光采的见解，在赞叹之余，由于理不清它们所依据的理论和使用的方法，感到难以作进一步的归纳概括；对一些东拉西扯、近于武断的说法，很怀疑其科学性和学术价值，却又同样因为不清楚它们理论上方法上的渊源，判断起来总有隔了一层的感觉；更为常见的，还是被众多新的名词术语筑起的语言障壁所阻

隔，难以进入其中，即使进入了，也如同闯入迷宫，一切都显得扑朔迷离，猜不透那些言词的确切含义。这样说，既不是否定自己所依据的理论和方法，认为都已经过时了，也不是嘲笑别人的探索，以为一无是处……知识结构上的这一缺陷，给探讨学科建设发展尤其是创新开拓的工作，直接带来了障碍和困难。八十年代后半期以来，学科面貌发生较大变化，这种矛盾就暴露出来，使我难以像原先那样得心应手地对学科的态势和动向，成就和问题，经验和教训，作出较为明确有力的剖析和评说了。这一点，我自己是日益意识到了的，为之苦恼，引以自责；在一些文章中也留下明显痕迹，比如有意无意地回避了一些自己不甚了然的现象和问题。这即使不是失职，也是大的弱点。①

如果说，80 年代初期，樊先生是抱着时代激发起的巨大责任感投入到学科评议的工作中，那么，随着左右学科发展的因素日益复杂，他的力不从心之感显然越来越重。但他一方面老实、认真地承认种种"不明白"，从不掩饰，另一方面却并不轻易地否定自己、与时俱进，而是执著于自己的"不明白"，诚实地面对自己，哪怕失去对剧烈变化的世界的把握；从而使自己如一把蒙尘而精准的标尺，虽已弃置不用，但时时显示着一种曾经存在的维度。这终于是樊骏先生之为樊骏先生的特质吧。

① 樊骏：《论中国现代文学研究》，第 19～20 页。

樊骏与现代文学学科队伍建设

宫　立

一门学科，必须"代代相传才能存在，才能有生命力，代代相传必须通过一代代人的接触——直接的接触。在接触里把一代代累积下来的经验和智慧传下去，每一代推陈出新，通过不断的再创造"①而形成一门学科。中国现代文学学科也是如此，也是"在接触里把一代代积累下来的经验和智慧"传递下来的。因此笔者试图通过梳理樊骏先生与他所接触的几代学人的交往史，来阐释樊骏先生的学科贡献。

一　樊骏与现代文学第一代学者

现代文学研究界大致同意，自新中国成立以后，现代文学研究学科不断发展，已经经历了四代人，已经有了四代研究者的提法。第一代以李何林、唐弢、王瑶、薛绥之、田仲济、俞元桂、任访秋、单演义为代表，他们是新中国成立前即从事学术研究或文学创作，新中国成立后在

---

① 费孝通：《一代良师》，《逝者如斯——费孝通杂文选集》，苏州大学出版社，1993，第69页。

其深厚的学术修养基础上，全力或以主要精力从事新文学史研究。他们是这门学科的"前驱者、奠基者"①。"文革"前，他们的学术思想大体已经形成，主要的代表性的学术成果在学界已经产生广泛影响。1979年现代文学研究界在众位学者的努力下，组建了自己的组织——中国现代文学研究会，也有了自己的刊物——《中国现代文学研究丛刊》。现代文学研究会成立之初，虽然王瑶是正会长，田仲济和任访秋是副会长，但这时第一代学者都年事已高，无论是现代文学学会具体事务工作（包括一年一度的中国现代文学年会）还是《中国现代文学研究丛刊》的编辑组稿工作，大部分是在王瑶的指导下，由严家炎和樊骏负责具体事务工作的。这里可以从王瑶给几位学者的书信中确认：王瑶在1980年4月26日给王德厚的书信中说"我从未过问《丛刊》之事，只是挂名而已，今后也不想插手…"②，1981年12月5日王瑶致任伟光的信中也说"我从未参加具体编辑事务"③。王瑶、唐弢健在的时候，樊骏是他们的得力助手。樊骏不仅对中国现当代文学学科的历史与现状、成就与问题、经验与教训，都做过相当系统深入的考察。而且在王瑶、唐弢、田仲济、陈瘦竹、单演义（单演义去世后，据单演义的儿子单元庄给樊骏的回信说，纪念文是由王富仁转给他的，待查）五位现代文学研究第一代重要学者去世后，他都及时地就他们各自的学术道路、专业成就和治学特点，做了富有深度的研究，写出了数篇沉甸甸的学人研究论文，及时地总结他们的学术思想，指出他们学术的得与失。他认为这些是老一辈学者"在沉重的岁月里，从沉重的跋涉中，留下的一份沉重的学术遗产"④，对于这些应该采取的态度是"不必感伤，处于尊敬或者同情而说些溢美之词，也不应该离开当年的实际，轻率地苛求于前人"，需要的是"与这些沉重相适应的严肃理智的沉思和冷静科学的

① 樊骏：《我们的学科：已经不再年轻，正在走向成熟》，《中国现代文学论集》（上），人民文学出版社，2006，第484页。
② 《王瑶致王德厚》，《王瑶全集》第八卷，河北教育出版社，2000，第297页。
③ 《王瑶致任伟光》，《王瑶全集》，第八卷，第313页。
④ 樊骏：《论文学史家王瑶》，《中国现代文学论集》（上），第5页。

评价"①。

　　樊骏的学人研究的第一个特色是处处体现了鲁迅所概括的"知人论世"的精神（方法论、原则）。王瑶在一篇文章中概述道："就方法论的意义讲，五四时期研究传统文学最有收获的应该说是如鲁迅后来所概括的'知人论世'的精神。这是估定价值的依据，也是一种既尊重历史又富有时代精神的谨严的治学态度"②。樊骏据此推论出王瑶推崇鲁迅的"知人论世"的原则。其实"知人论世"的原则也是樊骏自己在评述各位前辈学者的学人系列研究时始终坚持的原则，也体现了樊骏的"既尊重历史又富有时代精神的谨严的治学态度"。在论王瑶时，就明确地意识到了"学者与学术研究存在着不同的风格与派别，同样存在着人与文之间的内在联系"③，需要结合学者的人生经历（当然学术经历是主要内容）才能全面深入地认识学者以及学者的研究成果，及其研究者的学术风格。这可以说就是"知人论世"原则（方法论）在樊骏的学人研究中的具体体现。在分析王瑶的现代文学研究特点时，明确地意识到了王瑶从古代文学研究工作积累的经验，以及由此形成的文学观、文学史观，研究方法等对他的现代文学研究带来的影响。在论述唐弢时，也是结合他的人生经历，从他如何走上现代文学研究之路开始解读的，意识到唐弢的文学创作、学术研究往往带有"杂"的特点，应该说都是和他自学中形成的杂览的习惯、格局直接相关的，也意识到唐弢是从以文学创作为主逐步转向以学术研究为主的，这种作家和学者身份给他的学术研究带来的积极影响，尤其是创作实践中磨炼而成的艺术才能和积累起来的艺术修养，使得他对于文学艺术具有敏锐的感受力和精细的鉴赏力。同时樊骏并没有把作家学者化的论述流于一般化，指出唐弢的独特性所在。他作为作家，除了创作，他还多方面地参与了、文学活动、文学运动，与其中众多的人和事有过深浅不等的关系（尤

---

① 樊骏：《论文学史家王瑶》，《中国现代文学论集》（上），第5页。
② 王瑶：《"五四"时期对中国传统文学的价值重估》，《王瑶全集》第五卷，2000，第189页。
③ 樊骏：《论文学史家王瑶》，《中国现代文学论集》（上），第46页。

其是与鲁迅的交往），甚至直接卷入了文坛的一些纷争。也可以说他的研究领域正好是他亲身经历的那段历史，并结合唐弢的学术研究成果对着这一因素的影响作了具体阐述。在论陈瘦竹时，先从学科建设和研究队伍，尤其是戏剧研究的现状入手，结合陈瘦竹戏剧创作体验和对于戏剧理论的长期的系统精深的研究这一人生经历来阐释陈瘦竹的学术优势和学术特点，以及对现代文学学科的独特贡献。同样在论述杨犁时，注意他早年的革命工作对杨犁的"拼命三郎"精神作了精彩解读。清代章学诚在《文史通义·文德》中说："不知古人之世，不可妄论古人之辞也。知其世矣，不知古人之身处，亦不可以遽论其文也。"① 从以上分析，可以看出樊骏始终注意到了学者的"古人之世"和"古人之身处"，从而有效地对几位已故学者的学术成果和学术特点作了深入解读。他并没有单纯就学术（学术成果）谈学者（学术特点），这使得他在分析学者时从来没有把他们游离于他们所从属的整个现代文学学科，游离于他们各自的人生经历，游离于他们的学术道路，而是力求多方面地联系着整体来说明每个学者、他的特殊性和以特殊性表现出来的共性，而由此评论这几位学者在整个的学科建设中的地位和指出他们各自特殊的贡献。

樊骏的学人研究的第二个特色是他在评论各位学者时，由此及彼，由彼及此，既准确地抓住具体研究对象（每个学人）的个体特征（学术风格，学人经历），又启发人们由此去把握更大的群体（整个的现代文学学科队伍），以至于现代文学学科整体的某些规律性现象，从而扩大了视野，也深化了他对各位学人的具体解读，结合各自学人的得与失，为我们现代文学学人以及现代文学整个学科的成长提供了多方面的启示。

在分析王瑶"我是清华，不是北大"时，并没有局限从感情上找原因，而是结合王瑶的人生经历，并且从现代中国学术发展更为广阔的背景中作了考察，做到了宏观与微观的结合。高远东在评论王瑶的文章

---

① 章学诚：《文史通义·文德》，《文史通义校注》，中华书局，1985，第 278～279 页。

中指出王瑶的"独立的学术品格表现在对于这种非学术渗透的自觉的疏离上"①，王富仁在评论王瑶时，把王瑶定位为"学院派的一员，其治学态度属于这个时期的业务派"②。樊骏并没有简单地对这两种学术观点予以否定，而是结合王瑶的学术人生经历以及具体学术成果作了细致分析。他并没有单纯地就王瑶谈王瑶，在解读王瑶的学术人生的同时，他还进而指出"在这个历史阶段里，以五四新文化运动为起点，于二三十年代逐步出现一个新型的文化学术群体，没有具体的组织或者名称，不是一个团体，也没有形成派别，但彼此间多有相似之处：有的接受实证主义的理论与方法，有的进而以马克思主义学说为指针，以此来重新估价历史遗产，探索发展文化学术的新路；把自己在文化领域的专业工作，视为推动社会进步、民族解放的组成部分——不仅没有把前者游离于后者之外，而且自觉地以此作为自己服务于国家民族的主要手段；在学术观点和政治倾向上，是进步的、革命的，往往兼有学者与战士的双重身份，在他们的观念和工作实践中，也是把文化学术与意识形态密切地联系在一起的"③，指出这个群体与学院派不同，主要在于"更多的政治色彩和意识形态方面的自觉性"④，并进而总结道："奠基于四五十年代之交，在五六十年代迅速成为一门显学的中国现代文学研究，从整体上说分明具有这个群体的显著特征，是这个群体而不是学院派的学术成果"⑤，另外"一些参与这门学科奠基的学者，如李何林、唐弢、田仲济等人，无论从走上学术道路的经历，还是体现在研究成果中的学术风格来看，都属于这一群体"⑥。在意识到这一文化群体的优势的同时，也意识到了他们的"追求志趣并不专一于学术，而且视政治高于学术的心态"给他们的学术研究带来

① 高远东：《王瑶先生的鲁迅研究》，《现代如何"拿来"——鲁迅的思想与文学论集》，复旦大学出版社，2009，第239页。
② 王富仁：《中国鲁迅研究的历史与现状（七）》，《鲁迅研究月刊》1994年第8期。
③ 樊骏：《论文学史家王瑶》，《中国现代文学论集》（上），第58～59页。
④ 樊骏：《论文学史家王瑶》，《中国现代文学论集》（上），第59页。
⑤ 樊骏：《论文学史家王瑶》，《中国现代文学论集》（上），第59页。
⑥ 樊骏：《论文学史家王瑶》，《中国现代文学论集》（上），第59页。

的局限性，认为这是"这个文化群体一个难以超越的难题，也是现代中国的学术工作未能取得重大成就、达到很高水平"① 的原因所在。

在论述唐弢时，不单纯地肯定了唐弢对中国现代文学学科的独特学术建树和分析了他的学术个性，更是花费了大量的笔墨在结合唐弢的学术经历，从唐弢的作为学者和作为文艺战士的某种"错位"的严峻事实以及由此酿成的苦果来分析和解读"死者（唐弢）和生者（后辈的现代文学研究者）共有的遗憾"产生的原因。樊骏在具体阐释唐弢这一系列的"错位"现象的同时，指出了这一错位的核心所在，则是"有悖于发挥学者的学术才能和专长，有违于尊重学者的学术个性和志趣等发展学术事业所必须遵循的基本原则"②。樊骏在论述王瑶时，引用了王瑶在给乐黛云和吴福辉的书作序时的一段总结，"每个人如果都能根据自己的精神素质和知识结构、思维特点和美学爱好等因素来选择自己特点的研究对象、角度和方法，那就能够比较充分地发挥自己的才智，从而获得更好的成就"③，并把根据自己的特长"开拓自己的前进的道路，形成自己的研究风格"，称为"自觉地'寻找自己'的努力的产物"④。"选择学术方向应顾及自己的个性"不仅是王瑶在序言中明确指出的，也是樊骏在解读唐弢这一系列错位时，所要提示给后来的研究者的，这是"上代人的疏忽（樊骏对唐弢这句话也作了纠正，笔者概括为错位引起的遗憾、教训更恰当些），下一辈人的任务"，正如他在文章的结尾所提示到的"共有的遗憾，本来就源于共同的事业，因此，也只有借助于共同的事业的不断发展，（共有的遗憾）才得以逐步消解"⑤。这是樊骏在分析了唐弢学术道路给我们带来的启示，这是樊骏

① 樊骏：《唐弢的现代文学研究》，《中国现代文学论集》（上），第 113 页。
② 樊骏：《唐弢的现代文学研究》，《中国现代文学论集》（上），第 116 页。
③ 王瑶：《选择学术方向应顾及自己的个性——乐黛云著〈比较文学与中国现代文学〉序》，《王瑶全集》第八卷，第 130 页。
④ 王瑶：《讽刺艺术的历史考察——吴福辉著〈戴上枷锁的笑〉序》，《王瑶全集》第八卷，第 141 页。
⑤ 樊骏：《死者和生者共有的遗憾——记唐弢同志几项未了的工作》，《中国现代文学论集》（上），第 152 页。

在面对这些学者的"艰难的学术跋涉",作出的与之相适应的"严肃理智的沉思和冷静科学的评价"。

樊骏在解读王瑶和唐弢时,都注意到了他们的学术研究的"历史感"与"现实感"的结合,不仅重视"史料工作",还重视"史识"的文学史家的风格和特点。现在的这个蓝图(是指"传统")是"在漫长的时间内许多连续不断地传递、继承和再传递所形成的沉淀或混合物,当一个人获得了一种观念后,他就进入了一个行列,在这个行列中,人们的思想都受到了过去事物的指导"①,同样我们的现代文学研究界也有传统,其中"历史感"与"现实感"的结合是其中一个显著的传统。王瑶、唐弢拥有这个传统,或者说构建了这个传统,樊骏作为他们的学术后辈,同样也继承了这个传统,他在 20 世纪 80 年代提出"中国现代文学研究的当代性"这一学术命题就是最好的证明。可惜这一传统(意识)在当今的现代文学研究界好像越来越稀薄,也正因为如此,值得我们后来人不断反思我们自己的研究,寻找我们的现代文学研究的传统,不让这一传统衰微下去。

樊骏在论述陈瘦竹的学术研究时,着重指出了陈瘦竹建立戏剧理论体系、形成学派的梦想和遗愿。他在简要分析了陈瘦竹所带的学生的学术成果后,认为他们"没有固定的组织和明确的宗旨,分散四处,各自为战,更不一定都有建立体系和学派的自觉要求;但共同的精神纽带和美学志趣,仍然把他们联结成为虽然松散、若有又若无,细细品味却又具有一致的或者相近的特色的"② 学术群体。为此他在作出"我们的学科:已经不再年轻,正在走向成熟"的判断的同时,指出有待解决的任务的第一项就是倡导"建立不同学派"。他所谓的学派,是指"共同的基本主张、理论体系、治学方法等为纽带的志同道合者组成的学术群体",他特别强调这"不是仅仅靠打出旗号的自我标榜,或者是你那派我这派的相互封赠所能确立的",需要"建立独立的学术体系,在重

---

① 〔美〕希尔斯:《论传统》,上海人民出版社,1991,第 46 页。

② 樊骏:《陈瘦竹对于中国现代文学学科建设的贡献》,《中国现代文学论集》(上),第 162 页。

大问题上提出与众不同的创见，或者共同形成鲜明的学术风貌，并为学界普遍认可，才算构成了学派"①。对此，他首先回顾了中国现代文学学科的历史，指出"过去，由于现代文学研究处于幼稚年轻的阶段，整个环境又缺少自由发展学术的氛围，建立学派的主客观条件都不具备"，进入新时期以来，"开始有人议论这个问题，也流传过关于不同学派的一些说法，有以地区划分的，有以校名或者人名命名的，但没有见诸正式文字，更谈不上同行间的普遍认可"。"无论是培养了一批又一批现代文学研究者的王瑶，还是治学撰文极其讲究风格的唐弢，虽然分别被人视为不同学派的带头人，文章与口头似乎都没有涉及过这个问题"，"明确提出建立学派这个意愿的是陈瘦竹"。但他同时指出，我们的学科已经出现了一些具有鲜明学术风格的学者，一些具有不同知识结构的学者，虽然都还"只是个人的而不是群体的共同特色，却是形成不同学派的重要条件"。近年来，有些学者陆续培养出为数众多的硕士、博士，"有的在学术志趣与取向上又多有一致之处，也为组合不同的学术群体创造了有利条件，随着各种自成体系的文学史观的建立，特别是重新建构学科的探索的展开，人们对这段文学历史的认识评价，从微观的剖析到宏观的把握，从观点到方法，都会有不同的角度不同的途径、不同的价值标准，还有各自的取舍与侧重，越来越各具特色，从而形成不同的体系与格局"②。"不同的学科建构也将为建立现代文学研究的不同学派，提供广阔的天地。"他认为"可以说建立不同学派的主客观条件正在逐步具备中，今后还会不断得到完善充实"，"只要有志于此，加上持续努力，是可以水到渠成的"，"不同学派并存与争鸣，既是学术工作发育成长到较高阶段的产物，形成后又能推动科学研究的繁荣发展，从来是学术界企盼的美好境界"，将在"学科走向成熟"的过程中逐步成为事实。

① 樊骏：《我们的学科：已经不再年轻，正在走向成熟》，《中国现代文学论集》（上），第522页。

② 樊骏：《我们的学科：已经不再年轻，正在走向成熟》《中国现代文学论集》（上），第522、523、524页。

学科的形成就是"将思想、文化的实践成果转化为知识，成为体系化、规范化的学术与精神资源的过程"①。同样我们现代文学学科也是如此。现代文学学科也是有传统的，是"需要一代代学人前仆后继，不断将新的生命信息夹杂着时代信息带进学术传统"②，使学术传统丰富起来。"传统并不只是我们继承得来的一宗现成之物，而是我们自己把它生产出来的，因为我们理解着传统的进展并且参与在传统的进展之中，从而也就靠我们自己进一步地规定了传统。"③ 樊骏对新中国成立后现代文学学科第一代学人的学术传统进行及时的总结，并且自身也在学术也在以一种非常"个性化"的方式，响应了时代对这一代学者的要求，参与构建这一学术传统。他以自己掌握的大量事例，旁征博引，援古证今，精彩论述了几位前辈学人各自的长处和独特贡献，同时指出了他们所留下的"死者和生者共有的遗憾"的原因及带给我们的启示。

二 樊骏与现代文学学科同代学者

以樊骏、严家炎为代表的第二代学人，不仅自己不倦地进行创造性的研究，专注于自己个人的学术领域的开拓，著书立说；协助王瑶、唐弢等第一代学人本人的学术工作，而且积极地为同为第二代的学人建言献策，更重要的是花费了大量的精力，在第一代学人健在的时候，助第一代学人培养和引导后辈学人；在第一代学人去世后，继续承担起学术队伍培养的重担，借助现代文学研究会会务工作和《中国现代文学研究丛刊》学刊工作不断为新人创造条件和机会。越到后来（尤其是第一代学者故去，独自承担这学术队伍培养的重担的时候），越重视学术后辈力量的培养，所以花费的时间和心血越多。

同为现代文学学科第二代学人的支克坚在他的《周扬论》后记中

---

① 钱理群：《我的精神自传》，广西师范大学出版社，2007，第198页。
② 陈思和：《谈虎谈兔》，广西师范大学出版社，2001，第449页。
③ 〔德〕汉斯·伽达默尔：《真理与方法》（上），上海译文出版社，1992，第380页。

为我们讲述了樊骏与他在 1998 年 7 月中国现代文学研究会第七届年会（太原）的往事："他（笔者注：指樊骏）强调研究周扬理论的重要性，而我这时忽然'大彻大悟'：通过研究周扬，不正可以回答上面说的中国现代革命文艺运动本来要造成一种什么样的文学的问题吗？于是我又转而写《周扬论》。"他还说樊骏是"一位他尊敬的朋友"，"无论我过去的研究工作，还是我对周扬的研究以及这本《周扬论》的写作，都曾得到他的鼓励和帮助。着眼于我们这个学科的发展，不带任何私心，高标准地要求，实事求是地评价同行的成果，并且只要有可能，在提出自己的意见的时候毫无保留，是樊骏同志一个突出的特点，也是他最令我尊敬的地方。"[①]

我们可以通过举樊骏为黄修己的《中国新文学史编纂史》这一例子进一步说明支克坚所总结的樊骏的特点："不带任何私心，高标准地要求，实事求是地评价同行的成果，并且只要有可能，在提出自己的意见的时候毫无保留"。当时北京大学出版社邀请樊骏作为黄修己这本学术专著的特约审稿人。"书稿送到北京时，樊骏刚刚出院，又恰巧有紧急任务，还兼乔迁大忙，但他在七八月暑天里，在健康状况并不正常的情况下，不但细致地审阅了书稿，而且非常认真地提出了许多宝贵意见"[②]。在文章的正文开始之前，他就点明了他撰写本文的态度"虽然谈的大多是这部著作，目的却是以此为例，探讨学术史的编写原则"[③]。他在通读了这部书稿后，指出黄修己"无论从他关于这门学科所积累的学识修养，还是他为编写本书所花费的心血精力来衡量，本来是完全可以做得更为完美，并给读者以更多的启迪。这就使人在钦佩赞叹的同时，不免夹杂着几分惋惜"，因为在高度评价这本书的同时，花费了更多的笔墨分析这些"惋惜"以及总结导致"惋惜"的原因。他在行文中用了"不都是无懈可击""仍有明显的缺漏""这一脱漏，实有失当之处""都不能不说是种偏差""失之粗疏""绕开一些直接相关的基

---

① 支克坚：《写在本书前面》，《周扬论》，河南大学出版社，2004，第 368 页。
② 黄修己：《补记》，《中国新文学编纂史》，北京大学出版社，1995。
③ 樊骏：《黄修己的〈中国新文学史编纂史〉》，《中国现代文学论集》（上），第 165 页。

本事实，另从更远更广的范围去寻求答案""用心可谓良苦，却实在举例不当，使人读了哭笑不得""作者显然并不是不知道历史上曾经发生过的那些不足和错误，或者不认识它们的消极性、危害性；但他的确是在回避这方面的历史事实，偶或触及了，也总是在一些微妙的问题面前犹豫踌躇，不是望而却步，就是以不同的方式加以缩小、淡化"①，"既人为地留下了一些历史的空白，也放弃了一些总结历史教训的良好机会"这些词句表达了他对黄著的"惋惜"，当然在"惋惜"的同时，更多的是对这种"惋惜"存在的思考。黄修己在读了樊骏的审稿意见后，在《后记》中写道：樊骏"审稿格外认真负责的精神，同行中是有口碑的"，"毫无疑问，现在这部书，也溶着我这位尊敬的学长（指樊骏）的心血，他对本书稿的主要批评意见，是评价的标准太宽，我完全赞同他的意见。"②

支克坚和黄修己对樊骏的评价可说是知人之论。樊骏自己在一位年轻友人的书信中也对自己作了分析："我的顾虑在于我为人苛刻，爱挑剔（有人称我是现代文学研究的'法官'，就是形容我的严酷）。"③ 因此"我自己因此文章写得很艰苦，也很少。这活该，自作自受！""但如果因此挫伤别人的积极性，那就太不好了。""事实上，一再发生过使我摇头的文章，却得到别人赞赏的例子。前年所里办了一个进修班，二十多名学员由所里同志分别辅导。结业时导师所作的评语中，只有我指出了所辅导的学员的缺点（这是事后听别的学员说的，他们彼此之间将多人的评语都传阅了），而事实上我所辅导的学员恰巧是全班学习成果最突出的（所写的两篇论文都在中央一级的刊物上发表了，其中

---

① 樊骏：《黄修己的〈中国新文学史编纂史〉》《中国现代文学论集》（上），第186、187页。
② 黄修己：《补记》，《中国新文学编纂史》。
③ 选自1988年1月9日樊骏给当时在山东省泰安师专中文系教书的青年教师张欣的一封书信，现在张欣老师已经调至浙江工业大学，当张欣得知我写樊骏时，立即慷慨地拿出樊骏给他的书信，支持我的研究工作，在此对张欣对后辈的关爱表示感谢，同时张欣当时仅仅是一个地方普通院校的青年教师，而樊骏在中国社科院，由此也可以看出樊骏对学术后辈的支持和鼓励，其实这样的例子很多，当普通的青年学生写信向樊骏索要他的论文集时，他也是立即寄去。

就有一篇我认为尚须修改充实，严家炎都认为已经可以发表，并且可放在刊物的第一篇）。""此事使我震惊，不得不怀疑自己是不是过分苛刻了，为此，我常对相互之间还不怎么熟悉却又尊重我的意见的年轻人说：我自己没有多大出息，如果谁完全听信我这一些，也说明不会有出息的。"连一向被称为"严加严"的严家炎①都认为"已经可以发表，并且可放在刊物的第一篇"的文章，樊骏还认为"尚须修改充实"。严家炎在给樊骏的信中写道"《新月》三卷一期我去查了，结果比你已查到的还要失望：这里竟是 1931 年 2 月 10 日出的第三版。我劝你只好别那么认真了！"② 钱谷融在给樊骏的信中这样分析樊骏："我欣赏你办事认真而并不热衷，这样的人在现在是不多的，不要说像你这样真有才能的人，即使在并无真才实学的人中，也是很少见的。你嫌自己太苛细，或者说太苛察，这确是你的一个毛病，但同时它也正是你的优点，是由于认真而来，是由于一种精神上或说是心智上的洁癖而来。而一般说来，你心地还是比较宽容的，因此，这并不构成你的真正的缺点。"，同时钱谷融建议"当然，今后如能稍加控制，那就更好了。"③ 可见樊骏的治学态度的严谨，也许有的人认为这只说明他对别人苛刻而已，他自己不见得就能自己做到。对这一点，我们可以从他的《论中国现代文学研究》几篇文章的说明作一番说明。《在遗憾和欣慰之余——重评小说〈四世同堂〉引起的思索》，原载《文艺报》1985 年 12 月 7 日，收入本书时（1992 年 11 月出版），增加了将近一倍的字数，无异于是重写了一遍。《关于讨论近一百多年文学历史分期的几点理解》，樊骏说明道"1986 年 9 月，有关学术团体和单位，在北京专门举行了以此为主题的学术讨论会，我在会上有个简短的发言"，但"本文并非那个发言的整理稿，而是在听了与会的不同学科的同志的发言，又阅读了有

---

① 洪子诚专门写一篇文章，题目就叫《"严"上还要加"严"》。可参见解志熙《严家炎教授学术叙录》，北京大学二十世纪中国文化研究中心，2002，第 98 页。
② 这是严家炎 1983 年 1 月 4 日给樊骏的书信，虽征询过樊骏老师的意见，他表示同意引用，但未征得严家炎老师的同意，在此表示歉意。
③ 这是钱谷融 1983 年 7 月 26 日给樊骏的书信，虽征询过樊骏老师的意见，他表示同意引用，未征得钱谷融老师的同意，在此表示歉意。

关材料以后，另行写成的"。《这是一项宏大的系统工程——关于中国现代文学史料工作的总体考察》，"产生撰文讨论现代文学史料工作及其得失的念头，始于 1983 年春"，"1987 年 8 月动笔"，"得知有的同志对之所抱的希望超出原定的计划"，为此，"不得不中断写作，从头做起，扩大阅读取材的范围，增加思考、讨论的方面"，于是，"原先准备用两三个月时间写篇两万字上下的文章，实际拖了两年写成近八万字的长文"，收入本书时，又"增添了若干例子"。《论罗淑》从 1983 年 10 月写到 1987 年 7 月。《认识老舍》1986 年 5 月写出发言稿，1996 年 7 月至 9 月写出书面稿，2001 年 12 月再次修改，历经 15 年之久。《论中国现代文学研究》是樊骏从事学术工作接近 40 年后出版的第一本论文集，发表时间是从 1983 ~ 1990 年，仅收了 11 篇论文，出版前他又对这本学术论文集的一些文章作了补注，涉及达 16 处之多（第 23 页，第 26 页，第 50 页，第 55 页，第 76 页，第 82 页，第 116 页，第 135 页，第 187 页，第 196 页，第 234 页，第 236 页，第 246 页，第 270 页，第 305 页，第 310 页）。2003 年他突患脑血栓，最初失语，行动也有困难，至今思维、谈话仍存在某些障碍。据严家炎所说"为了便于人们阅读、研究樊骏先生的学术成果，也为了在学界弘扬他高尚可贵的品格和学风，朋友们一致认为应将他分散于各处的论著编印成集"，"所收篇目完全由他自定"，"朋友们原先建议他多收一些文章，但他本人不同意"，最后仅收了 27 篇论文，这是他从事学术以来 50 年的学术成果的一次结集，大约还不到他全部学术成果的三分之一（详见笔者所编的樊骏的著作目录）。对于樊骏在自己编选这本论文集时将大量写于 20 世纪 80 年代前期的学科史、学科评论的文章剔除在外，陈平原表示遗憾，认为《论中国现代文学研究》的早期文章其实"反映学科发展的历史和问题脉络，具有不可替代的历史价值"[1]，说樊骏在学术上有"洁癖"，同时评论樊骏为现代文学界的"学术警察"[2]。对于陈平原的遗

---

① 程凯：《樊骏先生〈中国现代文学论集〉学术讨论会纪实》，《文学评论》2007 年第 1 期。
② 程凯：《樊骏先生〈中国现代文学论集〉学术讨论会纪实》，《文学评论》2007 年第 1 期。

憾，我们可以从樊骏与田仲济的一件往事寻找答案。田仲济生前曾经多次约他去山东，或者为研究生讲课，或者参加山东同行的学术活动，对此樊骏说"我懂得他的好意和信任，但我没有系统地讲授过现代文学的课程，对这段文学历史缺少全面深入的了解。我所能讲的，只有自己思考过、研究过的少数几个'点'，而它们大多已经写成文章发表了，别人也已经看到了，不宜再照本宣科作为讲课的内容，所以真正可以作为专题来讲的实在少而又少。"① 这也印证了樊骏的同事也是最好的朋友王信的话"樊骏的文章不等于其全部的思想，樊先生的为文风格是不打擦边球，不说似是而非的话，因此，一些不适合公开发表的话或者不成熟的思考他就不会放在文章里，这也是他自我要求严格的一面"②。樊骏从来不出专著，只出论文集，一生也只出了这 2 卷 3 本的论文集，所以在把论文入集的时候是很严格的，在 1992 年出版《论中国现代文学研究》时，樊骏在前言中就表示过对自己文章的不满"出版这样一本论文集，从与出版社商定到最后编成，给我拖了好几年。主要原因是我对这些文章不甚满意；越到后来，这种感觉越是明确强烈，因此对于编选出版的事，心中总有些踌躇。"③ 这一切都是因为樊骏"我把'正业'（'正业'指的是中国现代文学研究）看得很神圣，不能轻易写文章"④。

樊骏不仅一直反省现代文学学科，而且把自己也作为清理评判的对象。这一点可从一则注释说明。在他为《论中国现代文学研究》写的序言中，在一则小注中这样反思道"在回顾这门学科的历史道路，对过去的失误进行剖析清理时，我从来没有忘记自己也是这样跋涉过来的，是当年那些迷误者中的一个，因此也始终把自己作为这种清理评判的对象之一。我一直想找个机会，明确表白这一点，比如在批判胡风'反革命集团'时，我也曾写过题为《从〈求爱〉〈在铁链中〉和〈平

---

① 樊骏：《田老：一位可敬的学术前辈》，《新文学史料》2003 年第 1 期。
② 程凯：《樊骏先生〈中国现代文学论集〉学术讨论会纪实》，《文学评论》2007 年第 1 期。
③ 樊骏：《前言》，《论中国现代文学研究》，上海文艺出版社，1992。
④ 刘锡诚：《在文坛边缘上：编辑手记》，河南大学出版社，2004，第 376 页。

原〉看路翎怎样通过作品进行反革命勾当》。只要看看题目的用语提法，就不难想象这会是怎样的一篇文章。"① 他提到的这篇文章写于1955 年 7 月，发表在《文学研究集刊》第 2 册（北京大学文学研究所编，人民文学出版社，1956 年 1 月），这期刊物上第一篇是何其芳写的《胡风在文艺理论方面的破坏活动》，当时的文学研究所作为最高的文学研究机构，每次运动到来，必然要表态，樊骏作为其中的一员，而且是当时所里重点的培养对象，并且在反右斗争以前，一直为何其芳等人所欣赏，当时樊骏作为一个 25 岁的青年写这篇文章是可以理解的，不过在 45 年后专门提到这件事情，也是可赞的。表明他内心中一直在记着这件自己做过的"不光彩"的事情，也时刻在反省自己的学术道路上的得失。

三　樊骏与现代文学学科第三代、第四代学者

赵园进入文学所时，曾经庆幸当时文学所的那种散漫的非组织的状态，因为这使得真正"个人化"的工作以及"书斋生活"成为可能，同时也感叹道"要知道前于此，我的所内的同行，常常被组织在'大兵团作战'中：大项目，集体撰写。我相信不少人的学术潜力，就在这过程中被耗掉了"②。樊骏就是曾经被组织在"大兵团作战"的一员，自从大学毕业到"文革"结束，一直经历着各种运动，自己是在苦难中艰难跋涉而来的，他自己意识到一个良好的学术环境对一个人的学术成长的至关重要。20 世纪 70 年代末 80 年代初，樊骏、严家炎等第二代学者进行了大量的带有"拨乱反正"性质的工作，比如清理现代文学研究中的"左"和右。"也许从学术建设的角度来看，这种带有'拨乱反正'性质的工作并不具备长远的价值，但是，它却是一个无法绕开的前提。如果这一步工作不做好，其他的一切恐怕就都谈不上。"③

---

① 樊骏：《前言》，《论中国现代文学研究》，第 16 页。
② 赵园：《邂逅"学术"》，《独语》，辽宁教育出版社，1996，第 38 页。
③ 王晓明：《旧途上的脚印》，《刺丛里的求索》，上海远东出版社，1995，第 260 页。

钱理群、王富仁、吴福辉、赵园等第三代学者是在"这门学科留有特别多的生荒地"又面临着"文学观念、方法大变革的时代"的时代背景下出现的，以至于钱理群当时充满自信地说"在现代文学研究的任何领域，只要我们肯下力气，大胆探索，就能有丰硕的收获，建立起拓荒的功业"①。刘纳曾感慨地对解志熙说"他们这一代研究者当时出名太容易了——只要发表一两篇像样点的学术论文或出版一本看得过去的学术著作，就一夜成名，一纸风行，轰动天下，引人注目——关注的人远远超出了狭小的学术圈子"②。可见当时现代文学学科由于社会时代原因造成的"荒芜"，还有一大片"学术处女地"有待开垦。"这批人是恢复高考制度后出现的一批研究生，本科生，他们差不多与《丛刊》创办成长同步，其中有些原在20世纪60年代中期即'文化大革命'爆发前后，已经完成了文学专业的学习，十年动乱使他们无法开始正常的学术工作，直到'文化大革命'结束以后，经过两三年的进修充实，才正式走上现代文学研究的道路。就年龄而言，这些人更接近于中年一代，只是因为上述的耽误，才使他们在学术资历上划入年轻的一代。更多的还是70年代后半期以来开始接受文学教育的年轻人"③，"新时期生动活泼的社会气氛和人文环境，加上年轻人善于吸收新思潮的特长，使他们的思路和思考所得都颇多新意。虽然有的因为缺乏历史感，论断失之片面和偏激，但就整体而言，给丛刊和学科带来了生气，推动了整个工作"④。

当樊骏、严家炎在一段时期内作了大量的"拨乱反正"性质的"扫除障碍"的工作后，看到现代文学研究界这一批"年轻人"的学术

---

① 钱理群：《同代人的观察和理解——评杨义〈中国现代小说史〉第1卷》，《世纪末的沉思》，河北人民出版社，1997，第115页。
② 解志熙：《"古典化"与"平常心"——关于中国现代文学研究的若干断想》，《现代文学研究论衡》，河南大学出版社，2005，第108、109页。
③ 樊骏：《〈中国现代文学研究丛刊〉十年（1979～1989）》，《中国现代文学论集》（上），第432～433页。
④ 樊骏：《〈中国现代文学研究丛刊〉十年（1979～1989）》，《中国现代文学论集》（上），第433页。

成果后，他们是欣喜的，他们意识到了现代文学学科有了"新人"，有了"传人"。鲁迅曾说"老的让开道，催促着，奖励着，让他们走去。路上有深渊，便用那个死填平了，让他们走去。"① 而他们就是"催促着，奖励着（第三代学者），让他们走在现代文学的康庄大道上"，当他们遇到波折、困难时，他们"自己背着因袭的重担，肩住了黑暗的闸门，放他们到宽阔光明的地方去"②。同为现代文学第二代学者的支克坚也意识到"在中国现代文学研究这门学科中，打出旗子，引领风骚，不是第二代学者的事"③，这种清醒的意识让他们对第三代学者的出现格外重视。早在 1983 年樊骏就注意到"对于近几年来出现的文学理论队伍的新人，对于他们给文学批评、文学研究工作带来的新气象，却很少有人提及，更谈不上肯定和赞扬了"，为此，他专门撰文"赞文学理论队伍的新人"，正如他自己说的，作为提出一个新的命题，这里"不可能对于他们中间某个人的文章或者他们在某门学科某个领域的成绩，进行具体的剖析和估计"，而只是"对于他们的共同特点和他们带来的主要变化，作个初步的粗略的估计。"④ 1994 年所写的《论我们的学科：已经不再年轻，正在走向成熟》的第四部分对现代文学学科的第三代主要学者的学术风格与特点都作了一一点评，指出赵园"可能是最富有学术个性的一位"⑤，指出王富仁是"这门学科最具有理论家品格的一位"⑥，对陈思和、王晓明，刘纳、赵园，钱理群、王富仁，杨义，吴福辉、蓝棣之，温儒敏，凌宇，李存光等分别通过分组比较加以阐明分析各自的学术特色。同时也对陈平原、汪晖、解志熙三位当时

① 鲁迅：《随感录》，王德后、钱理群：《鲁迅杂文全编》，浙江文艺出版社，1993，第 46 页。
② 鲁迅：《我们现在怎样做父亲》，《坟》，人民文学出版社，1980，第 140 页。
③ 支克坚：《我们的学科需要这样的志士仁人——读樊骏著〈中国现代文学论集〉》，《中国现代文学研究丛刊》2006 年第 4 期。
④ 闻麟（樊骏的笔名）：《赞文学理论队伍的新人》，《文学评论》1983 年第 4 期。
⑤ 樊骏：《我们的学科：已经不再年轻，正在走向成熟》，《中国现代文学论集》（上），第 493 页。
⑥ 樊骏：《我们的学科：已经不再年轻，正在走向成熟》，《中国现代文学论集》（上），第 494 页。

的文学博士作了比较分析。1999 年他在《跨世纪学人文存》出版座谈会上，对王富仁、赵园、陈平原、陈思和、王晓明、汪晖六位现代文学学者的学术风格不再分别作具体解读，而是"从总体上把握他们学术内在的一致追求和共同的步伐"①。1999 年人民出版社为杨义出版了 7 卷 10 册的《杨义文存》，樊骏参加了《杨义文存》出版座谈会并发言，又专门写文章，联系当代中国学术发展的曲折道路和其中的经验教训，分析杨义的治学的一些特点与由此提供的有益经验，并说及他"想得最多的还是杨义今后的学术之路"②。赵园曾说"群体意识不必蓄意造成，但集束的成果推出，有助于将新的姿态带进学界，——这或许出于我所属的一代人的经验。'新时期'的十几年间，将一代、一批研究者作为一种力量介绍给社会，这种工作，是由一批富于远见与事业感的学术刊物、出版社承担的。"③ "我以为十几年间的学术活动，在相当程度上是由出版家参与组织的，未来的学术史将会如实记录出版界在发现新人，组织学术力量以至'引导'，推进学术方面的巨大贡献，——出版业在特定时期发挥的特殊功能。我只祈望年轻者能有我们一代所曾有过的幸运。尽管商业大潮的冲击已使我们的处境与我们当年大为不同，我仍愿意相信会有乐于发现，扶植新人的出版家，以丛书的形式及其他形式，将年轻者作为'代'而推出，如上海文艺出版社，浙江文艺出版社率先做过并在继续做着的那样。"赵园这里主要是阐述出版社对发现新人，组织学术力量以至"引导"，推进学术方面的巨大贡献。其实樊骏在积极促成了出版社与新人的联姻方面具有不可替代的作用。"日记是写给自己的，书信是写给熟人的，而文章则主要是写给同代与后代的陌生人的，这不同目的的文字才构成一个人人生的完整的记录。"④ 从我在樊骏的书房里整理出来的书信中截取的片段也可以知晓一些樊骏对

---

① 樊骏：《坚实的学术步伐　两代学人的对话与潜对话——〈跨世纪学人文存〉出版笔谈》，《中华读书报》1999 年 9 月 1 日。

② 樊骏：《杨义治学的特点和经验》，《中国现代文学研究丛刊》1999 年第 3 期。

③ 赵园：《序言》，《沈从文名作欣赏》，中国和平出版社，1993，第 3 页。

④ 李书磊：《一九三五年一月的鲁迅》，《二十一世纪：鲁迅和我们》，人民文学出版社，2001，第 186～187 页。

第三代学者的提携之用力。上海文艺出版社的余仁凯在给樊骏的书信中写道"帮我们组织陈涌同志的论文集（据笔者翻查，后来上海文艺出版社 1984 年 7 月出版了《陈涌文学论集》为名的论文集），为我们推荐近年来涌现的现代文学研究方面的新人——王富仁、赵园、钱理群、刘纳、吴福辉——又使我们向他们组织到了几部较有特色的稿件"①，宋建元在给樊骏的信中也提到"海南打扰，大连求助，你慷慨热情的关怀与支援使我深为感激，直爽，利落的风度尤给我以极深的印象。……接你信后，我即向刘纳、赵园、吴福辉、郭志刚发了约稿信，刘稿已寄来，吴稿也来信愿写。赵、郭尚未见消息，想来有你的推荐是不会有问题的。对此，我再一次向你表示感谢，你谢绝当顾问，但实际上你已是我们有力的顾问了。"② 赵园在回顾自己的学术之路时，也提到"记起了朱成甲讲修改意见时的情景——我那篇文章是经樊骏介绍到《中国社会科学》这家在当时学院气十足的刊物的。"③ 李志强在给樊骏的信中提到"中国现代作家传记丛书，在你和严家炎先生的关心和指导下，经过近十年的努力，现在已经出版了 10 部。从社会反映来看，基本上是好的。有一条很重要的经验：丛书能否得到社会承认，关键在于选准作者"④，据笔者翻阅樊骏的书信，得知一些作家评传的作者都是编辑采纳樊骏的建议约稿的。朱栋霖在接受访谈时，也提及"人民文学出版社出版我这样年轻人的著作，之前尚无先例。因此我是很感激的。后来我听说，是樊骏先生把我的稿子推荐给了人民文学出版社，他给予了很好的评价。樊骏先生是有很深学养的现代文学学者，学术界都很敬重他。但是他本人从来没有对我提起过这件事。其实我和他接触很少，只是有几次在学术会议上聆听他的报告。……

---

① 这是 1982 年 8 月 28 日余仁凯致樊骏的书信，虽征询过樊骏老师的意见，他表示同意引用，但未征得余仁凯先生的同意，在此表示歉意。

② 这是 1982 年 9 月 15 日宋建元致樊骏的书信，虽征询过樊骏老师的意见，他表示同意引用，但未征得宋建元先生的同意，在此表示歉意。

③ 赵园：《〈自选集〉自序》，《窗下》，四川人民出版社，1997，第 125 页。

④ 这是 1991 年 10 月 28 日李志强致樊骏的书信，虽征询过樊骏老师的意见，他表示同意引用，但未征得李志强先生的同意，在此表示歉意。

樊骏先生一向很关心后学，提携年轻人，像我和杨义、许子东、刘纳、赵园在当年刚走上学术道路时都得到他的鼓励。"① 他还积极地促进现代文学博士点的申报工作，比如河南大学的博士点就离不开他的支持和援助。

四 樊骏与王瑶学术奖、勤英文学研究奖

樊骏不仅积极地参与现代文学学科的评议工作，及时地对已逝的前辈学者的学术道路、专业成就和治学特点做富有深度的研究，协助第一代学者或独自加强学术队伍力量的建设，积极参与中国现代文学研究会会务工作与《中国现代文学研究丛刊》的学刊工作，而且积极地捐助资金促进现代文学研究的发展。严家炎在中国现代文学研究会第八届年会开幕词中提到"本届年会议程中还有一项，是王瑶学术奖的首次颁奖。我也想就此项奖励的事件作些说明。这个研究基金和奖项曾得到多人资助（包括王瑶先生的亲属），但最主要的捐赠者是我们研究会的前任副会长、《中国现代文学研究丛刊》的前任主编樊骏先生，他把他在香港的一位亲属留赠给他的百万元遗产全部捐赠给了我们研究会并倡议设立王瑶学术奖以纪念我们的创会会长，这体现了樊骏先生历来关心学术发展和热心公益事业的崇高的精神风范。"② "他不仅用他自己的学术实践为我们作出表率，还希望通过王瑶学术奖来倡导一种学术上勤奋严谨、认真扎实、重视原创性，而在学者关系上又友善谦虚、公平公正、各自从严要求的良好风气。而遇到出名的事，他却常常躲开。这次为王瑶学术奖资助百万元的事，他在长达三四年的时间里都让我们保密，我们也一直严格遵守的，无奈有位知情的上海朋友不谨慎捅了出去，他非常恼火，于是我只好劝他

① 朱栋霖、夏锦乾、张晓玥：《雨丝风片卅年痕（修订版）——朱栋霖教授访谈》，《学术月刊》2008 年第 3 期。
② 严家炎：《中国现代文学研究会第八届年会开幕词》，《中国现代文学研究丛刊》2003 年第 2 期。

索性公开。"① 樊骏不仅把他在香港的一位亲属留赠给他的百万元遗产捐赠给了我们研究会并倡议设立王瑶学术奖以纪念我们的创会会长王瑶，而且在他所在的中国社会科学院文学研究所也设立了勤英文学研究奖（樊骏的姐姐是樊芝英，姐夫是王子勤，为了表达他对姐姐和姐夫的思念，这个研究奖的名字就各取姐姐和姐夫的一个字组成），这是樊骏个人捐赠 100 万元人民币设立的，专门奖励文学所优秀科研成果。2007 年 12 月 19 日，文学研究所主办的"文学史写作的理论与实践"国际学术研讨会召开期间，就举行了勤英文学研究奖的第一届颁奖仪式。②

"历史也造就人，规范他们的命运——这是不以某个人命名的历史；它在深层处起作用，而且通常是默默地起作用；它的领域实际上广袤而不确定，但这正是我们现在应该加以探讨的。"③ 这篇文章正是借助先生与几代学人的交往史实来探讨樊骏先生为学科发展"默默起的作用"的。

---

① 严家炎：《中国现代文学研究会第八届年会开幕词》，《中国现代文学研究丛刊》2003 年第 2 期。

② 田垣：《打破学科界线　扩大学术视野——"文学史写作的理论与实践"学术研讨会召开》，《中国社会科学院院报》2008 年 1 月 15 日。

③ 〔法〕费尔南·布罗代尔：《论历史》，北京大学出版社，2008。

寻找别一位樊骏先生

——读《中国现代文学论集》*

慈明亮

一

我第一次听到樊骏先生竟然是他去世的消息。那年春天上第一节文献课，老师照例介绍文献的各位作者，谈到樊骏先生的时候，竟难以压抑悲伤的感情，告诉我们樊先生去世了，又讲了他一些感动人的事。这让我印象很深刻，因为老师上课是极严肃的，而我第一次看到她那样动容。这也许不难理解，此后在很多文章里，我都能读到樊骏先生为学科建设所作的贡献，献身学术、仁人志士、严"峻"，是个"最认真的人、最透明的人、毫不利己专门利人的人"①。在一个追名逐利的年代，他能如此公而忘私，自是能感动许多圈内的知情人。但我对于他作为"最透明的人"这一提法有一些其他的想法，因为在读《中国现代文学论集》（以下简称《论集》）的时候，却能在他公众形象之外，隐约别有一个身影；在他为学科建设的呼喊背后，听到一种微弱的声音。这个

＊　樊骏先生的《中国现代文学论集》（上、下），人民文学出版社，2006年2月.

①　参见程凯《樊骏先生〈中国现代文学论集〉学术讨论会纪实》，《文学评论》2007年第1期。

印象如此晦暗却徘徊不去，真让人伤神。

直到读到商金林先生的回忆文章，我才算真正看清他的另一面，是他为人聪颖而有趣的一面，特别是听到了他久违的笑声。据商金林先生回忆，1987 年 6 月，他奉王瑶先生之命，将一封信送到樊骏先生家里。王瑶先生交代一番，"最后说到给樊骏先生的信没有封，叫我不要看。""我把王瑶先生托带的信交给他，见没封口问我看了没有？我说没有，告诉他王先生叮嘱过，叫我不要看。樊骏先生笑着说我'真老实'，他看后就递给我看，说王先生叫你不要看，也可以理解为是有心让你看看的。"① 信不封口，表示王瑶先生的信任，更何况还叮嘱过，"真老实"的商先生更要谨遵师命。樊骏先生或许想得更有趣：既然信不封口，就表示对我的信任，何故又多加叮嘱一句话？这种 paradox 不妨看成一种"正话反说"，所以不妨正话反听：不让我看即是有意让我看。樊先生不知道有没有瞬间想到《圣经》中智慧果禁令、希腊神话中潘多拉的故事，或者是《聊斋志异》中的《白莲教》（卞之琳先生还将其用在了《距离的组织》里），都是讲多叮嘱那一句激发了那些人孩子一般难忍的好奇心，进而违背命令。商先生竟然忍住好奇心，难免樊先生会笑赞他"真老实"，而又递给他信看，自是要满足他的好奇心。王瑶先生的一句话，竟被他辩得言之凿凿，并且乐在其中②，真是思维敏捷的性情中人。

可惜收在集中的论文里，我很难听到这种笑声。这使我尽量搜集他发表过的文章，发现他"文革"前竟然有些风格清新的论文，让人读得喜不自禁。不能怪我，鲁迅先生的《社戏》里的孩子都喜欢看铁背老生翻跟头，不喜欢听老旦做报告。偏偏樊骏先生 1957 年发表的《谈谈〈社戏〉》有我喜欢的内容，不妨引用一番：

---

① 商金林：《怀念樊骏先生》，《中国现代文学研究丛刊》2011 年第 4 期。
② 这是熟人之间才会有的彼此打趣，不是严格的逻辑论证。实际上，不必考虑好奇心及其叛逆，因为王瑶先生自然知道商先生"老实"，这样符合"奥卡姆剃刀"原理。倘若王瑶先生有心让商先生看，在他家就可以直接看了。

每当我们阅读《社戏》，首先是被它的生动有趣的描写所抓住。就拿关于看戏的那些描写来说吧：作品中的"我"是一个暂时从"秩秩斯干，幽幽南山"的枯燥乏味的书本中解放出来、为充满各种新奇娱乐的田野生活所吸引的小孩子，他正沉浸在小伙伴们温暖的友情中。他非常想去看社戏，可是因为借不到船，去不成，把他急得连东西也吃不下去。……大家说服了"我"的外祖母和母亲，"我们立刻一哄的出了门"。"我的很重的心忽而轻松了，身体也似乎舒展到说不出的大"。但是，好不容易才看到的戏并不精彩，铁头老生没有翻筋斗，也没有看到蛇精和老虎，更倒霉的是大家都讨厌的老旦竟然坐在台上唱个没完。……在这些描写中，鲁迅不光是交待了一下故事的过程，而是把我们真正带进了一个优美的境界，让我们去触摸孩子们天真无邪的心灵，在他们的喜怒哀乐、每一个细致的心理活动中去感受洋溢其中的淳朴诚挚的感情、善良的愿望、天真的思想和乐观进取的精神。这就给这些平淡的事件涂上了神奇的色彩，使整个画面迷漫了和谐欢乐的气氛。①

我以为这段文本分析文字才是我喜欢的那位樊骏先生：毫不费力就抓住情节的特点——曲折婉转，一个困难刚解决，另一个困难就涌上来；这些困难及其纾解又是在小孩子心理层面来刻画完成的，大人本难体味，难得鲁迅先生写得好，樊骏先生也看得清。更难得的是他对故事氛围的把握，"平淡的事件涂上了神奇的色彩"，正如小说结尾所说，"真的，一直到现在，我实在再没有吃到那夜似的好豆"，罗汉豆的味道能有多少差别，但掺进那时的感情，味道便完全不一样了，这的确是神来之笔。这种情形让人联想起鲁迅在《朝花夕拾》"小引"里所说的，"我有一时，曾经屡次忆起儿时在故乡所吃的蔬菜：菱角、罗汉豆、茭白、香瓜，凡这些都是极其鲜美可口的；都曾是使我思乡的蛊惑。后来，我在久别之后尝到了，也不过如此；惟独在记忆上，还有旧来的意味留存。他们也

---

① 《短篇小说评论集》，北京出版社，1957，第 27~28 页。

许要哄骗我一生，使我时时反顾。"樊骏先生这样既体察入微，又能给人以启发的批评，正是我最喜欢的批评文章风格。

这篇文章的整个第一部分写得很好，是我见到的最妙的《社戏》评论之一。但到了第二、三部分，扯上思想性，便又让人读不下去。比如写劳动农民的乐观主义精神，举了少年闰土的例子，却忘了成年闰土"大约只觉得苦，却又形容不出"，把希望寄托在神鬼上，讨要烛台，有什么"乐观主义"可言？1960 年他又发表了《〈社戏〉的若干特色》①，可见真是喜欢这篇小说，然而这一稿把第一部分完全略去，没有了让人喜悦的细读，让人倍感失落。那位有趣又能体察人心的樊骏哪里去了？

二

樊骏先生极少写文章谈自己，这或许是大家看到他的公众形象而难见他的内心、情趣、喜好的一个原因。他在《论中国现代文学研究》的前言里断断续续谈到点自己的学术生涯，让人觉得好不过瘾，而且这篇前言也没有收录到《论集》里。另一方面，他又作为善于读出别人文章好处的解人，推荐各样风格的后起之秀，他自己的特点反而不易察觉。不过，我们也能够通过他对某类问题的持续关注，感受到他特有的学术视点。不妨从书中引一段他谈陈瘦竹先生的小故事吧：

> 他深感"中国研究界最缺少的正是艺术感受与艺术分析"。为此……在培养学生时，也总是明确地把艺术感受力如何作为一条重要的标准。他看重"艺术感受比较好"的学生。当重新见到因故中断文学研究工作、与自己又失去联系二十余年的昔日的一位学生时，他最关心的也是这个方面。在读了对方的近作以后，不胜欣喜的是"你的

---

① 《文学知识》1960 年第 2 期，署名凡人。见宫立编《樊骏著作年表（1949~2006）》，《现代中文学刊》2011 年第 2 期。

艺术敏感力没有退化，颇能发现一些深层次的问题，你还能在诗歌研究上做一番事业"。他论人衡文的这一尺度是何等鲜明。①

从事文学研究的人丧失了艺术感受力，就像厨师丧失了嗅觉和味觉一样恐怖，陈瘦竹先生怕得有理。这就难怪樊骏先生会特别留意文学史家的艺术感受力。比如写到王瑶先生这方面特点："他关于作家作品的感悟与评点常常能一语中的，表现出敏锐的艺术感受、鉴赏、判断能力，说明在文艺科学方面也有良好的素养，但在行文中很少展开发挥。"② 王瑶先生既然不发挥，樊骏先生自无可引用，的确是一件让人遗憾的事情。不过在写唐弢先生"艺术感觉极好"一节，他就毫不客气，将唐弢先生点评的精妙之笔一网打尽，这里仅选一节为例：

> 对于40年代的讽刺文学，他认为"以风格论，废名的是苦涩隽永，讽刺在他手里像是一张引而不发的弓，（钱）钟书则是辛辣犀利，恰如夏季阵雨，扑面打来，又像万箭齐发，穿石而过，……不过，钟书爱用双关语，他的辛辣犀利又自有其机智调皮的地方，在这点上，其效果和废名相似，读者于淋漓尽致中感到一阵痛快之后，仍然需要仔细地去思索，去回味"。呈现的又是两位风格各异的讽刺作家。这样的分析，说同中之异也好，谈异中有同也好，都能抓住各人独特的创作个性，连同一些微妙处奥妙处。③

唐弢先生对钱钟书先生风格的评价，从他后面的引文就知道是从《围城》里唐晓芙望见方鸿渐淋雨一场得来。"她忙到窗口一望，果然鸿渐背马路在斜对面人家的篱笆外站着，风里的雨线像水鞭子正侧横斜地抽他漠无反应的身体。"无论是"扑面打来"还是"穿石而过"，都强调

---

① 樊骏：《中国现代文学论集》（上），第 154 ~ 155 页。
② 樊骏：《中国现代文学论集》（上），第 14 页。
③ 樊骏：《中国现代文学论集》（上），第 92 页。"艺术感觉极好"是引严家炎先生的话，见 91 页引文。

了释放的力量，倒也和钱先生欣赏诗的力量感隐然相通。樊骏先生似乎不愿喧宾夺主，说到"微妙处奥妙处"就不进一步谈下去了。不妨举两个小例子佐证一下，比如《谈中国诗》钱先生赞西洋诗，"你们的诗人狂起来可了不得！有拔木转石的兽力（brute force）和惊天动地的神威（divine rage）"，赞其力量之大；苏轼是中国诗人里的豪放派，《宋诗选注》里有"苏轼的《百步洪》第一首里写水波冲泻的一段：'有如兔走鹰隼落，骏马下注千丈坡，断弦离柱箭脱手，飞电过隙珠翻荷'，四句里七种形象，错综利落"，速度快，冲击力也大，唐弢先生着眼点也似乎在此。王瑶先生的"一语中的"和唐弢先生用形象比喻来阐释"细微处奥妙处"，大多属于印象批评的范畴，与樊骏先生常见的结合文本的细读式批评方式不相同，后者更适合非常细密的评论文章，尽可能排除印象批评给读者带来理解上的不确定性。这就不但要求批评者有艺术感受力，还有很强的分析能力。我们可以在樊骏先生《试论荒煤晚年的散文》这篇近乎完美的批评论文中读到这一点，容我再引吧：

　　写到赵丹晚年因为几次大的拍摄计划一一落空，在二十多年里没有拍片而深感苦恼时，采用类似电影的手法，把一些镜头叠印在一起，取得强烈的艺术效果。当赵丹写完《银幕形象创造》书稿，作者开玩笑说"我看你索性改行当理论家算了"，文章着重表现赵丹的激烈反应："一阵阴影掠过他的眉头，他苦笑了一声：'我不演那些角色，我写什么？……'分别时他站在门口，流露出一种暗淡的悲伤的表情，望着我，激动地说：'有人说我能写能画，可是，他们知道不知道我是一个演员？我真正的工作是演戏！'……最后，简直象是指责我似地大声说道：'你要记住，我是一个演员，我是一个演员！'"写到这里，作者加上一句："在这一刹那间，我发觉他那眼睛里闪现出一层泪光"。然后是对于这位一向以"爱热闹，谈笑风生，性格很开朗"著称的"乐观主义者"内心深处"隐藏着痛苦和悲哀"的剖析，认为这是一位真正的艺术家才有的最大的苦恼（《阿丹不死》）。这样的写法——这些画面，连同

> 这些感受和议论，共同地把一个渴望工作、渴望永不止息也永无止境的攀登的艺术家的形象，深深地烙印在读者的脑际了。①

要是想到荒煤和赵丹都是电影人，我们会为樊骏先生的分析叫绝。他捕捉到荒煤先生散文的电影表现手法，更捕捉到笑和哭两种情感的对比：荒煤"开玩笑"，赵丹"苦笑"，"暗淡的悲伤的表情"以及"一层泪光"，表面上看好像是一种戏剧化的（dramatic）转变，实则是压抑的时代背景下自我解嘲和难言的伤痛。对于赵丹情感内心的把握，却非要有善解人意的心不可了。先有一种情感上的共通，让人能置身到文本提供的场景之中，给人切实的现场感；同时又仿佛站在高处俯视困境中的人，他们一举一动所折射的内心变化无不清晰了然，体现了批评家很强的洞察力。这种内外两个视角的考察，或许正是樊骏先生所说的"微妙处"和"奥妙处"，也正是樊骏先生的分析方法所能达到的效果。

在《论罗淑》这篇论文中，他在分析《生人妻》的时候，又是抓住了最能打动人的离别场面，仔细探究夫妻二人的心理变化。妻子知道自己被"卖"而吵架，胡风和王瑶先生都强调她对丈夫的仇恨，而樊骏认为"妻子对此事既不愿意而且感到委屈，又不得不顺从，甚至谅解，对丈夫也是既埋怨又关切。"因为委屈而埋怨比仇恨更能切合妻子的心理，樊骏先生的分析更体察入微些，也能更好理解她转而对丈夫的谅解，心理过渡更为自然、贴切，也更符合原文②。贴着人物的情感而进入文本的分析方法，在当代文学批评中屡能得见，或许可能是 20 世纪 50 到 80 年代最珍贵的批评方法，能够最大限度呈现人物内心的复杂向度，因而评论中精彩迭出。除了前文引《社戏》一节分析外，樊骏先生在《〈归家〉的艺术倾向和思想倾向》（与吴子敏合作）中将青年男女之间斗气的心理分析得体贴入微，自然高出其他的几篇评论③。可

---

① 樊骏：《中国现代文学论集》（下），第 828 页。
② 艾以等编《罗淑罗洪研究资料》，北京十月文艺出版社，1990，第 79、82、85 页。
③ 樊骏、吴子敏：《〈归家〉的艺术倾向和思想倾向》，《文学评论》1963 年第 4 期。

这种分析往往会成为"倾向"的附庸，让人容易忽视。另一方面，这种方法也会发现了"坏人"的"好的一面"，不免受到人性论的连累①；直到 80 年代，才算重见天日②。只可惜这种有效的方法，没有得到很好的总结，擅长使用者多凭借自己的艺术感受力的天分，而不是像新批评那样可以使更多人受益，或许这正是樊骏先生所不满的《中国现代小说史》在"80 年代初期流传甚广"的一个原因。

回想起陈瘦竹先生感叹"中国研究界最缺少的正是艺术感受与艺术分析"，樊骏先生其实做了不少努力来纠正这一弊端。他一方面毫不留情地批评"庸俗的文艺社会学"③，一方面也提倡对文学现象和文学历史新的理解："近年来，有感于长期以来占支配地位的文艺社会学的批评分析方法给研究工作带来的过于单一、粗糙以至于凝固而为呆板模式的不良后果，我们……对于同样的文学现象和文学历史也多有新的发现和理解，尤其在艺术构思的细微奥妙处。"特别是在文学史方面，他借王瑶先生的话来强调文学史的两重性质："文学史既是文艺科学，也是一门历史科学。"而对前者给予了必要的关注，提醒大家注意作为"灵魂的历史"的文学史④，这一提法来自勃兰兑斯《十九世纪的文学主流》："文学史，就其最深刻的意义来说，是一种心理学，研究人的

---

① 参见蓝翎《感情篇——评文艺评论中的"人性论"的新翻版》，《奔流》1964 年第 3 期。

② 这种方法也挑战着批评家对不同心理的把握能力，樊骏先生的心理分析多是那种坚强、乐观、温情的人物，或许有其局限性。在 80 年代的批评中，值得关注的批评文本有李今老师的《郁达夫早期小说中的自卑心态》和《试论巴金中长篇小说中的软弱者形象》，关注了"自卑""软弱"这些曾被认为是负面的心理状态，对此前"钢铁意志"构成了反驳。

③ 樊骏：《中国现代文学论集》（下），第 781～784 页。

④ 樊骏先生很早就能够通过考察某一时代的文学背景来看某一具体作品所反映的精神面貌。比如在《两本关于茅盾文学道路的著作》里有"像《蚀》这部小说，作为一个向往革命的小资产阶级知识子在革命暂时失败后，为消沉失望的情绪所支配时写出来的作品，就很有代表性。只要翻阅一下当时的文艺刊物和书籍，会看到一些基本倾向和《蚀》相似的作品。如果我们能再进一步联系另外一些情况，像阿志跋绥夫那部描写小资产阶级知识分子颓废、疯狂的生活，宣扬虚无主义的反动小说《沙宁》，在那时的进步文艺界一部分人中间受到不应有的欢迎（就在《蚀》发表前后短短一两年内，竟然出版了三种中译本），就能够全面地理解当时一部分作家思想上陷入何等混乱的境地，也就可以理解《蚀》的出现绝不是一种孤立的事件"。樊骏：《两本关于茅盾文学道路的著作》，《文学评论》1960 年第 2 期。

灵魂，是灵魂的历史。"①《论罗淑》某种程度上可以看成他在加强批评和"灵魂的历史"之间联系的一个有益尝试，可惜他写的此类文章太少了。

三

樊骏先生的《我们的学科：已经不再年轻，正在走向成熟》中谈到了很多位他欣赏的现代文学研究者，可惜就不谈他自己。但如果能对照他已发表的文章，里面也有一些隐含着他自己学术经历的信息。比如他将义学研究里过去的武断推论与现在的细腻说理作比较："不同了过去常见的'因为……所以……'式的，或者'由此可见'式的简单推断，将结论强加于人，而是对原委细细道来，将问题分析得丝丝入扣。"② 又比如吴福辉先生的导师王瑶先生称赞他："自觉地'寻找自己'的努力：寻找自己的研究对象，研究的角度与方法，以开拓自己前进的道路，形成自己的研究风格。"③ 这里面究竟藏着他怎样的经历，不妨让我细细道来。

1956 年《人民文学》第 8 期发表了樊骏先生一篇有趣的文章《"既然……那末……"》④。一名苦恼的炊事员的入团申请被团组织退回来要求重写，他就求助樊骏，原来是要他"痛陈革命家史"，而他家 7 岁就解放了，早年的事情记不起也写不出。组织委员总是跟他说："既然是贫农出身，那么过去一定受过地主剥削。"要他一定具体写出来，他怎么能具体的了？"我恍然大悟了。这个'既然……那么……'的说法，立刻使我想到'十五贯'中过于执当苏戌娟一抬头时所说的'看她艳若桃李，岂能无人勾引？年正青春，怎会冷若冰霜？'那段话。我因此大声地笑了出来。"——过于执是《十五贯》里的粗暴断案的县令，他

---

① 樊骏：《中国现代文学论集》（上），第 343 页。
② 樊骏：《中国现代文学论集》（上），第 499 页。
③ 樊骏：《中国现代文学论集》（上），第 495 页。
④ 樊骏：《"既然……那末……"》，《人民文学》1956 年第 8 期。

的推断是既然苏戈娟年轻貌美，怎么会没有奸情？这种推测的确搞笑，这也是我在樊骏先生发表的文章里第一次听到他的笑声。后来炊事员在加入团组织的会上，组织委员批评他的申请书写得不好，要他好好再想想。"我自然很同情受了这样的批评的那个炊事员，但也为这样批评别人的那些人难过。因为他已经把自己的思想囚禁在一些最简单的公式和逻辑中了。……这个令人啼笑皆非的例子已经发出了一个警号：这样下去，不是使自己碰壁，就会伤害别人。"他并把这一话题引申到当时公式化的创作和批评中，并呼吁"应该把他们从开始僵化或已经僵化的思想中解放出来"。

我无意把樊骏先生说成一个思想解放的先知，实际上那时候只有26岁的他是个眼光独到、头脑敏锐却对世事看得不那么透彻的青年人。1953年北大毕业后他顺利进入文学研究所，"被作为学术领域里的'哨兵'培养"[1]，"是少数几个受到重视的青年"[2]，意气风发、自信满满，看到社会上和文学界的僵化，忍不住出来说道一番。"1957年反右斗争中受到严厉批判"[3]，不知道和这篇文章有无关联。

那位炊事员向他诉说自己幸福的社会主义新生活，也让樊骏非常感慨，"这些有声的和无声的话，包含了多少真实的感受，又是何等亲切地显示了为日新月异的生活所惊醒、所鼓舞起来的一个年轻人为社会主义献身精神！可是，这些美好的感情和思想，都被'既然……那么……'的论调阻塞住了，按照它写出来的，只能是一些毫无内容的空话。"其实，那时的樊骏也是"为日新月异的生活所惊醒、所鼓舞起来的一个年轻人"，有着"为社会主义献身精神。"[4] 但毋庸讳言，樊骏

---

① 樊骏：《论中国现代文学研究》，上海文艺出版社，1992，第16页。

② 樊骏：《我在这次文化革命中的一些思想活动》（交代之三），未刊稿，转引自宫立的硕士论文《我把"正业"看得很神圣——论樊骏的中国现代文学研究》，第11页，汕头大学，指导教师是王富仁先生。

③ 樊骏：《我在这次文化革命中的一些思想活动》（交代之三），未刊稿，转引自宫立的硕士论文《我把"正业"看得很神圣——论樊骏的中国现代文学研究》，第11页。

④ 他在《天风》上发表了一系列文章，比如《是基督教觉醒的时候了》等，关于樊骏先生的基督教背景可参见宫立的硕士论文《我把"正业"看得很神圣——论樊骏的中国现代文学研究》，第9～10页。

先生自己的一些文章里也渗入"过于执"的思维，读得让人心生伤感。我还不能清晰了解这一切是如何发生的①，到了新时期的时候，樊骏先生对自己的评价颇低，"我为人拘谨，做事多烦琐习气，常常犹豫不决，想问题写文章也总是没完没了的反复和拖拉"②，文章里看不到他面对充满悖论的世界而发出的自信满满的笑声，跟50年代的"哨兵"形成何等鲜明的对比。他的"犹豫不决"，我想可能是一方面受"既然……那么……"的习气拖累，另一方面又要警醒，内心的矛盾很难有平息的时候。

新时期他明显喜欢上了老舍先生的小说，这一定为他的内心提供了正能量。其实他俩的经历有很多共同之处：都有·个阶段接触过基督教，又都热爱文学，既有文艺的天分又机智幽默，却人生经历坎坷。我想，樊骏先生引用老舍的这段话，比别人更有一份沉重感："我们每个人须负起两个十字架……为破坏、铲除旧的恶习、积弊，与像大烟瘾那样有毒的文化，我们须预备牺牲，负起一架十字架。同时，因为创造新的社会与文化，我们也须准备牺牲。再负起一架十字架。"③ 或许正是这种"背负十字架"的牺牲精神，决定了他终将接受做学科评介的课题：他开始觉得自己不适合，"既无兴趣又无内在的动力"，"踌躇犹豫"进而"坚决谢绝"甚至血压升高，却"被唤起了一种责任感"④而慨然接受，并一干就是不曾停歇。后世的人或许会疑惑为什么有人会压抑甚至浪费自己的文艺天分，就如同我曾疑惑为什么老舍抗战期间会去写没有多少文学价值的只为抗日宣传的鼓子词和相声，他们隐藏在灵

---

① 樊骏先生对丁玲的评论或许可以看他的一个线索。参见宫立的硕士论文《我把"正业"看得很神圣——论樊骏的中国现代文学研究》，第72~73页。直到在《一九八〇年中国现代文学研究评述》里，他还提醒大家对《莎菲女士的日记》研究要注意"莎菲形象的复杂性和她所陷入的精神危机"，他对丁玲作品的复杂性和人物心理感受是很多的（他本科毕业论文即以丁玲为研究对象，可惜尚未找到），但在文学史写作中不得不屈从政治评价，"却始终没有越出丁玲犯过严重错误这一前提，因此不管如何修修补补，都不可能做出正确的评价。"见樊骏《中国现代文学论集》（上），第143页。

② 樊骏：《论中国现代文学研究》，第1页。

③ 樊骏：《中国现代文学论集》（下），第686页。在《〈老舍名作欣赏〉前言》此段引文里他将涉及"十字架"的句子都删掉了，见《论集》，第534页。

④ 樊骏：《论中国现代文学研究》，第1~5页。

魂深处的"牺牲"精神，或许对此可做解释。

　　或许就是这样，樊骏先生欣喜于在老舍先生的著作中"找到自己"，让自己在牺牲之外，找到了一片精神栖息的草地。我们不妨把《老舍的"寻找"》读解成樊骏先生对自己的寻找，"同一件事，有多少不同的说法和看法。我自己如何说，即我的风格。我自己如何看，即我的见解。"老舍先生对《茶馆》的修改和对《春华秋实》的修改很能说明这一点，但前者老舍找到了自己熟悉的人和事，"包括善良者的挣扎与恶势力的肆虐，由此反映出中下层群众的苦难和幻灭……"，他成功了；后者却束缚在政治倾向和政策精神中出不来，十二易其稿，仍无法避免失败的命运①。樊骏先生之见，的确发前人之未发，非常具有启发性。他没有将这一发现局限在文学创作领域，而是扩展到文学研究领域，他对王瑶先生的学术评价中，"寻找自己"是成为一名优秀的文学研究者的正确选择：

　　　　他认为"每个人如果能够根据自己的精神素质和知识结构、思维特点和美学爱好等因素来选择适合自己特点的研究对象、角度和方法，那就能够比较充分地发挥自己的才智，从而获得更好的成就"，并把根据自己的特长"开拓自己的前进的道路，形成自己的研究风格"，称为"自觉地'寻找自己'的努力"。成为文学史家，无疑是王瑶这种"寻找自己"的努力的产物；而且像下文所分析的那样，是个正确的选择。②

我想，这是樊骏先生借对老舍先生和王瑶先生的经验，对年轻的文学研究者的谆谆教导，这其中或许也隐含着他对自身寻找的特别深切的含义。有意思的是，樊骏先生也是一个愿意隐藏自己的人，他捐钱设立"王瑶学术奖"却不欲让人知道，消息走漏让他"十分恼火"③。魏建先

———————————

① 樊骏：《中国现代文学论集》（下），第631～636页。
② 樊骏：《中国现代文学论集》（上），第15页。
③ 严家炎：《缅怀樊骏学长》，《新文学史料》2011年第5期。

生是这样记载这则神话的：

> 2000 年，一条信息在我的同行中不胫而走：有一位不让透露姓名的人出资 100 万元设立"王瑶学术奖"。我们都想知道这神秘人物是谁？很多人猜的是已故中国现代文学研究会会长王瑶教授的女儿。两年后，樊骏先生的《认识老舍》以最高得票入选首届"王瑶学术奖"候选论文名单。樊骏力辞不受，评委们却坚持要评。在争执的当口，某知情人说漏了嘴樊骏就是那出资人！在场的人震惊了！①

樊骏先生就是这样成为传说中不要名不要利的"不要先生"（Mr. No），现在想象在评奖会场上樊骏先生着急地摇着头晃着手说"不要，不要，不要把奖给我"，觉得他像一种孩子一般的纯真。

《认识老舍》是樊骏先生给予世人的重要礼物，在此不敢妄作评判，只想就题名做一点小小的考据。钱钟书先生在《〈周南诗词选〉跋》中说道"识君者读此集，必曰：'其人信如其诗'；不识君者读此集，必曰：'其诗足见其人。'"我们不妨说，越了解他的为人，越能理解他的作品；越了解他的作品，越能感受他的为人，这也许是樊骏先生经常提及的"知人衡文"吧。作为受益于他"寻找自己"教诲的后辈，不惮以自己之喜好，从樊骏先生的汪洋之作中取一瓢饮，借阅读《中国现代文学论集》来认识樊骏先生。

---

① 魏建：《樊骏，一个真实的神话》，见 http://baike.baidu.com/view/623061.htm。

樊骏著作年表

宫　立

一　单篇文

1949～1965年

《是基督教觉醒的时候了》，载《天风》1949年7月30日第173期；

《革命的基督教》，载《天风》1949年9月3日第178期；

《改造思想》，载《天风》1949年9月24日第181期；

《奋起！上主之民》，载《天风》1949年10月1日第182期；

《论今后基督教文艺的方向》，载《天风》1949年11月3日第191期；

《"批评"与"自我批评"》，载《天风》1950年3月11日第204期；

《北大同学是怎样搞膳团的?》，载《观察》1950年3月16日第6卷第10期；

《〈火光在前〉评介》，载《人民中国》（中、英、俄、日本版）1954年第24期；

《从〈求爱〉〈在铁链中〉和〈平原〉看路翎怎样通过作品进行反革命勾当》，载《文学研究集刊》第 2 册，人民文学出版社，1956 年 1 月；

《文学的阶级性党性》，载《文艺学习》1956 年第 1 期；

《从乌鸦是不是象征革命谈起——评现代文学研究中的"索隐"方法错误的实质》，载《文艺学习》1956 年第 6 期；

《答李何林先生》，载《文艺学习》1956 年第 6 期；

《"既然……那末……"》，载《人民文学》1956 年第 8 期；

《"愚人食盐"》，载《人民日报》1956 年 7 月 26 日，第 8 版；

《批评的"资格"》，载《人民日报》1956 年 9 月 2 日，第 8 版，署名凡人；

《深夜的灯光》，载《新港》1956 年第 9 期；

《"龙头、凤尾、猪肚子"》，载《解放军文艺》1956 年 9 月号；

《在自相矛盾的"理由"的后面》，载《人民日报》1956 年 10 月 31 日，署名凡人；

《茅盾的〈蚀〉和〈虹〉》，载《文学研究集刊》第 4 册，人民文学出版社，1956 年 11 月；

《新版"鲁迅全集"第一、二、三卷的注释》，载《文学研究》1957 年第 1 期，署名凡人；

《谈谈〈社戏〉》，收入《短篇小说评论集》，北京出版社，1957 年 11 月；

《两本关于茅盾文学道路的著作》，载《文学评论》1960 年第 2 期；

《批判李何林同志的"唯真实论"》，载《文学评论》1960 年第 3 期，收入《批判李何林修正主义文艺思想论文集》，1960 年 9 月；

《〈社戏〉的若干特色》，载《文学知识》1960 年第 2 期，署名凡人；

《从"斗争"、"进军"到"望星空"》，载《文史知识》1960 年第 2 期，署名郝马；

《总结我国文学的民族传统和民族特色》，载《文学遗产》第 366

期，《光明日报》1961 年 6 月 4 日，署名凡夫。

《关于编写中国现代文学史教材的几点看法》，载《文学评论》1961 年第 1 期；

《〈归家〉上部的思想倾向和艺术倾向》，载《文学评论》1963 年第 4 期，署名作者为樊骏，吴子敏；

《评巴金的〈倾吐不尽的感情〉》，载《文学评论》1964 年第 3 期，署名林文；

《中国现代进步文学中描写资本家的作品的概况》，载《文学现状简报》（增刊）1965 年 10 月；

1978～2003 年

《要按艺术规律办事》，载《文学评论》1978 年第 6 期，署名辛宇；

《论〈骆驼祥子〉的现实主义——纪念老舍先生八十诞辰》，载《文学评论》1979 年第 1 期，收入《老舍研究资料》，北京十月文艺出版社，1985；

《何其芳简介》，《中国现代散文》，上海文艺出版社，1980；

《〈中国现代文学创作选集〉出版前言》，人民文学出版社，1980；

《一部新编的现代文学史——评北大南大等九院校的〈中国现代文学史〉》，载《文学评论》1980 年第 2 期，署名辛宇；

《革命文学的历史经验——纪念中国左翼作家联盟成立五十周年》，载《新港》1980 年第 3 期；

《一九八〇年中国现代文学研究述评》（署名辛宇，张建勇，刘福春），载《中国现代文学研究丛刊》1981 年第 3 期，收入 1982 年出版的《中国文学研究年鉴》（1981）；后收入《中国现代文学研究：历史与现状》，中国社会科学出版社，1989；

《从〈鼓书艺人〉看老舍创作的发展》，载《中国现代文学研究丛刊》1982 年第 3 期，后收入山东人民出版社 1983 年出版的《老舍研究论文集》，收入《老舍研究资料》，北京十月文艺出版社，1985；

《具有历史意义的回答——〈在延安文艺座谈会上的讲话与新文学

的发展〉》，载《百科知识》1982 年第 5 期，署名辛宇；

《近年来的中国现代文学研究工作》，载《新晚报》1982 年 6 月 7 日、12 日，《海南师专学报》1982 年第 2 期，人大复印资料 1982 年第 23 期转载。

《现代文学研究工作的回顾和展望》，载《文学报》1982 年 7 月 8 日；

《关于中国现代文学研究的考察和思索》，载《中国社会科学》1983 年第 1 期，人大复印资料 1983 年第 1 期转载，被《新华文摘》1983 年第 3 期转载，《文艺报》1983 年第 3 期以《现代文学研究中值得注意的两种倾向》为题摘录。"Observations and Reflections on the Study of Modern Chinese Literature"，Fan Jun, *SOCIAL SCIENCES in CHINA*, Sep. 1983，后收入《中国现代文学研究：历史与现状》，中国社会科学出版社，1989，收入社会科学文献出版社 1993 年出版的《〈中国社会科学〉总目提要》第 1 辑（1980～1989）；

《马克思主义与中国现代文学研究》，载《中国现代文学研究丛刊》1983 年第 2 期；

《既要分工又要综合》，载《文学评论》1983 年第 2 期，署名林文；

《赞文学理论队伍的新人》，载《文学评论》1983 年第 4 期，署名闻麟；

《一九八一年中国现代文学研究述评》（署名辛宇，张建勇，刘福春），载《中国现代文学研究丛刊》1982 年第 2 期，收入 1983 年出版的《中国文学研究年鉴》（1982），后收入《中国现代文学研究：历史与现状》，中国社会科学出版社，1989；

《一九八二年现代文学研究述评》，载《中国现代文学研究丛刊》1983 年第 3 期，收入 1984 年出版的《中国文学研究年鉴》（1983），后收入《中国现代文学研究：历史与现状》，中国社会科学出版社，1989；

《现代文学的历史道路和现代作家的历史评价》，载《文艺报》1983 年第 9 期，收入《在理论战线上坚持马克思主义——中国社会科学院论文集》，中国社会科学出版社，1990；

《一九八三年现代文学研究述评》（署名辛宇，孟繁林，王保生），载《中国现代文学研究丛刊》1984 年第 3 期，署名辛宇，收入 1985 年 11 月出版的《中国文学研究年鉴》（1984）；后收入《中国现代文学研究：历史与现状》，中国社会科学出版社，1989；

《新民主主义理论与中国现代文学研究》，载《文学评论》1984 年第 1 期；

《关于开创中国现代文学研究新局面的几点想法》，载《中国现代文学研究丛刊》1985 年第 1 期，后被选入《中国新时期文学研究资料汇编·甲编·新文学史卷》，山东文艺出版社，2006；

《老舍的创作道路和文学业绩》，为人民文学出版社、香港三联书店联合出版的《老舍》选集写的，载《南通师专学报》1985 年第 2 期（略作压缩）；

《在遗憾和欣慰之余——重评小说〈四世同堂〉引起的思索》，载《文艺报》1985 年 12 月 7 日，人大复印资料 1985 年第 23 期转载；

《取得重大突破后的思考——关于中国现代文学研究现状和前景的几种看法的述评》，载《文学研究参考》1986 年第 11 期；

《论中国现代文学研究的当代性》，载《中国社会科学》1986 年第 6 期，人大复印资料 1987 年第 2 期全文转载；收入由社会科学文献出版社出版的《〈中国社会科学〉总目提要》第 1 辑（1980～1989），后被收入《中国新时期文学研究资料汇编·甲编·新文学史卷》，山东文艺出版社，2006；

《老舍：一位来自社会底层的作家》，收入《中国现代文学论文集》，北京大学出版社，1986；

《既有理论价值又有实践意义的探讨——关于讨论近一百多年文学历史分期的几点理解》，载《文学研究参考》1986 年第 12 期；

《茅盾：现代中国的文学巨匠》，原为英、法文版，《中国文学》季刊撰写，中文刊载于《临沂师专学报》1986 年第 3 期；

《论〈骆驼祥子〉的悲剧性》，载《江汉论坛》1986 年第 9 期，收入高等自学教材《中国现代文学作品选析》（高等教育出版社，1988）时，改为《从悲剧的角度透视〈骆驼祥子〉的思想和艺术特色》；

《老舍的"寻找"》，载《文史哲》1987 年第 4 期，人大复印资料1987 年第 10 期转载，后收入《中国文学年鉴》（1988）论文选摘；

《论罗淑——兼及中国现代文学发展演变的若干轨迹》，载《齐鲁学刊》1988 年第 1 期，后收入《罗淑罗洪研究资料》，十月文艺出版社，1990；

《富有个性的探索——读〈中国现代文学三十年〉》，载《人民日报》1988 年 2 月 9 日，第 5 版；

《胡风——尚未结束的话题》，载《文学评论》1988 年第 5 期；

《期待于民族文学研究的》，载《民族文学研究》1989 年第 4 期；

《这是一项宏大的系统工程——关于中国现代文学史料工作的总体考察》（上），载《新文学史料》1989 年第 1 期；

《这是一项宏大的系统工程——关于中国现代文学史料工作的总体考察》（中），载《新文学史料》1989 年第 2 期；

《这是一项宏大的系统工程——关于中国现代文学史料工作的总体考察》（下），载《新文学史料》1989 年第 4 期；后收入《中国现代文学研究史纲》，江苏教育出版社，2001；

《"五四"与新文学的诞生》，载《中国社会科学》1989 年第 4 期，被人大复印资料 1989 年第 9 期转载，《中国现代文学研究丛刊》1990年第 1 期论文选编，收入《五四运动与中国文化建设——五四运动七十周年学术讨论会论文选》，社会科学文献出版社，1989，收入社会科学文献出版社 1993 年出版的《〈中国社会科学〉总目提要》第 1 辑（1980～1989）；

《〈中国现代文学研究丛刊〉十年》（1979～1989），载《中国现代文学研究丛刊》1990 年第 2 期；

《王瑶先生：在会长与主编的岗位上》，载《新文学史料》1990 年第 3 期；

《"把历史的内容还给历史"——读〈高长虹文集〉有感》，收入

《高长虹研究文选》，北岳文艺出版社出版，1991；

《陈瘦竹对于中国现代文学学科建设的贡献》，载《中国话剧研究》1992 年第 4 期；

《唐弢与中国现代文学研究》，载《文学评论》1992 年第 4 期，北岳文艺出版社出版 1992 年第 9 期转载，收入《唐弢纪念集》，社会科学文献出版社，1993，后经补充收入《中国文学研究现代化进程二编》（北京大学出版社，2002），收入时，（1）题目改为《唐弢的中国现代文学研究》；（2）为了与本书各文的体例相一致，文内各节都加上了小标题；（3）1995 年出版了《唐弢文集》，提供了不少新的文献资料，这次得以对原有的五节做了程度不等的补充，尤以第一、第五两节变动较大；（4）还增写了第六节，字数从原来的两万多字扩充到四万多字，几乎增加了一倍。

《死者与生者共有的遗憾——记唐弢同志几项未了的工作》，载《新文学史料》1993 年第 1 期；收入《唐弢纪念集》，社会科学文献出版社，1993；

《"表现人生的真善美"——试论荒煤晚年的散文》，载《文艺理论研究》1993 年第 4 期，收入《荒煤文艺生涯六十年纪念文集》，海天出版社，1993；

《论马宗融——兼及现代民族文学史的若干问题》，载《民族文学研究》1993 年第 1 期，收入《20 世纪中华各民族文学关系研究》，民族出版社，2006；

《关于近一百多年中国文学历史的编写工作——为祝贺〈19～20 世纪中国文学思潮史〉出版而作》，载《河南大学学报》（社会科学版）1993 年第 5 期，收入社会科学文献出版社出版的《中国社会科学院学术论著提要》（1993），收入《回顾与其前瞻——19～20 世纪中国文学思潮讨论集》（河南人民出版社，1994，本书编辑工作主要由樊骏、刘增杰、钱理群、关爱和担任。）

《留在记忆中的》，载《中国现代文学研究丛刊》1994 年第 4 期；

《论文学史家王瑶——兼及他对中国现代文学学科的贡献》，载

《文学评论》1994 年第 5 期，人大复印资料 1994 年第 10 期转载，收入《先驱者的足迹》，河南大学出版社，1996，收入《王瑶和他的世界》，河北教育出版社，2000；

《我们的学科：已经不再年轻，正在走向成熟》，载《中国现代文学研究丛刊》1995 年第 2 期，收入《中国文学年鉴（1994）》；

《且换一种眼光打量——〈二十世纪中国文学图志〉对话录》（钱理群，吴福辉，樊骏），载《读书》1996 年第 5 期；

《文学史研究格局和编写模式的突破》，载《河北师院学报》（社会科学版）1996 年第 3 期，人大复印资料 1996 年第 9 期转载；

《认识老舍（上）》，载《文学评论》1996 年第 5 期，人大复印资料 1997 年第 3 期转载；

《认识老舍（下）》，载《文学评论》1996 年第 6 期，人大复印资料 1997 年第 3 期转载；

《认识老舍》获得鲁迅文学奖（1995～1996）理论评论奖，后收入《鲁迅文学奖获奖作品丛书·理论评论卷》，华文出版社，1998，节选收入《中国现当代文学导引》，南京大学出版社，2006 年；《认识老舍》获得王瑶学术奖首届优秀论文一等奖，修改补充后收入《走近老舍》，京华出版社，2002；

《关于学术史编写原则的思考——从黄修己的〈中国新文学史编纂史〉谈起》，载《文学评论》1998 年第 4 期，人大复印资料 1998 年第 9 期转载，后被选入《中国新时期文学研究资料汇编·甲编·新文学史卷》，山东文艺出版社，2006；

《杨义治学的特点与经验》，载《中国现代文学研究丛刊》1999 年第 3 期；

《很有学术价值的探索》，载《中华读书报》1999 年 7 月 28 日；

《刮目相看现代文学馆》，载《人民政协报》2000 年 9 月 7 日；

《能否换个角度来看》，载《中国现代文学研究丛刊》2001 年第 2 期，被《中国社会科学文摘》2001 年第 6 期转载；

《〈中国现代文学研究丛刊〉：又一个十年（1989～1999）——兼及

现代文学学科在此期间的若干变化（上）》，载《中国现代文学研究丛刊》2002 年第 2 期；

《〈中国现代文学研究丛刊〉：又一个十年（1989～1999）——兼及现代文学学科在此期间的若干变化（下）》，载《中国现代文学研究丛刊》2002 年第 4 期；

《编撰〈中国现代文学史〉的若干背景材料》，载《新文学史料》2003 年第 2 期；后被收入《中国文学年鉴（2004）》；

《田老：一位可敬的学术前辈》，载《新文学史料》2003 年第 1 期；

二　单行本

1. 《论中国现代文学研究》，作为由上海文艺出版社编辑出版的"中国现代文学研究丛书"之一，由上海文艺出版社于 1992 年出版。目录：《关于中国现代文学研究的考察和思索》《马克思主义与中国现代文学研究》《现代文学的历史道路和现代作家的历史评价》《新民主主义的理论和中国现代文学研究》《关于开创中国现代文学研究新局面的几点想法》《重评小说〈四世同堂〉引起的思索》《论中国现代文学研究的当代性》《关于中国现代文学研究现状和前景的几种看法的述评》《关于讨论近一百年文学研究历史分期的几点理解》《关于中国现代文学史料工作的总体考察》《〈中国现代文学研究丛刊〉十年》（1979～1989），共 11 篇文章，所收文章，都是进入新时期以来探讨中国现代文学研究这门学科的历史和现状、建设和发展、成就和问题、经验和教训等的文章，这是一本有关中国现代文学学科建设的专题论集，前言对文章的写作经过和其他有关情况作了说明。

2. 《中国现代文学论集》（二卷本），人民文学出版社 2006 年版。有严家炎先生作的《序言》，收录 27 篇文章，包括四辑，第一辑共有 8 篇文章，分别是《论文学史家王瑶》《唐弢的现代文学研究》《死者和生者共有的遗憾——记唐弢同志几项未了的工作》《陈瘦竹对于中国现代文学学科建设的贡献》《黄修己的〈中国新文学史编纂史〉》《关于近一百多年中国文学历史的编写工作》《很有学术价值的探索》《编撰〈中国现代文学史〉的若干材料》，第二辑共有7篇文章，分别是《"五四"与新文学的诞生》《论中国现代文学研究的当代性》《关于中国现代文学史料工作的总体考察》《〈中国现代文学研究丛刊〉十年》（1979~1989）《〈中国现代文学研究丛刊〉：又一个十年》（1989~1999）《能否换个角度来看》《我们的学科：已经不再年轻，正在走向成熟》，第三辑共有7篇文章，分别是《〈老舍名作欣赏〉前言》《论〈骆驼祥子〉的现实主义》《论〈骆驼祥子〉的悲剧性》《老舍——一位来自社会底层的作家》《老舍的"寻找"》《从〈鼓书艺人〉看老舍创作的发展》《认识老舍》，第四辑包括5篇文章，分别是《茅盾：现代中国的文学巨匠》《论罗淑》《论马宗融》《读〈高长虹文集〉有感》《试论荒煤晚年的散文》。

附记：我在樊骏老师的书房里整理资料时，发现了一些未刊稿，比如他作为中国社会科学院代表团成员1980年赴日参加学术交流活动时的发言稿《"五四"以后的新文学与中国文学的现代化》、未完稿《论老舍的"俗"》《中国现代作家与宗教》等，均有待整理。现已将樊骏老师的遗稿《何其芳，一个仍然值得研究的对象》整理，刊在《现代中文学刊》2011年第2期，将《论老舍的"俗"》整理，刊在《中国现代文学研究丛刊》2011年第6期。另外樊骏先生参与编写了唐弢先生主编的《中国现代文学史》，与钱谷融先生合作主编了《中华现代文选》（二卷本），还主编了《老舍名作欣赏》等。

樊骏先生追思会致辞

刘跃进

各位来宾，各位同人，各位朋友：

早上好。

尊敬的樊骏先生离开我们已经有两个多月了。他的音容笑貌，依然还在我们眼前，仿佛还坐在我们身边。

樊骏先生生前曾任中国人民政治协商会议第七、八、九届全国委员会委员，中国社会科学院文学研究所学术委员会副主任，中国现代文学研究会副会长，《中国现代文学研究丛刊》主编，中国茅盾研究会理事，中国老舍研究会首席学术顾问。

他在现代文学研究方面的贡献，在座的专家学者最有发言权。而樊骏先生留给我最深刻的印象，是他的"坚守"。

首先，在为人方面，坚守诚意正心。

诚意，即待人真诚，绝不做作。正心，即天地良心。他过着非常简朴的生活，却将获得的几百万元遗产捐赠出来，在文学所设立勤英奖，鼓励中青年科研人员，多出优秀成果。对于这样的义举，他从不张扬，不仅不张扬，甚至不允许所里向外透露。樊先生去世后，我们与樊先生家属商量，建议将勤英奖改为樊骏先生奖，家属认为还是应当尊重樊骏先生生前的意愿，依然叫勤英奖。凡是与他有过接触的人，无不为他的诚意与正心所打动。他真正做到了严于律己，公正无私。樊骏先生就是一面镜子，折射出人类最基本而又最宝贵的恻隐之心，羞恶之心，恭敬之心和是非之心。

其次，在治学方面，坚守学术良心。

一是坚守学术阵地，不卖弄，不浮夸，博观约取，厚积薄发。二是坚守学术原则，不溢美，不棒杀，原原本本，实事求是。50年来，樊骏先生为现代文学学科的发展，脚踏实地，奠定厚重基础。樊骏先生从不唱高调，他把自己的本真，呈现给世人，他把自己的智慧，贡献给学术。

当然，站在文学所的角度看，他的坚守，还体现在他把自己的一生贡献给了文学研究所。樊骏先生1949年9月考入北京大学中文系，1953年8月毕业后即分配到中国科学院文学研究所从事研究工作。1961年任助理研究员，1979年任副研究员，1985年任研究员。2003年8月退休后，被聘为文学研究所顾问。2008年被评为荣誉学部委员。2011年1月15日病逝。他在文学研究所整整工作了五十八个年头，以所为家，为文学研究所的发展贡献了毕生的精力。

病重期间，我去医院看他，那个时候，他的语言表达已经比较困难，听力又较差。他用了很大的气力对我："好好干"。我贴着他的耳朵汇报工作，想在病床前多陪陪他。他怕浪费我时间，仍然很吃力地挥挥手，说："你走吧"。"好好干！""你走吧！"这是他留给我的最后六个字。我感觉到这里包含有多少话语和分量，我会铭记心里，在今后的岁月里，好好干。

今天，我们在这里一起怀念樊骏先生，他的道德文章，犹如高山流水，已经成为文学所一笔宝贵的精神财富，滋润着后来者。我们将组织编写纪念文集，让更多的人了解、学习樊骏先生。这里，我们真诚地期待着各位专家学者留下宝贵的文字。

谢谢大家。

编后记

　　2011 年 1 月 15 日，敬爱的樊骏先生离开了我们。他的离去给家人、师友、后辈带来深切的感怀与思念。

　　樊先生逝世后，许多同人、朋友、学生、后辈陆续撰写了纪念文章，或记述其为人、表彰其精神，或评价其学术贡献、思考他开启的问题。这些文章不仅表达了对樊先生的追思、怀念，更进一步传达出对其个人、时代以及学术工作的理解与体会。为了纪念樊骏先生，为了他的精神得以传播，也为了记录下种种围绕樊先生所展开的思考，中国社会科学院文学所编辑了这本《樊骏先生纪念文集》。两年来，编辑工作得到了樊骏先生亲友、学界同人的支持，不断有高质量的文章发来；同时，我们也努力搜集已在报刊上发表的纪念文章，务使纪念集更显完备。

　　现有搜集到的文章我们大致分为两类，一类是属纪念文章，一类是带有研究论文的性质。但实际上，对樊先生生平的回忆、记述常常映衬着对其学术工作的评介，而在对其学术贡献的梳理中又渗透着对其精神品格的把握。这"人"与"学"的不可分以及互为底色，大概正对应着作为学者的樊骏先生之一生。在每个类别下，我们按作者年龄加以排序，从樊先生的同辈直到 80 后的在读博士生。跨越数个时代的作者勾勒了不同距离、不同角度、不同理解方式下的"樊骏像"。固然，这些描述都叠加起来也不能还原樊骏先生的全部，但却是他通过言行、文章给世人留下的印象与遗产。要进一步理解他，或经由他理解他所经历的时代、历史、现实，还有很多空白值得填补，很多情境要去还原，很多视角有待打造。而这本小小的纪念集或者可以作为一个入口，引导我们去追寻樊先生的精神世界。

这本纪念集取名"告别一个学术时代"，是借用了集中一篇同名文章。如果说樊骏先生无愧于一个学术时代的代表，"告别"就是一种致敬。但它并不意味着消逝，毋宁说它更指向新的出发，只是我们在前行要时时反顾，看看前辈走过的路，看看曾经的原点，不断校正自己的方向。恰如纪念集中许多作者谆谆告诫我们的：樊先生还在看着我们呢！

程 凯 胡 博
2013 年 3 月

图书在版编目（CIP）数据

告别一个学术时代：樊骏先生纪念文集/中国社会科学院
文学研究所编. —北京：社会科学文献出版社，2013.6
ISBN 978 - 7 - 5097 - 4674 - 5

Ⅰ.①告…　Ⅱ.①中…　Ⅲ.①樊骏（1930～2011）－纪念
文集　Ⅳ.①K825.6 - 53

中国版本图书馆 CIP 数据核字（2013）第 105013 号

告别一个学术时代
——樊骏先生纪念文集

编　　者／中国社会科学院文学研究所

出 版 人／谢寿光
出 版 者／社会科学文献出版社
地　　址／北京市西城区北三环中路甲 29 号院 3 号楼华龙大厦
邮政编码／100029

责任部门／人文分社（010）59367215　　　责任编辑／张倩郢　范明礼
电子信箱／renwen@ ssap. cn　　　　　　　责任校对／李向荣　钱月红
项目统筹／宋月华　张倩郢　　　　　　　　责任印制／岳　阳
经　　销／社会科学文献出版社市场营销中心（010）59367081　59367089
读者服务／读者服务中心（010）59367028

印　　装／北京季蜂印刷有限公司
开　　本／787mm×1092mm　1/16　　　　　印　　张／23.5
版　　次／2013 年 6 月第 1 版　　　　　　　字　　数／346 千字
印　　次／2013 年 6 月第 1 次印刷
书　　号／ISBN 978 - 7 - 5097 - 4674 - 5
定　　价／89.00 元